KB027329

음악치료 진단평가

이론 · 연구 · 적용

Stine Lindahl Jacobsen · Eric G. Waldon · Gustavo Gattino 편저
황은영 · 배미현 · 심교린 공역

**Music
Therapy
Assessment**

Theory, Research, and Application

학지사

Music Therapy Assessment: Theory, Research, and Application
by Stine Lindahl Jacobsen, Eric G. Waldon, and Gustavo Gattino

Copyright © Jessica Kingsley Publishers 2019
Foreword copyright © Barbara L. Wheeler 2019
Printed in the UK in 2019 by Jessica Kingsley Publishers Ltd.
73 Collier Street, London, N1 9BE, UK
www.jkp.com

Korean Translation Copyright © 2020 by Hakjisa Publisher, Inc.
This translation is published by arrangement with Jessica Kingsley Publishers Ltd.

All Rights Reserved.

본 저작물의 한국어판 저작권은
Jessica Kingsley Publishers Ltd.와의 독점계약으로 (주)학지사가 소유합니다.

저작권법에 의해 한국 내에서 보호를 받는 저작물이므로
무단 전재와 무단 복제를 금합니다.

역자 서문

1990년대 후반, 우리나라에 음악치료가 소개된 지 어느덧 20년이 더 지났습니다. 이제 사람들에게 음악치료라는 단어는 더 이상 낯설고 신비로운 것만은 아닙니다. 임상과 연구에서의 많은 발전을 통해 음악치료는 국내에서 더욱 전문적인 영역으로 성장해 가고 있습니다. 이와 함께 많은 음악치료사가 더 과학적이고 객관적인 접근을 위해 많은 고민과 연구를 하고 있으며, 그중 한 분야가 바로 진단평가 영역입니다.

초기부터 많은 음악치료사는 진단평가도구를 개발하고 적용하기 위해 끊임없이 노력하였습니다. 음악치료사를 교육하는 역자들 역시 이런 부분에 대해 고민하던 가운데 이 책을 번역할 기회를 갖게 된 것은 매우 반가운 일이었습니다. 물론 이 한 권의 책으로 모든 궁금증이 해결되고 적용이 현실화되지는 않겠지만, 이 책이 진단평가에 대한 연구와 개발에 조금 더 박차를 가할 계기가 되기를 희망합니다.

이 책은 총 20장으로 구성되어 있으며, 각 장은 여러 분야의 전문가가 그들의 임상경험을 바탕으로 개발한 진단평가에 대해 기술하고 있습니다. 편저자의 말처럼 이 책은 독자에게 '효과적인 진단평가를 결정하는 데 도움을 주기 위한 포괄적이고 구체적인 정보'를 풍부하게 담고 있습니다. 예를 들면, 음악치료 진단평가의 역사와 배경에 관한 이론적 지식부터 각 임상 영역에서의 진단평가 개발과 적용에 관한 실용적인 정보를 다루고, 또한 각 영역에서의 진단평가에 대한 연구와 훈련 방법 등 많은 내용을 포함하고 있습니다.

먼저, 제1장은 진단평가에 대한 개요로 각 나라의 진단평가 현황과 관련 이슈, 기존에 사용되고 있는 진단평가도구 등에 대한 내용을 소개함으로써 독자의 관심을 유도하며, 제2장은 진단평가를 이해하기 위한 심리평가에서의 신뢰도와 타당도 등 검사도구의 심리측정 특성을 소개하고 있습니다. 제3장은 기존에 임상에서 적용하고 있는 관찰, 인터뷰 등의 진단평가 방법을 소개하고 있으며, 제4장은 이 책을 출판하기 위해 편저자들이 치료사들을 대상으로 어떤 조사를 하였는지, 즉 그들이 개발한 진단평가도구 개발에 대한 연구 과정과 적용 등을 알아보기 위한 실제 조사서의 내용을 소개하고 있습니다.

제5장부터는 본격적으로 각 영역별로 적용될 수 있는 진단평가를 소개합니다. 제5장은 신경발달장애를 위한 진단평가를, 제6장은 아동과 청소년을 위한 음악치료 표현 진단평가 방법을, 제7장은 자폐스펙트럼장애를 위한 진단평가 방법을 소개하고 있습니다. 제8장은 개별화된 음악치료 진단평가도구(IMTAP)에 대해 소개하는데, 이 방법은 실제 국내 임상에서도 적용되고 있습니다. 제9장은 토니 위그램(Tony Wigram)의 사건기반 분석(EBA)을 소개하는데, 이 방법은 자폐 아동, 전반적 발달장애 아동 등에게 매우 유용하고 적절합니다.

제10장은 자폐 아동의 상호적인 관계의 질을 평가하기 위한 관계특성평가(AQR)를 소개하고 있으며, 제11장은 노인을 위한 음악기반 인지기능 평가(MBECF)를 살펴보고 있습니다. 이러한 도구는 노인인구가 증가하는 현 시점에서 언어적 인지기능 평가가 주류를 이루고 있는 임상에 매우 유용한 도구가 될 것이라고 생각됩니다. 제12장은 잔존 음악기술 검사도구를 소개하고 있습니다. 구체적인 실제 평가 항목의 예시를 소개하는 이 도구는 음악치료만의 독특성과 정체성을 보여 주는 의미 있는 평가가 될 것입니다. 제13장은 대인관계 음악적 소통역량 척도를 살펴보는데, 이 척도는 후천성 뇌손상 환자를 위한 도구로서 언어적 소통이 어려운 경우 비언어적 음악을 통해 의사소통의 정도를 평가하는 도구입니다. 제14장은 개인의 범주를 넘어서 부모-아동 상호작용 진단평가도구를 소개하고 있습니다. 부모와 아동의 상호적 교류는 이후 발달을 위해서도 매우 중요한 이슈이므로 이 평가도구는 중요한 의미를 가진다고 할 수 있습니다.

제15장은 MIDI와 음향, 테크놀로지를 활용한 임상 즉흥연주 평가도구를 소개하고 있습니다. '음악치료 도구상자'라는 독특한 제목의 이 장은 음악치료사뿐만 아니라 관련 전문가 그리고 테크놀로지에 관심이 있는 독자들에게도 매우 흥미로운 장이 될 것입니다. 제16장은 목소리 진단평가 프로필을 소개하고 있습니다. 인간의 목소리가 개인의 정서와 관련하여 중요한 정보를 줄 수 있다는 관점에서 목소리를 정신음향학적 · 심리학적으로 분석하는 이 도구(VOIAS)는 임상적으로 적절하며 독특한 접근으로 보입니다. 제17장은 정신과에서 사용할 수 있는 음악치료 진단평가 질문지를 소개하고 있습니다. 이 평가도구는 음악뿐만 아니라 다양한 영역의 기능 수준을 포괄적으로 파악하도록 하며 진단평가 방법과 치료중재 방법

을 함께 제공한다는 점에서 매우 실용적입니다. 제18장은 음악치료만의 정체성을 보여 주는 음악내적 관계 척도를 통한 평가 방법을 소개하고 있습니다. 회기를 통한 음악 안에서의 관계를 살핌으로써 클라이언트의 변화를 볼 수 있다는 점에서 매우 흥미로운 척도가 될 것입니다. 제19장은 치매 영역에서 적용할 수 있는 음악 척도를 소개하고 있습니다. 이 척도를 개발 과정부터 소개함으로써 신뢰성과 타당성을 보여 주며 매우 과학적인 도구가 될 것임을 뒷받침합니다. 마지막 제20장은 후천선 뇌손상으로 인해 의식장애를 보이는 환자에게 적용될 수 있는 척도를 다루고 있는데, 이 척도는 타당성이 검증된 것으로 다학제적 치료를 위해 의료현장에서 유용하게 사용될 것입니다.

이 책은 진단평가의 일반적인 개요부터 각 임상별로 적용할 수 있는 평가도구를 소개하고 있습니다. 특히 임상연구를 기반으로 개발되어 과정, 적용 방법, 해석, 훈련 과정뿐만 아니라 후속 연구를 위한 구체적인 제언까지 하고 있다는 점에서 이 책은 임상현장 적용이 가능한 체계적 증거기반의 진단평가도구로 여겨집니다. 이 책은 임상현장의 음악치료사, 음악치료 연구자, 전공 학생 그리고 다양한 매체를 통한 평가에 관심이 있는 관련 전문가에게 실용적인 도움이 될 것이라고 생각됩니다. 또한 음악치료사의 정체성을 보여 줄 수 있는 다양한 도구에 대해서 이론뿐만 아니라 적용과 해석 과정을 소개하고 실제 임상에서 적용해 볼 기회를 제공한다는 점에서도 의미가 있습니다. 이 소중한 책이 한국에 소개될 수 있도록 아낌없는 지원을 해 주신 학지사 김진환 대표님과 임직원 여러분에게 진심으로 감사의 말을 전하고 싶습니다. 이 책이 앞으로 음악치료의 전문성을 향상시키고 발전시키는 데 조금이나마 도움이 되기를 희망합니다.

감사합니다.

2020년

역자 일동

저자 서문

진단평가는 음악치료에 있어서 핵심이지만, 진단평가에 대한 음악치료사들의 이해와 진단 방법은 항상 임상적 요구를 따라가지 못하였다. 많은 임상기법이 시간이 지나면서 향상된 반면, 반면에 진단평가의 발전에는 더욱 오랜 시간이 소요되었다. 하지만 이제 변화가 일어나고 있다. 이 책은 음악치료 진단평가가 앞으로 나아가기 위해 도움을 주는 중요한 역할을 할 것이며, 다양한 관점을 소개할 뿐만 아니라 음악치료 진단평가에 영향을 미칠 수 있는 중요한 심리측정 정보를 포함하고 있다.

첫 장에서 편저자는 "이 글의 목적은 독자의 효과적인 진단평가 결정에 도움을 주는 것이며, 적절한 기록 · 문서 · 임상에서의 작품을 검토하고, 효과적인 인터뷰 기술과 방법을 채택하며, 적절한 관찰 전략을 수행하고, 임상적으로 관련된 검사와 척도를 선택 · 운영 · 해석하는 것이다."라고 하였다. 이 책은 이 모든 영역에서 음악치료사를 도울 수 있을 것이다.

이 책에서 제공하는 심리측정 개념의 기본은 다양한 필요와 여러 클라이언트 집단을 위한 진단평가도구를 끊임없이 개발하는 것만큼 중요할 수 있다. 제2장 '음악치료 진단평가: 심리측정적 · 이론적 고려사항'에서 편저자는 진단평가 정보의 수집 · 해석 · 적용 과정에 대한 이론의 관련성을 토의하고, 또한 음악치료에서 임상 진단평가와 관련된 심리측정적인 개념에 대한 개요를 제공한다. 공인된 심리측정의 특성을 지닌 진단평가를 개발하는 것은 음악치료사가 이러한 영역에서 한발 더 나아가기 위해 중요하며, 이 책에서 제시하는 자료와 개념의 통합은 이 과정에서 가치가 있을 것이다. 여기서 소개하는 자료기반 의사결정 모델(data-based decision making model)은 치료과정의 모든 측면(의뢰부터 종결까지)에 걸쳐 사용되는 검토, 면접, 관찰, 특정 기능을 다루는 검사와 함께 진단평가의 서로 다른 측면을 맥락으로 적용하는 데 도움을 준다. 이 책에서 진단평가(특히 점수가 산출되는 척도와 특정한 검사)

에 대한 강조는 임상에서 이 영역에 대한 집중을 이끌어 낸다. 다시 말하자면, 표준화된 도구의 개발이다(도구와 항목은 체계적인 방법으로 개발되고 이러한 도구는 표준화된 방법으로 운영되며 결과는 표준화된 방법으로 해석 · 사용된다).

제3장에서 소개하는 '도구 없는 음악치료 진단평가: 임상가의 관점'에 대한 논의는 음악치료 진단평가에서 사용될 수 있는 29가지 비검사성 도구의 개요를 제공한다. 이 장에서 저자들은 '문헌검토, 관찰의 형태, 이미 개발된 도구 없이 진단평가 방법을 포함하여 음악치료에서의 비검사도구에 초점을 맞추는 것'이 목적이라고 밝혔다. 이러한 안내의 목적은 진단평가 자료의 수집 · 분석 · 해석 · 유포의 이전, 도중, 이후에 인식하여야 할 것이 무엇인가를 제안함으로써 임상가를 돕는 것이다. 이것은 이 책의 주된 초점인 상대적 · 공식적으로 개발된 도구를 비롯하여 다양한 진단평가도구에 대한 음악치료사의 이해를 돕는다.

이어지는 장들에서는 다양한 음악치료 진단평가도구를 제시하면서, 이를 사용하고 적용하려는 음악치료사를 돕고자 한다. 이 대부분의 개요는 검사도구 개발자들이 기록하였으며, 광범위하게 수집된 자료가 음악치료사들에게 유용하게 쓰이도록 하였다. 이 부분에 16개의 진단평가도구가 포함된다. 이러한 도구들은 다음과 같은 국가의 개발자와 함께 미국, 라틴 아메리카, 북유럽에서 시작되었다. 미국(6), 독일(4), 덴마크(3), 영국(2), 아르헨티나(1), 페로제도(1), 핀란드(1)이다(2개는 한 국가 이상에 해당되며, 따라서 전체 합은 16 이상이다). 이러한 모든 도구가 집단에 특화된 것은 아니지만, 일반적으로 자폐증과 자폐스펙트럼장애, 의사소통장애, 정신과적 장애를 가진 아동 · 청소년과 성인, 후천적 뇌손상 또는 치매를 겪는 노인, 특정 진단을 받지 않은 아동과 부모, 그 밖에 다양한 진단을 받은 사람의 집단에 해당된다.

비록 모든 도구가 심리측정 증거를 포함하는 것은 아니지만, 진단평가도구는 그 종류가 매우 다양하고, 1차적으로 신뢰도와 타당도에 대한 정보를 계산하여 보고한다. 지난 20년 이상 진단평가도구의 개요에 대한 증거를 보임으로써 심리측정 발달에서 진보는 필연적이며 인상적이었다. 음악치료에서 진단평가도구 의뢰에 대해 그펠러와 데이비드(Gfeller & David, 2008)는 "이러한 검사의 몇 가지 문제점은 신뢰도와 타당도가 완벽하게 확립되지 않았다는 것이다. 이러한 경우 결과를 해석할 때 주의가 필요하다."(p. 437)라고 하였다. 음악치료 진단평가에 대한 2편의 포괄적인 조사는 모두 2000년에 출판되었는데(Gregory, 2000; Wilson & Smith, 2000), 비록 윌슨과 스미스가 타당도와 신뢰도에 대한 정보 부족으로 인한 진단평가의 약점을 언급하였지만 모두 심리측정 정보를 포함하지 않았다. 이것은 그 자체로 의미 있는 것으로 보이며, 동시에 심리측정 특성은 이러한 질문의 초점이 아니었다. 메도우와 동료들(Meadow et al., 2005)은 "음악치료 진단평가의 두 번째 이슈는 신뢰도와 타당도에 대한 관심이다. 이러한 이슈는 이미 이전에도 언급되었지만 음악치료 진단평가에서 적절하게 다루어지지 않았다(Bruscia, 1988)."라고 하였다(p. 45).

진단평가도구에서 심리측정의 중요성을 인식하는 움직임이 최근 20년 동안 발생한 것으로 보인다. 이제 진단평가 도구에 대한 검토의 대부분은 도구의 심리측정적인 특성과 관련이 있다. 휠러(Wheeler, 2013)는 신뢰도와 타당도 그리고 그녀가 검토한 진단평가의 다른 측면에 대해 언급하였고, 리프(Lipe, 2015)는 20개의 진단평가도구를 요약하였으며, 그중에서 심리측정 정보가 없는 것을 포함하여 13개를 평가하고 6개를 보고하였다(추가적인 도구는 이러한 정보를 가지고 있지만 이것을 설명하는 숫자에는 포함되지 않는다). 월든과 동료들(Waldon, 2014; Waldon, Monje, & Powell, 2014)은 1981~2014년에 출판된 25개의 진단평가도구에 대해 심리측정 특성을 조사하였다. 그들은 이 중 17개는 신뢰도와 타당도에 대한 정보를 포함하며, 1개는 타당도만, 4개는 아무것도 없음을 발견하였다.

서로 다른 영역에 초점을 맞추고 서로 다른 포함 기준을 적용하기 때문에 음악치료 진단평가의 이러한 모든 개요를 직접 비교하는 것은 불가능하다. 이러한 개요는 음악치료 진단평가에서 심리측정 특성이 강조되고 있음을 제안하며, 이 영역에서 중요한 단계이다. 그리고 이러한 것들을 통해 이 책은 진단평가의 심리측적 특성을 포함하여 음악치료 진단평가에 대한 중요한 특성을 알려 주고 있다.

이 책은 더욱 효과적인 진단평가로 나아가고자 하는 음악치료사를 도울 것이다. 이러한 움직임은 클라이언트 진단평가와 다른 전문가들과의 신뢰도에 있어서 음악치료 훈련 영역에서 긍정적으로 작용할 것이다.

Barbara L. Wheeler

참고문헌

Gfeller, K. E., & Davis, W. B. (2008). The Music Therapy Treatment Process. In W. B. Davies, K. E. Gfeller, & M. H. Thaut (Eds.), *An Introduction to Music Therapy: Theory and Practice*. Silver Spring, MD: American Music Therapy Association.

Gregory, D. (2000). Test instruments used by Journal of Music Therapy authors from 1984-1997. *Journal of Music Therapy, 37*(2), 79-94.

Lipe, A. W. (2015). Music Therapy Assessment. In B. L. Wheeler (Ed.), *Music Therapy Handbook*. New York, NY: Guilford Press.

Meadows, A., Wheeler, B. L., Shultis, C. L., & Polen, D. W. (2005). Client Assessment. In B. L. Wheeler, C. L. Shultis, & D. W. Polen (Eds.), *Clinical Training Guide for the Student Music Therapist*. Gilsum, NH: Barcelona Publishers.

Waldon, E. G. (2014). *Research Committee Presents: Designing Tests & Measures in Music Therapy*. Paper presented at the American Music Therapy Association Conference, Louisville, KY.

Waldon, E. G., Monje, J., & Powell, A. (2014). *Music Therapy Tests and Measures: A Review of AMTA Journals (1981-2014)*. Poster session presented at the American Music Therapy Association Conference, Louisville, KY.

Wheeler, B. L. (2013). Music Therapy Assessment. In R. F. Cruz & B. Feder (Eds.), *Feders The Art and Science of Evaluation in the Arts Therapies*. Springfield, IL: Charles C. Thomas.

Wilson, B. L., & Smith, D. S. (2000). Music therapy assessment in school settings: A preliminary investigation. *Journal of Music Therapy, 37*, 95-117.

차례

역자 서문 / 3
저자 서문 / 7

제1장 음악치료 진단평가: 고려사항 • 17

1. 개요 / 17
2. 음악과 치유의 초기 역사 / 18
3. 전 세계의 음악치료 진단평가 / 18
4. 음악치료 진단평가 관련 이슈 / 22
5. 진단평가와 평가 용어 / 23
6. 음악치료에서 근거기반 진단평가 / 25
7. 진단평가에 대한 자료기반 접근 / 26
8. 음악치료에서 검사와 척도에 대한 정보 / 31
9. 고려사항 / 32

제2장 음악치료 진단평가: 심리측정적 · 이론적 고려사항 • 41

1. 개요 / 41
2. 진단평가 이론 / 41
3. 심리측정 개념 / 47
4. 결론 / 58

제3장 도구 없는 음악치료 진단평가: 임상가의 관점 • 63

1. 개요 / 63
2. 음악치료에서 비검사도구에 대한 문헌검토 / 64

3. 개발된 도구 없이 관찰하기 / 71
4. 개발된 도구 없는 진단평가 시 지침 / 82
5. 결론 / 85

제4장 진단평가 책에 대한 소개 • 93

제5장 신경발달장애를 위한 개별화된 음악중심 진단평가 프로필 • 95

1. 환경과 동기 / 95
2. 이론적 배경 / 97
3. 절차와 대상 / 99
4. 자료수집과 해석 / 101
5. 점수화 / 102
6. 해석과 보고 / 105
7. 훈련 / 107
8. 연구와 심리측정 / 107
9. 향후 계획 / 107
10. 논의와 요약 / 108

제6장 음악치료 표현과 의사소통 척도 • 113

1. 환경과 동기 / 113
2. 이론적 배경 / 114
3. 대상 / 115
4. 음악치료 표현과 의사소통 척도 / 116
5. 절차와 프로토콜 / 121
6. 자료분석과 결과 / 122
7. 해석과 보고 / 125
8. 훈련 / 128
9. 연구와 심리측정 / 128
10. 향후 계획 / 129
11. 논의 / 129

제7장 자폐 진단을 위한 음악기반 척도 • 133

1. 환경과 동기 / 133
2. 이론적 배경 / 134
3. 절차 / 136
4. 문항과 척도 구조 / 139
5. 자료분석과 해석 / 139
6. 훈련 / 140

7. 연구와 심리측정 / 140
8. 향후 계획 / 144
9. 논의 / 145

제8장 개별 음악치료 진단평가 프로필 • 151

1. 환경과 동기 / 151
2. 이론적 배경 / 155
3. IMTAP 도구 / 156
4. 훈련 / 159
5. 연구 / 159
6. 향후 계획과 논의 / 159

제9장 사건기반 분석 • 165

1. 환경과 동기 / 165
2. 이론적 배경 / 166
3. 사건기반 분석 절차 / 167
4. EBA 훈련 / 177
5. EBA/IAP 연구 / 178
6. 논의와 요약 / 179

제10장 관계의 질 진단평가 • 183

1. AQR의 역사 / 183
2. 이론적 배경 / 184
3. AQR의 개발 / 186
4. 신뢰도 / 190
5. AQR의 적용 / 190
6. 자료분석과 결과 / 191
7. 훈련 / 191
8. 추가 응용 분야로의 전환 / 192
9. 연구 / 193
10. 현재 프로젝트와 향후 계획 / 193
11. 논의 / 195

제11장 음악기반 인지기능 평가 • 201

1. 환경과 동기 / 201
2. 이론적 배경 / 202
3. MBECF의 목적 / 204
4. 개발과 절차 / 205

5. 자료수집과 분석 / 206
6. 자료해석, 문서화, 보고서 / 208
7. 훈련 / 209
8. 연구와 심리측정 / 209
9. 향후 계획과 논의 / 211

제12장 잔존 음악기술 • 215

1. 환경과 동기 / 215
2. 이론적 배경 / 217
3. 잔존 음악기술 검사의 기술 / 218
4. 실행 / 221
5. 점수 해석 / 222
6. 제한과 자산 / 223
7. 결론 / 224

제13장 대인관계 음악적 소통역량 척도 • 233

1. 환경과 동기 / 233
2. 이론적 배경 / 234
3. IMCCS / 239
4. 해석과 보고 / 247
5. 논의와 요약 / 249

제14장 부모-아동 상호작용 진단평가 • 255

1. 환경과 동기 / 255
2. 이론적 배경 / 256
3. 부모-아동 상호작용 진단평가 / 259
4. 훈련 / 264
5. 연구와 심리측정 / 264
6. 향후 계획 / 266
7. 논의와 요약 / 266

제15장 음악치료 도구상자 • 271

1. 환경과 동기: MTTB 역사의 개요 / 271
2. 이론적 배경과 진단평가도구의 개발 / 272

3. 절차와 자료의 수집 · 분석 · 해석 / 274
4. 음악치료 접근법과 클라이언트 집단, 제한점 / 283
5. 훈련 / 284
6. 연구와 심리측정, 향후 계획 / 285

제16장 목소리 진단평가 프로필 • 289

1. 환경과 동기 / 289
2. 이론적 배경 / 289
3. VOIAS의 개발: 목소리 지표의 선정 / 293
4. 절차와 자료수집 / 294
5. 자료분석과 보고 / 295
6. 연구와 심리측정 / 296
7. 훈련 / 299
8. 향후 계획 / 299
9. 논의와 요약 / 300

제17장 정신과 음악치료 질문지 • 305

1. 서론 / 305
2. 환경과 동기 / 307
3. 이론적 배경 / 307
4. 절차와 자료수집 / 312
5. 개발 / 313
6. 기록과 보고 / 316
7. 자료분석과 해석 / 317
8. 연구와 심리측정 / 317
9. 전통적 심리측정연구 / 320
10. 훈련 / 326
11. 향후 계획과 논의 / 326

제18장 음악내적 관계 척도 • 335

1. 환경과 동기 / 335
2. 이론적 배경 / 335
3. 음악내적 관계 척도 / 336
4. 연구와 심리측정 / 342
5. 결론 / 342

제19장 치매 척도에서의 음악 • 347

1. 환경과 동기 / 347
2. 이론적 배경 / 348
3. 개발 / 349
4. 절차와 자료수집 / 351
5. 자료분석과 해석 / 352
6. 연구와 심리측정 / 353
7. 문서화와 보고 / 355
8. 훈련 / 356
9. 향후 계획과 논의 / 356

제20장 의식장애의 인식에 관한 음악치료 진단평가도구 • 363

1. 환경과 동기 / 363
2. 이론적 배경 / 366
3. 절차와 대상 / 368
4. 자료수집과 분석 / 368
5. 해석과 보고 / 369
6. 훈련 / 370
7. 연구와 심리측정 / 371
8. 향후 계획 / 372
9. 논의와 요약 / 373

찾아보기 / 379

제1장

음악치료 진단평가: 고려사항

Eric G. Waldon · Gustavo Gattino

1. 개요

음악치료 임상은 예술과 과학을 포함한다. 음악은 발견, 성장, 변화의 발생을 통한 창조적이며 융통성 있는 수단이다. 이론과 과학은 음악이 어떻게 치료적으로 기능하는지 예측하고 설명하기 위해 사용되는 체계적 구조를 제공한다. 그리고 이론과 과학이 음악기반 중재의 효과성과 효율성 평가에서 역할을 하는 동안 완성해야 하는 또 다른 일이 있다. 즉, 임상 진단평가이다. 치료사는 클라이언트에 관한 정보를 수집할 때 과학기반 접근을 적용하고 수집된 것을 해석하고 이해하는 것뿐만 아니라 진단평가를 설계하는 데 있어서 이론은 임상가를 안내한다(Greenberg, Lichtenberger, & Kaufman, 2013). 클라이언트의 강점과 필요를 진단하고, 치료과정을 모니터하며, 치료효과를 평가하기 위한 이론과 과학을 적용하는 것에는 몇 가지 도전이 있다. 이 글의 목적은 독자의 효과적인 진단평가 결정에 도움을 주는 것이며, 적절한 기록 · 문서 · 임상에서의 작품을 검토하고, 효과적인 인터뷰 기술과 방법을 채택하며, 적절한 관찰 전략을 수행하고, 임상적으로 관련된 검사와 척도를 선택 · 운영 · 해석하는 것이다.

이 장은 독자에게 음악치료 진단평가와 관련된 이론, 과학, 과정을 소개하고 지향한다. 전 세계의 음악치료 진단평가를 조사한 후 음악과 치료의 초기 형태에 대한 간략한 역사와 음악치료 진단평가와 관련된 많은 이슈를 탐구한다. 진단평가 용어를 정의하고 증거기반 진단평가를 조사한 후 음악치료 전문 영역에서 진단평가도구와 진단평가에 대한 간략한 설명과 진단평가를 위한 자료기반 의사결정을 제시한다.

2. 음악과 치유의 초기 역사

음악은 고대 문명이 성립된 이후 어디에서나 치유예술로 사용되어 왔다. 초기 사회에서 질병의 원인은 초자연적인 힘과 연결이 되어 있으며, 음악은 질병의 원인이 되는 힘을 달래고 간청하는 방법으로 여겨져 왔다(DuBois, 2009). 고대 이집트에서 음악은 정신적 · 신체적 건강에 특별한 영향을 미치는 힘으로 간주되어 왔기 때문에 음악가는 줄곧 제사장이나 치유자와 동등한 위치를 누려 왔다(Davis, Gfeller, & Thaut, 2008). 그리고 비록 과학과 이성적 의학이 질병과 장애에 대한 초자연적인 설명을 대치하였지만, 그리스 사람들은 음악의 치유적 힘을 계속해서 찬양하는 위대한 사람들과 함께 음악을 사회 통합의 한 부분으로 간주하여 왔다. 예를 들어, 아리스토텔레스(Aristotle)는 음악은 이완을 위한 방법으로서 카타르시스를 경험하기 위해 사용되어야 한다고 제안하였고(Catharsis, 2013), 플라톤(Plato)은 "음악은 영혼을 위한 약"(Gfeller, 2005, p. 61)이라고 하였다. 데이비스와 하들리(Davis & Hadley, 2015)는 이러한 음악과 치유의 초기 형태들을 음악치료의 한 형태로 인식하는 것에 대해 경고하였고, 그로크(Grocke, 2014)는 오늘날 음악치료로서 전문성은 제2차 세계대전 이후 성립되었고 이는 이러한 초기 음악적인 치유와는 분명히 다르다고 하였다.

3. 전 세계의 음악치료 진단평가

1) 아시아와 호주의 음악치료 진단평가

아시아에는 음악치료 영역에서 진단평가에 대해 영문으로 발행된 출판물이 거의 없다. 이러한 이유에서, 이 지역에서 이러한 주제에 대한 영향력을 추정하는 것은 어렵다. 한편 예외적으로 한국의 정(Jeong, 2013)이 연구한 음악기반 집중력 진단평가[Music-Based Attention Assessment: Revised(MAA-R)]의 심리측정 탐구가 있다. 이 검사는 집중력 장애의 형태를 확인하기 위해 만들어졌으며, 집중력 재활에 도움을 주기 위한 적절한 임상적 중재로 권장되었다. 종합적인 발견을 통해 MAA-R이 서로 다른 형태의 청각적 집중 결핍과 관련하여 신뢰성과 타당성이 있는 척도라고 제시되었다. 중요한 점은 이러한 타당화가 미국의 표본을 사용하여 수행되었다는 것이다.

호주에서 랜건(Langan, 2009)은 특수교육에서 사용하기 위한 음악치료 진단평가를 개발하기 위한 이유로, "교육 영역에서 통계적으로 유도되고 건강 영역에서 근거를 기본으로 하는 임상과 경제적으로 동기부여된 의사결정 과정의 결합으로부터 유도된 도전적인 책임감의 부족"(p. 79)과 동일한 진단평가 과정의 결핍을 지적하였다. 전 지역의 교육적인 표준과 40명의 임상 음악치료사들로부터의 조사를 기초로 하여 랜건은 치료사와 교육가들이 적절한 의뢰를 결정하고 결과를 추적하기 위한 수단으로 '음악치료 특수교육 진단평가도구(Music Therapy Special Education Assessment Tool)'를 개발하였다. 렘(Lem, 2015)은 호주의 또 다른 음악치료사로 치매 현장에서 일하는 음악치료사를 위한 도구를 개발하고 평가하였다. 치매에서의 음악개입 척도(Scale of Musical Engagement in Dementia)는 훈련된 음악치료사에 의해 개별적으로 운영되는데 노인의 자기보고식의 삶의 질에 대해 음악개입의 수준이 인지능력이나 행동보다 더욱 강한 예측 변수가 된다는 가정을 기본으로 한다.

2) 유럽의 음악치료 진단평가

유럽에서는 '음악치료 진단평가'라는 용어가 임상 진단평가, 임상평가 그리고 척도와 함께 활동을 설명하기 위해 광범위하게 사용되어 왔다. 최근 몇 십 년 동안 정신과와 발달적인 필요가 있는 아동을 진단하는 데 관심이 있었던 토니 위그램(Tony Wigram)의 연구에서 많은 영감을 받았으며 진단평가도구와 과정을 개발하는 데 많은 집중을 해 왔다(Wigram, 2000, 2007). 워쉬와 위그램(Wosch & Wigram, 2007)은 광범위한 20개의 진단평가를 미시분석(microanalysis)을 사용하여 비교하면서 많은 유사점을 발견하였는데 이는 다음과 같다. 진단평가와 분석 방법을 어떻게 설명하는가에 대해 끊임없이 높은 수준의 정확성, 음악 매개변수에 초점을 맞추고 그것들이 음악 외적인 임상의 목적과 어떻게 관련되는지, 클라이언트의 상호작용과 의사소통을 진단하기 위해 음악 즉흥연주 기법의 사용, 엄격한 분석방법을 포함한 연구기반 진단평가 모델이다. 그러나 그들은 검토된 방법에서 아무것도 체계적으로 검사하거나 표준화하지 않았고, 여기에는 임상가와 연구자 사이의 협력과 재정적 자원이 요구된다고 지적하였다.

제이콥슨, 위그램과 라스무센(Jacobsen, Wigram, & Rasmussen, 2019)에 따르면, 유럽에서

진단평가와 관련된 두 가지 학파가 있다. 인본주의를 지향하는 음악치료를 지배적으로 옹호하는 사람들, 그리고 의료, 심리학, 기타 관련 전문 영역(작업치료, 물리치료, 언어치료)의 훈련 영역과 관련된 자연과학 기반을 옹호하는 사람들이다. 표준화된 도구를 요구하는 고정된 과정의 적용을 꺼려 하는 사람도 몇몇 있지만, 그러나 유럽에서는 음악치료 안에서 표준화된 진단평가를 개발하는 것이 바람직하거나 혹은 가능성이 있는가에 대한 것보다는 어떻게 개발되고 사용될 수 있는지에 대해 질문한다(Jacobsen et al., 2019). 음악치료 진단평가는 다른 많은 분야처럼 순수하게 임상을 기본으로 하는 훈련 영역에서 연구기반 영역으로 발전되었으며, 이제는 진단평가 방법을 자세하게 설명하는 것과 신뢰도와 타당도의 증거를 제공하는 것에 초점을 맞추고 있다. 여전히 다양한 분석 방법이 사용되고 이러한 도구와 관련된 임상군은 넓다. 진단적인 진단평가는 연구기반 구성과 관련되는 경향이 있으며, 지난 5년 동안 표준화된 절차와 기준을 포함하는 도구를 개발하려는 시도는 거의 없었다.

3) 북아메리카의 음악치료 진단평가

미국과 캐나다에서 1950년과 1960년대에 음악치료는 건강 관련의 큰 맥락 안에서 기분전환 혹은 레크리에이션의 형태로서 중요하게 여겨져 왔다. 그리고 브라즈웰(Braswell, 1959)과 그 밖의 사람들은 음악치료중재는 치료 목적을 성취하기 위한 서비스 영역에서 적용되어야 한다고 권장하였으며, 음악치료사들의 초기 임상연구는 그렇지 않았다고 주장하였다. 미셸(Michel, 1965)은 336명의 전문 임상 음악치료사 중 단 36%만이 치료진보 평가에 대한 질문에 응답하였는데, 이는 결과를 진단하는 것에 대해 응답자가 거의 관심이 없음을 보여 준다고 하였다. 이처럼 흥미가 없어 보이는 모습은 이후 브라즈웰, 마란토와 디큐어(Braswell, Maranto, & Decuir, 1979a, 1979b)의 연구에서도 계속 제시되었는데, 이들은 임상 진단평가에 대해 언급하지 않음을 발견하였다. 그러나 1980년대 임상 진단평가에 대해 관심이 증가하였으며 정신과의 클라이언트를 진단하기 위한 음악치료 특화된 척도(Braswell et al., 1983, 1986), 발달장애 아동을 위한 척도(Boxhill, 1985), 인지적 기술(Rider, 1981) 그리고 운동기능(Sutton, 1984)을 위한 척도 개발이 있었다. 1982년 음악치료협회(National Association for Music Therapy)에서 진단평가 표준을 확립하고(Lipe, 2015) 전문가에게 우선적으로 수행하도록 요구하였는데(Clark & Ficken, 1988), 라돔(Lathom, 1982)과 테일러(Taylor, 1987)는 임상조사를 통해 치료를 받는 수혜자들의 평가와 진단평가 발견에 대한 치료 목적의 기본이 필요함을 발견하였다. 1990년대는 정신과(Cassity & Cassity, 1994)와 노인 영역(Lipe 1995; York, 1994)에서 사용하기 위한 진단평가도구 개발에서 성장을 보였으며, 이것은 2000년 단독으로 진단평가 이슈를 다룬 『Music Therapy Perspectives』와 『Journal of Music Therapy』의 특별판에서 절정에 달하였다. 더욱이 최근에 월든(Waldon, 2014b)은 2004년부터 2014년까지의 미국음악치료협회(American Music Therapy Association: AMTA)의 문헌(전체 18)에서 많은 척도를 조사하였는데 이전 10년 동안 보고된 것(전체 8)보다 2배 이상이라고 주장하였다.

4) 라틴 아메리카의 음악치료 진단평가

라틴 아메리카에서 음악치료 진단평가 연구 개발은 최근에 성장을 보이고 있다(Merill, 2016). 지난 10년 동안 서로 다른 형태의 음악치료 진단평가 연구, 음악치료 측정도구의 개발, 척도의 타당성과 번역, 그리고 음악치료 진단평가에서 문화적 이슈의 고려 등이 많은 나라에서 수행되어 왔다(Ferrari, 2013; Gattino et al., 2016). 예를 들어, 다음의 도구들이 브라질에서 해석되고 문화적으로 적용되고 타당성이 검증되었다. 음악치료 범주 체계[Category System of Music Therapy KAMUTHE(KAtegoriensystem MUsikThErapio)](Cattino et al., 2017), 신경발달장애를 위한 개별화된 음악중심 진단평가(IMCAP-ND Individual Music Centered Assessment Profile for Neurodevelopmental Disorders)(Carpente, 2016), 음악내적 관계 척도(Intramusical Relationship Scale: IRS)(Ferrari, 2013), 개별화된 음악치료 진단평가 프로필(Individual Music Therapy Assessmnent Profile: IMTAP)(Mauat, Gattino, & Riesgo, 2017), 즉흥연주 진단평가 프로필(Improvisation Assessment Profiles: IAP)(Gattino et al., 2016) 그리고 일상에서의 음악(Music in Everyday Life: MEL)(Gottfried et al., 2016)이다. 또한 브라질의 미나스 제라이스 연방 대학교(UFMG)의 안드레, 고메스와 루레이로(André, Gomes, & Loureiro, 2016)는 노도프-로빈스 평가 척도(Nordoff-Robbins Evaluation Scales)로부터 두 가지 척도, 즉 척도 I: 함께하는 음악경험에서 아동-치료사의 관계 척도(Scale I: Child-Therapist Relationship in Coactive Musical Experiencce)와 척도 II: 음악 의사소통(Scale II: Musical communicativeness)을, 아르헨티나의 음악치료사인 케리나 페라리(Ferrari, 2013)는 『Music Therapy: Aspects of Systematization and Assessment of the Clinical Practice』를 출판하였는데, 여기에는 아홉

가지 수준을 사용하여 클라이언트의 음악 안에서 이슈를 분석하는 척도인 음악내적 관계 척도(Intramusical Relationship Scale: IRS)가 포함되어 있다. 마지막으로, 콜롬비아의 음악치료사 후아니타 에슬라바 메이하(Eslava-Meija, 2017)는 올보그 대학교(덴마크)에서 음악치료 박사 논문의 한 부분으로 아동을 위한 신경심리학적 발달에 대한 음악치료 진단평가를 개발하고 있다.

4. 음악치료 진단평가 관련 이슈

임상에서 음악치료 진단평가의 목적 혹은 역할은 또한 상당히 많은 집중과 관심을 받고 있다. 몇 가지 관심은 다음과 같다. 음악치료 진단평가가 치료팀의 다른 전문가들의 노력과 어느 정도 겹치는지(혹은 중복되는지)(Lipe, 2015), 음악치료 특화된 진단평가가 필요한지의 여부, 혹은 음악이 진단의 과정에 사용되어야 하는지 여부(Wilson, 2005)이다. 음악이 진단평가에 포함되어야 하는가에 대한 이슈에 대해 위그램(1999)은 치료사들이 진단 과정에서 음악의 독특한 역할을 인정하기 꺼려 하는 이유를 두고 '더욱 과학적'이 되어야 한다고 인식하는 다른 영역에서 인정을 받고자 하는 데서부터 시작된 것일 수 있다고 주장한다. 이러한 반응에 대해 라돔(1980)과 브루샤(Bruscia, 1988), 파빌리체빅(Pavlicevic, 1995)은 음악이 진단평가 과정에 독특한 공헌을 한다고 강조하였는데 여기에는, ① 음악과 비음악 조건에서 클라이언트 반응의 관찰, ② 다른 영역에서는 할 수 없지만 음악을 통해서 가능한 독특한 표현의 경로, ③ 다른 형태의 치료와 구별되는 음악을 통한 치료사와 클라이언트의 관계를 포함한다.

이용 가능한 문헌에 초점을 맞추면서 아이젠베르그-그젠다(Isenberg-Grzeda, 1988)는 음악치료사가 다양한 임상군을 대상으로 진단평가를 수행할 때 영향을 미치는 네 가지 요소를 찾았다. 이 요소들은 음악(치료사의 음악적 능력과 음악이 치료적 힘으로 인식되는 정도), 이론적 틀(치료사의 삶의 경험 혹은 문화에 기반을 둔 개인적 철학 혹은 훈련에서 기인됨), 클라이언트 집단(진단받은 사람의 특정 진단 혹은 능력 수준), 기관(진단을 요구하는 개인 혹은 시설의 특정한 요구와 관련됨) 등이다.

윌슨과 스미스(Wilson & Smith, 2000)는 1980년부터 1997년까지 『Journal of Music Therapy』에 진단평가라는 명칭을 사용한 출판물을 조사하였다. 조사 결과, 표준화된 진단평가는 사용되지 않았다. 진단평가 과정의 반복 혹은 반복된 검사 사용이 서로 다른 진단평가 도구를 사용하여 단 2번 발생하였으며, 대부분 진단평가도구는 연구자가 설계한 것을 사용하였다. 월슨과 스미스는 대부분의 사례에서 진단평가도구가 출판되지 않았거나 또는 사용되거나 인용되지 않고, 연구에도 포함되지도 않았음을 발견하였다. 최근에 월든, 몬헤와 파월(Waldon, Monje, & Powell, 2014)과 월든(Waldon, 2014a)은 1980년과 2014년 사이에 10개의 동료 검토 학술지에 출판된 검사와 측정도구의 특성을 지닌 영문으로 된 음악치료 학술지를 검색하였다. 비록 출판된 검사도구가 최근에 증가하였다고 보고하였음에도 불구하고 여전히 구하기 어려우며, 설명된 모든 도구가 기술적인 적절성의 증거(예: 신뢰도와 타당도)를 가지고 있지 않고, 반복연구에서 사용된 검사도구 또한 거의 없었다. 이는 더 많은 작업이 필요함을 의미한다.

5. 진단평가와 평가 용어

헌슬리와 매시(Hunsley & Mash, 2014)에 의하면, 진단평가는 21세기 삶의 거의 모든 측면에서 펴지고 있다. 병원에서는 환자의 체중을 측정하고 검사하고 평가한다. 학교에서 학생은 입학부터 졸업할 때까지 진단을 받는다. 직장에서 노동자는 그들의 업무 수행을 평가받는다. 일반적으로 진단평가(assessment)는 정보를 수집하는 과정이며 임상가는 이를 통해 치료를 받는 클라이언트 혹은 집단에 대한 지식을 얻는다. 이러한 생각은 어비나(Urbina, 2004)에 의해 반영되었는데, 그는 심리적 진단평가는 "자료의 수집 · 평가 · 분석을 통해 융통성 있고, 표준화되지 않고, 한 가지 이상의 심리적인 이슈 혹은 질문과 관련하여 방어할 수 있는 결정에 도달하는 과정이다."(p. 24)라고 설명하였다. 음악치료 진단평가와 관련하여 헨서(Hanser, 1999)는 "진단평가는 강점과 필요를 결정하기 위한 체계적인 접근 방법"(p. 76)이라고 설명하였다. 더욱이 진단평가 과정은 '의뢰부터 치료의 종결/해지까지' 연속적으로 발생하는 것 중 하나이다(Waldon, 2013). 음악치료에 대해 자료기반 의사결정 접근(data-based decision making approach)을 설명하면서, 월든(Waldon)은 "모든 음악치료 작업은 소비자의 임상 목적을 맞추기 위해 자료를 수집 · 종합 · 분석하는 데 관여한다. 그러나 음악치료사가 자료를 개념화하고 치료결정을 위해 자료를 사용하는 방법에는 차이가 존재한다."(p. 46)라고 하였다. 예를 들어, 어떤 사람은 단지 숫자로 구성된 자료를 개념화하고 이후에 클라이언트 행동의 양적 표현에는 거의 관심을 갖지 않을 수 있다. 다른 사람은 1차적으로 검사점수를 중요시하고 치료결정에 있어서 다른 요소에 무게를 둘 수 있다.

종종 진단평가(assessment)와 평가(evaluation)라는 용어는 서로 교차되어 사용되지만 임상에서 의미는 서로 다르다. 일반적으로 평가(evaluation)는 의사결정 혹은 판단을 목적으로 정해진 시간(예: 기초 자료수집 혹은 치료 이후)의 마지막에 발생하는 과정이다(Frey, 2015). 휠러(Wheeler, 2013)도 이에 동의하는데, 그녀는 음악치료평가는 치료의 성공 여부를 결정하기 위해 서비스의 시작 이후 발생하는 과정이라 하였다. 휠러는 이것이 진단평가(assessment)라는 용어와 대조를 이루며, 진단평가는 치료 전에 발생하여 "클라이언트, 클라이언트의 보호자, 그리고 의미 있는 타인과 접촉을 시작하는 문서"(pp. 344–345)라고 하였다. 따라서 평가(evaluation)는 진단평가의 특별한 경우이며 의사결정을 위한 것 중 하나이다(예: 치료를 위해 의뢰된 클라이언트 혹은 관련된 진단이 적절한가를 결정). 의뢰된 적절성에 대해 음악치료사는 클라이언트와 그들에게 보이는 문제가 음악기반(music based) 중재를 사용하여 다룰 수 있는지 여부를 결정하기 위해 임상 정보를 검토하고 수집하는 데 책임이 있다(Hanser, 1999의 의뢰기준 목록 참조). 그리고 진단(diagnosis)하는 과정에서 전형적인 것은 아니지만(다른 임상가의 일임), 진단적 · 평가적 과정에서 도움을 주기 위해 음악치료사는 다른 전문가와 협조하여 사용할 수 있는 진단평가를 통해 적절한 자료를 수집한다.

측정(measurement)은 관련된 또 다른 용어이지만 진단평가와는 뚜렷하게 구별된다. 측정은 어떤 기구를 통해 일반적으로 얻은 특성 혹은 성격의 양적 표현을 의미한다. 심리학이나 유사한 전문 영역에서 이것은 검사(test)를 통해 진행되거나(다음에 정의함) 혹은 종종 의료 영역에서 사용되는 또 다른 장치(청진기, 의료 장비) 혹은 과정(실험실 검사)이다. 임상에서 측정도구는 진단평가의 한 부분으로 사용될 수도 있지만, 전체에서 진단평가에 포함되는 것은 아니다. (넓은 의미의) 진단평가는 관찰, 클라이언트 (인터뷰를 통해 수집한) 히스토리, 그리고 적절한 기록의 검토와 함께 측정(예: 검사점수)으로 구성될 수도 있다.

검사[test 혹은 척도(measure)]는 특정한 과정 혹은 점수(score)를 얻기 위해 임상적으로 적절한 능력 혹은 특성으로서 한 개 이상으로 분명하게 정의될 수 있는 진단을 사용하는 일련의 과제이다. 다음을 얻기 위해 제공되는 진단된 특성을 의미 있게 계량화한 것을 점수라고 할 수 있다. 즉, ① 기능 혹은 수행 수준을 설명하기 위해, ② 이후 비교를 위해 기능 혹은 수행의 기초선을 확립하기 위해, ③ 클라이언트의 장점과 필요를 확인하기 위해서이다(Sattler, 2001). 검사와 측정이 진단평가 과정에 포함되지만 진단평가 그 자체로 검사(표준화된 혹은 기타)가 사용되어야 한다는 의미는 아니라는 점을 알아야 한다. 대신 검사는 치료의 수혜자에 대한 정보를 모으기 위해 사용되는 여러 가지 방법이라는 점에서 진단평가 과정에서 하나의 구성요소로 여겨져야 한다.

흔히 표준화(standardized)라는 말을 오해하는데, 이러한 명칭의 의미를 이해하지 못하는 사람들로부터 저항을 받는다. 임상에서 표준화는 1차적으로 검사와 측정의 두 가지 특성, 즉 획일성(uniformity)과 정상적 비교(normative comparison)를 말한다. 어비나(2004)에 따르면, 획일성은 검사의 항목들이 개발되고 운영되는 것과 일치한다는 것을 의미하며, 클라이언트 반응은 점수화되고 해석된다. 이것의 많은 부분(예: 항목 개발과 통계적 구조)이 진단평가도구를 설계하는 과정에서 발생하지만 검사가 운영되고 훈련된 임상가에 의해 획일화된 기준을 사용하여 해석된 반응을 보장하는 것은 윤리적 진단평가 수행의 이슈가 된다. 흔히 표준화는 측정을 목적으로 하는 사람을 위해 다른 수행과 비교하면서 한 사람의 수행을 추정하기 위한 기준을 확립하는 것과 관련이 있다(Colman, 2009). 더욱 정확하게, 표준화의 의미는 규준참조 해석(norm-referrenced interpretation)이고 모든 표준화된 검사도구가 검사자의 수행을 해석하거나 점수를 이해하기 위한 접근을 포함하는 것은 아니다.

6. 음악치료에서 근거기반 진단평가

근거기반 진단평가(Evidenced-Based Assessment: EBA)는 임상적 맥락에서 특정 진단과 관련된 질문에 답을 하기 위한 이론과 연구-지지적 방법을 체계적으로 사용하는 것이다(Hunsley & Mash, 2014). EBA는 새틀러와 호헤(Sattler & Hoge, 2006)가 지지하였는데, 이들은 좋은 진단평가 수행은 이론 · 발달 · 병리 · 윤리의 이해를 기본으로 한다고 주장하였다. 임상가의 개인 특성, 개발과 문제에 대한 수정, 그리고 음악치료사가 어떻게 적절한 진단평가도구(예: 인터뷰, 관찰, 검사)를 선택하는가에 대한 이해를 바탕으로 하기 때문에 이론은 중요하다. 또한 이론은 클라이언트의 강점, 필요 그리고 중재에 대한 반응을 더욱 잘 이해하기 위한 진단평가에서의 발견을 분석하기 위한 틀을 제공한다. 개발에 대한 치료사의 지식은 진단평가 방법의 선택에 대한 정보를 제공하고, 진단평가 과정에서 라포(rapport)를 확립하는 데 도움을 주고, 진단평가의 발견을 클라이언트 그리고 다른 전문가와 의사소통하는 방법에 영향을 준다. 특정 병리에 대한 지식과 혹은 음악치료에서 보이는 클라이언트의 도전과 문제에 대한 생각을 개념화하는 것은 의뢰된 문제 발생과 진단평가 방법의 선택, 그리고 치료사가 진단평가 정보를 분석하고 종합하는 데 도움이 된다(예: 사례 형식의 구성). 윤리와 관련하여 치료사(혹은 훈련가)는 다음을 위해 적절한 지침을 알고 준수해야 한다. 즉, 진단평가에서의 훈련(예: 적절한 교육, 지식, 전문성을 갖는 것), 진단평가 과정에 영향을 미치는 영향력과 편견에 대한 인식, 진단평가 수행과 관련된 규정과 법, 진단평가 발견의 적절한 해석과 타당성, 진단평가 과정 혹은 검사 항목의 보호, 임상 진단평가 자료의 저장이다.

7. 진단평가에 대한 자료기반 접근

음악치료에서 진단평가를 개념화하는 데는 다양한 방법이 있다. 미국음악치료협회(America Music Therapy Association: AMTA, 2015)의 임상수행기준(Standard of Clinical Practice)은 의뢰와 승인, 진단평가, 치료계획 수립, 수행, 기록, 서비스의 종결 등을 포함한다. 2번째 기준에 따르면, 진단평가는 다양한 영역에 걸쳐서 클라이언트의 기능을 측정하기 위한 포괄적이며 여러 방법의 접근, 클라이언트의 강점과 필요 추정, 클라이언트의 문화 탐색, 클라이언트의 음악성, 음악선호, 음악에 대한 반응을 확인하는 것이다.

제이콥슨 등(Jacobsen et al., 2019)은 다음의 다섯 가지 용어를 사용하여 치료의 시작에서 발생하는 것 이상으로 진단평가의 목적과 시기를 확대하였다. 즉, ① 진단(diagnostic)을 위한 진단평가(진단적 가설을 지지하기 위한 증거를 수집하기 위해), ② 일반적인(general) 진단평가(전체적인 전망으로부터 클라이언트의 일반적인 필요를 확인하고 적절한 치료 중재를 권장하기 위해), ③ 음악치료 중재 진단평가(중재로서 음악치료적인 가치를 지지할 증거를 얻기 위해), ④ 치료 전 진단평가(클라이언트에게 적절한 처음 2, 3회기 치료 중재를 결정하기 위해), ⑤ 효과적인 치료 진단평가(치료를 결정하기 위한 음악치료 효과성을 평가하기 위해)이다. 브루샤(1998)는 진단(diagnosis), 설명(description), 해석(interpretion), 처방(prescription) 그리고 평가(evaluation)의 다섯 가지 범주를 사용하여 진단평가의 기능을 설명하였다. 윌슨(2005)은 또한 모든 음악치료사가 공유하는 전통적인 진단평가 방법, 즉 인터뷰, 관찰, 검사, 기존의 자료 검토를 확인하였다.

앞서 설명한 진단평가의 관점과 연결하여 월든(2013)은 음악치료 진단평가는 치료 수혜자에 대한 일련의 정보를 확립하기 위해 사용되는 어떤 정보의 수집과 분석 과정을 포함하기 위해 확대될 수 있다고 가정한다. 진단평가에 대한 이러한 개념화는 임상심리학 분야, 특히 새틀러(2001)에 의해 가정된 진단평가의 네 기둥의 정의를 사용하여 널리 유행하였다. 이 기둥들은 표준화된 검사, 인터뷰, 관찰 그리고 비공식적 진단평가 과정이다. 우리가 이러한 기본적인 기둥을 생각할 때 진단평가는 음악치료의 모든 과정에서 발생한다. 왜냐하면 의뢰, 초기 진단평가, 치료계획 수립, 수행과 종결을 하는 동안 관찰, 검사, 인터뷰, 비공식적 진단평가가 적용될 가능성이 있기 때문이다. 더욱이 자료수집, 분석 그리고 의사결정은 모든 치료단계에서 발생하며 자료가 제시될 때 더 이전 치료단계로 돌아간다. 월든의 자료기반 의사결정 모델은 이러한 이해를 제시한다([그림 1-1] 참조).

새틀러(2001)에 따르면, 표준화된 검사는 동료집단을 참조하여 클라이언트의 현재 기능을 설명하고, 강점과 약점을 확인하고 이후 후속 검사를 위한 기초선을 제공할 수 있다. 더욱이 검사와 측정의 사용은 치료과정을 통해 세 가지 광범위한 목적 혹은 기능으로 개념화될 수 있다. 진단적으로 그리고 묘사적으로 사용될 때, 검사는 진단을 하는 데 도움이 되거나 혹은 치료계획 수립을 목적으로 치료 시작에 발생한다. 검사자료는 클라이언트의 특성을 진단하고 기능적인 능력을 예측하여 치료 목적을 형성하고(예: 목적과 목표), 기능을 치료 이전의 수준으로 확립하기 위해 사용된다. 치료를 수행하는 동안 공식적으로 사용되는 검사와 측정은 클라이언트의 진보와 중재에 대한 반응을 모니터하는 데 사용될 수 있다. 치료사는 목적과 목표에 대한 수행을 기록하고 새로운 치료 목적 확립을 정당화하거나 혹은 기존의 치료 계획을 수정할 때 이러한 자료를 사용한다. 측정이 종합적으로 사용될 때 치료사는 치료 효과를 종합하기 위한 목적으로 치료과정 이후 클라이언트 반응을 평가하는데, 이것은 추가적인 서비스를 위해 클라이언트에게 조언을 하거나 혹은 치료의 종결을 정당화하는 데 사용할 수 있다(Waldon, 2014a). 더욱 광범위하게 적용하면 모든 자료기반 진단평가 과정(검토하기, 인터뷰하기, 관찰하기, 검사하기)을 이러한 진단평가활동이 발생하는 시점에 따라서 이러한 목적(진단적/설명적 · 형성적 · 종합적) 중 한 가지에 해당된다([그림 1-1] 참조).

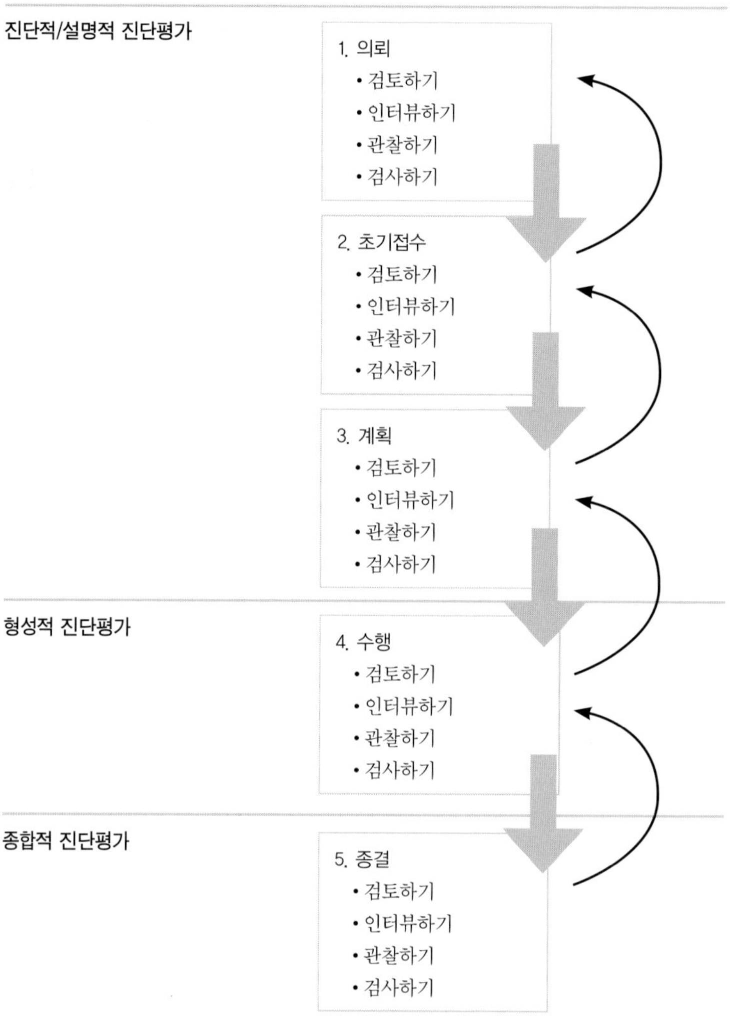

치료의 단계(1~5)는 미국음악치료협회 임상수행기준을 기본으로 하며 의뢰부터 종결까지의 일반적인 치료의 과정이다(아래로 향하는 화살표). 각 단계에서 임상적으로 적절한 정보를 수집하기 위한 네 가지 자료—검토하기, 인터뷰하기, 관찰하기, 검사하기—를 기반으로 하는 방법을 제시하고 있다. 위로 구부러진 화살표는 이후 치료단계에서 수집된 자료가 다시 검토, 재개념화 혹은 이전 단계로 다시 수집되는 것을 보여 준다. 가로선은 진단평가 기능의 변화(예: 진단적/설명적, 형성적, 종합적)를 보여 준다.

[그림 1-1] 음악치료에서 자료기반 의사결정 모델

월든(2013)이 제시한 네 가지 진단평가 방법과 다른 형태를 RIOT이라는 약자로 표기할 수 있다. 이는 기록, 서류 혹은 기타 작품 검토하기(Reviewing), 인터뷰하기(Interviewing), 관찰하기(Observing), 검사하기(Testing)이다. 임상 환경에 따라 이러한 방법이 변화되는 것처럼 진단평가 방법에는 미리 결정된 순서가 없고(예: 검토하기가 인터뷰하기, 관찰하기, 검사하기보다 미리 수행되지 않음) 몇 가지는 동시에 수행될 수 있으며(예: 응급의료환경에서 일하는 음악치료사는 인터뷰와 관찰을 동시에 수행함) 다른 것은 그렇지 않을 수도 있다(예: 치료에 특화된 표준화된 측정이 항상 사용 가능한 것은 아님). 각각은 다음에서 자세하게 살펴본다.

1) 검토하기

적절한 기록과 문서를 검토하는 것은 많은 임상에서 일하는 음악치료사들에게 공통된 진단평가 방법이다. 많은 경우 치료사는 클라이언트의 학교 파일 혹은 의료 기록에 접근하여 그들이 필요로 하는 여러 정보를 얻을 수 있다. 전자 기록이 유지되는 시대에 이러한 작업은 바람직한 정보가 서로 반대되는 먼 지역에 있어도 더욱 편리해졌다. 또한 작업 표본 혹은 다른 임상적으로 적절한 작품을 검토할 수 있고 이것은 때때로 연속적인 산출 기록(permanent product recording)으로 간주될 수 있으며(Van Houten & Hall, 2001), 치료사는 글로 쓰인 표본, 예술작품, 다양한 임상에서 클라이언트의 기능과 관련된 적절한 정보를 보여 주는 클라이언트 행동에서 어떤 유형의 산출물을 조사하느냐에 따라 가치를 발견할 수도 있다.

2) 인터뷰하기

클라이언트와 다른 사람들로부터 정보를 얻기 위한 비공식적이면서 직접적이고 상호적인 방법은 모든 치료단계에서 필수적이다. 인터뷰하기는 구조적 · 반구조적 · 자유형식(Sattler, 2001)이 될 수 있으며, 클라이언트의 친숙한 환경(가족과 보호자 포함), 치료적 환경(치료사, 간호사, 다른 전문가) 혹은 일상환경(작업장, 학교, 교회, 사회기관에서의 동료) 안에서 임상적으로 적절한 정보를 얻기 위한 치료사의 비공식적인 상호작용을 포함한다. 몇 가지 출판된 인터뷰 과정[예: DSM을 위한 구조적 임상 인터뷰(Structured Clinical Interview for DSM: SCID)]을 이용할 수 있지만, 음악치료사는 전형적으로 스스로 질문지를 만들거나 혹은 음악치료에서 이론적 틀 혹은 접근법에 따라서 인터뷰를 적용한다.

3) 관찰하기

관찰은 감각기관(예: 시각, 청각)을 사용하여 자료수집을 하는 비공식적 혹은 체계적인 방법으로 구성된다(예: 빈도, 기간 기록)(Sattler, 2001). 묘사적인 관찰은 일반적으로 덜 구조적이며 치료 수혜자, 그들의 환경, 활동의 질, 상호작용, 진단평가 과정에서 적절한 과제에 대한 정보를 수집하는 훌륭하고 1차적인 수단으로 여겨진다. 음악치료에서 관찰은 흔히 임상적으로 의미 있는 사건을 분석하고, 클라이언트의 반응을 이해하며, 클라이언트 혹은 음악치료사에게 나타나는 것을 반영하고 후속 회기를 계획하기 위해(Oldfield, 2006) 치료 회기의 오디오와 비디오 기록을 조사한다(Gfeller, 2016).

많은 경우, 이러한 관찰은 양적(예: 빈도, 강도, 기간), 시퀀싱, 혹은 임상적으로 적절한 반응, 상호작용, 행동의 위치에 초점을 맞춘 구조적이고 체계적인 관찰 방법을 야기할 수 있다. 음악치료에서 두 가지 중요하게 사용되는 체계적 관찰 방법은 응용된 행동분석(applied behavior analysis)과 미시분석 접근법(microanalysis approach)이다. 응용된 행동분석은 정의된 행동, 선행사건, 행동의 증가 · 감소 · 유지를 위한 후속 사건에 관심이 있다. 더욱이 환경적으로 적응적 반응을 발달하는 데 있어서 클라이언트를 지지할 수 있는 중재를 계획하기 위한 행동의 기능(혹은 목적)에 관심이 있다. 음악치료 미시분석(Wosch & Wigram, 2007)은 치료의 수행 국면에서 임상적으로 의미 있는 시점 동안 치료과정을 이해하기 위해 음악치료 회기의 일정 부분(혹은 전체)의 문자 · 비디오 · 오디오를 분석한다.

관찰접근은 또한 치료사가 특정 강점과 필요를 확인하는 것뿐만 아니라 클라이언트에 대한 가설을 검사하는 데 도움을 줄 수 있다. 이러한 방법으로 음악치료사는 서로 다른 영역(예: 의사소통, 운동, 인지)에서 기능을 관찰하고 접근하기 위한 음악활동 혹은 음악과제 결합을 적용할 수 있다. 예를 들어, 위그램과 골드(Wigram & Gold, 2006)는 음악치료 진단평가(음악 즉흥연주 사용)는 지적 혹은 인지적 능력을 진단하기 위한 표준화된 방법과 비교할 때 아동의 창조적 잠재력(인지적인 용어로)을 탐색하기 위해 더욱 융통성 있는 접근을 허용한다고 주장한다.

4) 검사하기

기록을 검토하고 인터뷰하며 관찰하는 것과 함께 검사하기 또한 진단평가 목적을 위해 그룹 혹은 클라이언트에 대한 일련의 지식을 얻는 데 사용될 수 있다. 프레이(Frey, 2015)는 "검사는 일련의 조직화된 과정, 질문, 혹은 과제이며 이것은 몇몇 특성의 개별화된 수준을 반영하기 위해 해석할 수 있는 양적 결과를 만들어 낸다."(p. 3)라고 하였다. 이러한 정의하에서, 검사는 척도의 평가, 체크리스트, 인벤토리를 포함하며 많은 것이 임상가에 의해 운영될 수도 있지만, 반면 클라이언트가 스스로 작성하는 것들도 있다. 음악치료 임상에서 사용되는 검사는 흔하지 않지만(Waldon, 2014a), 음악치료사들이 선택할 수 있는 많은 음악기반 진단평가가 있으며(Lipe, 2015 참조) 몇몇은 이후에 설명될 것이다.

8. 음악치료에서 검사와 척도에 대한 정보

이 절은 1981년부터 2016년까지 동료 검토 학술지에서 출판된 음악치료에서 사용된 검사와 척도의 개요를 보여 주며, 이는 월든(2014a)과 월든 등(Waldon et al., 2014)에 의해 수행된 것을 기본으로 하였다. 월든과 동료들은 다음의 동료 검토 학술지에서 1981년부터 2016년까지 출판된 검사와 척도를 조사하였다. 『Art and Psychotherapy』『Australian Journal of Music Therapy』『British Journal of Music Therapy』『Canadian Journal of Music Therapy』『Journal of Music Therapy』『Journal of Association of Music and Imagery』『Music and Medicine』『Music Therapy Perspectives』『Nordic Journal of Music Therapy』『Psychology of Music』 등이다. 다음의 기준을 만족하는 기타 동료 검토 학술지에서 검토된 척도 또한 조사되었다.

척도과 검사의 포함 기준을 확인하면서 다음의 기준이 적용되었다.

- 연구의 1차적인 목적은 개발, 기술탐구 혹은 특정 검사에 대한 임상적 응용이다.
- 검사는 진단평가 과정에 음악적 자극을 통합하여야 한다.
- 검사는 확인할 수 있는 구조, 영역 혹은 임상현상을 나타내는 척도(예: 양적 점수)를 산출

하여야 한다.

• 검사는 (연구와는 반대로) 임상에서 사용할 수 있는 의도가 있어야 한다.

이러한 연구들을 범주화한 후에 개발자는 다음의 정보들을 추출하였다. 검사의 제목, 개발자, 연도, 대상, 학술지 출처와 발행연도, 검사를 조사하기 위한 추가 연구, 검사의 목적, 검사의 구조, 보고된 심리측정적인 형태이다. 25개 검사와 척도가 포함되었는데, 월든(2015a)과 월든 등(2014)은, ① 7개의 척도는 신뢰도 혹은 타당도에 대한 증거가 부족하며 반면 3개는 신뢰도와 타당도 모두 부족하다. ② 대부분 척도는 형성적이고 진단적/설명적 목적을 위해 설계되었고, 반면 4개는 종합적 목적을 위해 설계되었다는 것들을 발견하였다.

이 장의 목적을 위해 수행된 더욱 최근 분석은 음악치료 동료 검토 학술지에 6개의 새로운 검사/척도를 발견하였는데, 이것 중 1개는 신뢰도의 증거를 포함하지 않았다. 더욱이 최근 검토에서 발견된 3개의 검사/척도는 새로운 출판물에서 갱신되었다. 음악집중선별 진단평가(Music Attentiveness Screening Assessment, Revised)(MASA-R; Waldon et al., 2016), 의식장애에서 인식을 위한 음악치료 진단평가(Music Therapy Assessment Tools for Awareness in Disorders of Consciousness: MATADOC)(Magee et al., 2016), 부모유능감 진단평가(Assessment of Parenting Competencies: APC)(Jacobsen & Killen, 2014)이다. 이전에 윌슨과 스미스(2000)와 사바텔(Sabatell, 2004)의 분석과 비교하여 심리측정적인 질에 대한 이슈가 집중을 받고 있었다. 그러나 유명한 음악치료 학술지에서 진단평가 척도는 여전히 그 수가 적다. 또한 이러한 검토에는 진행 중인 연구, 다른 학술지에서의 출판(예: 비음악치료 학술지), 영어가 아닌 언어로 출판된 척도는 포함되지 않았다.

9. 고려사항

음악치료에서 진단평가는 치료의 질을 위해서 필요하고 창조적이며 융통성 있는 음악매체를 사용하여 클라이언트의 기능을 평가하기 위해 음악을 사용하는 독특한 기회를 제공한다. 임상수행기준에 따르면, 치료 수혜자에 대한 중요한 임상적 질문을 다루기 위해 진단평가는 여러 가지 과정(예: 검토하기, 인터뷰하기, 관찰하기, 검사하기)을 포함한다. 이 장에서 토의한 것처럼 음악치료에서 표준화된 검사와 척도들은 적고, 검사도구가 임상수행의 모든 분야를 포함하지 않는다. 더욱이 척도의 심리측정적이고 기술적인 조사를 다루는 연구들은 제한되어 있으며, 몇몇의 경우 동료 검토 학술지에 도구가 출판되지 않았고 몇몇은 라틴 아메리카에서 출판되었다. 이러한 의미에서 새로운 검사도구의 개발과 서로 다른 집단에서 사용되는 기존의 척도와 새로운 척도의 심리측정적인 성격을 탐구하는 데 초점이 맞추어져야 한다.

참고문헌

American Music Therapy Association. (2015). *Standards of Clinical Practice*. Retrieved 03/01/2017 at www.musictherapy.org/about/standards.

André, A. M., Gomes, C. M. A., & Loureiro, C. M. V. (2016). *Translation and Validation of the Nordoff-Robbins Scale I: Child-Therapist(s) Relationship in Coactive Musical Experience and Nordoff-Robbins II: Musical Communicativeness.* Paper presented at the 17th ANPPOM Congress, Belo Horizonte, Brazil.

Boxhill, E. H. (1985). *Music Therapy for the Developmentally Disabled.* Rockville, MD: Aspen Systems.

Braswell, C. (1959). The Goal-Directed Hospital Music Program. In E- H. Schneider (Ed.), *Music Therapy 1959.* Lawrence, KS: National Association for Music Therapy.

Braswell, C., Brooks, D., Decuir, A., Humphrey, T., Jacobs, K., & Sutton, K. (1983). Development and implementation of a music/activity therapy intake assessment for psychiatric patients. Part I: Initial standardization procedures in data from university students. *Journal of Music Therapy, 20*, 88-100.

Braswell, C., Brooks, D., Decuir, A., Humphrey, T., Jacobs, K., & Sutton, K. (1986). Development and implementation of a music/activity therapy intake assessment for psychiatric patients. Part II: Standardization procedures in data from psychiatric patients. *Journal of Music Therapy, 23,* 126-141.

Braswell, C., Maranto, C. D., & Decuir, A. (1979a). A survey of clinical practice in music therapy. Part II: The institutions in which therapists work and personal data. *Journal of Music Therapy, 16*, 2-16.

Braswell, C., Maranto C. D., & Decuir, A. (1979b). A survey of clinical practice in music therapy. Part II: Clinical practice, educational, and clinical training. *Journal of Music Therapy, 16,* 50-69.

Bruscia, K. (1988). Standards for clinical assessment in the arts therapies. *Arts in Psychotherapy, 15,* 5-10.

Bruscia, K. (1998). *Defining Music Therapy* (2nd edition). Gilsum, NH: Barcelona.

Carpente, J. (2016) *Verão Brasileira da escala Individual Music-Centered Assessment Profile for Neurodevelopmental Disorders (IMCAP-ND): Manual de Aplicação*. New York, NY: Regina Publishers.

Cassity, M. D., & Cassity, J. E. (1994). *Multimodal Psychiatric Music Therapy for Adults, Adolescents and Children: A Clinical Manual* (2nd edition). St. Louis, MO: MMB Music.

Catharsis (2013). New World Encyclopedia. Retrieved 11/10/2016 at www.newworldencyclopedia.org/entry/Catharsis.

Clark, M. E., & Ficken, C. T. (1988). Music therapy in the new healthcare environment. *Music Perspectives, 5*, 23-28.

Colman, A. M. (2009). *Standardized test. In Oxford Dictionary of Psychology* (3rd edition). Oxford: Oxford University Press.

Davis, W., & Hadley, S. (2015). A History of Music Therapy. In B. L. Wheeler (Ed.), *Music Therapy Handbook*. New York, NY: Guilford Press.

Davis, W. B., Gfeller, K. E., & Thaut, M. H. (2008). *An Introduction to Music Therapy: Theory and Process* (3rd edition). Silver Spring, MD: American Music Therapy Association.

DuBois, T. A. (2009). *An Introduction to Shamanism*. Cambridge: Cambridge University Press.

Eslava-Meija, J. (2017). *The Attention Profile in MT Assessment for Children: Development and Pilot Study of Validity and Reliability*. Unpublished PhD thesis, Aalborg University.

Ferrari, K. (2013). *Musicoterapia: Aspectos de la Sistematización y Evaluación de la Práctica Clínica*. Buenos Aires, Argentina: Ediciones MTD.

Frey, B. B. (2015). *100 Questions (and Answers) about Tests and Measures*. Thousand Oaks, CA: Sage.

Gattino G., Ferrari, G., Azevedo, G., de Souza, F., Pizzol, F. C. D., & Santana, D. d. C. (2016). Translation, transcultural adaptation and validity evidences of the improvisational assessment profiles scale (IAP) for use in Brazil: Section 1.*Brazilian Journal of Music Therapy, 20,* 1, 92-116.

Gattino, G, S., da Silva, A. M., Figueiredo, F. C., & Schüler-Faccini, L. (2017). KAMUTHE video microanalysis system for use in Brazil: Translation, cross-cultural adaptation and evidence of validity and reliability. *Health Psychology Report, 5*, 1, 1-13.

Gfeller, K. E. (2005). Music as a Therapeutic Agent: Historical and Sociological Perspectives. In R. F. Unkefer & M. H. Thaut (Eds.), *Music Therapy in the Treatment of Adults with Mental Disorders: Theoretical Bases and Clinical Interventions*. Gilsum, NH: Barcelona..

Gfeller, K. E. (2016). Music as Communication and Training for Children with Cochlear Implants. In N. M. Young & K. Iler Kirk (Eds.), *Pediatric Cochlear Implantation*. New

York, NY: Springer.

Gottfried, T., Thompson, G., Carpente, J., & Gattino, G. (2016). Music in everyday life by parents with their children with autism [Supplement]. *Nordic Journal of Music Therapy. 25,* 89–90, doi: 10.1080/08098131.2016.1180085.

Greenberg, D., Lichtenberger, E. O., & Kaufman, A. S. (2013). The Role of Theory in Psychological Assessment. In D. H. Saklofske, C. R. Reynolds, & V. Schwean (Eds.), *The Oxford Handbook of Child Psychological Assessment.* Oxford: Oxford University Press.

Grocke, D. E. (2014). Music Therapy. In W. F. Thompson (Ed.), *Music in the Behavioral Sciences: An Encyclopedia, Vol II.* Thousand Oaks, CA: Sage.

Hanser, S. E. (1999). *The New Music Therapist's Handbook* (2nd edition). Boston, MA: Berklee Press.

Hunsley, J., & Mash, E. J. (2014). Evidence-Based Assessment. In D. H. Barlow (Ed.), *Oxford Handbook of Clinical Psychology* (4th edition rev.). Oxford: Oxford University Press.

Isenberg-Grzeda, C. (1998). Music therapy assessment: A reflection of professional identity. *Journal of Music Therapy, 25,* 156–169.

Jacobsen, S. L., & Killén, K. (2014). Clinical application of music therapy assessment within the field of child protection. *Nordic Journal of Music Therapy, 24,* 148–166, doi: 10.1080/08098131.2014.908943.

Jacobsen, S. L., Wigram, T., & Rasmussen, A. M. (2019). Assessment and Clinical Evaluation in Music Therapy. In L. O. Bonde, I. N. Pedersen, & S. L. Jacobsen (Eds.), *Comprehensive Guide to Music Therapy* (2nd edition). London: Jessica Kingsley Publishers.

Jeong, E. (2013). Psychometric validation of a music-based attention assessment: Revised for patients with traumatic brain injury. *Journal of Music Therapy, 50,* 66–92.

Langan, D. (2009). A music therapy assessment tool for special education: Incorporating educational outcomes. *Australian Journal of Music Therapy, 20,* 78–98.

Lathom, W. (1980). *Role of Music Therapy in the Education of Handicapped Children and Youth.* Lawrence, KS: National Association for Music Therapy.

Lathom, W. (1982). Survey of functions of a music therapist. *Journal of Music Therapy, 19,* 2–27.

Lem, A. (2015). The evaluation of musical engagement in dementia: Implications for self-reported quality of life. *Australian Journal of Music Therapy, 26,* 30–52.

Lipe, A. (1995). The use of music performance tasks in the assessment of cognitive functioning among older adults with dementia. *Journal of Music Therapy 32*, 137-151.

Lipe, A. W. (2015). Music Therapy' Assessment. In B. L Wheeler (Ed.), *Music Therapy Handbook*. New York, NY: Guilford Press.

Magee, W. L., Siegert, R. J., Taylor, S. M., Daveson, B. A., & Lenton-Smith, G. (2016). Music Therapy Assessment Tool for Awareness in Disorders of Consciousness (MATADOC): Reliability and validity of a measure to assess awareness in patients with disorders of consciousness. *Journal of Music Therapy, 53,* 1-26, doi: 10.1093/jmt/thv017.

Mauat, A., Gattino, G., & Riesgo, R. (2017). *Validity evidence of the Individualized Music Therapy Assessment Profile (IMTAP) for ASD Children*. Unpublished doctoral dissertation, Universidade Federal do Rio Grande do Sul, Brazil.

Merrill, T. R. (2016). Music Therapy Research: A Historical Portrait. In B. L. Wheeler & K. M. Murphy (Eds.), *Music Therapy Research* (3rd edition). Dallas, TX: Barcelona.

Michel, D. E. (1965). Professional profile: The NAMT member and his clinical practices in music therapy. *Journal of Music Therapy, 2,* 124-129.

Oldfield, A. (2006). *Interactive Music Therapy in Child and Family Psychiatry: Clinical Practice, Research, and Teaching*. London: Jessica Kingsley Publishers.

Pavlicevic, M. (1995). Interpersonal Processes in Clinical Improvisation: Toward a Subjectively Objective Systematic Function. In T. Wigram, B. Saperston, & R. West (Eds.), *The Art and Science of Music Therapy: A Handbook*. London: Routledge.

Rider, M. (1981). The assessment of cognitive functioning level through musical perception. *Journal of Music Therapy, 18,* 110-119.

Sabatella, P. E. (2004). Assessment and clinical evaluation in music therapy: An overview from literature and clinical practice. *Music Therapy Today, 5*, 1, 1 32. Retrieved 27/11/2016 at http://musictherapyworld.net.

Sattler, J. M. (2001). *Assessment of Children: Cognitive Applications* (4th edition). La Mesa, CA: Jerome M. Sattler, Publisher Inc.

Sattler, J. M., & Hoge, R. D. (2006). *Assessment of Children: Behavioral, Social, and Clinical Foundations* (5th edition). La Mesa, CA: Jerome M. Sattler, Publisher Inc.

Sutton, K. (1984). The development and implementation of a music therapy physiological measures test. *Journal of Music Therapy, 21,* 160-169.

Taylor, D. (1987). A survey of professional music therapists concerning entry-level competencies. *Journal of Music Therapy, 24,* 114-145.

Urbina, S. (2004). *Essentials of Psychological Testing.* Hoboken, NJ: Wiley.

Van Houten, R., & Hall, R. V. (2001). *The Measurement of Behavior: Behavior Modification* (3rd edition). Austin, TX: Pro-Ed.

Waldon, E. G. (2013). Data-based decision making in music therapy. *Imagine: Early Childhood Music Therapy, 4,* 46-50.

Waldon, E. G. (2014a). *Tests and Measures in Music Therapy: A Systematic Review (1994-2014).* Poster session presented at the World Congress of Music Therapy, Krems, Austria.

Waldon, E. G. (2014b). *Research Committee Presents: Designing Tests and Measures in Music Therapy.* Paper presented at the American Music Therapy Association Conference, Louisville, KY.

Waldon, E. G., Lesser, A., Weeden, L., & Messick, E. (2016). The Music Attentiveness Screening Assessment-Revised (MASA-R): A study of technical adequacy. *Journal of Music Therapy, 53,* 75-92.

Waldon, E. G., Monje, J., & Powell, A. (2014). *Music Therapy Tests and Measures A: Review of AMTA Journals (1981-2014).* Poster session presented at the American Music Therapy Association Conference, Louisville, KY

Wheeler, B. L. (2013). Music Therapy Assessment. In R. F. Cruz & B. Feder (Eds.), *Feder' s The Art and Science of Evaluation in the Arts Therapies* (2nd edition). Springfield, IL: Charles C. Thomas.

Wigram, T. (1999). Assessment methods in music therapy: A humanistic or natural science framework? *Nordic Journal of Music Therapy, 8,* 7-25.

Wigram, T. (2000). *Assessment and Evaluation in the Arts Therapies: Art Therapy, Music Therapy and Dramatherapy.* Radlett: Harper House Publications.

Wigram, T. (2007). Event-Based Analysis of Improvisation using the Improvisational Assessment Profiles (IAP). In T. Wosch & T. Wigram (Eds.), *Microanalysis in Music Therapy-Methods, Techniques and Applications for Clinicians, Researchers, Educators and Students.* London: Jessica Kingsley Publishers.

Wigram, T., & Gold, C. (2006). Music therapy in the assessment and treatment of autistic spectrum disorder: Clinical application and research evidence. *Child: Care, Health, and*

Development, 32, 535-542, doi: 10.1111/j.1365-2214.2006.00615.x.

Wilson, B. L. (2005). Assessment of Adult Psychiatric Clients. In R. F. Unkefer & M. H. Thaut (Eds.), *Music Therapy in the Treatment of Adults with Mental Disorders: Theoretical Bases and Clinical Interventions.* Gilsum, NH: Barcelona.

Wilson, B. L., & Smith, D. S. (2000). Music therapy assessment in school settings: A preliminary investigation. *Journal of Music Therapy, 37,* 95-117.

Wosch, T., & Wigram, T. (Eds.) (2007). *Microanalysis in Music Therapy-Methods, Techniques and Applications for Clinicians, Researchers, Educators and Students.* London: Jessica Kingsley Publishers.

York, E. (1994). The development of a quantitative music skills test for patients with Alzheimer's disease. *Journal of Music Therapy, 31,* 280-296.

제2장

음악치료 진단평가: 심리측정적·이론적 고려사항

Eric G. Waldon · Stine Lindahl Jacobsen · Gustavo Gattino

1. 개요

진단평가의 배경이 되는 철학(이론)과 기술적인 적절성(심리측정)은 모두 일련의 임상 지식을 세우기 위해 중요하다. 많은 사람이 음악치료가 클라이언트를 임상적으로 이해하기 위한 변화와 구별을 위한 독특한 다리를 제공해야 한다고 주장하고(Wigram & Wosch, 2007), 이것이 현대 검사이론의 엄격성을 만족하는 임상기반 진단평가 접근을 요구하며 그래서 전문성을 강화할 수 있다. 전문적으로 특화되고 표준화된 진단평가도구가 없으면 음악치료 분야는 존경받는 건강 관련 전문성의 요구를 맞추기 위해서 강하지도 않고 준비도 안 되어 있다. 임상과 연구의 적절성은 진단평가도구의 개발과 임상작업에 의미를 더하고 목적을 갖는 과정으로 인도하여야 한다. 그리고 (적절성에서) 진단평가 과정은 튼튼한 이론을 기본으로 하고 적절한 심리측정적 특성을 가져야 한다. 이 장의 목적은 다음과 같다. ① 진단평가 정보를 수집 · 해석 · 적용하는 과정에서 어떻게 이론이 내재되는지를 토의하고, ② 음악치료에서 임상적인 진단평가와 관련된 심리측정 개념에 대한 개요를 제공한다. 이론과 심리측정의 모든 토의는 현재 문맥을 넘어서는 것임을 알고, 우리는 이러한 주제에 대한 더 깊은 이해를 제공할 수 있는 장을 통해 뛰어난 개발자들의 책을 인용하고 있다.

2. 진단평가 이론

검사이론과 진단평가 이론은 오랜 역사를 가지고 있으며, 심리, 교육, 사회과학, 의료와 같은 다양한 영역을 포함한다. 심리측정의 적절성(혹은 통계적)을 측정하기 위한 방법 혹은 가장 좋은 수행에 대해 몇 가지 불일치 점이 있지만, 음악치료 분야에서 이론과 임상 모두에서 진단평가를 구성하고 적용하기 위해 준수해야 하는 몇 가지 공식적인 지침과 기준이 있다.

1) 검사의 역사

심리검사는 우리가 사람들에 대해 의사결정을 할 필요가 있을 때 가장 전형적으로 사용된다. 20세기 초반에 심리검사는 현대 사회 건설을 위해 사람에 대한 의사결정이 필요함에 따라 도시, 산업, 민주사회 확산의 결과로 발달되었다(Urbina, 2014). 심리측정의 기원은 골턴(Galton)으로 거슬러 올라갈 수 있는데, 그는 1884년에 서로 다른 배경을 가진 사람들 사이에서 차이점을 측정하는 이론 발달에 영감을 받은 박식한 사람이다. 비록 그가 학문적인 수준과 계급 사이에서 차이 혹은 관련성을 발견하는 데 성공하지는 못했지만 이러한 작업은 심리검사이론의 기초를 확립했으며, 그중 몇몇은 현재까지도 남아 있다(Rust & Golombok, 2014). 이러한 시기에 앞서 기원전 200년까지 거슬러 올라가서 고대 중국 왕조가 정부 요직에 사람을 선택할 때 직업적인 경영능력, 그리고 경쟁력을 조사하기 위한 것이 가장 오래된 심리검사 형태로 알려져 왔다(Urbina, 2014).

교육 분야에서는 검사는 13세기 사용되었는데, 대학에서 학생들이 적절한 지식과 기술을 가지고 있는지 확인하기 위해 처음으로 사용되었다. 정상과 비정상 기능의 차이를 알기 위해 19세기 후반 첫 번째 임상 심리검사가 등장하였으며, 이것은 인지기능에 초점을 맞추었다. 이러한 초기 임상검사가 주관적이고 비구조적인 정보수집을 기본으로 하는 반면, 분트(Wundt)(일명 첫 번째 심리학자)는 1879년 심리학에서 더욱 과학적인 접근을 소개하였다(Urbina, 2014). 이후 1904년 지능검사를 개발하기 위해 더욱 체계적인 접근이 사용되었는데, 이때는 파리의 공교육부장관(Minister of Public Instruction)이 정신지체 아동과 정상아동을 구별하기 위한 방법의 실행을 강조한 때이다. 그 위원회의 일원인 알프레드 비네(Alfred Binet)는 IQ(지능지수)검사의 아버지로 여겨지며, 그의 측정은 거의 60년 동안 사용되었다. 오늘날 IQ검사의 사용은 이러한 검사의 역사적 사용이 차별적이고 판단적인 도시인을 위한 역사적 사용이라는 점에서 논쟁이 된다(Rust & Golombok, 2014). 이러한 형태의 도전에 대응하고 인정 가능한 표준을 제공하고, 검사 사용에 대한 지침을 확립하며 이러한 검사들의 기술적 특성을 평가하기 위해 국제검사위원회(International Test Commission: ITC)가 설립되었다(Urbina, 2014).

2) 초점의 형태

심리검사는 물리적 대상을 측정하는 것이 아닌 오히려 가설적인 독립체 혹은 구조에 개입하는 것이며, 그래서 기본적으로 개념에 대한 이해가 요구된다(Rust & Golombok, 2014). 2개의 중요한 심리측정 학파 혹은 관련된 초점이 있는데, 기능에 초점을 맞추는 것과 특성에 초점을 맞추는 것이다. 기능적인 검사는 완벽하게 그 사용에 의해 결정되며, 이러한 적용 이상의 다른 의미는 없다. 수행을 잘하는 사람과 수행이 낮은 사람 사이를 구별하는 것이 초점이며, 내재된 특성의 존재는 부적절한 것으로 여겨진다. 특성적인 검사는 수행에는 관심이 없고 지성 혹은 성격을 설명하기 위해 내재된 특성에 더 많은 관심을 갖는다. 초기 특성 검사는 특수한 직업 과정을 위한 특정 기술과 관련되고 배정하는 데 노력하여 왔으며(Urbina, 2014), 그리고 결과로서 점수는 연속선상에서 해석되었다. 예를 들어, 성격은 각 개인의 강점과 약점이 다양한 요소에 대해 각각 점수를 제공하는 프로필에서 그 수준이 비교되었다(Rust & Golombok, 2014; Urbina, 2014).

3) 진단평가 기준

우리는 음악치료에서 임상도구를 개발하거나 만드는 것을 생각하기 전에 많은 측면을 고려해야 한다. 1987년 브루샤는 임상적이고 효과적인 진단평가에 대한 기준을 설명하였고, 이는 지금까지도 여전히 적절하다.

첫째, 우리는 목적을 생각하여야 한다(Bruscia, 1987; Urbina, 2014). 브루샤에게 영감을 받아 위그램(Wigram)은 음악치료 진단평가에 대한 서로 다른 목적을 설명하였으며, 이것은 진단적 · 일반적 진단평가, 음악치료 관련성과 영향력 혹은 장기적 진단평가를 포함하였다(Jacobsen, Wigram, & Rasmussen, 2019). 언급될 가치가 있는 다른 목적은 예측성이다(Urbina, 2014). 진단적(diagnostic) 진단평가는 기술, 결핍, 능력, 특성 그리고 임상적 도전에 대한 특징이 오랜 시간 동안 지속되는 결과를 가질 수 있기 때문에 객관적이고 윤리적으로 주의하여야 한다. 음악치료사는 일반적으로 진단을 내리는 전문인은 아니지만, 다른 전문가가 발견하기 어려운 정보를 수집하면서 진단 과정에 도움을 줄 수 있다(Wigram, 제9장 참조). 흔히 음악치료사는 사용할 도구가 거의 없기 때문에 치료 초반 단계에서 음악치료의 적절성과 클라이언트의 강점과 필요에 대한 정보를 모으기 위해 맞춤화된 진단평가 과정을 개발한다(제3장 참조). 효과를 기록하는 것에 초점을 맞추는 것은 또한 음악치료사가 음악치료 효과를 평가할 때 흥미와 갈등이 있을 수 있으므로 객관성과 윤리적인 기준에 대한 고려가 요구된다. 객관성이 없으면(예: 심리측정의 고려) 우리는 치료사 개인의 수집을 위해 클라이언트를 잠재적으로 이용하거나(예: 서비스의 적절성과 적합성) 혹은 치료의 결과를 주관적으로 평가할 위험이 있다(Jacobsen, 2017).

적절한 기능과 분명한 목적과 함께 진단평가도구는 독특한 정보를 제공하여야 한다(Bruscia, 1987). 이미 존재하는 도구를 개발하거나 혹은 다른 검사도구에 의해 이미 수집된 자료를 모으는 것은 불필요할 수 있고 임상 지식을 더할 수 없는 어떤 것에 시간과 노력을 낭비하는 것일 수 있다. 그러나 문제가 되는 개인에 대해 더욱 분명한 모습을 수집하기 위해서는 더욱 세밀한 방법으로 독특성을 자료수집 방법에 포함할 수도 있다. 독특성에 대한 초점은 또한 독립적인 건강 관련 전문가로서 음악치료를 인정하고 통합의 측면이 되는 것과 관련이 있다. 우울 증상의 감소가 목적이라면 우리는 심리치료 혹은 다른 임상에서 기능을 진단하기 위해 검사도구를 사용하는 것과 반대로 음악치료 안에서 개인이 어떻게 행동하고 느끼며 변화하는가를 진단하기 위한 도구가 필요하다. 전문적으로 특화된 정보가 없으면 우리는 음악이 우울한 사람에게 어떻게 독특하게 영향을 미치는가에 대한 정보수집에 실패한다. 음악치료 진단평가에서의 한 가지 예는 목소리 진단평가 프로필(Voice Assessment Profile: VOIAS)인데, 이는 다른 측정도구(예: 정신과 질문지 혹은 인터뷰)가 클라이언트의 예후와 상태를 보여 주기 전에 우울이 악화되는지 혹은 향상되는지에 대한 신호를 보여 주는 것에서 시작된다(Storm, 제16장 참조).

또한 우리는 진단평가를 전문적으로 운영(예: 의도된 방법으로 운영)할 필요가 있는 전문적인 행정가를 고용하는데, 이것은 측정도구, 점수화, 해석 그리고 결론을 이끌어 내기 위한 발견들을 포함할 수도 있다. 예를 들어, 검사 사용자의 자격은 중요하며, 모든 진단평가도구는 그것들을 운영하는 자격과 훈련에 대한 분명한 안내 지침이 있어야 한다(Bruscia, 1987; Urbina, 2014).

진단평가를 하는 동안 자료의 수집은 또한 **효과적**이 될 필요가 있다(Bruscia, 1987). 효과성이란 시간, 비용, 가치, 적절성, 정확성을 포함하면서 연구자, 임상가 그리고 여러 가지 이유로 문제가 있는 개인을 위해 중요하다. 클라이언트는 분명히 편리하고 깊이 있고 효과적인 진단평가가 빠르고 의미 있는 회복을 야기하기 때문에 효과적인 방법에 관심을 가져왔다. 비용편익 관점은 진단평가 방법이 임상적으로 운영 가능하고 다른 선택과 비교할 가치가 있기 때문에 임상가와 잠재적인 운영위원을 위해 임상적 응용의 관점에서 적절하다. 적절한 자료와 관련한 의뢰 혹은 목적과 일치하는 것은 또한 치료사가 효과적인 진단평가 방법을 얻으려고 노력할 때 퍼즐의 중요한 한 부분이 된다. 위그램은 음악자료, 음악적 행동자료, 행동자료, 비교자료 등을 포함하는 독특한 음악치료 자료의 서로 다른 형태를 확인하였다(Jacobsen et al., 2019). **음악자료**(musical data)는 특정한 음악사건 혹은 개별 특성적인 표현이고, **음악적 행동자료**(musical behavioral data)는 음악적인 묘사 없이 음악 안에서 보이는 행동으로 구성된다(예: 연주할 때 개인이 어떻게 악기를 연주하고 움직이는가). **행동자료**(behavioral data)는 음악치료환경에서 관찰되는 특징적인 행동이며, **비교자료**(comparative data)는 음악치료 밖에서 얻어지는 진단평가 자료이다(예: 다른 임상가 혹은 직원의 보고).

브루샤에 따르면, 효과적인 임상적 진단평가를 위한 마지막 기준은 윤리기준을 준수하는 것이다(Bruscia, 1987). 예를 들어, 클라이언트는 진단평가를 기록(예: 오디오, 비디오)할 때 사용되는 (어떤 형태의) 매체에 대한 동의뿐만 아니라 진단평가를 할 때 참여에 대한 동의도 필요하다. 또한 우리는 타당하지도 않고, 신뢰하기도 어려운 정보를 만들어 내는 진단평가는 어떤 목적을 위해서도 사용하면 안 된다는 것을 주장할 수도 있다. 더욱이 만약 결과를 객관적으로 묘사했지만 완전히 주관적이라면 특성은 윤리적이지 않을 수 있다. 마지막으로, 도구가 지식에 독특하게 기여하지 않으면 우리는 또한 그 도구와 사용에 대한 임상적 적절성에 대해 문제를 제기할 수도 있다(Bruscia, 1987).

4) 구성 과정

기술적 적절성을 측정하기 위한 심리측정을 포함하는 모든 검사는 개별 항목으로 구성되며, 검사의 사용은 그 항목들의 충분성에 의존한다(Rust & Golombok, 2014). 진단평가도구를 구성할 때에는 항목들을 신중하게 고려할 필요가 있다. 지식기반(knowledge-based) 혹은 특성기반(personal-based)이 될 수 있다. 지식기반 항목은 능력 · 적성 · 성취를 포함하는 측면에 관심이 있고 최대 능력을 진단하지만, 반면 특성기반 검사 항목은 개인 특성, 임상 증상, 분위기, 흥미 등에 초점을 맞추며 전형적인 수행을 진단한다. 지식기반 검사는 계층적이며 누적적인 반면, 특성기반 검사는 그렇지 않다. 따라서 지식기반 항목의 점수화는 1차원적이지만, 특성기반 항목은 다양한 요인을 보여 줄 수 있다(Rust & Golombok, 2014). 항목은 객관적 혹은 개방적일 수 있으며, 정확한 답이 있는지 여부와 관련이 있다. 교육 환경에서 정답과 오답을 사용하는 것은 바로 통계분석을 할 수 있으며 또한 자료를 더욱 축소하지만, 개방형 항목은 주관적인 해석이 필요하다[예: 로르샤흐 검사(Rorschach Test) 같은 투사검사 기법](Rust & Golombok, 2014).

측정도구를 구성할 때 규준참조 검사와 준거기반 항목의 해석 사이에 고려사항 또한 중요하다. 1970년까지 항목들은 대표본으로 운영되며 검사점수는 정규분포 내에서 선택되는 경향이 있었다(Rust & Golombok, 2014). 따라서 개별 검사 결과 혹은 점수는 항상 평균과 관련하여 이해되었다. 그러나 때로는 규준에 대한 비교가 부적절하고 외부 준거에 의한 수행 비교가 더욱 적절하다. 어떤 객관적으로 정의된 준거에 대한 수행을 참고로 하여 항목이 구성될 때 이것은 준거참조로 고려되어야 한다. 이러한 행태의 항목들은 준거참조의 해석이 기술 특화되는 경향이 있고(예: 조사가 특정 과제를 수행할 수 있는지를 묻는 경우) 그리고 특정 조사자에 대해(예: 클라이언트) 제한된 일반화된 정보를 제공할 수 있기 때문에 심리검사에 있어서 흔하지 않다. 예를 들어, 준거참조 검사는 교육 혹은 통상 분야(합격 · 불합격 검사)에서 더욱 흔하게 사용된다(Rust & Golombok, 2014). 항목을 구성한 이후 우리는 각 항목의 가치를 어떻게 혹은 점수로 합산할 것인가에 대해 결정한다. 각각 어떤 항목이 다른 항목보다 더욱 중요한가를 논하기 위해 요인분석을 통해 결과를 검토하여야 한다(Rust & Golombok, 2014).

5) 편의의 유형

진단평가 이론에서 편의(bias)는 흔히 사용되는 용어이며, 어떤 평가자 혹은 진단평가 개발자라도 서로 다른 유형의 편의를 고려하여야 한다. **반응편의**(response bias)는 진정한 심리적 특성 혹은 상태를 빈약하게 반응하는 데 있어서 각 개인의 반응이 체계적으로 편의가 있는지 여부와 관련이 있다. 반응편이는 의식적 혹은 무의식적일 수 있으며 고려할 몇 가지 형태가 있다(Furr, 2011). **묵인편의**(acquiescence bias)는 각 개인이 특정 질문에 대한 항목에 항상 '예' 혹은 '아니요'라고 응답할 때를 말하며, **극단편의**(extremity bias)는 극단의 반응을 선택하고자 하는 참여자들의 의도 사이의 차이를 말한다. **사회적으로 바람직한 응답편의**(social desirability response bias)는 각 개인의 진정한 특성과 상관없이 사회적으로 인정되는 방법 안에서 응답하려는 경향이 있는 것을 말한다. 편의의 모든 형태는 정확하지 않은 결론을 야기하며, 검사 개발자는 익명성, 응답자의 피로도를 최소화하고 간략성을 추구하고 편안한 측정 시간을 제공함으로써 반응편의에 대해 주의해야 한다(Furr, 2011; Rust & Golombok, 2014).

반응편의는 응답자들 사이에 결과 혹은 차이를 체계적으로 흐리게 하며, 반면 **검사편의**(test bias) 혹은 **내인성 검사편의**(intrinsic test bias)는 응답자 집단 사이의 진정한 차이를 체계적으로 흐리게 한다(Rust & Golombok, 2014). 만약 우리가 질문 혹은 과제를 다르게 이해한다면, 이러한 차이들은 중요한 이론, 성격, (잠재적으로) 사회적인 함축성을 갖는다. **구조적 편의**(construct bias)는 일종의 통계적 기울임(skewness)인데, 서로 다른 집단의 사람이 집단 차이가 아닌 이유로 각 항목에 대해 서로 다르게 반응하는지의 여부이다[이것은 외인성 검사편의(extrinsic test bias)라고 한다.](Rust & Golombok, 2014). 예를 들어, 남자와 여자가 공격성 항목에서 서로 다르게 반응한다면 이 항목은 성별에 편의된 것일 수 있다(Furr, 2011). 요인분석은 구성편의의 작용과 발견을 돕는다. 마지막으로 **예측편의**(predictive bias)는 또 다른 형태의 검사편의이며, 두 집단의 결과를 동일하게 예측하는 정도에 관심이 있다(Furr, 2011). 예를 들어, 검사 개발자가 어떤 사람이 (음악적 기술과 상호적인 따뜻함을 기본으로) 음악치료에 적합한가를 결정하기 위한 도구를 개발한다고 가정해 보자. 만약 검사가 성악가와 악기연주자 사이의 전문가로서의 성공을 일관성 있게 예측하지 못한다면 예측편의가 나타날 수 있다.

3. 심리측정 개념

심리측정은 지능, 적성, 성격특성 같은 심리적인 변인을 측정하기 위해 설계된 검사의 구성 · 운영 · 해석과 관련된 학문 분야이다(Lall & Sharma, 2009). 음악치료에서 진단평가 연구는 표준화된 검사, 관찰, 인터뷰, 다른 진단평가 과정의 다양한 특성을 설명, 조직, 분석하기 위해 이러한 분야로부터의 과정과 개념을 사용한다. 다음은 임상적인 도구의 전반적인 사용을 설계하고 평가할 때 관심을 갖는 중요한 심리측정 개념을 설명한다.

1) 타당도

교육과 심리검사를 위한 기준(Standards for Educational and Psychological Testing)[1]에 따르면, 타당도는 (다양한 영역에서) 검사과정이 측정하고자 하는 것을 얼마나 잘 측정하는가에 대한 정확도를 나타낸다. 역사적으로 특정 검사가 가지고 있는 타당도의 형태와 개념적인 이해에 집중이 되어 왔으며, 이것은 신뢰도 형태를 고려하는 것과 유사하다. 예를 들어, 요인분석은 검사의 구성타당도를 확립하기 위해 내재된 구조를 확인 혹은 탐구하기 위해 사용되어 왔다. 마찬가지로 준거타당도와 관련해서 조사자는 검사에 대한 수행이 외적 기준 혹은 다른 척도에 대한 수행을 예측할 수 있는가에 대한 것을 조사하기 위해 수행할 수 있다. 그러나 타당도는 (결과보다는) 과정이며, 이러한 이유로 검사의 타당도는 연속선상에서 수행된다. 따라서 도구가 타당한지 아닌지에 대한 것을 정확하게 말하지는 않는다. 현재 관점에서 타당도의 한 가지 형태가 있다. 즉, 구성타당도이다.

(1) 구성타당도

구성(construct)은 직접적으로 관찰할 수 없는 인간의 마음에 의해 만들어진 어떤 현상으로 이해된다. 구성은 클라이언트 반응에서 보이는 것으로만 추론될 수 있는 특성 혹은 조건, 성격, 상태를 설명하기 위해 사용되는 개념 혹은 사상을 의미하는 단지 추상적 개념인 것이다. 따라서 구성은 진단을 위해 설계된 진단평가도구의 조건 · 특성 · 상태이다(AERA et al., 2014). 더욱이 모든 타당도의 과정과 증거의 목적은 구성타당도(construct validity)를 확립하기 위한 것이며, 다시 말해 주어진 특성(구조)을 측정하는 도구 혹은 진단평가 과정의 정도를 말한다. AERA 등(2014)에 의한 구성타당도를 강조하면서 '타당도의 형태'라는 표현을 대신하여 '타당도의 증거' 자료원으로 대치되었다.

1) American Education Research Association(AERA), American Psychological Association(APA), National Council on Measurement in Education(NCME): Joint Committe on Standards for Educational and Psychological Testing, 2014

(2) 내용기반 증거

전통적으로 '내용타당도(content validity)'의 증거는 검사의 내용을 기본으로 하는 검사 혹은 측정에서 사용되는 항목 혹은 진단되는 주제와 관련이 있다. 내용은 진단평가도구의 항목, 정보를 얻기 위해 사용되는 과정, 항목들이 다루고자 하는 주제를 충분히 다루고 있는가에 대한 정도를 말한다. 내용은 기준 목록, 일련의 연구, 이론 혹은 전문가 조직에 의해 확립된 기술 혹은 능력으로부터 야기될 수 있다.

진단평가도구를 개발하는 데 있어서 첫 번째 단계는 '내용 전문가' 패널이 검사 항목을 검토하고 주제가 충분히 다루어질 수 있는가에 대해 평가하는 것이다. 예를 들어, 아들러(Adler, 2001)는 노인의 필요와 치료를 위한 음악 진단평가(Musical Assessment of Gerontologic Needs and Treatment: MAGNET)의 내용을 평가하기 위해 다양한 분야의 연구자와 임상가로 이루어진 팀을 자발적으로 구성하였다. 그녀의 매뉴얼에서 아들러는 여러 단계의 검토와 수정 과정을 설명하는데, 이것으로 1,825개 항목에서 152개 항목으로 감소하였다. 백스터 등(Baxter et al., 2007)은 개별화된 음악치료 진단평가 프로필을 설계하는 데 도움을 준 음악치료사, 말-언어병리학자, 특수교육자, 연구자의 패널을 포함하여 유사한 과정을 적용하였다. 내용기반 증거에 대해, 소비자가 진단평가 목적을 검토하여 영역이 충분히 다루어지고 있는지 아닌지 결정하기 위해 사용된 과정(예: 전문가 패널에 의한 항목들 검토)을 조사하는 것이 중요하다.

또 다른 용어인 **안면타당도**(face validity)는 흔히 내용타당도와 혼동된다. 상황에 따라 비슷할 수 있지만, 안면타당도는 검사 혹은 진단평가도구 항목이 얼마나 주어진 고려사항 내에서 내용을 포함할 수 있는가에 대한 정도를 말하며, 피검자(내용전문가 패널과 반대로)의 관점을 기본으로 한다. 안면타당도는 검사 항목의 표현과 과정이 피검자의 동기부여를 위해 중요할 때 관심을 갖게 되는데, 이것은 그들이 바람직하게 응답(혹은 예측)하는 정도에 영향을 줄 수 있다. 예를 들어, 음악기반 중재가 음악선호를 진단하고자 한다면, 어떤 사람(피검자)은 항목(예: 상대적으로 좋아하거나 싫어하는 음악 장르, 노래, 아티스트에 대한 질문) 혹은 과정(예: 음악을 들은 후 선호도 평가)에서 드러나길 기대한다. 골드 등(Gold et al., 2013)의 음악흥미 척도(Interest in Music Scale: IiM)가 그 한 예인데, 이것은 피검자가 다양한 음악활동에 관여하는 정도에 대한 항목들로 자기보고식 질문지이다.

그러나 검사의 목적을 모호하게 하는 것이 중요할 수 있다. 이러한 상황에서 검사 과정의 목적의 의도를 드러내는 것은 중요하지 않을 수 있다(역효과가 날 수 있음). 따라서 진단평가 항목의 목적을 숨기는 것이 중요하다. 이것의 예는 부모–아동 상호작용 진단(Assessment of Parent-Child Interaction: APCI)을 할 때 처음 APCI에서 나타나는 보고에서 부모의 목소리를 어떻게 포함하는지에 대한 것이다(Jacobsen, 제14장 참조). 이러한 방법으로 부모의 경험과 생각이 어떻게 더 깊게 해석될 수 있는지에 대한 완전한 정보 없이도 부모–아동 관계를 분석할 수 있다. 그들은 진단평가의 초점이 무엇인가 알고 있지만 어떻게 그들의 경험과 반영이 더 많은 결과와 최종 보고서에 정보를 제공할 수 있는지를 알지 못한다.

(3) 내적 구조에 기반한 증거

측정의 구성타당도는 각 항목들이 서로 어떻게, 어느 정도 관계를 맺는가에 대한 특성을 기본으로 하는데, 그래서 개발자들은 내적 구조에 기반한 증거를 제공하여야 한다. 전형적으로 요인분석이 사용되는데, 측정의 내적 구조를 조사하는 목적 중 한 가지는 한 개 혹은 두 개 이상의 구성이 추정(진단)될 수 있는가와 각 구성이 서로 관련되는 정도를 조사하는 것이다. 어떤 측정이 서로 다른 영역에서 점수의 곱으로 제시될 때, 점수를 해석하기 전이나, 그 발견을 사용하기 전에 반드시 구조의 특성에 대한 증거가 필요하다. 베르그만 등(Bergmann et al., 2015)은 자폐증 진단을 위한 음악기반 척도(Music-based Scale for Autism Diagnostics: MUSAD)(Bergmann, 제7장 참조)의 개발과 연구에서 음악기반 척도는 지적장애로 의심되는 자폐스펙트럼장애(Autism Spectrum Disorder: ASD) 성인과의 차별적 진단을 돕기 위해 사용되었다. 연구에 따르면, MUSAD는 ASD에 적절한 임상과 진단에 널리 인정된 안내지침(International Statistical Classification of Disease and Related Health Problem, 10th Revision 그리고 the Diagnostic and Statistical Manual of Mental Disorders, Version 5)에 따라 세 가지 잠재변인(사회적 상호작용, 전형적 · 제한적 · 반복적 행동, 운동협응)의 증거를 보여 준다.

(4) 유사한 측정에 기반한 증거

구성타당도를 평가하기 위한 또 다른 흔한 방법은 다른 변인 혹은 검사점수와 관련된 진단평가도구 점수 정도를 조사하는 것인데, 이것은 이론적으로 관련이 있다. 만약 이런 도구가 이미 존재한다면 중요한 임상적 구조를 가진 측정을 개발하는 것이 필요하지 않는지에 대해서 논쟁이 있을 수 있다. 그러나 임상적으로 관련성 있는 구조를 해석하기 위한 새로운 이론과 방법, 과정이 더 좋은 진단평가 과정을 위해 발견되고 있다. 앞 장에서 토의한 것처럼, 음악은 종종 다른 조건(비음악적)에서는 유발되지 않는 독특한 반응을 유발하기 때문에(Bruscia, 1998; Lathom, 1980; Pavlicevic, 1995), 음악과 결합된 진단평가 방법은 전반적인 임상의 모습에 추가 정보를 제공할 수도 있다. 따라서 음악기반 진단평가도구가 최소한 부분적으로라도 개념적으로 관련된 검사(비음악을 기본으로 하는)를 사용하여 측정하기 위해 그들이 주장하는 구조 및 특성을 추정할 수 있는가를 결정하는 것이 중요해 보인다.

이것을 성취하기 위해 개념적으로 유사하거나 혹은 유사하지 않은 척도와의 관련성을 기본으로 타당도의 증거를 얻기 위해 인정되는 두 가지 전형적인 방법이 있다. 수렴적 혹은 차별적 증거를 얻는 것이다. **수렴타당도**(convergent validity) 증거는 만약 척도가 동일한 구조를 측정하는 것이라면 "이론적으로 동일한 구조를 갖는 서로 다른 척도는 서로 높은 상관관계가 있어야 한다는 가정을 기본으로 한다."(Colemam, 2009, p. 171)라는 것이다. 월든과 그의 팀(Waldon & Broadhurst, 2014; Waldon et al., 2016)은 MASA(그리고 MASA-R) 청각집중 구조의 표본으로 확립하기 위해 두 개의 청각집중 신경심리학적 하위검사 점수를 비교하면서 수렴적 증거를 사용하였다. 마찬가지로 베르그만 등(2015)은 MUSAD가 유사한 구조를 측정하기 위해 3개의 척도(Autism Diagnistic Observation Schedule, Pervasive Developmental Disorder in Mental Retardation Scale, Social Communication Questionnare)를 사용하였다. **판별타당도**(discriminant validity) 증거는 서로 다른 구성을 측정하는 것이 서로 의미 있는 관련이 없음을 가정한다. MUSAD로 돌아가서, 베르그만과 그의 팀은 차별적인 증거를 위해 수정된 명백한 공격성 척도(Modified Overt Aggressive Scale)와 간략형 행동 체크리스트(Aberrant Behavior Checklist)를 사용하였다. 왜냐하면 이러한 척도의 높은 점수는 ASD 진단의 지표와 관련이 없기 때문이다.

(5) 외적 기준에 기반한 증거

외적 기준에 기반한 증거(앞서 언급한 준거 혹은 준거 관련 타당도 참조)를 고려할 때 진단평가도구의 결과(점수 혹은 발견)가 어떻게 인정된 독립적인 표준과 관련이 있는가에 관심이 있다. 준거 관련 증거를 조사하기 위한 두 가지 일반적인 접근이 있다. 예측증거(predictive evidence)와 동시증거의 출현을 확인하는 것이다. 예측증거의 확립은 진단평가도구가 또 다른 척도 혹은 이미 확립된 표준과 달리 미래의 수행을 얼마나 잘 예측할 수 있는가를 결정하는 것과 관련이 있다. 음악치료 분야에서 월든과 울프(Waldon & Wolfe, 2006)는 아동을 위한 컴퓨터기반 음악지각(Computer-based Music Perception Assessment for Children: CMPAC) 결과가 침습의 의료 과정 동안 아동이 음악치료에 의뢰될 수 있는지에 대한 결과를 결정하는 데 도움을 줄 수 있는지 여부에 대해 조사하였다. 소아과 환경에서 일하는 음악치료사들의 표본을 사용하여 그들은 CMPAC로부터 얻은 자료가 앞으로의 의뢰에 대한 결정(외적 기준)을 하는 데 유용한지를 알아보기 위해 전문가에게 질문하였다. **동시타당도**(concurrent validity) 접근의 목적은 진단평가도구가 외적인 기준에서의 수행과 현재 수행(미래와 반대로)을 얼마나 잘 예측할 수 있는가를 알아보는 것만 제외하면 예측타당도와 유사하다. 소아과 환자들과 일하는 매기, 게티와 모이어(Magee, Ghetti, & Moyer, 2015)는 MATADOC(Magee, 제20장 참조)가 동일한 구조를 가진 외부의 척도와 유사한 정도로 의식장애를 상대적으로 진단할 수 있는지 알아보기 위해 파일럿 연구를 수행하였다.

(6) 결과에 기반한 증거

여기서 설명되는 타당도 증거의 마지막 자료원은 결과(consequences)를 기반으로 하는 것이다. 이러한 증거는 본질적으로 통계와 관련이 적고 표준화 검사처럼 진단평가도구를 사용하는 결과로부터 야기되는 사회적 결과와 매우 관련이 있다. 프레이(Frey, 2015)는 "타당도는 검사점수가 의도된 구조를 반영하는 정도이다. 용어에 대해 광범위하게 이해하면 검사의 의도되지 않은 사회적인 결과는 이를 고려하는 것이 중요하지만, 검사의 타당도에 영향을 미치지 않는다."(p. 21)라고 설명하였다. 이것은 타당도 증거를 위해 충분한 기준이 충족되어야 함을 의미하며, 소비자는 단지 진단평가의 발견이 선의로 사용될 수 있는지를 고려하기만 하면 된다는 것을 의미한다. 이것은 이러한 진단평가 자료가 임상가, 기관의 행정가, 정책결정 기관의 선택에 놓여 있어야 하고 진단평가 과정을 어떻게 사용해야 하는가에 대한 결정을 의미한다. 음악치료에서 사용되는 진단평가 과정에 대해 관련성이 없어 보이지만 진단평가에서(특히 검사점수) 결과(직접 혹은 간접)의 중요성을 이해하는 것은, 음악치료사들이 점수 혹은 다른 형태의 진단평가의 결과를 경험(예: 진단적인 결정, 거주자의 위치 결정, 장애의 판결)하는 클라이언트를 만날 수 있기 때문에 중요하다.

2) 신뢰도

신뢰도(reliability)는 일반적으로 일관성이 어떻게 추정되고 보고되는 것과는 상관없이 검사 과정의 반복을 통한 점수의 일관성으로 이해된다(AERA et al., 2014). 따라서 신뢰도는 진단평가 과정이 동일한 조건하에서 사용되는 각 시간에서 동일한 결과를 산출하는지를 설명한다. 고전적인 검사이론에 따르면, 신뢰도는 진단평가 과정의 점수가 척도의 오류에서 자유로운 정도로 여겨진다. 다시 말하면, 하나의 상황에서 다음 상황으로 일치성이 더 많이 나타날수록 우연오차(random error)가 더 적게 발생한다. 따라서 신뢰도는 정확성(precision)이다. 더 정확하다는 것(혹은 측정의 세밀함)은 검사 운영자 사이에 측정 가능한 변동이 거의 없는 것을 의미하며, 다음의 비율로 (가장 간단하게) 나타낼 수 있다.

$$\text{신뢰도} = \frac{\text{측정하고자 하는 의도를 갖는 것}}{\text{측정되는 것}}$$

따라서 신뢰도 지수가 높을수록(예: 상관계수로 표현하고 백분율로 해석함), 일치도가 높고 오류가 적다는 것을 보여 준다(더 많은 정보는 Waldon, 2016 참조). 타당도에 따라 신뢰도를 추정하는 데 사용되는 과정은 다양하며, 그 몇 가지를 다음에서 토의한다.

(1) 내적 일관성

내적 일관성(internal consistenly, 때때로 내적 신뢰도라 불림)은 하나의 검사 혹은 척도 안에서 여러 가지 항목이 서로 관련된 특성 혹은 동일한 성격을 측정한다고 가정되는 일치성으로 해석된다. 이러한 형태의 신뢰도가 필요한 이유는 피검자가 진단평가 과정 동안 혹은 항목에 따라 어느 정도는 불일치성을 보이며 반응할 것이라는 개념에서 나온다. 예를 들어, 클라이언트의 음악 즉흥연주 수행은 피곤함, 동기부여, 시간, 그 밖의 요인에 따라서 진단평가 과정 동안 변할 수 있다. 이 중에서 몇 가지는 진단평가도구에 의해 측정될 수 있지만 일부는 그렇지 않으며(예: 피곤함) 이것이 측정 불일치성의 원인이 된다. 내적 일관성 분석의 두 가지 예시는 부모-아동 상호작용 진단평가(Assessment of Parent-Child Interaction: ACPI)와 아동을 위한 음악치료 진단평가에서의 집중 프로필(Attention Profile in MT assessment for Children: APMT)에서 찾을 수 있다(Jacobsen, 제14장 참조; Eslava-Meika, 2017). 우리는 아동에게 있어서 서로 다른 형태의 집중력 사이의 일치성을 보여 주기 위해 비언어적 의사소통과 상호애착 같은 아동-부모 상호작용 점수 사이에서 일치를 기대할 수 있다. 음악과 개입 정도를 측정하는 것에 대해, 사람들의 반응은 그것을 운영하는 검사자 혹은 치료사에 의해 진단하고자 하는 의도가 없는 요소(예: 측정오차)에 따라 다양하게 변화할 것이다(Gold et al., 2013 참조). 내적 일관성의 과정은 크론바흐 알파(chronbach's alpha), 반분신뢰도(split-half reliability), 쿠더 리처드슨(Kuder Richardson) 20공식(양분하여 항목을 점수화함)을 포함하여 다양한 절차를 사용하여 진단평가 혹은 측정의 진 점수 분산(의도되지 않은 오류)을 추정한다. 이러한 방법에 대한 자세한 내용은 어비나(Urbina, 2014)를 참조하기를 권한다.

(2) 검사-재검사 신뢰도

가끔 하나의 상황에서 적용된 척도가 시간이 지난 후에도 실효성(혹은 안정성)이 있는지를 아는 것은 중요하다. 이러한 관점에서 검사-재검사 신뢰도(test-retese reliability)는 서로 다른 분리된 상황에서 운영된 검사 혹은 측정이 동일한 점수를 산출하는 정도를 말한다. 특히 이것은 치료사가 다른 훈련이나 중재의 부재에서 의미 있게 변하기를 기대하지 않는(예: 성격, 운동능력) 특성을 측정하고자 하는 진단평가 상황에서 더 중요하다. 예를 들어, 월든과 브로드허스트(Waldon & Broadhurst, 2014)와 월든 등(2016)은 아동이 특정한 음악적 신호—침습적 의료 상황에서 음악기반 중재를 설계하기 위한 정보가 되는—에 집중할 수 있는 정도를 진단하기 위해 MASA(그리로 MASA-R)를 개발하였다. 진단평가 발견의 안전성에서 신뢰도는 하나의 상황(예: 입학 시)에서의 점수가 아동이 입원하는 동안 사용될 수 있기 때문에 중재를 설계할 때 중요하다. 음악치료 진단평가에서 검사-재검사 신뢰도의 타당도를 확립하는 또 다른 사례는 치매 척도에서의 음악(Music in Dementia Assessment Scale: MIDAS)(McDermott, 제19장 참조)인데, 여기에서는 예를 들면 즐거움, 관여, 시작하기 같은 클라이언트의 반응이 서로 다른 회기에서 정적(+) 상관관계가 있다. 일반적으로 2개의 검사 상황에서 점수로 상관관계를 계산하여 추정하는데 검사-재검사 신뢰도는 한 시점에서의 척도가 어떻게 다른 상황에서 응용 가능한지에 대한 추정치를 제공한다.

(3) 평가자 간 신뢰도

진단평가가 운영되는 과정에서 점수화하여 판단할 때마다 평가자(혹은 관찰자)는 진단평가의 과정 혹은 점수화하는 규칙을 수행할 때 불일치가 있을 수 있다. 이것은 측정오류를 야기하며, 다음의 내용으로 알 수 있다. 분명하지 않은 운영자의 지시, 잘 정의되지 않은 조작적 정의 혹은 진단평가 운영자의 불충분한 훈련 등이다. 평가자 간 신뢰도(inter-rater reliability)의 추정(때때로 관찰자 간, 평가자 사이, 평가자 간 일치도라고 불림)은 동일한 피검자 혹은 클라이언트에 대한 서로 다른 평가자 사이의 일치성을 측정한다. 관찰에 대한 빈도 혹은 숫자가 사용될 때, 다음의 식과 같이 일치도 비율을 계산할 수 있다.

$$\frac{\text{관찰의 수(일치)}}{\text{전체 관찰 수(일치} + \text{불일치)}} \times 100$$

관찰된 빈도에 대해 일치도를 계산하는 또 다른 방법은, 평가자들 사이에 '기회의 일치'를 설명하면서 코헨의 카파 계수(cohen's kappa, 두 명의 평가자를 위한) 혹은 플레이스의 카파 계수(Fleiss's kappa, 두 명 이상의 평가자가 관여할 때)를 계산할 수 있다. 카펜테와 가티노(Carpente & Gattino, 2018)는 IMCAP-ND(Carpente, 제5장 참조)를 위한 평가자 간 신뢰도를 계산하기 위해 가중된 카파 계수(서열자료)을 탐구하였다. 또 다른 진단평가와 측정 상황에서, 특히 측정 수준이 연속적일 때(예: 임상적인 현상 평가) 급간 내 상관계수(intraclass), 피어슨(Pearson)의 r 혹은 스피어만(Spearman)의 로(Rho) 같은 상관계수의 계산이 요구된다(Waldon, 2016). 매기 등(2016)과 월든(2016)은 모두 MATADOC과 MASA-R 각각 평가자 간 신뢰도를 추정하기 위해 급간 내(interclass) 상관계수를 사용한다.

(4) 선택적(유사한) 형태의 신뢰도

임상가가 치료의 초기(예: 초기 진단평가 중에)와 중재 이후 다시 어떤 시점에서 진단평가를 원하는 경우가 있을 수 있다. 임상가는 동일한 척도를 두 번 사용하지만 두 번째 점수가 첫 번째 점수에 의해 부적절한 영향을 받지 않음을 확인하기 위해 동일한 측정의 두 가지 형태를 이용하는 편이 좋다. 이러한 상황에서 동일한 검사 혹은 측정에 대한 2개의 형태가 이용될 수 있는데, 우리는 이 경우 동일한 증거를 얻고자 한다(Waldon, 2016). 선택적(유사한) 형태의 신뢰도는 유사한 내용(즉, 관심 영역을 포함)과 서로 다른 항목으로 구성되어 있지만 과정(예: 동일 과제)을 가진 두 개의 척도로 추정한다.

(5) 신뢰도와 타당도 사이의 관련성

서로 다른 심리측정 개념에서 타당도와 신뢰도는 중요하게 연관되어 있음을 아는 것은 중요하다. 타당도는 진단평가 과정의 정확성(accuracy)을 말하며 척도가 측정하고자 설계된 구조를 대표하는 정도를 나타낸다. 신뢰도는 정밀성(precision)을 말하며 접근(예: 진단평가로부터 산출된 점수)이 얼마나 오류에서 자유롭고 의도된 구조를 일관성 있게 진단하는지를 측정한다. 검사점수가 현상에 대한 일관성(신뢰성)을 산출하지만 그 점수가 정확하게 치료사가 의도하는(타당도) 구조를 나타내는 점수를 의미하지는 않을 수 있다. 더욱이 점수가 인정될 만한 신뢰도의 증거가 없다면(예: 오류에서 상대적으로 자유로움), 동일한 점수는 타당하지 않을 수 있다. 간단하게 말해서 신뢰도는 타당도를 위한 조건이지만 항상 타당도를 위해 필요충분하지는 않다(Waldon, 2016).

신뢰도에 관한 특별한 토의를 마치며, 어떤 형태의 신뢰도는 검사, 척도 혹은 진단평가 상황의 특성에 의존하는 다른 것들보다 더욱 중요할 수 있다는 것을 알아야 한다. 다시 말하면, 모든 척도의 기간 안에서 매우 크게 변화될 수 있기 때문에 안정성(검사-재검사 신뢰도)을 증명하는 것이 중요하지 않을 수도 있다. 마찬가지로, 검사자가 아닌 어떤 기구(예: 전자장치, 컴퓨터 장치)가 측정을 위해 사용된다면 인간이 운영하면서 발생하는 오류는 없을 것이며 그러므로 평가자 간 신뢰도를 확립할 필요도 없을 것이다. 우리는 검사 혹은 척도의 특성에 서로 다른 신뢰도의 증거가 중요하게 제공되는 방법을 이해해야 한다는 것을 명심해야 한다. 예를 들어, MUSAD(Bergmann et al., 2015)는 자폐스펙트럼장애와 지적장애로 의심되는 사람의 진단평가에서 보이는 행동에 대한 운영자의 판단을 포함한다. 이것은 운영자의 일치성의 정도가 필요하며, 그리고 개발자는 급간 내 상관계수를 사용하여 평가자 간 신뢰도를 계산한다. 반대로 음악홍미 척도(Gold et al., 2013)는 운영과 관련하여 운영자의 판단을 포함하지 않고 자기보고 평가를 하는데, 그래서 평가자 간 일치가 필요없다. 타당도와 관련하여 중요한 것은 단순히 신뢰도의 부재 혹은 출현이 아니며, 대신 적절한 신뢰도 증거가 중요하다.

3) 다른 심리측정 개념

(1) 문화교차적 적용

문화교차적 적용(cross-cultural adaptation)은 검사도구의 번역과 관련이 있으며 서로 다른 문화에서 원래 측정도구로 진단평가하는 것에 관심을 갖는다(Wild et al., 2005). 항목이 목표 언어(의미적 동일성)에서 특정 문화의 사람을 위해 동일한 의미를 유지하면서 조사를 운영하는 것이, 목표문화(운영의 동일성)에서 적절한 방법을 보장하기 위해 변형될 필요가 있을 때 문화교차적 적용이 수행된다(Byrne, 2016).

(2) 번역

검사도구의 번역은 원래의 언어에서 다른 언어로 진단평가도구(운영 지침과 검사 항목)를 전환하는 것이다(Wild et al., 2005). 라이더, 맥더모트와 오렐(Ridder, McDermott, & Orrell, 2015)은 음악치료에서 이러한 과정이 어떻게 작용을 하는지 상세하게 설명을 하고 이 분야에서 국제표준 과정을 사용하여 번역을 수행하는 진단평가도구가 거의 없다는 것을 강조하였다. 국제적으로 진단평가도구가 전후 번역과 관련하여 지켜야 할 합의가 있으며, 와일드 등(Wild et al., 2015)은 다음의 열 가지 단계를 제안했다. ① 준비, ② 전방번역, ③ 합의, ④ 후방번역, ⑤ 다시 번역 검토, ⑥ 조화, ⑦ 인지적 요약(목표 집단 혹은 위원회로부터의 작은 집단 분석), ⑧ 인지적으로 요약된 결과와 마무리 검토, ⑨ 교정, ⑩ 최종 보고서이다.

(3) 치료 타당성

심리측정의 개념이 일반적으로 검사의 기술적 적절성의 탐구와 이해에 적용되는 반면(예: 점수를 산출하는 진단평가도구), 그것들이 더욱 넓은 의미로 고려될 때 우리는 진단평가 과정이 치료에 의미 있게 공헌하기 위해 사용되는 정도를 중시해야 한다. 치료 타당성에 대해 그레셤과 위트(Gresham & Witt, 1997)는 중요성, 상호작용, 고려사항을 포함하였다. 첫째, 유용성(utility)은 임상작업에서 사용되는 진단평가도구를 지지하는 정도를 말한다. 이러한 증거는 진단평가가 임상적 권고를 얼마나 잘 알려 주고 치료 프로그램 설계에 영향을 미치는가를 의미한다. 심리학파와 심리치료 문헌(Aljunied & Frederiskson, 2015)에서는 장애의 조건 혹은 진단을 넘어 치료에 대한 의미 있는 방법에 기여하는 검사의 정도에 상당한 관심을 집중해 왔다. 이러한 분야에서의 비평은 종종 지능 혹은 성격 검사가 중재가 얼마나 잘 설계되고 수행되었는지에 대한 정보를 제공하는가에 대한 것이다. 음악치료 진단평가에서 산출된 자료가 치료결정을 알려 주는 정도에 대한 문헌은 거의 없지만, 진단평가에 대한 브루샤(1987)의 윤리적인 고려는 적절하다고 할 수 있다(앞서 제시한 논의 참조).

둘째, 치료 타당성 고려사항은 **비용효익**(cost benefit)이며 특정 진단평가 수행 비용이 치료의 영향을 합리화할 수 있는지를 말한다. 이러한 관심은 시간과 비용이 클라이언트의 이익과 균형을 이루는가이다. 넓게 말해서 음악치료사는 불필요한 진단평가 과정에서 대상 혹은 진단평가 자료를 수집하지 않는다. 그러나 음악치료사는 다른 자료원을 전체적으로 검토하거나, 달리 요구되지 않는 클라이언트의 개입(인터뷰 혹은 검사)을 요구하는 방법을 제안하면서 불필요한 중복 진단평가를 하지 않아야 함을 염두에 둘 수 있다.

셋째, 그레셤과 위트는 마지막으로 고려할 치료 타당성으로 **증분타당도**(incremental validity)를 말한다. 이러한 입장에서 우리는 특정 진단평가 과정 혹은 절차가 전통적인 방법으로 이미 제공된 것을 넘어서 진단평가 정보에 의미 있게 기여하는가에 관심이 있다. 증분타당도는 통계적으로 계산될 수 있지만, 치료사는 진단평가 과정에서 산출된 증거가 클라이언트와 그들의 기능 수준을 이해하는 데 기여하는지를 결정하고자 한다. 음악치료 분야에서 MATADOC(Magee et al., 2016)의 진행 중인 연구는 의식장애를 가진 사람들을 위한 시각적 · 청각적 영역에서의 기능이 다른 비교 측정도구에 비해 더욱 민감하다는 결과를 보여 준다. 이것은 MATADOC이 다른 비음악기반 방법이 제공할 수 있는 것보다 많은 진단적 증거를 제공한다고 주장한다. 이와 같이 진단평가 과정 동안 음악이 제공하는 독특한 기여를 강조하는 많은 연구는 클라이언트에게 이익을 주면서 이 분야의 발전을 도울 것이다.

4. 결론

진단평가 이론과 심리측정을 이해하는 것이 중요하다는 논쟁은 흔히 일어난다. 분명한 것은 진단평가는 기록, 관찰, 인터뷰 그리고 검사를 사용하여 자료를 모으는 것 이상이다. 우리는 정보를 모으기 위해 일련의 기록을 단순히 검토하는 것은 아니다. 교육을 받은 음악치료사는 의뢰된 질문에 답하기 위한 정보가 무엇인지를 안다. 인터뷰는 개별 문제를 질문하는 것 이상이다. 숙련된 음악치료사는 임상정보의 깊이와 넓이 모두를 제공하기 위해 그들이 대화하는 것처럼 인터뷰를 한다. 경험이 많은 음악치료사에 의해 수행될 때 관찰은 다른 방법을 통해 알 수 없는 중요한 정보를 산출할 수 있다. 진단평가도구 사용에 대해 훈련된 치료사는 검사점수가 임상적 설명의 한 부분이라는 것을 알고 그것만으로는(즉, 다른 정보원의 부재 혹은 맥락이 없는) 결론을 이끌어 낼 수 없다는 것을 안다. 단지 진단평가 정보만으로 클라이언트 기능에 대해 적절한 추론을 이끌어 내기 위한 기술과 임상적 감각을 사용할 수 있기 때문에 우리는 모든 독자가 이 장(그리고 이 책 전체를 통해)을 통해 충분한 정보를 얻기 위한 적절한 훈련이 필요함을 알기 바란다.

참고문헌

Adler, R. (2001). *Musical Assessment of Gerontologic Needs and Treatment: The MAGNET Survey*. Saint Louis, MO: MMB Music, Inc.

Aljunied, M., & Frederickson, N. L. (2015). Assessing cognitive abilities in children with autism: Practitioner evaluation of treatment validity. *International Journal of Developmental Disorders, 61,* 231–241, doi: 10.1179/2047387714Y.0000000057.

American Educational Research Association (AERA), American Psychological Association (APA), and National Council on Measurement in Education (NCME): Joint Committee on Standards for Educational and Psychological Testing (2014). *Standards for Educational and Psychological Testing*. Washington, DC: AERA.

Baxter, H. T., Berghofer, J. A., MacEwan, J. N., Peters, J., & Roberts, P. (2007). *The Individualized Music Therapy Assessment Profile*. London: Jessica Kingsley Publishers.

Bergmann, T., Sappok, T., Diefenbacher, A., Dames, S., Heinrich, M., Ziegler, M., & Dziovek, I. (2015). Music-based Autism Diagnostics (MUSAD): A newly developed diagnostic measure for adults with intellectual developmental disabilities suspected of autism. *Research in Developmental Disabilities, 43–44,* 123–135, doi: 10.1016/j.

Bruscia, K. E. (1987). *Improvisational Models of Music Therapy*. Springfield, IL: Charles C. Thomas.

Bruscia, K. E. (1998). *Defining Music Therapy* (2nd edition). Gilsum, NH: Barcelona.

Byrne, B. M. (2016). Testing Instrument Equivalence Across Cultural Groups: Basic Concepts, Testing Strategies, and Common Complexities. In N. Zane, G. Bernal, & F. T. L. Leong (Eds.), *Evidence-Based Psychological Practice with Ethnic Minorities: Culturally Informed Research and Clinical Strategies*. Washington, DC: American Psychological Association.

Carpente, J. A., & Gattino, G. S. (2018). Inter-rater reliability on the Individual Music-Centered Assessment Profile for Neurodevelopmental Disorders (IMCAP-ND) for autism spectrum disorder. *Nordic Journal of Music Therapy*. Advance online publication. doi: 10.1080/08098131.2018.1456480.

Coleman, A. M. (2009). *Oxford Dictionary of Psychology* (3rd edition). New York, NY: Oxford University Press.

Eslava-Meija, J. (2017). *The Attention Profile in MT Assessment for Children: Development and Pilot Study of Validity and Reliability*. Unpublished PhD thesis, Aalborg University.

Frey, B. B. (2015). *100 Questions (and Answers) about Tests and Measures*. Thousand Oaks, CA: Sage.

Furr, M. (2011). *Scale Construction and Psychometrics for Social and Personality Psychology*. London: Sage.

Gold, C., Rolvsjord, R., Mössler, K., & Stige, B. (2013). Reliability and validity of a scale to measure interest in music among clients in mental health care. *Psychology of Music, 41*, 665-682, doi: 10.1177/0305735612441739.

Gresham, F. M., & Witt, J. C. (1997). Utility of intelligence tests for treatment planning, classification, and placement decisions. *School Psychology Quarterly, 12,* 249-267.

Jacobsen, S. L. (2017). Ethics and Transparency. In D. Thomas & V. Abad (Eds.), *The Economics of Therapy*. London: Jessica Kingsley Publishers.

Jacobsen, S. L., Wigram, T., & Rasmussen, A. M. (2019). Assessment and Clinical Evaluation in Music Therapy. In L. O. Bonde, I. N. Pedersen, & S. L. Jacobsen (Eds.), *Comprehensive Guide to Music Therapy* (2nd edition). London: Jessica Kingsley Publishers.

Lall, M., & Sharma, S. (2009). *Personal Growth and Training and Development*. New Delhi, India: Excel Books.

Lathom, W. (1980). *Role of Music Therapy in the Education of Handicapped Children and Youth*. Lawrence, KS: National Association for Music Therapy.

Magee, W. L., Ghetti, C. M., & Moyer, A. (2015). Feasibility of the Music Therapy Assessment Tool for Disorders of Consciousness (MATADOC) for use with pediatric populations. *Frontiers in Psychology, 6,* 1-12, doi: 10.3389/fpsyg.2015.00698.

Magee, W. L., Siegert, R. J., Taylor, S. M., Daveson, B. A., & Lenton-Smith, G. (2016). Music Therapy Assessment Tool for Awareness in Disorders of Consciousness (MATADOC): Reliability and validity of a measure to assess awareness in patients with disorders of consciousness. *Journal of Music Therapy, 53,* 1-26, doi: 10.1093/jmt/thv017.

O'Kelly, J., & Magee, W. L. (2013). The complementary role of music therapy in the detection of awareness in disorders of consciousness: An audit of concurrent SMART and MATADOC assessments. *Neuropsychological Rehabilitation, 23,* 287-298, doi: 10.1080/09602011.2012.753395.

Pavlicevic, M. (1995). Interpersonal Processes in Clinical Improvisation: Toward a Subjectively Objective Systematic Function. In T. Wigram, B. Saperston, & R. West (Eds.), *The Art and*

Science of Music Therapy: A Handbook. London: Routledge.

Ridder, H. M., McDermott, O., & Orrell, M. (2015). Translation and adaptation procedures for music therapy outcome instruments. *Nordic Journal of Music Therapy, 26*, 1–17, doi: 10.1080/08098131.2015.1091377.

Rust, J., & Golombok, S. (2014). *Modern Psychometrics: The Science of Psychological Assessment*. New York, NY: Routledge.

Urbina, S. (2014). *Essentials of Psychological Testing* (2nd edition). Somerset, NJ: Wiley.

Waldon, E. G. (2016). Measurement Issues in Objectivist Research. In B. L. Wheeler & K. M. Murphy (Eds.), *Music Therapy Research* (3rd edition). Dallas, TX: Barcelona.

Waldon, E. G., & Broadhurst, E. H. (2014). Constructive validity and reliability of the Music Attentiveness Screening Assessment (MASA). *Journal of Music Therapy, 51,* 154–170, doi: 10.1093/jmt/thu008.

Waldon, E. G., & Wolfe, D. E. (2006). Predictive validity of the Computer-based Music Perception Assessment for Children (CMPAC). *Journal of Music Therapy, 43*, 356–371.

Waldon, E. G., Lesser, A., Weeden, L., & Messick, E. (2016). 'The Music Attentiveness Screening Assessment-Revised (MASA-R): A study of technical adequacy. *Journal of Music Therapy, 53*, 75–92, doi: 10.1093/jmt/thv021.

Wigram, T., & Wosch, T. (2007). Microanalysis in Music Therapy: A Comparison of Different Models and Methods and their Application in Clinical Practice, Research and Teaching Music Therapy. In T. Wosch & T. Wigram (Eds.), *Microanalysis in Music Therapy-Methods, Techniques and Applications for Clinicians, Researchers, Educators and Students*. London: Jessica Kingsley Publishers.

Wild, D., Grove, A., Martin, M., Eremenco, S., McElroy, S., Verjee-Lorenz, A., & Erikson, P. (2005). Principles of good practice for the translation and cultural adaptation process for patient-reported outcomes (PRO) measures: Report of the SPOR Task Force for Translation and Cultural Adaptation. *Value in Health, 8*, 94–104, doi: 10.1111/j.5124-4733.2005.04054.x.

제3장

도구 없는 음악치료 진단평가: 임상가의 관점

Gustavo Gattino · Stine Lindhal Jacobsen · Sanne Storm

1. 개요

음악치료에서 치료과정은 복잡하고 이것을 이해하기 위해서는 전체적인 관점이 요구되며, 특히 본질적으로 주관적인 역동에 대해서는 더욱 그렇다(Hiller, 2016). 심지어 이 책의 대부분의 장이 검사에 초점을 맞추었을지라도 음악치료사는 또한 음악치료 임상의 서로 다른 단계에서 진단을 위해 인터뷰, 기록 검토, 관찰을 사용할 수 있다. 몇몇 임상가는 이러한 비검사적 진단평가를 체계화하고 이것들을 검사로 전환하지만, 반면에 다른 임상가는 상황에 따라 진단평가를 수행하거나 적용한다. 몇몇 음악치료사는 '검사(test)'와 '진단평가(assessment)'라는 용어 사용을 혼란스러워한다(Gattino, 2017). 몇몇 임상가는 임상에서 클라이언트와 발생된 사건을 수량화하는 것을 원하지 않기 때문에 음악치료에서 진단평가를 사용하지 않는다고 한다. 더욱 정확한 표현은 검사에 흥미가 없다는 것이다. 아마도 이러한 혼란은 음악치료에서는 이미 개발된 도구 없는 비검사도구와 진단평가에 초점을 맞춘 출판물이 거의 없기 때문일 것이다.

도구 없는 진단평가 수행을 논의하기 위해, 이 장의 목적은 문헌검토, 관찰의 형태, 이미 개발된 도구 없는 진단평가 방법을 포함하여 음악치료에서 비검사도구에 초점을 맞추는 것이다. 이러한 안내의 목적은 임상가가 진단평가 자료를 수집 · 분석 · 해석 · 보급을 하기 전, 동안, 후에 무엇을 알아야 하는지를 제안하고자 하는 것이다.

2. 음악치료에서 비검사도구에 대한 문헌검토

검사도구 없이 임상 진단평가에 대한 출판물 개요를 제공하기 위해, 우리는 통합적인 문헌검토를 수행하였다. 통합적인 검토는 지식을 종합하는 방법이며 본질적인 연구 결과로부터 결과의 적용을 임상으로 통합한다(de Souza, da Silva, & de Carvalho, 2016). 검토를 통해 한 가지 중요한 연구 질문을 다음과 같이 제시하였다. 비검사 진단평가도구는 개발자, 진단평가 방법, 진단평가 과정의 형태(검토, 인터뷰, 관찰), 임상 대상, 이론적 틀, 체계화의 수준을 고려하면서 어떤 특징을 갖는가?

1) 검색전략

이 장의 첫 번째 개발자는 Cumulative Index Nursing and Allied Health Literature (CINAHL), Embase, PubMed, The Digital Access to Research Theses(DART)-Europe E-these Portal, Open Access Theses and Dissertations, ProQuest Dissertations and Theses Database Web of Science, Primo(올보르 대학교 도서관 검색 데이터베이스)를 사용하여 문헌에 대한 통합 검색을 수행하였다.

주제어는 '음악치료'와 '진단평가'를 사용하였다. 검색은 1968년부터 2017년 11월까지 영어로 출판되고 동료 검토 학술지, 석사 · 박사학위논문을 포함한다. 자료의 시작은 진단평가의 가장 초기 사용연구(Gaston, 1968)를 포함하면서 음악치료에서 공식연구 출현을 함께 선택하였다. 마지막 날짜는 연구자가 마지막 검토를 시작했을 때를 나타낸다.

2) 연구 자격

검토를 위한 포함 기준은 다음과 같다.

① 출판물에서 '음악치료에서 진단평가'가 주된 주제이다.
② 비검사도구는 체계적인 몇 가지 수준을 제시할 필요가 있다.
③ 선택된 비검사도구는 관찰, 검토, 인터뷰 형태의 진단평가 중 한 가지 이상으로 범주화

할 필요가 있다.

④ 영어로 출판되었다.

단지 초록만 출판되거나 중복 출판된 연구는 제외하였다. 또한 진단평가 방법이 충분하지 않은 출판물은 제외하였다.

3) 자료추출

검색전략에서 요구조건 확립을 위한 결과는 다음과 같이 범주화하였다. 출처, 출판 형태(학술지연구, 석사논문, 박사논문, 책의 일부분), 진단평가 방법(목적과 자료 형태), 진단평가 형태(인터뷰, 관찰, 기록검토), 클라이언트 집단, 이론적 틀, 체계화의 수준(약간 체계적, 체계적, 매우 체계적)이다. 진단평가 형태는 이 책의 첫 장에서 설명한 월든(Waldon)과 가티노(Gattino)가 제안한 이론적 틀을 기본으로 하였다. 이론적 틀에 대해 우리는 분석의 방법(현상학적, 해석적 등)을 근거로 하는 개발자들 혹은 이론을 고려하지 않더라도 임상적인 이론적 관점을 우선시하였다. 더욱이 체계화의 수준을 진단하기 위한 기준은 출판물에 설명된 여러 가지 과정에서 정의되었다. 체계화 과정이 없는 것에서 3까지의 연구는 약간 체계적으로 구분되었다. 만약 연구가 4 혹은 5과정이면 이것은 체계적으로 고려되고 6과정 이상이면 이것은 매우 체계적인 것으로 고려되었다.

4) 문헌검토의 결과

앞서 설명한 기준을 만족하는 연구는 29개이며 깊이 있게 분석되었다. 각 연구를 위한 범주(출판 형태, 진단평가 방법, 진단평가 형태, 클라이언트 집단, 이론적 틀, 체계화의 수준 등)는 〈표 3-1〉과 같다. 클라이언트 집단의 범주는 원래 출판물에서 사용된 용어를 따랐다.

(1) 연구자

이 분야에서 대부분 출판물은 케네스 브루샤(Kenneth Bruscia)에 의해 5편(17%)(1987a, 1987b, 1987c, 1987d, 2002), 다음으로 조앤 로위(Joanne Loewy)에 의해 2편(1994, 2000)이 출판되었다.

(2) 출판 형태

대부분은 책의 장으로 출판되었으며 모두 19편이다(65%). 그리고 8편의 학술지연구(28%), 1편의 박사논문(3%), 1편의 석사논문(3%)이 등록되었다.

(3) 진단평가 목적과 자료의 초점

다양한 방법에 대해 일반적인 진단평가가 대부분을 차지하며, 11편이 출판되었고(38%) 6편은 음악 분석 보고서(21%), 4편은 비디오 분석(14%), 3편은 내용 분석(10%), 2편의 연구는 초기접수 과정(7%), 1편은 진단적 진단평가(3%), 1편은 목소리 분석(4%), 1편은 심리음향적인 분석연구(3%)이다.

(4) 진단평가 형태

이 책의 첫 장에서 월든과 가티노에 의해 확립된 진단평가 범주를 고려하여 17편은 관찰(59%), 6편은 검토(21%), 4편은 관찰과 검토의 결합(14%), 1편은 관찰과 인터뷰의 결합(3%), 1편은 인터뷰(3%)이다.

(5) 임상집단

진단평가 방법의 대부분은 임상집단이 정의되지 않았으며, 14편의 출판이 보고되었다(48%). 또한 4편은 자폐스펙트럼장애를 위한 연구(10%), 2편은 치매(7%), 2편은 정서장애(7%), 1편은 의사소통장애(3%), 1편은 복합장애(3%), 1편은 정신과 환자(3%), 1편은 두뇌손상(3%), 1편은 신경성 거식증(3%), 1편은 발달장애(3%), 1편은 신경증적 환자(3%)를 연구한 내용이었다.

(6) 이론적 틀

임상적 틀로 설명된 출판물의 수와 분석 방법에 대한 이론에 초점을 맞춘 연구가 균형을 이루었다. 4편의 연구는 행동주의(14%), 5편은 이론적 틀이 정의되지 않음(17%), 4편은 현상학적 배경에서 설명(14%), 3편은 정신역동이론(10%), 2편은 인본주의(7%), 2편은 발달심리(7%), 2편은 보니메소드 음악으로 유도된 심상(BMGIM)(7%), 1편은 심리음향학(3%), 1편은 즉흥적 음악치료(3%), 1편은 이븐 루드 등(Ruud et al., 1999)의 경험과 분석의

4수준(3%), 1편은 심리치료의 분석적 · 인지적 · 인본적 모델을 연결(3%), 1편은 게슈탈트와 실존적(3%), 1편은 라겐베르그, 프롬머와 트레스(Langenberg, Frommer, Tress)에 의해 개발된 묘사적이고 해석적 음악작업을 위한 질적 방법(3%)이었다.

(7) 체계화의 수준

12편은 약간 체계적(41%), 9편은 체계적(36%), 8편은 매우 체계적(27%)이었다.

〈표 3-1〉 문헌검토의 개요

인용	출판 범주	진단평가 목적과 자료의 초점	형태	클라이언트군	이론적 틀	체계화의 수준
Thaut(2014)	책	변형적 설계모형 (일반적 진단평가 목적)	관찰	정의되지 않음	신경학적 음악치료	약간 체계적
Melhuish(2013)	학술지	일반진단평가	관찰	치매	행동주의	약간 체계적
Martin et al. (2012)	책	개별화교육계획(IEP)을 기본으로 하는 적합기준과 SCERTS (Social Communication, Emotional Regulation, Transactional Approach)에 의한 진단평가	관찰	자폐스펙트럼장애 (ASD) 아동	행동주의	체계적
Wang(2010)	석사 논문	임상 즉흥연주의 음악분석	관찰과 검토	의사소통장애 청소년	인본주의	체계적
Lucht & Gatzsche(2009)	학술지	상호적 체계를 사용한 정서적 진단평가(오디오 신호는 신체적 · 심리음향적 · 음악적 요소로 해석됨)	검토	일반 성인	심리음향학	약간 체계적
Holck(2007)	책	비디오 미시분석에 대한 민족지학적 묘사 접근	관찰	ASD 아동	현상학	체계적
Plahl(2007)	책	음악치료에서 언어전 의사소통의 비디오 미시분석	관찰	중복장애	발달심리학	매우 체계적

인용	출판 범주	진단평가 목적과 자료의 초점	형태	클라이언트군	이론적 틀	체계화의 수준
Ridder(2007)	책	음악치료에서 의사소통 반응에 초점을 맞춘 선택된 비디오 클립에 대한 미시분석	관찰과 검토	정의되지 않음	정의되지 않음	매우 체계적
Scholtz et al. (2007)	책	음악치료에서 상호작용의 비디오 미시분석(MIMT)	관찰	발달장애 아동	발달심리학	매우 체계적
Baker(2007)	책	노래와 목소리를 분석하기 위한 목소리 분석 소프트웨어	관찰과 검토	만성적인 트라우마에 의한 뇌손상 청년(남)	정의되지 않음	매우 체계적
De baker(2007)	책	정신과 환자와 즉흥연주에서 선택된 음악샘플의 음정분석	검토	정신과 환자	현상학	매우 체계적
Sutton(2007)	책	미시분석과 대화를 사용. 즉흥연주분석: 'The invisible Handshake'—대화같은 자유 음악 즉흥연주	관찰	정의되지 않음	정의되지 않음	체계적
Trondalen(2007)	책	음악치료에서 즉흥연주의 미시분석에 영감을 받은 현상학적 접근	관찰	정의되지 않음	현상학	매우 체계적
Bonde(2007)	책	치료에서 음악연구	검토	정의되지 않음	이븐 루드에 의한 네 가지 수준의 경험과 분석을 포함하거나 혹은 네 가지 주요 특성	체계적
Grocke(2007)	책	음악분석의 구조모델(SAMA)	관찰과 검토	정의되지 않음	보니메소드 GIM(BMGIM)	체계적
McFerran & Grocke(2007)	책	현상학적 문자 미시분석	검토	정의되지 않음	현상학	체계적

인용	출판 범주	진단평가 목적과 자료의 초점	형태	클라이언트군	이론적 틀	체계화의 수준
Ortlieb, Sembdner, & Frommer(2007)	책	단일 음악치료 회기의 미시분석을 위한 문자분석 방법(TAMO)	검토	정의되지 않음	라겐베르그, 프롬머와 트레스가 개발한 치료에서 음악작업의 설명과 해석을 위한 질적 방법	체계적
McFerran et al.(2016)	책	회고적 가사분석	검토	신경성 거식증 청소년	정의되지 않음	체계적
Bruscia(2002)	책	BMGIM에 진단평가의 네 가지 제안의 일반적 설명–진단적 · 전망적 · 해석적 · 평가적	관찰	정의되지 않음	BMGIM	약간 체계적
Munk-Madsen(2001)	학술지	클라이언트와 음악치료 과정 모두에서의 질적인 관찰/설명	관찰	치매 환자	정의되지 않음	약간 체계적
Wigram(2000)	학술지	의사소통장애 아동과 자폐진단 아동을 위한 음악치료 진단평가 방법	관찰	ASD 아동	즉흥음악치료	약간 체계적
Loewy(2000)	학술지	음악심리치료 진단평가	관찰	정의되지 않음	심리치료의 분석적 · 인지적 · 인본적 모델	약간 체계적
Loewy(1994)	박사논문	해석학적 패널 분석	관찰	정서장애 아동	해석학	약간 체계적
Bruscia(1987a)	책	자유 즉흥연주에서 일반적 진단평가[앨빈(Alvin) 모델]	관찰	정의되지 않음	정신역동 이론	약간 체계적
Bruscia(1987b)	책	분석적 음악치료에서 일반적 진단평가[프리슬리(priestley) 모델]	인터뷰와 관찰	정의되지 않음	정신역동 이론	약간 체계적
Bruscia(1987c)	책	실험치료에서 일반적 즉흥연주[리오르돈–브루샤(Riordon–Bruscia) 모델]	관찰	정의되지 않음	게슈탈트와 실존적	약간 체계적

인용	출판 범주	진단평가 목적과 자료의 초점	형태	클라이언트군	이론적 틀	체계화의 수준
Bruscia(1987d)	책	병행언어치료에서 일반적 진단평가 [헬리치(Helmlich) 모델]	관찰	정의되지 않음	정신역동이론	약간 체계적
Wells(1988)	학술지	개별화된 진단평가 과정	특정 음악활동에 대한 관찰	정서적으로 장애가 있는 청소년	행동주의	매우 체계적
Braswell 등 (1983)	학술지	음악/활동치료 접수 진단평가	인터뷰	소아과 환자	행동주의	매우 체계적

5) 문헌검토 결과의 반영

문헌검토의 자료들은 이 책의 첫 장에서 설명한 신뢰도와 타당도의 증거를 가진 진단평가(25)와 비교하여 비검사도구의 수가 거의 비슷하다(29)는 것을 강조한다. 사실, 비검사 진단평가의 수는 진단평가 검사보다 약간 많다. 이러한 의미에서 음악치료 진단평가에서 집중 경향성이 있다고 단언하는 것이 대표성이 있는 것은 아니다.

출판 기간에 대해서는 2000~2010년 동안 비검사 진단평가 보고가 매우 많다고 주장할 수 있다. 이 시기가 검사가 출판된 시기, 즉 2010년보다 다소 빠르다는 사실은 흥미롭다. 다시 말하면, 이러한 검토 결과를 통해 음악치료에서 오늘날 검사를 위한 신뢰도와 타당도의 증거와 개발에 대한 기본적인 관심의 현재 경향성을 확인하였다. 검토된 출판물의 대부분이 『Microanalysis in Music Therapy』(Wosch & Wigram, 2007)에서 나온 것이기 때문에 이것으로 2000~2010년에 다수가 출판된 이유를 설명할 수 있다. 미시분석의 방법(오디오, 비디오, 문자의 작은 부분을 분석)은 사실 이미 제시된 자료 안에서(12 개의 보고서) 가장 지배적이었다. 미시분석에 대한 책 『Improvisation Models of Music Therapy』(Bruscia, 1987)는 또한 4권의 출판물과 함께 즉흥음악치료에서 진단평가와 평가의 사용에 대해 많은 장에서 제시하고 있다.

앞에서 인용된 책의 결과에 더하여 BMGIM 방법(Bruscia, 2002)에서 진단평가와 평가, 그리고 『Early Childhood Music Therapy and Autism Spectrum Disorders: Developing Potential in Young Children and Their Families』(Martin et al., 2012)의 진단평가 부분은 이 책에서 전부 18개

장인데, 이는 이 책의 반 이상을 차지한다. 과정을 검토하는 동안 보고된 책의 장들은 단지 사용된 검색도구의 높은 효율성 때문에 접근할 수 있었다는 데 주목해야 한다. 이는 데이터베이스로의 접근이 흔히 연구자, 교사, 학생에게 제한되기 때문에 임상가가 이러한 정보를 발견하기 어려울 수 있음을 의미한다.

이러한 검토 결과는 인터뷰가 적음을 지적한다. 이것은 임상가가 자신의 임상수행과 현실의 특성을 기본으로 그들의 모델을 만드는 것을 선호하기 때문일 수 있다(Ferrari, 2013). 평가 방법의 질에 관해서 두 가지 요인이 강조되는데, 경험적 기본과 세부적 수준, 그리고 적용 사례이다. 제작된 비검사 진단평가도구의 대부분은 임상수행 경험을 기본으로 하며, 다른 전문가에 의해 사용된 응용 혹은 연구에서는 이러한 사용 방법에 대해 명확한 설명이 없다. 그리고 몇 개의 모델은 사용 방법에 대해 자세한 설명은 없고 단지 모델의 응용만을 보여 주고 있다.

모델의 경향에 초점을 맞추면서 세 가지를 강조할 수 있는데, 객관적 모델과 해석적 모델 사이의 다양성, 이론적 접근의 다양성, 몇몇 방법 안에서 높은 복잡성 수준이다. 제시된 방법 중에서 많은 행동주의 모델이 객관적인 자료 획득에 초점을 맞추고 있기 때문에 객관적이고 해석적인 평가 사이에 정밀한 균형이 있지만, 다른 사람들은 해석에서 특정한 형태를 사용하는 것을 포함하는 주관적 분석을 요구한다. 임상가가 임상의 수행을 이론적으로 이해하기에 적합한 모델을 찾는 것을 설명하는 이론적 지향성이 상당히 다양함을 보여 준다. 마지막으로, 우리는 적용된 특정한 도구와 많은 시간을 요구하는 몇몇 미시분석 도구의 높은 복잡성의 수준을 강조한다. 이러한 방법에서 이와 같은 도구들이 연구 분야에서 더욱 뛰어난 적용을 가지고 있다고 상상할 수 있다. 결론적으로, 이러한 검토는 비검사 진단평가도구의 영역이 여전히 발달 과정에 있으며, 이러한 방법에서 질적인 측면에 접근하기 위한 조사와 함께 더 많은 출판물이 필요하다는 것을 보여 준다.

3. 개발된 도구 없이 관찰하기

문헌검토에 따르면, 음악치료사는 대부분 진단평가에서 관찰의 방법을 적용한다. 다음의 목적은 임상가가 촉각과 신체관찰, 행동관찰, 상호작용/의사소통 관찰을 포함하여 초점화된 선택 영역을 설명함으로써 그것들의 관찰을 구조화하고 선택하고 이해하는 방법에 조금 더 많은 영감을 주고자 하는 것이다. 우리는 우리의 경험과 지식을 기본으로 세 가지 초점을 선택하고 개인 간 관점, 상징화, 정서 등을 포함하여 다른 초점도 똑같이 적절하고 중요하다는 것을 전적으로 인정한다. 흔히 임상가 집단 그리고 그들의 필요와 도전은 진단평가에 있어서 관찰 과정과 초점을 결정한다. 이에 대한 좋은 사례가 알라-루오나(Ala-Ruona, 2005, 2007)의 박사연구인데, 그는 사용된 이론적 틀과 방법에 대한 조사와 함께 정신과 음악치료의 맥락 안에서 초기 음악치료 진단평가를 할 때 서로 다른 임상접근에 초점을 맞추었다. 경험이 많은 임상가의 인터뷰를 기본으로 근거이론분석에서 알라-루오나의 연구는 정신과의 맥락에서 치료사가 새로운 클라이언트에 대한 이해를 얻는 과정을 이해하기 위한 모델과 이론적 틀을 포함하여 유용한 비구어적 진단평가 과정을 설명한다. 각 진단평가 과정은 독특하며 맥락 의존적이다. 다음은 관찰 과정을 설명하기 위한 자극으로 의미가 있다.

1) 행동관찰

옥스퍼드 사전에 의하면, 행동이란 한 사람이 스스로 다른 사람에 대하여 수행하거나 움직이는 방법으로 정의된다(Oxford Dictionary, 2017). 이러한 정의를 고려하면, 행동관찰은 음악치료 진단평가에서 중요한 부분이다. 치료사는 그들의 이론적 지향점과 상관없이 치료과정에서 고려될 필요가 있거나 혹은 영향을 미치는 행동을 관찰한다. 클라이언트가 상호작용을 피하거나 혹은 치료 수행에서 공격적 행동을 보일 때, 치료사는 이러한 행동을 탐구하거나(출현 증가) 혹은 이러한 행동을 감소시키는 중재를 더 많이 계획하기 위해서 목표행동을 관찰할 필요가 있다. 서로 다른 관점에서 음악치료사는 클라이언트가 연속되는 회기에서 흥미를 보이는 바로 그 악기와 함께, 초기 진단평가 회기에서 얼마나 많은 시간 서로 다른 악기를 연주하는가를 관찰할 수 있으며 기본적으로 묘사적 관찰, 발생 수(빈도), 기간(일반적으로 분 혹은 초)의 세 가지 형태의 행동관찰이 있다(Plahl, 2007).

- **묘사적 관찰**: 치료사는 특정 형태의 해석을 피하면서 클라이언트가 수행하는 모든 행동을 자세하게 묘사한다. 이러한 묘사는 언제, 어떻게 그리고 이 행동의 결과에 초점을 맞추면서 모든 상황에서의 자세한 보고와 목표행동에 대한 특성을 포함한다(Hanley,

Iwata, & McCord, 2003).

• 발생 수(빈도): 치료사는 한 사건이 얼마나 많이 발생했는지 그 수를 센다. 이러한 사건은 추출된 오디오 · 비디오에서 관찰할 수 있으며, 관찰은 명확해야 한다. [그림 3-1]은 10회기 동안 ASD 클라이언트의 말하기 수를 관찰한 예시를 보여 준다.

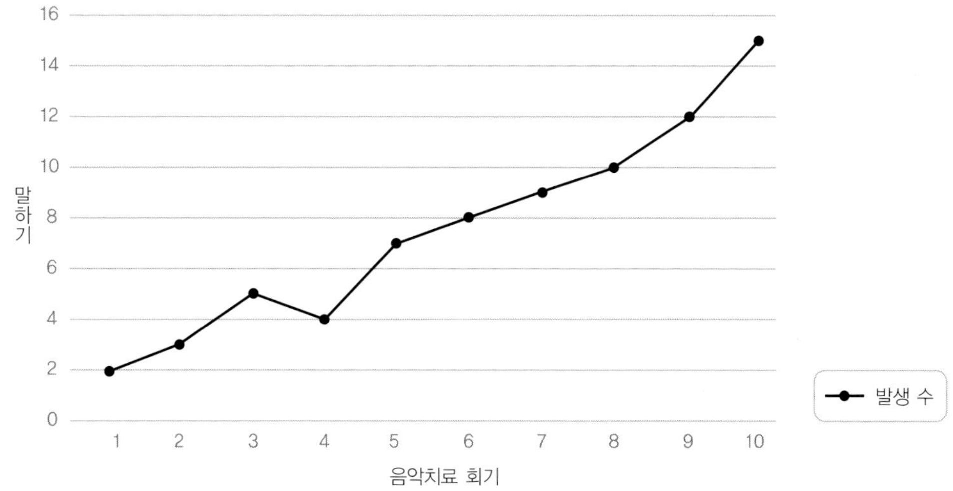

[그림 3-1] **행동관찰(빈도)**

• 기간: 어떤 경우에는 치료사가 각 상황에서 클라이언트가 얼마나 오랫동안 목표행동에 관여했는지 확인하기를 원하기 때문에 분석에서 행동빈도가 적절하지 않을 수 있다. 기간을 측정하는 것은 치료사가 동일한 행동을 하고 있을 때 클라이언트가 한 가지 행동을 얼마나 오랫동안 하고 있는지를 비교할 때 중요하다. 〈표 3-2〉는 10초 간격으로 음악치료 회기 안에서 (클라이언트와 치료사) '악기 연주하기' 시간을 비교하는 예시를 보여 준다.

〈표 3-1〉 시간 관찰(기간)

초	1	2	3	4	5	6	7	8	9	10	11
치료사 연주											
클라이언트 연주											

2) 촉각과 신체관찰

몸과 마음은 다양한 형태의 행동과 강하게 통합되어 있고, 우리는 이러한 지식을 건설적으로 사용할 수 있음을 인식하고 음악치료 안에서 임상접근을 할 수 있다(Storm, 2013). 신체감각 체계는 신체적이고 정신적인 작동 모두가 하나의 수준에서 신경처리 과정이기 때문에(Damasio, 1999; Hart, 2008) 신체적 · 정신적 현상 모두 수용적이며, 신체감각은 촉각, 신체자세, 움직임, 소리를 포함한다.

행동에서의 신체관찰과 촉각은 제공되는 심리치료의 목적, 그리고 악기 선택과 관련이 있다. 그러나 신체와 인간의 목소리가 1차적인 악기가 되는 경우, 클라이언트는 악기가 되고 이후 호흡과 몸, 목소리 운동으로 활성화된다. 악기의 의미가 무엇이든 상관없이, 신체감각 체계는 악기에 의한 촉각과 연결되는 서로 다른 자극에 의해 활성화될 것이다.

움직이는 신체와 촉각에 대해 무엇을 어떻게 관찰할 것인가에 대한 의식은 치료과정에서 분석적인 결론, 그리고 임상에서의 접근법 선택에 관하여 치료사를 지지할 수 있다. 신체행동과 촉각에 집중하면서 의식적으로 상향식(bottom-up) 중재(감각적 자극)와 하향식(top-down) 중재(인지적 접근, 언어적 대화)를 혼합할 수 있다(Storm, 2013).

(1) 활력 형태

운동감각(kinesthesia)은 신체의 움직임과 자세에 대한 감각, 그리고 몸의 부분, 근육의 사용과 관련이 있다. 모든 접촉, 움직임 혹은 행동은 특정 강도의 수준, 그리고 유쾌함 대 불쾌함과 연결된다(Storm, 2013). 유쾌함은 정서적 접촉과 연결되어 있으며, 자폐, 식이장애, 우울, 만성 통증 같은 많은 임상 조건에서 조절하지 못함에 대한 정보를 제공한다(Case et al., 2016). 클라이언트의 유쾌함과 불쾌함은 발이 움직이고 악기를 잡기 위해 손 혹은 신체와 연결된 접촉에서 관찰될 수 있다.

스턴(Stern, 2019a)에 따르면, 움직임에서의 에너지, 강함, 힘의 형태는 '활력의 역동적인 형태'라고 정의되며, 휘말림(surging), 이완(relaxing), 미끄러짐(gliding), 긴장(tense), 상승(accelerating), 약함(weak), 펄럭임(fluttering) 등과 같은 운동감각적 용어로 설명하는 것이 적절하다.

다마시오(Damasio, 1999)는 활력정서는 배경정서와 연결된다고 하였다. 배경정서는 항상 의식적인 것이 아니고 이러한 상황에서 정신적인 작업 혹은 내용에 초점을 맞추는 경향이 있다. 배경정서는 더욱 내면으로 움직이며, 배경정서와 거의 관련이 없는 생각과 의사소통하는 것처럼 신체 자세, 움직임의 속도와 모양, 목소리 톤, 말하기에서의 운율처럼 다양한 방법으로 관찰될 수 있다. 다마시오에 따르면, 배경정서는 피곤함, 에너지, 흥분, 안녕감, 질병, 긴장, 이완, 휘말림, 끌기, 안정감, 불안정감, 균형, 불균형, 조화 그리고 부조화를 포함한다(Storm, 2013).

그래서 특별한 종류의 집중과 인식을 연결하고, 특히 임상에서 적용된 음악치료 중재에서 활력 형태에 대해 광의의 태도와 감상의 관점을 연결하는 것이 중요하다. 활력 형태의 역동성은 흥분 혹은 개입 정도를 드러내면서, '지금 여기'로부터 서술된 입장까지의 거리, 무감각, 혹은 마음에서 말하기까지의 방어 정도, 그리고 그 이상을 보여 줄 수 있다(Stern, 2010). 그래서 활력 형태의 역동성은 비의식적 경험, 기억, 해리 경험에 대한 접근 가능성을 제공한다(Storm, 2013).

신체 움직임과 목소리가 중요한 도구로 적용될 때, 우리는 신체와 목소리 사용이 신체적인 인식과 움직임 그리고 목소리 중재에 초점을 맞추면서 인지적이고 역동적인 기법과 이론이 혼합되어 영향을 미침을 고려할 것이다(Storm, 2013). 이러한 접근 안에서 클라이언트는 스스로를 '감상하기'보다는 관찰하는 것을 배우고 그들의 신체감각, 자세, 동작, 목소리 사이의 관계를 탐구하고, 어떻게 이것들이 치료에서 그들이 설명하는 단어나 내용에 영향을 미치는지, 그리고 그들의 정서적 · 심리적 상태에 어떻게 영향을 미치는지를 탐구한다.

(2) 관찰하는 것

클라이언트의 심리적인 상태는 신체 자세, 호흡 패턴, 움직임의 자유도, 심박 등에 분명하게 영향을 미치며, 다리가 튼튼하게 지탱하는 신체와 통합하면서 유연성을 통해서라기보다는 오히려 뻣뻣함과 긴장을 통해 스스로를 안정화하는 경향이 있는 것으로 보인다(Storm, 2013). 로웬(Lowen, 1972, 1975), 그리고 오그덴, 민턴과 페인(Ogden, Minton, & Pain, 2006)이 이를 지지한다.

- 전신스캔: 클라이언트가 서 있는 자세에서 수행되는 전신스캔은 신체가 현재 가지고 있거나 혹은 잃어버린 중력의 상태에 대한 정보를 제공할 수 있을 수도 있다. 전신스캔은

다음에 초점을 맞출 수 있다. ① 클라이언트의 발이 바닥에 어떻게 접촉하는지, ② 무릎을 다 펼 수 있는지, ③ 가슴과 골반의 위치 혹은 자세, ④ 어깨가 들리는지, 뻣뻣한지, 이완되어 유지되는지, ⑤ 신체와 관련해서 그들의 팔의 위치가 어떠한지, ⑥ 클라이언트가 무의식적으로 주먹을 꽉 쥐는지, 손가락을 펴는지, 손이 이완되는지, ⑦ 목과 머리 등이다. 예를 들어, 우리는 긴장, 팔과 다리의 효과성, 힘에 대한 조형미의 부족, 무릎을 펴면 지면에 닿는 느낌이 감소되고 안전하다고 착각하게 하는지를 검사할 수도 있다. 이것은 근육 활동의 자연적이고 실속 있는 사용을 관찰하고 있는 것이다(Storm, 2013).

무릎을 펴고 곧게 선 상태에서는 몸 전체가 강하게 당기면서 융통성 있는 목소리로 모든 것을 자유롭게 표현할 수 있지만(F. M. Alexander in Heirich, 2005) 동시에 더 이상 에너지가 필요하지 않아 활발한 에너지 흐름이 멈춘다. 따라서 일반적으로 신체중심(중심화, 지지, 호흡, 목소리 훈련, 나란함)의 움직임 그리고 인식과 관련된 신체적 자원은 내적인 신체적 · 심리적 안정성에 대한 감각을 제공하고, 클라이언트에게 중심과 지지에 대한 감각을 인식하는 방법을 가르치며, 이러한 방법으로 존재의 경험과 자기조절을 지지한다(Storm, 2013).

- **신체 움직임**: 운동감각은 신체의 움직임, 그리고 신체의 움직임에 대한 스스로의 지각(의식적이거나 비의식적인)에 대한 학문이다. 연속적인 움직임(운동감각)에 대한 지각은 매우 무의식적이다. 의식적인 자기수용감각(proprioception)은 인식의 증가로 성취된다. 운동감각은 이러한 인식에 대한 발달, 그리고 학습과 관련이 있다. 관찰하는 것에 대한 구조화를 위해 라반 동작분석(Laban Movement Analysis: LMA)에서 영감을 받았으며, 이것은 그 자체로 해부학, 운동요법, 심리학을 포함하여 다양한 분야에서 나왔다.
- **신체**: 신체의 구분은 움직이는 동안 인간 신체에 대한 구조적이고 물리적인 특성을 묘사한다. 이러한 구분은 신체 각 부분이 움직이는 것과 관련이 있으며, 각 부분은 연결되고 서로 영향을 받고, 일반적으로 말해서 신체의 조직화와 관련이 있다. 예를 들어, 머리는 고정되어 있지만 신체의 나머지 부분들은 명확하게 움직이고 있다.

3) 상호작용과 의사소통 관찰

흔히 모든 연령대와 임상 영역 모두에서 사회적 · 의사소통 영역이 목적과 집중을 받는 것처럼 클라이언트의 비언어적 · 언어적 의사소통과 상호작용에 대한 능력과 관심은 음악치료에서 매우 중요하다. 애착은 각 개인의 사회적 · 상호작용 기술과 행동에 필수적이다. 그러나 애착은 개념에 대한 심오한 이해와 광범위한 해석을 요구하기 때문에 관찰하기 복잡하고 어렵다. 여기에서는 더 많은 객관성을 요구하는 검사 지향적인 접근이 필요할 수도 있다.

(1) 조율하기

만약 진단평가 혹은 치료의 초점이 상호작용, 그리고 의사소통 기술과 관련이 있다면 조화로운 상호작용에 관여하는 능력은 중요하다. 아동기에 자아가 어떻게 발달되는가에 대한 이론에서 스턴(Stern, 2000)은 기본적인 의사소통과 상호작용 기술의 핵심으로 정서적인 조율하기(attunement)를 설명하였다. 스턴은 보호자가 어떻게 그들의 아동을 모방하고 아동의 흥미와 집중을 유지하기 위해 모방을 다양하게 반복하는지에 대해 설명하였다. 아동은 변화하지 않기를 원하면서 세상을 조직하는 경향이 있기 때문에 특정 주제에 대한 반복은 유아에게 더욱 흥미를 준다. 주제의 알려진 부분과 알려지지 않은 부분 모두를 조직하는 것은 유아가 상호적인 불변성을 확인하는 방법을 배우는 데 이상적이다. 유아는 복잡한 행동에 대해 배우면서 어떤 부분이 다른 부분과 다른지를 인식한다. 따라서 유아는 상호 행동에서 변하지 않는 특성을 확인하는 것을 배운다(Stern, 2000). 정서조율은 부모가 유아의 감정과 비언어적으로 공유된 정서를 인식할 때 발생한다. 이러한 감정의 복잡한 상호 주관적인 변화는 다음의 3단계로 구성된다.

① 부모는 그들의 비언어적 의사소통을 기본으로 유아의 감정 상태를 (정확하게) 읽는다.
② 부모는 유아의 반응을 모방하고 변형한다.
③ 유아는 그것과 관련된 어떤 것에 대한 연결된 반응을 읽는다.

스턴은 또한 이것을 음악 과정이라고 부르며 많은 음악치료사는 이것을 이해하고 임상의 한 부분으로 음악치료 이론과 통합해 왔다. 예를 들어, 홀크(Holck, 2008)는 인간의 능력으로 의사소통적 음악성이라는 개념을 말하였으며, 반면에 스턴(2010)은 위그램(2004)의 일치를 정서조율로 묘사하고 이것을 "클라이언트와 치료사 사이의 관계, 전달 그리고 의사소통의 기본"(Stern, 2010, p. 94)이라고 설명하였다. 그는 다음에 이것을 부모-아동의 상호작용과 서로 다른 형태의 정서조율로 연결하였으며, 이것은 정서적 의사소통에 있어서 중요한 기법으로 설명하였다. "음악은 '정서조율'에 매우 좋은 것이다."(p. 98) 스턴은 이러한 상호 주관적인 접촉의 형태가 두 사람이 확장할 수 있는 접촉의 한 형태이기 때문에 성공적인 음악치료에서 가장 중요한 측면 중 하나가 된다고 믿었다.

(2) 비언어적 의사소통

더욱이 상호 간 교류는 비언어적 의사소통 채널에 전적으로 의존한다. 언어는 표현의 질, 강도, 감정의 뉘앙스, 서로 다른 사회적 상황에서 정서를 전달하기에 불충분한 매개체이다(Mandal & Ambady, 2004). 이것은 음악치료에서 한 명 이상의 클라이언트를 진단평가할 경우, 비언어적 의사소통 기술과 상호작용을 관찰하기에 매우 적절해 보인다. 주고받으며 서로 연주하는 것은 언어적 · 비언어적 모두에서 인간의 교류를 위해 중요한 부분이며 여기에서 우리는 대화분석(conversational analysis)을 통해 많은 것을 배울 수 있다. 대화분석이론은 발화 구성을 자세하게 설명하지만, 홀크(2004)가 지적한 것처럼 이것이 음악치료 진단평가에 있어서 아직 공통적인 관점은 아니다. 홀크는 의사소통장애 아동과 음악치료에서 서로 주고받으며 연주하는 개념을 이해하고 설명하기 위해 대화분석을 사용하였다. 홀크는 어떻게 대화분석이 음악치료에서 상호작용을 관찰하고 설명하는 데 유용한 개념들을 발달시켜 왔는지에 대해 설명하였다(Holck, 2004).

대화분석은 사회학에서 시작되었으며, 상호작용의 법칙, 과정, 관습에 내재된 사회적 조직에 관심이 있다. 이것은 언어적 의사소통 학문에 접근하는 방법이며 논쟁이나 인터뷰 같은 동작으로 말하기(talk-in-action)의 다른 형태와 일상적인 대화의 분석을 포함한다. 이것은 사회적 행동으로 언어를 조사하며, 그러나 또한 발화 구성을 포함하여 말하기에 동반되는 비언어적인 동작과 운율을 포함한다(Goodman & Heritage, 1990; Schegloff, 2007; Wooffitt, 2005). 비록 대화의 내용이 맥락적인 요인으로 고려될지라도 발화 구성에서 주된 초점은 교환되는 음들의 구조, 형태, 연속성이다(Goodman & Heritage, 1990).

냅과 홀(Knapp & Hall, 2009)은 비언어적 메시지를 주고받는 능력은 의사소통 능력에서 중요한 부분이라고 주장하였다. 그들은 아동기 초기와 후기에 부모 혹은 양육자로부터의 적절한 피드백에 의존되는 사회적 의사소통의 이해와 능력을 설명하였다. 이것은 스턴의 정서조율이론, 그리고 소통적인 음악성의 개념과 많은 유사성이 있는 것으로 보인다(Malloch & Trevarthen, 2009). "비언어적 기술은 다른 사람으로부터 스스로를 모방하고 모델링하면서 그리고 다른 사람의 충고와 조언에 대한 우리 반응을 적용하면서 얻는다."(Knapp & Hall, 2009, p. 64) 냅과 홀은 비언어적인 의사소통에 대한 일반적인 이해 없이는 두 사람이 효과적으로 상호작용할 수 없다고 주장하였다.

(3) 신호

대화에 있어서 비언어적인 협의는 누가 언제 말하는가와 말하는 순서 전달을 알려 주는 암묵적인 신호와 관련이 있다. 비언어적인 신호는 얼굴표정, 신체언어, 운율로 구성될 수 있다. 더욱 특별히 냅과 홀(2009)은 듣는 자와 말하는 자의 신호 사이를 구분하였는데, 순서 넘겨주기(turn-yielding)와 순서 유지하기(turn-maintaining) 행동은 말하는 자의 신호이며, 순서 요구하기(turn-requesting)와 순서 거부하기(turn-denying) 행동은 말을 듣는 자의 신호이다. 냅과 홀은 순서 넘겨주기(turn-yielding) 용어를 사용하였는데, 이것은 음악치료 문헌에서는 일반적으로 서로 '순서 주기(turn-giving)'로 알려져 있다. 다음의 '순서 주기'와 '순서 유지하기(turn-maintaining)' 개념은 융통성 설계와 미시분석의 연구에 적용되며 자세하게 설명하고 있다. 일반적인 대화에서 '순서 주기'는 말하는 사람이 자신의 순서를 포기하는 때이다. 이것은 말하는 사람의 발언 마지막에 서로 다른 형태를 많이 포함할 수 있는데, 다음과 같은 예를 들 수 있다.

- 말하는 사람의 음정에 따라 올라가거나 떨어지는 운동감각적인 표현이 나타남
- 크기가 감소됨
- 템포가 느려짐
- 말하기와 동반되는 동작이 마무리됨
- 듣는 사람을 응시함
- 말하지 않는 멈춤이 길어짐

더욱 분명한 신호는 듣는 사람을 접촉하기, 기대함에 눈썹을 잡거나 혹은 "글쎄"와 같은 말을 하는 것이다. 만약 듣는 사람이 '순서 주기' 신호를 감지하지 않는다면 말하는 사람은 이런 것들을 사용한다.

'순서 유지하기'는 말하는 사람이 순서를 넘기기를 원하지 않을 때이며, 다음과 같은 행동

을 한 가지 이상 보여 준다.

- 순서 요구하기 신호가 듣는 사람으로부터 감지되기 때문에 목소리를 크게 함
- 침묵을 채울 정도의 동작을 만들어서 움직임을 계속함
- 침묵을 멈추는 빈도와 시간이 증가됨
- 가볍게 다른 사람을 접촉하고 두드리는 동작을 사용함("약간 더 길게"라고 하는 것처럼)

'순서 요구하기'는 듣는 사람이 말하고자 할 때이며, 다음과 같은 행동을 한 가지 이상 보여 준다.

- 집게손가락 들어 올리기(손을 들기)
- 들릴 정도의 들숨
- 똑바르거나 긴장된 자세
- 빠르게 고개를 끄덕임
- 방해될 때, 듣는 사람(말하는 사람이 됨)이 상대방보다 더 크게 말하고 동작을 시작하고 순서 바꾸는 것을 알리기 위해 눈을 돌림

'순서 거부하기'는 듣는 사람에게서 순서 주기 신호를 받았지만 말하기를 원하지 않을 때이다. 다음과 같은 행동을 한 가지 이상 보여 준다.

- 이완된 상태로 듣는 것을 유지함
- 침묵을 유지함
- 어떤 다른 것을 의도적으로 응시함
- 미소, 고개를 끄덕임, 혹은 말하는 사람이 계속해야 한다는 신호로 말하는 사람의 마지막 단어를 간략하게 다시 말하기
- 머리를 흔듦

(4) 실패와 교정

순서를 서로 교환하는 것은 함께 협의되고 복잡한 과정이며 그래서 쉽게 실패할 수 있다. 냅과 홀에 따르면, 때때로 두 사람의 비언어적 신호는 서로 대조적이거나 순서가 서

로 겹칠 수 있으며 신호를 잃어버릴 수 있다. 삭스, 셰글로프와 제퍼슨(Sacks, Schegloff, & Jefferson, 1974)은 순서 전이(turn-transfer) 실패를 회복하고 방해를 복구하는 순서 조직화(turn-organization)에서 서로 다른 복구 기제(mechanism)를 설명하였다. 이것을 확립하기 위해 홀크(2004)는 상호작용의 성숙함을 평가하면서 만약 이러한 것들의 복구가 일상적인 실수로 발생한 것이 아니라면 매우 중요하다고 말하였다(p. 46).

대화분석에서 비언어 말하기의 초점은 치료사와 클라이언트 혹은 클라이언트 사이에서 어떤 종류의 사회적 행동이 상호 연주를 기대할 수 있는지에 대한 정보를 제공한다. 다만 대화분석 방법은 시간이 많이 소요되고 미시 수준의 분석이 요구된다. 상호작용에 대한 연구에서 홀크(2007)는 대화분석에서 미시분석과 몇몇 개념을 즉흥연주에서의 음성신호로 바꾸는 방법을 개발하였다.

(5) 관찰

비디오 녹화 같은 적절한 자료수집 사용과 이론을 기본으로, 치료사는 클라이언트가 신체를 사용해서 음악 안 혹은 음악 밖에서 다른 사람과 일치하는지 또는 모방하는지를 관찰하며 사회기술 혹은 상호작용을 진단할 수 있다. 다른 사람과 정서를 공유하는 능력은 인간의 의사소통에 있어서 본질적인 것이지만, 클라이언트의 자기보고가 없으면(이것이 반드시 현실을 반영하지 않을 수도 있음) 클라이언트가 어떻게 느끼는지에 대해 알지 못하는 것처럼 관찰은 쉽지 않다. 그러나 우리는 신체와 촉각에 초점을 맞추면서 관련된 감각을 유도하는 행동 설명을 통해 클라이언트와의 상호작용 안에서 우리가 어떻게 느끼는지를 진단평가할 수 있다. 더욱이 리더를 따르거나 리더가 되어 이끄는 경향 사이에서 균형을 관찰하며 다른 사람과 클라이언트의 상호작용에서 자율성의 수준을 진단평가할 수 있다(Bruscia, 1987; Jacobsen, 제14장 참조; Wigram & Jacobsen, 제9장 참조). 만약 클라이언트가 자신의 순서를 기다리거나 혹은 방해하는 경향이 있다면 관찰을 통해 비언어 기술에 대한 지식을 얻을 수 있다. 음악과 동작 모두에서 비언어 신호를 분명하게 관찰하는 것은 클라이언트가 의사소통 혹은 다른 사람에 대한 오해나 의사소통의 실패를 스스로 모니터링(혹은 수정)할 수 있는지를 결정하는 데 도움을 줄 수도 있다.

4. 개발된 도구 없는 진단평가 시 지침

이 절에서는 개발된 도구 없이 진단평가를 조직할 때의 지침을 제시하고 요약하고자 한다. 다음의 일곱 가지 단계가 있다.

① 클라이언트에 대한 사전 정보를 고려하라.
② 진단평가를 위한 목적을 결정하라(진단적, 전망적, 초기 진단평가, 음악치료의 적절성, 일반적인 진단평가 등).
③ 사용하고자 하는 진단평가 과정의 형태를 결정하라[검토, 인터뷰(구조적 · 비구조적), 관찰(구조적 · 비구조적)].
④ 초점과 자료원을 결정하라(성격과 기술: 의사소통, 사회, 음악성, 운동, 정서, 인지, 감각 등/자료원: 행동, 신체, 상호작용 등).
⑤ 결과의 특성을 결정하라(양적 혹은 질적).
⑥ 진단평가 과정의 맥락을 고려하라(이론적 틀, 임상집단, 기관의 맥락 등).
⑦ 2~6단계에 적합한 활동을 선택하고 알맞게 구성하라(적극적 · 수용적 · 구조적/자유, 송라이팅, 집단 또는 개별).

1) 클라이언트에 대한 사전 정보를 고려하라

치료사는 윤리 표준, 질 그리고 진단평가 과정에 적절한지 확인하기 위해 사전에 클라이언트에 대한 적절한 정보를 고려하여야 한다. 클라이언트의 정보가 기록된 일지가 있다면 치료사는 이것에 접근할 수 있다. 또한 클라이언트가 변할 수 있는 상태나 환경이기 때문에 클라이언트의 일지를 읽을 때 열린 마음을 유지하는 것이 중요하다. 진단평가 과정에서 기대감을 적용하고 내용과 목적을 분명하게 하기 위해 실제 진단평가 전에 클라이언트 혹은 보호자와 회의를 하는 것이 적절하다. 이러한 회의에서 치료사는 초기 트라우마, 정신과적 상태 혹은 클라이언트나 보호자가 공유하고자 하는 의료적인 이슈에 대한 중요한 정보를 적절할 때에 자연스럽게 얻을 수 있다. 또한 실제 진단평가 전에 오디오 혹은 비디오 녹화에 대한 허락을 받아야 한다.

2) 진단평가를 위한 목적을 결정하라

의뢰와 클라이언트에 대한 사전 정보를 기본으로, 치료사는 진단평가의 목적을 정의하고 이를 인식하여야 한다. 제이콥슨, 위그램과 라스무센(Jacobsen, Wigram, & Rasmussen, 2019)의 범주는 치료, 치료 이전의 진단평가, 평가로서 음악치료의 적절성, 초기 진단평가, 예상진단을 포함하며 유용할 수 있다. 비록 이미 의뢰된 분명한 이유가 있더라도 진단평가는 흔히 몇 가지 목적과 목표를 포함한다. 때때로 진단평가 동안 모인 정보 때문에 진단평가 과정 동안 주된 목적이 변할 수 있다.

3) 진단평가 과정의 형태를 결정하라

제1장의 정의에 따르면, 중요한 진단평가 방법(과정)은 검토하기, 인터뷰하기, 관찰하기, 검사하기를 포함한다. 검사가 가능하지 않다고 가정하면 치료사는 진단평가 형태를 정의해야 하고 기존의 선택 혹은 새로운 진단평가 방법을 생각하여야 한다. 이러한 선택은 의뢰와 진단평가 목적과 긴밀하게 연결되어 있다. 가장 좋은 진단평가는 의뢰에 가장 적합한 접근을 선택하는 것이다. 제1장과 월든(2013)이 제시한 자료를 기본으로 하는 의사결정 모델을 검토하는 것이 도움이 될 수 있다.

4) 초점과 자료원을 결정하라

이 단계에서 음악치료사는 자신이 진단하고자 하는 기술과 특성을 결정한다. 백스터 등(Baxter et al., 2007)은 도움이 될 수 있는 일곱 가지 영역을 설명하였는데, 의사소통, 사회성, 음악, 운동, 정서, 인지, 감각 영역이다. 선택된 초점에 따라서 주된 자료원을 확립하는 것이 중요하다. 앞에서 설명한 것처럼 1~3단계를 고려하여 가장 적합한 초점을 선택하고 관찰 가능한 자료원이 행동의 초점이 될 수도 있고, 신체, 상호작용(비록 개인 간 초점, 언어 초점, 정서 초점이 있더라도)이 초점이 될 수도 있다.

5) 결과의 특성을 결정하라

4단계를 자세히 연결하여, 치료사는 수집된 자료를 어떻게 보고할 것인지를 결정하여야 한다. 만약 치료사가 행동의 빈도를 생각한다면, 양적 결과와 숫자를 생각하는 것이 필요하다. 만약 자료가 심도 깊은 설명을 포함한다면, 치료사는 더욱 질적인 것에 초점을 맞출 수 있다. 4단계와 5단계에서 선택은 흔히 치료사가 적용한 이론적 틀, 치료적 접근과 연결되어 있다.

6) 진단평가 과정의 맥락을 고려하라

제1장에서 설명한 것처럼, 진단평가 과정에 영향을 미치는 다른 요인들이 있다. 주된 요인은 이론적 틀, 임상집단, 기관의 맥락이다. 치료사가 정신역동적인 이론적 관점을 가지고 있다면 행동관찰에 반한 진단평가 방법을 다루기가 더 어려울 수 있다. 그러므로 중재를 설계하기 전에 치료사는 음악적 · 비음악적인 활동에서 각 개별 클라이언트의 필요를 만족시키기 위해 임상집단의 강점과 약점을 인식하여야 한다. 치료사는 또한 기관의 지배적인 돌봄 철학에 따라서 그들의 진단평가 접근(혹은 철학)을 조정할 필요가 있다. 예를 들어, 인지행동적 혹은 응용행동분석적 접근을 사용하는 치료사라면 인본주의적 혹은 가족중심 돌봄 철학을 적용하는 건강 관련 기관에서 일하는 동안에는 정보 획득의 형태 혹은 진단평가 사용 방법을 변경해야 할 수도 있다.

7) 적합한 활동을 선택하고 알맞게 구성하라

치료사가 1~6단계를 고려한 후 활동을 정의하고 구성하는 것이 필요하다. 적절한 자료 수집을 위해 어떤 형태의 활동이 필요한가? 치료사는 클라이언트의 특성을 생각할 필요가 있고 개별화된 활동을 촉진하고자 한다. 몇몇 클라이언트는 더욱 적극적이거나 혹은 라이브 음악 중심의 활동을 요구할 수 있지만, 반면 다른 사람은 그들의 생각을 음악적으로 표현하는 데 어려움이 있을 수 있기 때문에 언어적 활동(인터뷰 같은) 혹은 수용적이고 덜 침습적인 음악경험을 요구할 수 있다. 더욱이 치료사는 음악 혹은 비음악 악기에 편안하게 반응하는지 혹은 부정적으로 반응하는지 알 필요가 있다.

5. 결론

자원이 항상 이용 가능하거나 혹은 클라이언트의 필요에 맞는 도구가 항상 존재하지는 않기 때문에 음악치료사가 훈련 영역에 특화된 진단평가를 항상 사용할 수 있는 것은 아니다. 그러나 치료를 시작하기 전에 윤리기준을 고수하고 질을 보장하기 위해서는 진단평가가 필요하다. 문헌검토와 관찰 방법을 통해 실마리를 찾고, 잘 구성된 진단평가 계획을 구조화하기 위한 방법은 다양하다. 더욱이 이러한 계획은 실증적이고 구조적인 패러다임 안에서 그들이 어떻게 놓여 있는지뿐만 아니라 구조적이고 융통성의 관점에 따라 변할 수 있다.

참고문헌

Ala-Ruona, E. (2005). Non-structured initial assessment of psychiatric client in music therapy. *Music Therapy Today*, vol. VI, 1/2005. University of Witten-Herdecke. Retrieved 27/07/2018 at https://www.wfmt.info/music-therapy-today/.

Ala-Ruona, E. (2007). *Initial Assessment as a Clinical Procedure in Music Therapy of Clients with Mental Health Problems-Strategies, Methods and Tools.* Unpublished PhD thesis. Jyväskylä, Finland: University of Jyväskylä.

Baker, F. (2007). Using Voice Analysis Software to Analyse the Sung and Spoken Voice. In T. Wosch & T. Wigram (Eds.), *Microanalysis in Music Therapy-Methods, Techniques and Applications for Clinician; Researchers, Educators and Students.* London: Jessica Kingsley Publishers.

Baxter, H. T., Berghofer, J. A., MacEwan, J. N., Peters, J., & Roberts, P. (2007). *The Individualized Music Therapy Assessment Profile: IMTAP.* London: Jessica Kingsley Publishers.

Bonde, L. O. (2007). Steps in Researching the Music in Therapy. In T. Wosch & T. Wigram (Eds.), *Microanalysis in Music Therapy-Methods, Techniques and Applications for Clinicians, Researchers, Educators and Students.* London: Jessica Kingsley Publishers.

Braswell, C., Brooks, D. M., Decuir, A., Humphrey, T., Jacobs, K. W., & Sutton, K. (1983). Developrnent and implementation of a music/activity therapy intake assessment for psychiatric patients. Part I: Initial standardization procedures on data from university students. *Journal of Music Therapy, 20*(2), 88-100.

Bruscia, K. E. (1987). *Improvisational Models of Music Therapy.* Springfield, IL: Charles C. Thomas.

Bruscia, K. E. (1987a). Free Improvisation Therapy: Assessment and Evaluation. In K. Bruscia (Ed.), *Improvisational Models of Music Therapy.* Springfield, IL: Charles C. Thomas.

Bruscia, K. E. (1987b). Analytical Assessment: Assessment and Evaluation. In K. Bruscia (Ed.), *Improvisational Models of Music Therapy.* Springfield, IL: Charles C. Thomas.

Bruscia, K. E. (1987c). Experimental Improvisation Therapy: Assessment and Evaluation. In K. Bruscia (Ed.), *Improvisational Models of Music Therapy.* Springfield, IL: Charles C. Thomas.

Bruscia, K. E. (1987d). Paraverbal Therapy: Assessment and Evaluation. In K. Bruscia (Ed.),

Improvisational Models of Music Therapy. Springfield, IL: Charles C. Thomas.

Bruscia, K. E. (2002). *Guided Imagery and Music: The Bonny Method and Beyond*. Gilsum, NH: Barcelona Publishers.

Case, L. K., Laubacher, C. M., Olausson, H., Wang, B., Spagnolo, P. A., & Bushnell, M. C. (2016). Encoding of touch intensity but not pleasantness in human primary somatosensory cortex. *The Journal of Neuroscience, 36*(21), 5850-5860.

Damasio, A. (1999). *The Feeling of What Happens: Body and Emotion in the Making of Consciousness*. New York, NY: Harcourt Books.

De Backer, J. (2007). Analysis of Notated Music Examples Selected from Improvisations of Psychotic Patients. In T. Wosch & T. Wigram (Eds.), *Microanalysis in Music Therapy-Methods, Techniques and Applications for Clinicians, Researchers, Educators and Students*. London: Jessica Kingsley Publishers.

de Souza, M. T., da Silva, M. D., & de Carvalho, R. (2010). Revisão integrativa: O que é e como fazer. *Einstein, 8*(1), 102-106.

Ferrari, K. (2013). *Musicoterapia: Aspectos de la sistematización y la evaluación de la práctica clínica*. Buenos Aires: MTD.

Gaston, E. T. (1968). *Music in Therapy*. New York, NY: Macmillan.

Gattino, G. (2017). *Musicoterapia y autismo: Consideraciones sobre la enseñanza basada en la evidencia [Music Therapy and Autism: Considerations about Evidence-Based Teaching]*. Paper presented at III Ibero-American Congress of Research in Music Therapy, Valencia Catholic University Saint Vincent Martyr, Valencia, Spain.

Goodman, G., & Heritage, J. (1990). Conversation analysis. *Annual Review of Anthopology, 19*, 283-307.

Grocke, D. (2007). A Structural Model of Music Analysis. In T. Wosch & T. Wigram (Eds.), *Microanalysis: Methods, Techniques and Applications in Music Therapy for Clinicians, Researchers, Educators and Students*. London: Jessica Kingsley Publishers.

Hanley, G. P., Iwata, B A., & McCord, B. E. (2003). Functional analysis of problem behavior. A review. *Journal of Applied Behavior Analysis, 36*(2), 147-185.

Hart, S. (2008). *Brain, Attachment, Personality: An Introduction to Neuroaffective Development*. London: Karnac Books.

Heirich, J. R. (2005). *Voice and the Alexander Technique: Active Explorations for Speaking and Singing.* Berkeley, CA: Mornum Time Press.

Hiller, J. (2016). Epistemological Foundations of Objectivist and Interpretivist Research. In B. Wheeler & K. Murphy (Eds.), *Music Therapy Research.* Gilsum, NH: Barcelona Publishers.

Holck, U. (2004). Turn-taking in music therapy with children with communication disorders. *British Journal of Music Therapy, 18*(2), 45–53.

Holck, U. (2007). An Ethnographic Descriptive Approach to Video Microanalysis. In T. Wosch & T. Wigram (Eds.), *Microanalysis in Music Therapy–Methods, Techniques and Applications for Clinicians, Researchers, Educators and Students.* London: Jessica Kingsley Publishers.

Holck, U. (2008). Kommunikativ musikalitet. Kognition & pædagogik. *Tidsskrift om Gode Læring, 18,* 70–79.

Jacobsen, S. L., Wigram, T., & Rasmussen, A. M. (2019). Assessment and Clinical Evaluation in Music Therapy. In L. O. Bonde, I. N. Pedersen, & S. L. Jacobsen (Eds.), *Comprehensive Guide to Music Therapy* (2nd edition). London: Jessica Kingsley Publishers.

Knapp, M., & Hall, J. (2009). *Nonverbal Communication in Human Interaction: International Edition.* Boston, MA: Wadsworth Cengage Learning.

Loewy, J. (2000). Music psychotherapy assessment. *Music Therapy Perspectives, 18*(1), 47–58.

Loewy, J. V. (1994). *A Hermeneutic Panel Study of Music Therapy Assessment with an Emotionally Disturbed Boy*. UMI Dissertation Services //9502432. Ann Arbor, MI: Bell & Howell.

Lowen, A. (1972). *Depression and the Body: The Biological Basis of Faith and Reality.* New York, NY: Penguin Compass.

Lowen, A. (1975). *Bioenergetics.* New York, NY: Penguin Compass.

Lucht, M., & Gatzsche, G. (2009). *Assessment of Emotions in Music Therapy. Proceedings of the Audio Mostly Conference.* Glasgow, Scotland: Glasgow Caledonian University.

Malloch, S., & Trevarthen, C. (2009). *Communicative Musicality.* Oxford: Oxford University Press.

Mandal, M. K., & Ambady, N. (2004). Laterality of facial expressions of emotion: Universal and culture-specific influences. *Behavioural Neurology, 15*(1–2), 23–34.

Martin, L., Snell, A., Wakworth, D., & Humpal, M. (2012). Assessment and Goals: Determining Eligibility, Gathering Information, and Gathering Treatment Goals for Music Therapy

Services. In P. Kern & M. Humpal (Eds.), *Early Childhood Music Therapy and Autism Spectrum Disorders: Developing Potential in Young Children and their Families.* London: Jessica Kingsley Publishers,

McFerran, K., & Grocke, D. (2007). Understanding Music Therapy Experiences through Interviewing: A Phenomenological Microanalysis. In T. Wosch & T. Wigram (Eds.), *Microanalysis in Music Therapy–Methods, Techniques and Applications for Clinicians, Researchers, Educators and Students.* London: Jessica Kingsley Publishers.

McFerran, K., Baker, F., Patton, G. C., & Sawyer, S. M. (2006). A retrospective lyrical analysis of songs written by adolescents with anorexia nervosa. *European Eating Disorders Review, 14*(6), 397-403.

Melhuish, R. (2013). Group music therapy on a dementia assessment ward: An approach to evaluation. *British Journal of Music Therapy, 27(*1), 16-31.

Munk-Madsen, N. M. (2001). Assessment in music therapy with clients suffering from dementia. *Nordic Journal of Music Therapy, 10(*2), 205-208.

Ogden, P., Minton, K., & Pain, C. (2006). *Trauma and the Body: A Sensorimotor Approach to Psychotherapy.* London: W. W. Norton & Company.

Ortlieb, K., Sembdner, M., & Frommer, J. (2007). Text Analysis Method for Micro Processes (TAMP) of Single Music Therapy Sessions. In T. Wosch & T. Wigram (Eds.), *Microanalysis in Music Therapy-Methods, Techniques and Applications for Clinicians, Researchers, Educators and Students.* London: Jessica Kingsley Publishers.

Oxford Dictionary (2017). *Oxford English Dictionary.* Retrieved 27/11/2017 at https://en.oxforddictionaries.com.

Plahl, C. (2007). Microanalysis of Preverbal Communication in Music Therapy. In T. Wosch & T. Wigram (Eds.), *Microanalysis in Music Therapy-Methods Techniques and Applications for Clinicians, Researchers, Educators and Students.* London: Jessica Kingsley Publishers.

Ridder, H. M. O. (2007). Microanalysis on Selected Video Clips with Focus on Communicative Response in Music Therapy. In T. Wosch & T. Wigram (Eds.), *Microanalysis in Music Therapy–Methods, Techniques and Applications for Clinicians, Researchers, Educators and Students.* London: Jessica Kingsley Publishers.

Ruud, E., Holck, U., Schepelern, T., Bonde, L. Q., et al. (1999). Book symposium on Even Ruud's book "Music Therapy: Improvisation, Communication, and Culture". *Nordisk*

Tidsskrift for Musikkterapi, 8(1), 76-88.

Sacks, H., Schegloff, E. A., & Jefferson, G. (1974). A simplest systematics for the organization of turn-taking for conversation. *Language, 50*, 696-735.

Schegloff, E. A. (2007). *Sequence Organization in Interaction: A Primer in Conversation Analysis*. New York, NY: Cambridge University Press.

Scholtz, J. (2007). Video Microanalysis of Interaction in Music Therapy (MIMT). In T. Wosch & T. Wigram (Eds.), *Microanalysis in Music Therapy – Methods, Techniques and Applications for Clinicians, Researchers, Educators and Students*. London: Jessica Kingsley Publishers.

Stern, D. (2000). *The Interpersonal World of the Infant*. New York, NY: Basic Books.

Stern, D. (2010). *Forms of Vitality*. Oxford: Oxford University Press.

Storm, S. (2013). *Research into the Development of Voice Assessment in Music Therapy*. Unpublished PhD thesis. Aalborg, Denmark: Aalborg University.

Sutton, J. (2007). The use of Micro-Musical Analysis and Conversation Analysis of Improvisation: "The Invisible Handshake"-Free Musical Improvisation as Conversation. In T. Wosch & T. Wigram (Eds.), *Microanalysis Music Therapy-Methods, Techniques and Applications for Clinicians, Researchers, Educators and Students*. London: Jessica Kingsley Publishers

Thaut, M. H. (2014). Assessment and the Transformational Design Model (TDN). In M. Thaut & V. Hoemberg (Eds.), *Handbook of Neurologic Music Therapy*. London: Oxford University Press.

Trondalen, G. (2007). A Phenomenologically Inspired Approach to Microanalyses of Improvisation in Music Therapy. In T. Wosch & T. Wigram (Eds.), *Microanalysis in Music Therapy-Methods, Techniques and Applications for Clinicians, Researchers, Educators and Students*. London: Jessica Kingsley Publishers.

Waldon, E. G. (2013). Data-based decision making in music therapy. *Imagine: Early Childhood Music Therapy 4*, 46-50.

Wang, A. P. A. (2010). *Music Analysts of Clinical Improvisations with an Adolescent who has Communication Difficulties*. Unpublished master's thesis. Wellington, New Zealand: New Zealand School of Music.

Wells, N. F. (1988). An individual music therapy assessment procedure for emotionally disturbed young adolescents. *The Arts in Psychotherapy, 15*, 47-54.

Wigram, T. (2000). A method of music therapy assessment for the diagnosis of autism and communication disorders in children. *Music Therapy Perspectives, 18*(1), 13-22.

Wigram, T. (2004). *Improvisation*. London: Jessica Kingsley Publishers.

Wooffitt, R. (2005). *Conversation Analysis and Discourse Analysis: A Comparative and Critical Introduction*. London: Sage Publications

Wosch, T., & Wigram, T. (2007). *Microanalysis in Music Therapy-Methods, Techniques and Applications for Clinicians, Researcher, Educators and Student*. London: Jessica Kingsley Publishers.

제4장

진단평가 책에 대한 소개

Eric G. Waldon · Stine Lindahl Jacobsen

이전 장에서의 솔직하게 드러난 것은 임상 음악치료에서 음악치료 진단평가 기술(예: 도구와 방법)과 수행이 동일한 궤도를 따라 발달되지 않았다는 것이다. 사실, 음악치료 진단평가는 최근에서야 연구자, 전문기관, 임상가 사이에서 중심을 잡게 되었다(Waldon & Gattino, 제1장 참조). 음악치료사가 되기 위한 훈련 과정에서 진단평가는 전문적인 능력으로 평가되지만, 임상가와 학생, 연구가, 기관에서 사용할 수 있는 진단평가도구(혹은 도구 해설서)는 부족하다. 더욱이 이러한 도구들은 더 이상 인쇄되지 않거나 아직 출판되지 않았기 때문에 관련 자료가 없고, 이러한 도구를 얻기 어려우며, 어디서 어떻게 이러한 도구를 사용할 수 있는지도 분명하지 않다. 이 장(그리고 앞으로 전개될 장들)에서는 이러한 필요를 채워 주고자 한다.

편저자들은 이미 알려진 진단평가도구 개발자들의 목록을 모으고 그들의 작업에 대한 요약을 부탁하였다.

> 선생님
>
> 국제 음악치료 진단평가 협력단(International Music Therapy Assessment Consortium: IMTAC)의 일원으로 우리는 음악치료에 대한 새로운 문서를 개발하고 있습니다. 당신의 척도/검사에 대해서 책의 한 장을 써 주시기를 바랍니다. 이 장에 척도/진단평가와 임상에서 어떻게 이러한 척도/진단평가도구를 사용하는가에(적절하다면) 대한 설명을 해 주시기 바랍니다. 다음의 형식에 따라 요청을 드리며, 지침으로 사용할 초안을 드리고자 합니다.

특히 선생님들께 다음에 대해 요청 드립니다.

- 진단평가에 대한 몇 가지 내용을 설명해 주세요(예: 환경, 동기).
- 도구 안에 기본이 되는 이론적 틀을 설명해 주세요.
- 진단평가도구 개발을 설명해 주세요.
- 자료수집 과정과 운영 방법에 대해 설명해 주세요.
- 자료를 분석하고 해석하는 방법에 대해 설명해 주세요.
- 연구, 심리측정적인 특성(언제 응용 가능한지), 혹은 임상에서 진단평가도구 사용을 지지하는 증거에 대해 설명해 주세요.
- 결과를 기록하고 전달하는 방법에 대해 설명해 주세요.
- 훈련 요건을 설명해 주세요.
- 진단평가도구를 위한 앞으로의 계획과 도전에 대해 논의해 주세요.

개발자들은 각기 다른 방법과 순서로 이러한 요구에 응답하였다. 몇몇의 경우 개발자들은 진단평가 개발과 임상 사용에 대한 배경 그리고 진단평가도구에 대한 개요를 제공하였다. 한 예로, 개발자들은 이러한 도구를 실제 사용할 수 있도록 도구 출판에 동의하였다. 모든 경우에 있어 개발자들은 진단평가도구를 반영적이고 전체적으로 검토하였으며, 독자가 어떻게 이것들을 얻을 수 있는지에 대한 정보를 포함하였다.

당연히 모든 음악치료 진단평가도구가 이 책에 제시된 것은 아니다. 많은 도구가 포함되었고 많은 개발자가 초대되었으나, 음악치료 진단평가에 대한 이러한 해설은 여전히 도구의 선택에만 있다. 국제 음악치료 진단평가 협력단은 이 책에 제시한 도구에 대해 설명하였고 더 많은 도구는 www.imtac.aau.dk에 목록화되어 있다.

제5장

신경발달장애를 위한 개별화된 음악중심 진단평가 프로필

John Carpente

1. 환경과 동기

2005년 나는 발달적 개별 차이 관계기반(Developmental Individual-differences Relationship-based: DIR) 플로어타임[1]과 통합된 뉴욕 소재 학교에서 음악치료 프로그램 실행에 초대를 받았다. 이는 진단평가를 위한 발달적 틀이며, 발달 촉진을 위한 경험과 정서를 기본으로 신경발달장애와 관련 장애를 위해 상호작용을 사용하는 중재이다(Greenspan & Weided, 2006). 그 당시 슈퍼바이저였던 스탠리 그린스팬(Stanley Greenspan)은 DIR 플로어타임의 공동 개발자로 신경발달장애로 진단받은 취학 전 아동부터 고등학생까지 임상과 교육 서비스를 제공하였다. 그러나 교실의 대다수는 10대 자폐스펙트럼장애(ASD) 아동으로 구성되어 있었다.

DIR 모델의 이론적 원리는 음악치료사로서의 이론적인 지향점(음악중심, 실존적, 관계기반), 그리고 자신의 세계관과 매우 밀접하게 관련이 있지만, 2개의 중재를 임상으로 통합하는 것은 진단평가와 치료 관점에서 매우 큰 도전임이 분명하였다. DIR 모델은 공동조절(co-regulate) 능력 같은 클라이언트의 사회정서적 능력에 초점을 맞추었는데, 상호적 의사소통에 관여하고 문제해결 기술을 공유하며 상징을 사용하고 추상적 사고, 다른 사람과의 생각을 창조하고 연결하는 것이다(Greenspan & Wieder, 2006). 음악중심 음악치료(Music-Centered Music Therapy: MCMT)는 음악적 반응성, 상호성, 표현성, 창조적 자유 같은 영역에서 클라이언트의 음악적인 능력을 강조한다(Aigen, 2005; Ansdell, 2006; Nordoff & Robbins, 2007). DIR 임상가는 연주에 참여하는 클라이언트의 능력을 방해할 수 있는 각 개인의 차

1) Floortime: 성인과 아이가 함께 바닥에 앉아 놀이하는 치료기법이나 양육방법

이(예: 감각처리, 시공간 능력, 운동계획 등)를 고려해야 하지만, 음악중심 음악치료사는 다양한 음악적 전략, 예를 들면 참여를 증가시키기 위한 방법으로 음악 스타일과 요소를 변형하는 등 다양한 음악전략을 탐구하며 일반적으로 클라이언트의 개별적인 차이는 고려하지 않는다.

플로어타임과 MCMT는 모두 관계를 기본으로 하고 클라이언트 중심, 자발적인 상호작용과 창조성의 중요성을 강조한다는 것은 유사하지만, 중재가 수행되는 영역은 목표 반응과 결과의 관점에서 상당히 다르게 수행되었다(Carpente, 2013). 예를 들면, 미소, 움직임, 동작, 포옹 같은 음악 외 혹은 비음악 반응은 DIR 플로어타임 진단평가에서 매우 중요하게 고려되는 반면, 일반적으로 MCMT 진단평가와 치료의 영역에서는 강조되지 않는다.

이러한 DIR기반 학교에서 음악치료 프로그램을 수행하는 동안 나는 음악치료사로서 나의 작업에 완벽함을 유지하는 다양한 진단평가 아이디어를 탐구하기 시작하였으며, 또한 DIR 플로어타임 모델의 원칙과 가치를 수행하고 통합하였다. 동시에 나는 박사연구를 수행하며 이 DIR기반 프로그램 안에서 MCMT 효과성을 탐구하였다. 연구를 진행하는 동안 나는 상호연주경험의 맥락 안에서 음악중심 목적을 위한 음악중심 진단평가도구의 초안을 만들었다. 또한 각 개인 차이를 지지하는 음악 외적으로 지지적인 중재를 위한 클라이언트의 필요를 고려하였다. 진단평가도구는 이후 신경발달장애를 위한 개별화된 음악중심 진단평가 프로필(Individual Music-Centered Assessment Profile for Neuro-developmental Disorders: IMCAP-ND)로 발달되었다(Carpente, 2013).

IMCAP-ND의 구조는 DIR 플로어타임 진단평가도구, 기능적 · 정서적 진단평가 척도(Functional Emotional Assessment Scale: FEAS)—아동과의 사회정서적 기능을 측정하기 위해 설계된 준거참조 표준화 검사—그리고 성숙기반 도전 과제들로 구성된다. FEAS는 사물과 사람의 상호 연주를 조직하고, 정서를 스스로 조절하여, 집중을 조직하고, 보호자와의 애착을 형성하며, 상호적 성서 상호작용에 관여하고, 상호 연주를 통해 감정과 생각을 제시하기 위한 아동의 능력을 체계적으로 진단하는 도구이다(Greenspan, DeGangi, & Weider, 2001). 또한 IMCAP-ND의 영감을 받은 노도프와 로빈스(Nordoff & Robbins)의 두 가지 진단평가 척도는, ① 템포-역동 스키마(Tempo-Dynamic Schema: TDS)와 ② 13개의 반응 범주(Thirteen Categories of Response: TCR)이다(Nordoff & Robbins, 2007). TDS는 템포와 역동 범위를 통해 보이는 음악 표현성과 함께하는 정서 상태와 관련이 있는 반면, TCR은 치료사의 음악에 대한 드럼 반응이며, 어떻게 아동이 서로 다른 음악양식(idioms)과 요소에 반응하는지를 설명하기 위해 설계되었다(Bruscia, 1987; Nordoff & Robbins, 2007). 더욱이 IMCAP-ND는 특정 음악반응을 목표로 프로토콜화된 음악 임상 기법의 수단으로 브루샤(Bruscia)의 64개 임상 분류기법(Bruscia, 1987)의 변형을 통합하였다.

IMCAP-ND의 발달은 몰로이 대학(Molloy College)의 음악치료를 위한 레베카 센터(Rebecca Center for Music Therapy)에서 수행되면서 5년 동안의 과정에 포함되었는데 여기서는 치료사팀이 매일의 임상에서 도구를 사용하기 위해 훈련을 받았다. 이 과정 동안 IMCAP-ND는 아동을 센터에 보내는 부모뿐만 아니라 음악치료사가 함께 토의하고 비디오 기록을 계속 검토하면서 수정되었다.

2. 이론적 배경

인간은 다른 사람과 관련되어 수행하는 모든 것과 정서적으로 연결되어 있다. 영아기와 유아기 동안 정서적 관계는 항상 운동기술, 인지기술, 사회정서 능력, 말하기와 언어기술 등의 통합과 발달을 위한 맥락이 되어 왔다(Greenspan & Greenspan, 1985; Roger & Pennington, 1991; Stern, 2009; Trevarthen, 2011). 상호 의사소통을 하는 동안 각 개인은 상호 정서적인 메시지에 관여하는 것처럼, 서로의 미세한 수준의 의사소통 반응과 행동에 반응하고 지각한다(Feldman, 2007a). 이것은 얼굴표정, 목소리의 톤과 운율, 눈 맞춤, 환기 수준 혹은 신체 인식, 이러한 행동에서 조정을 따르는 능력이며, 이는 정서교환 참여를 위한 모든 필수요소이다(Feldman, 2007a; Greenspan & Greenspan, 1985).

스턴(Stern, 2009)에 따르면, 2~3개월된 유아는 유아의 미세한 수준의 행동에 일치하거나 혹은 조정하는 과정을 통해 정서적 의사소통의 시간적 요소에 민감해진다. 따라서 생애 초기에 부모와 유아의 일치는 이후 더 많은 발달을 형성할 수 있는 두뇌 성장을 위한 결정적인 시기에 본질적인 정서 상호작용을 제공한다(Feldman, 2007a). 더욱이 만약 유아가 다양한 정서적 경험을 제공받는다면 삶에서의 경험을 동화하고 통합하면서 자아와 타인의 분리된 행동 사이에 시간적 관계에 민감해진다(Fogel, 1993). 이러한 이론적 구조는 건강한 발달을 위한 기본적인 기술이 다양한 경험을 통해 정서와 감각운동을 상징과 연결해 주며, 생애 초기 신체적 · 감각적 · 전-언어적 정서 상호작용의 결과라고 주장한다(Greenspan, 2001; Greenspan & Shanker, 2004; Mahler, 1963; Mahler, Pine, & Bergman, 2000).

ASD 진단을 받은 개인은 비언어적 · 언어적 의사소통의 이해와 표현, 동료관계의 유지, 그리고 상호적인 연결 관계의 대화에 참여하는 능력 같은 사회적 의사소통 영역에 손상이 있다(American Psychiatric Association, 2013). 따라서 ASD 위험 아동은 건강한 발달을 위해 요구되는 기본적인 능력발달에 필요한 생애 초기의 본질적인 정서적 의사소통을 경험하지 못할 수도 있다. 그린스팬(Greenspan)의 정서체질 가설(Affect Diathesis Hypothesis)에 따르면, ASD 위험 아동은 운동계획, 연결, 상징 형성 출현에 영향을 미치는 정서의 연결을 방해하는 독특한 형태의 처리 과정을 보여 준다(Greenspan, 2001; Greenspan & Shanker, 2009). 이 가설은 ASD 개인과 작업할 때, 진단평가 과정은 관계, 의사소통적 상호작용을 위한 각 개인의 능력을 조사하는 데 초점을 맞추어야 한다는 주장을 제시한다. 그렇다면 음악치료가 사회적 의사소통에 요구되는 기본 기술을 포함하여 언어적 · 비언어적인 사회적 의사소통 영역(즉, 자기조절, 공동 집중과 관여, 공유된 문제해결 기술 등)에서 어떻게 클라이언트의 능력을 진단할 수 있는가?

음악연주는 단지 ASD의 핵심적인 특징뿐만 아니라 상호 적극적인 음악 만들기에 포함된 언어적 · 비언어적 의사소통을 진단할 수 있는 기회를 많이 제공할 수 있다(Aigen, 2005; Pavlicevic, 2002; Wigram & Gold, 2006). 더욱이 클라이언트가 상호 음악연주에 참여할 때 그들은 건강에 포함된 모든 영역인 신체적 · 정서적 · 인지적 · 표현적 자원와 연결되어 있다(Abrams, 2011; Aigen, 1995; Alvin, 1965).

다른 사람과 음악 만들기는 관계적인 정서의 생생한 전형을 보여 주며, 몇 가지 영역에서 건강을 위협하는 어려움뿐만 아니라 강점을 진단할 기회를 제공할 수 있다. 따라서 음악연주에서 관계성 그리고 의사소통 방법에서의 클라이언트의 변화는 클라이언트가 삶에서 관계를 맺는 방법의 변화를 암시한다(Abrams, 2011).

아동이 이끌어 가는 즉흥연주는 초기 어머니-아동의 관계와 유사한데, 정서적인 조화, 관계, 상호적인 대화에서 의사소통 능력을 향상시키기 위해 정서적 경험의 범위를 제공할 수 있는 의미 있는 틀로 여겨진다(Holck, 2004; Kim, Wigram, & Gold, 2009). 아동의 음악적 · 비음악적 표현으로 맞추는 과정은 ASD 아동과 작업하는 즉흥연주의 통합적인 특성이 되어 왔고(Alvin & Warwick, 1991; Geretsegger et al., 2015), 그리고 공동 집중(Kim, Wigram, &

Gold, 2008), 정서적 상호성(Kim et al., 2009), 비언어적 의사소통(Gattino et al., 2011), 사회정서적 기술(Carpente, 2016), 부모와 아동의 사회적 의사소통(Oldfield & Bunce, 2001; Thompson, McFerran, & Gold, 2013)을 증진시키기 위한 정서적인 중재로 보아 왔다.

3. 절차와 대상

IMCAP-ND는 개별 음악치료에 참여하는 동안 클라이언트가 어떻게 지각하고 해석하고 치료사와 음악을 만드는가를 조사하기 위해 세 가지 양적 준거참조 평가 척도로 구성된 음악연주기반 평가도구이다. IMCAP-ND의 운영은 ASD에게 적절한 목표 음악반응을 이끌어 내기 위해 특정 음악신호를 제공하면서 치료사가 클라이언트의 흥미, 음악, 정서에 기반한 즉흥적인 음악경험을 즉흥적으로 하는 것이다(예: 집중의 공유, 전환, 유지와 관련된 음악집중, 음악경험에 적응하고 공동으로 다루는 음악연주에의 적응 등). IMCAP-ND는 음악선호, 지각적인 효율성, 자기조절과 관련된 전반적인 반응성뿐만 아니라 사회정서적 능력, 인지, 지각 기술을 조사한다. 더욱이 이것은 클라이언트가 음악적 · 사회적 능력을 보여 주기 위해 제공되는 지지의 유형—즉, 언어적 · 시각적 · 신체적—을 확인한다.

1) 음악기반 프로토콜과 과정

IMCAP-ND의 운영은 음악치료사가 각각의 목표화된 음악반응을 평가 척도로 어떻게 설명할 수 있는지에 대한 안내 과정과 일련의 프로토콜을 포함한다. 다시 말하면, 음악치료사는 특별한 음악반응을 표현할 수 있는 능력을 보여 주기 위한 클라이언트의 능력을 진단하기 위해 그들에게 특별한 음악 기회와 조건을 제공한다. 운영 지침은 음악 프로토콜, 임상기법, 음악과정, 결과 관찰 등이다(Carpente & Kelliher, 2017).

IMCAP-ND의 음악 프로토콜은 목표로 정한 특별한 반응을 이끌어 내기 위해 음악을 어떻게 구조화해야 하는지에 대한 방법을 음악치료사에게 제공한다. 이것은 음악치료사에게 진단평가 동안 사용되는 음악의 형태, 스타일, 노래, 선법 혹은 척도에 대한 안내를 제공하는 것이 아닌, A-B-A 같이 형식의 관점에서 음악을 어떻게 구성할지에 대하여 제안한다. 음악의 스타일, 스케일 혹은 사용되는 선법을 결정하는 것은 치료사와 클라이언트 사이에서 발생하는 창조적인 음악 과정 안에서 치료사가 판단한다. 임상기법은 클라이언트의 특정 반응을 목표로 하거나 혹은 유발하기 위한 상호작용 또는 조작을 제공한다. 이러한 기법은 브루샤의 즉흥연주 기법의 분류범주에서 유도되었고(Bruscia, 1987), 바람직한 음악목표로 음악제공을 전달하고 연주하는지에 대해 치료사를 안내한다. IMCAP-ND의 음악 과정은 치료사가 특정한 음악반응을 목표로 하면서 음악경험을 조장하기 위한 상호작용과 조직화된 일련의 조작 과정으로 구성된다.

2) 결과 관찰

마지막으로, IMCAP-ND는 치료사가 각 진단 영역에서 클라이언트의 능력을 결정하기 위한 결과와 관찰을 정의한다. 이러한 자료들은 특별한 목표 영역 안에서 클라이언트가 표현한 관찰 가능하고 들을 수 있는 음악반응으로 구성된다. 결과는 특별한 음악제공에 따라서 '보이는 것'과 '들리는 것'의 기준을 치료사가 제공한다. 진단평가 영역에 따라, 클라이언트 반응은 치료사, 음악, 연주, 치료사-음악과 관계하는 동안 표현될 수도 있다.

- **치료사**: 클라이언트는 대인관계적(interpersonal)인 방법으로 치료사에게 반응하지만 항상 특정 음악요소 혹은 연주에 반응하는 것은 아니다.
- **음악**: 음악요소에 대한 클라이언트의 수용적인 반응은 치료사의 음악에 관여하고 일치하기 위해 특정한 음악요소를 사용한다. 여기에 클라이언트는 원래 제공되는 음악 아이디어가 아닌 신호로서 치료사의 음악에 관여하고 있다.
- **연주**: 클라이언트는 악기 혹은 동작 혹은 목소리를 통해 적극적으로 음악연주에 관여하는데, 여기서 치료사에게 반응하면서 그들 자신의 시간 안에서 참여한다. 이제 클라이언트는 치료사가 하는 것을 연주 파트너로 따르지만 그러나 항상 특정한 음악요소(병행연주)에 반응할 필요는 없다.
- **치료사-음악**: 클라이언트는 치료사의 음악에 관여할 의도를 가진 원래의 음악 아이디어를 시작하고 기여한다(상호연주).

IMCAP-ND는 상호 적극적 음악연주에 관여하기 위한 클라이언트의 능력을 평가하는 세 가지 양적 척도로 구성되어 있다.

- 척도 I : 음악정서 진단평가 척도(Musical Emotional Assessment Rating Scale: MEARS)
- 척도 II : 음악 인지/지각 척도(Musical Cognitive/Perception Scale: MCPS)
- 척도 III : 음악반응 척도(Musical Responsiveness Scale: MRS)

4. 자료수집과 해석

IMCAP-ND를 위한 자료원은 역사적인 기록, 클라이언트-치료사의 음악 상호작용, 임상의 관찰이다. 진단평가 과정의 첫 단계는 역사적 자료와 현재 기능에 대한 보호자의 인터뷰를 수집하는 것이다. 여기에는 클라이언트의 다른 치료사와 교사가 제공한 보고서를 포함할 수 있다. 보고서 조사의 목적은 즉흥연주 진단평가에 정보를 줄 수 있는 어떠한 요인을 알기 위한 것이다.

IMCAP-ND를 운영할 때 치료사의 주요 초점은 클라이언트가 다양한 음악 상호작용에 참여하는 것이다. 회기에서는 클라이언트가 악기연주, 노래 부르기, 동작하기에 참여한다. 이러한 음악활동에 클라이언트가 참여함으로 치료사는 클라이언트가 연주에 참여하기 위한 음악 지각과 능력을 진단할 수 있는 기회를 갖는다. 이후에 치료사가 클라이언트의 음악 자원과 강점을 명확하게 정의할 때까지 더욱 도전적인 음악과제를 늘리면서 참여시키는 경험을 제공한다.

제3의 자료원은 임상관찰이며, 이러한 관찰은 훈련된 평가자나 혹은 회기를 진행하는 치료사에 의해 회기 동안 혹은 회기 후에 진행될 수 있다. 치료사는 전체 IMCAP-ND 수행에 따라 한 번 혹은 두 번의 45분 회기 과정동안 클라이언트를 관찰할 수 있다. 비디오로 녹화된 회기가 권장된다. 그러나 만약 회기를 녹화할 수 없으면 이후 치료사는 수치화하고 회기 직후에 즉각 기록해야 한다.

각 회기 동안 치료사는 클라이언트의 반응(response), 반동(reaction), 행동(behaviors)을 기본으로 즉흥연주를 한다. 따라서 관찰의 초점은 어떻게 클라이언트가 지각하고 해석하며, 치료사와 음악을 만드는지이다. 음악연주에서 클라이언트의 모든 반응과 반동 측면이 관찰되어야 한다. 이것은 음악요소, 얼굴표정, 동작, 자세, 반응성(즉, 과잉, 과소), 시공간 능력, 운동계획, 서열화 능력, 감각적 민감성(예: 촉각, 전정감각, 고유 수용성 감각 등)을 포함한다.

5. 점수화

IMCAP-ND를 구성하는 3개의 척도는 각각 치료사와 상호작용하는 클라이언트의 음악 능력의 측면에서 서로 다르게 연결되어 있다. 따라서 본질적으로 각 척도는 음악연주 안에서 의사소통하고 상호작용하는 클라이언트 능력에 대한 전반적인 프로필을 제공하기 위한 세 가지 상호작용 범주—음악정서, 인지지각, 선호 · 효율성 · 자기조절—를 기본으로 음악 상호작용을 구분하려고 시도하고 있다.

IMCAP-ND 점수화할 때 치료사는 '척도 I: MEARS'에서의 각 항목을 먼저 평가하기를 권장한다. MEARS를 점수화하는 동안 치료사는 또한 척도 Ⅱ, Ⅲ과 관련된 영역도 고려하여야 한다. 예를 들어, 척도 I에서 음악적 집중을 전환하는 능력을 점수화할 때 치료사는 동시에 그들의 전반적인 반응성(척도 Ⅲ: MRS)뿐만 아니라 클라이언트의 인지적이고 지각적인 능력(척도 Ⅱ) 안에서 가능성을 조사한다. 이것은 치료사가 음악집중을 전환하기 위한 클라이언트의 능력을 보여 주기 위해 필요한 음악 조건을 결정하는 데 도움이 된다. 척도 I을 점수화한 후 치료사는 다음에 공식적으로 척도 Ⅱ(MCPS)와 척도 Ⅲ(MRS)을 점수화할 것이다.

1) 척도 Ⅰ: 음악정서 진단평가 척도(MEARS)

척도 Ⅰ: 음악정서 진단평가 척도(MEARS)는 음악연주 안에서 클라이언트의 사회정서 능력을 진단평가한다. 이것은 5개 기능적인 사회정서 능력의 계층에서 조직된 24개 영역을 평가한다.

- 집중
- 정서
- 음악연주의 적응
- 개입

• 상호작용성

MEARS는 발달적인 연속적 구조를 가정하는데, 이는 그린스팬(2001)의 발달연속이론을 기본으로 하며, 여기서 각 음악사회 능력은 이전에 완성된다는 것이다. 각 영역은 특징적인 성격을 보여 주는 하위 범주로 나뉜다. 예를 들어, 음악집중은 어떻게 클라이언트가 음악연주에 참여하는지를 진단하는 4개의 하위 범주, ① 초점, ② 유지, ③ 공유, ④ 전환으로 구성된다. 이러한 각 하위 항목은 반응 빈도로 평가되고, 특정 목표 영역에서 클라이언트의 능력을 보여 주기 위해 제공된다. 빈도는 0(반응을 보이지 않음)부터 5(지속적으로 반응을 보임)까지 6점 척도에 따라 점수화된다. 각 하위 항목은 또한 치료사에게 클라이언트의 목표화된 음악 반응을 표현하도록 지지한다. 지지 척도 역시 0(아동의 기능적 무능력으로 사용할 수 없음)부터 1: 최대(완전히 신체적, 즉 hand over hand), 2: 중간 정도(부분적으로 신체적), 3: 약간(시각적), 4: 최소화(언어적), 5: 지지 없음(독립적으로 반응을 보여 줌)의 6점 척도를 기본으로 한다.

〈표 5-1〉 척도 I: 음악정서 진단평가 척도

I 음악집중		
	빈도	지지
초점		
유지		
공유		
전환		
전체/평균		
II 음악정서		
	빈도	지지
얼굴		
운율		
신체		
동작		
전체/평균		

2) 척도 Ⅱ: 음악 인지/지각 척도(MCPS)

척도 Ⅱ: 음악 인지/지각 척도(MCPS)는 다섯 가지 음악요소에 반동(react)하고 회상하고 따르고 시작하는 클라이언트의 능력을 평가한다.

- 리듬
- 멜로디
- 다이내믹
- 프레이즈
- 음색

MEARS처럼 동일한 빈도평가 척도를 사용하여 반응의 빈도를 기본으로 점수화된다. MCPS는 인식, 이해, 기억, 집중, 수행 같은 인지 과정을 이해하는 수단으로 개발되었다. 더욱이 이것은 리듬, 멜로디, 다이내믹, 프레이즈, 음색의 절대적 특성보다는 수용적인 관계를 포함하여 음악연주에서 클라이언트의 음악 민감성을 이해하기 위한 수단으로 만들어졌다. MCPS를 평가하는 것은 MEARS와 동일한 빈도 척도를 사용한다. 지지는 MCPS에서는 평가되지 않는다.

〈표 5-2〉 척도 Ⅱ: 음악 인지/지각 척도

	리듬	멜로디	다이내믹	프레이즈	음색
반응하기					
초첨화하기					
회상하기					
따르기					
시작하기					

3) 척도 Ⅲ: 음악반응 척도(MRS)

척도 Ⅲ: 음악반응 척도(MRS)는 다음 세 가지 영역을 기본으로 악기연주에서 템포, 다이내믹, 음정, 어택(음악을 빠르게 시작하는 것, 첫소리)의 다양한 영역에서 전반적인 클라이언트의 반응과 경향을 조사하기 위해 설계되었다.

- 선호: 클라이언트가 긍정적으로 반응하는 정도
- 지각적 효율성: 지각적 과제 수행을 할 때 클라이언트의 상대적인 성공
- 자기조절: 음악연주에서 클라이언트가 상호작용을 위한 유용성과 집중을 유지하는 정도

MRS는 음악연주에서 자기조절을 위한 능력뿐만 아니라 클라이언트의 선호, 효율성, 동기를 확인하기 위해 개발되었다. MRS의 점수화는 MCPS와 MEARS와 동일하게 빈도를 기본으로 한다. 지지는 점수화되지 않는다.

〈표 5-3〉 척도 Ⅲ: 음악반응 척도

	템포 범위			다이내믹 범위			음정 범위			어택		
	느림	중간	빠름	작음	중간	큼	낮음	중간	높음	PS	SL	PL
선호												
효율성												
자기조절												

PS = Primarily staccato
SL = Staccato & Legato
PL = Primarily Legato

6. 해석과 보고

척도 Ⅰ: MEARS는 총 48개의 원점수가 산출된다. 이 점수는 5개의 중요한 음악정서 영역인 집중, 정서, 연주의 적응, 개입, 상호작용을 기본으로 24개 빈도와 24개 지지점수로 구성된다.

5개 영역에서의 각 점수는 평가 척도의 빈도에 의해 계산된 전체 평균점수를 산출한다. 각 영역의 평균점수는 음악연주에서 클라이언트의 장점과 도전의 전반적인 모습을 보여 주며, 원점수는 특정 목표를 결정할 때 고려된다.

목적은 발달적인 것이 우선된다. 예를 들면, 클라이언트가 음악집중(예: 클라이언트가 어떻게 음악연주에 집중하는지), 음악연주의 적응(예: 클라이언트가 템포 혹은 다이나믹의 변화에 어떻

게 적응하는지), 음악적 아이디어의 시작 영역에서 어려움을 보인다면 음악집중이 우선시될 수 있다. 음악에 집중하는 능력은 연주에서 집중을 초점화, 공유, 전환하는 능력처럼 음악 상호작용을 위한 필수적인 능력으로 고려될 수 있으며, 그래서 이것은 적응이나 시작하기 같은 음악연주의 더 복잡한 형태에 대한 기본으로 고려될 수도 있다.

척도 Ⅱ: MCPS는 5개 영역—반응하기, 초점화하기, 회상하기, 따르기, 시작하기—에서 5개 원점수를 산출한다. 척도 Ⅲ: MRS는 음악반응성을 다루는 3개의 영역에서 12개의 점수를 산출한다. 선호, 효율성, 자기조절이다. 척도 Ⅰ, Ⅱ, Ⅲ은 각 클라이언트의 음악 프로필을 함께 만들어 낸다. MEARS는 치료사와 음악연주에 그들이 어떻게 상호적으로 참여하는가의 관점에서 클라이언트의 음악사회정서 능력을 결정한다. 척도Ⅱ와 Ⅲ은 음악사회 연주 경험에 관여하는 클라이언트를 위해 필요한 음악 조건을 치료사가 결정하는 데 도움을 주기 위해 함께 작용한다. 따라서 척도 Ⅱ(MCPS)와 Ⅲ(MRS)은 음악연주를 함께하는 동안 클라이언트의 음악 경향, 흥미, 선호, 선호하는 매체, 예를 들어 악기, 목소리, 동작을 설명함으로써 결과를 제공한다.

이러한 자료는 상호작용을 최대화하기 위한 치료사의 음악선택에 정보를 주고 안내하는 데 도움을 준다. 예를 들어, 클라이언트가 척도 I의 점수에서 음악집중 공유하기를 유지하는 능력을 보여 줄 수 있다. 그러나 척도 Ⅱ는 공유된 집중을 하는 순간 클라이언트가 템포와 다이내믹에 의해 유도된 음악경험에 대해 특정한 경향을 가지고 있다고 결정한다. 마지막으로 척도 Ⅲ은 음악이 알레그로(템포)와 포르테로 되면서 그 안에서 클라이언트의 선호(클라이언트의 긍정적 정서 반응 정도), 지각적 효율성(지각적인 과제를 수행할 때 클라이언트에게서 보이는 상대적인 성공), 자기조절 능력(상호작용을 위해 클라이언트가 정서적 활용성을 유지하는 정도)에 대한 정보를 치료사에게 제공한다. 따라서 이것은 비록 클라이언트가 연주에서 음악집중을 유지하는 능력을 보여 줄지라도 치료사에게 그들이 빠르고 강한 음악을 요구한다는 것을 알게 된다. 더욱이 이러한 자료는 치료사가 더 넓은 영역의 템포와 다이내믹을 포함하는 음악연주에 초점을 맞추는 클라이언트를 위한 목적을 발달시키는 데 도움을 줄 것이다.

7. 훈련

IMCAP-ND의 적절한 사용을 위해서 이러한 진단평가를 활용하는 데 관심이 있는 전문가로 인정받은 치료사는 3일 동안 자격훈련 과정에 참여하여야 한다. 훈련은 교육과 경험적인 것 모두를 포함하며, 음악적 · 비음악적 프로토콜을 운영하는 방법, 3개 척도의 각 항목을 평가하는 방법, 임상적인 목적을 수립하는 방법, 보고서를 쓰는 방법을 포함한다. 이미 1단계를 완수한 음악치료사를 위해 2단계 과정이 만들어질 계획이다. 2단계는 자신의 임상 안에서 진단평가를 수행하고 운영하는 실제 경험을 임상가에게 제공하고 슈퍼비전을 받는 것이다. 2단계 과정은 1:1 개별 슈퍼비전과 회기 비디오 검토에 참여한다. 이 과정은 비디오 콘퍼런스를 통해 혹은 직접 수행될 수 있다.

8. 연구와 심리측정

IMCAP-ND는 2명의 음악치료사가 30명의 ASD 아동의 음악치료 비디오 판단에서 일치도를 결정하기 위해 상호 평가자 간 신뢰도를 검사하여 왔다. 상호 평가자 간 신뢰도는 '가중 카파(kappa) 값'(Landis & Koch, 1977)을 사용하여 검사한다. MEARS의 결과 빈도를 위해서는 48개의 가중 카파 값의 98%를, 지지 평가는 상호 평가자 간 신뢰도를 위한 현재 기준을 사용하여 '거의 완벽'을 보여 주었다고 보고한다. 또한 MCPS와 MRS의 하위 항목뿐만 아니라 음악치료 관찰도구의 하위 척도를 위한 모든 가중 카파 값(100%)은 '거의 완벽'으로 분류될 수 있으며, 다시 말하면 가장 높은 수준의 상호 평가자 신뢰도를 보인다(Carpente & Cattino, 2018).

9. 향후 계획

현재 IMCAP-ND는 ASD 아동과 함께 예측타당도, 동시타당도 및 수렴타당도를 검사 중에 있다. 이 연구는 ASD 아동을 평가하기 위해 사용되는 표준화되고 타당화된 진단인 진단평가도구와의 상관관계를 포함한다. 상관관계는 다음과 척도 I을 비교할 것이다. 자폐 진단 관찰계획(Autistic Diagnostic Observational Schedule: ADOS), 수정된 자폐증 진단적 인터뷰(Autism Diagnostic Interview-Revised: ADI-R), 전반적 발달장애 행동 척도(Pervasive Developmental Disorder Behavior Inventory: PDDBI)와 MEARS, 척도 II: 지능검사(Intelligent Quotient: IQ), 사회반응성 척도(Social Responsive Scale: SRS), PDDBI와 MCPS, 척도 III: AODS, SRS, PDDBI와 MRS이다. 더 많은 추가적인 프로젝트를 통해 IMCAP-ND 점수를 기본으로 진단평가 보고서를 산출하는 자동 소프트웨어를 개발할 것이다.

10. 논의와 요약

IMCAP-ND는 ASD의 핵심적인 특징과 관련된 음악정서 능력을 진단하기 위해 치료사가 다양한 즉흥음악 맥락을 제공하는 연주를 기본으로 하는 진단평가도구이다. IMCAP-ND는 특별한 음악반응을 표현하기 위해 클라이언트에게 요구되는 지지적인 중재를 평가하고 고려한다. 더욱이 이것은 임상적인 음악과정에 정보를 주는 수단으로 연주를 하는 동안 클라이언트의 음악 차이, 선호, 경향성, 반응의 범위를 고려한다. 마지막으로, 이것은 상호 음악 연주의 맥락 안에서 클라이언트의 음악 이해를 치료사에게 제공한다.

IMCAP-ND의 한계는 타당도 검사와 검사-재검사 신뢰도 같은 다른 신뢰도 방법의 부재이다. 또한 최소한의 IMCAP-ND의 경험을 가진 치료사의 객관적인 눈으로 주관적인 상호 역동을 검사하고 평가하는 것을 점수화하는 데는 몇 가지 어려움이 되며 일관성이 없을 수도 있다. 더욱이 IMCAP-ND의 적절성은 치료사의 접근과 임상 즉흥연주 기술 수준에 매우 의존적이다. 따라서 행동기반 맥락 혹은 일반적으로 미리 작곡된 음악을 사용하는 맥락, 혹은 활동기반 경험의 맥락에서 일하는 임상가에게 IMCAP-ND 프로토콜의 운영과 평가 체계의 적용은 어려움이 있을 수 있다.

IMCAP-ND의 독특성은 치료사에게 자신의 임상에서 발생하는 다양한 방법과 가장 유사하게 클라이언트를 진단하는 방법을 제공한다는 것, 즉 음악으로 진단한다는 것이다(Abrams, 2013). 여기서 IMCAP-ND는 음악을 분리된 '영역'으로 밀어내지 않는다. 오히려 의도성, 자발성, 정서조율, 상호 관계성과 관련된 클라이언트의 도전을 위한 핵심이 되는 발달적 · 관계적 · 의사소통적 기능과 경험으로 이해된다(Abrams, 2013). 따라서 IMCAP-ND는 음악과 독립적으로 전통적인 건강 영역(즉, 동작, 인지 등)의 시각을 통해 클라이언트를 보는 것이 아니라, 음악과 그의 사회성, 역동성, 미적 영역을 고려하고 진단하고자 한다. 따라서 물리치료사가 클라이언트의 동작능력을 진단하고 언어치료사가 언어기술 평가에 초점을 맞추는 것처럼, 음악치료사의 IMPAC-ND의 수행은 음악연주에서 음악적인 의도, 의사소통, 문제해결, 표현성을 다룬다.

참고문헌

Abrams, B. (2011). Understanding music as a temporal-aesthetic way of being: Implications for a general theory of music therapy. *The Arts in Psychotherapy, 38*, 2, 114-119.

Abrams, B. (2013). Foreword. In J. A. Carpente, *Individual Music-Centered Assessment Profile for Neurodevelopmental Disorders (IMCAP-ND): Clinical Manual*. Baldwin, NY: Regina Publishers.

Aigen, K. (1995). Cognitive and affective processes in music therapy with individuals with developmental delays: A preliminary model for contemporary Nordoff Robbins practice. *Music Therapy, 13*, 1, 13-46.

Aigen, K. (2005). *Music-Centered Music Therapy*. Gilsum, NH: Barcelona Publishers.

Alvin, J. (1965). *Music for the Handicapped Child*. London: Oxford University Press.

Alvin, J., & Warwick, A. (1991). *Music Therapy for the Autistic Child* (2nd edition). London: Oxford University Press.

American Psychiatric Association (2013). *Diagnostic and Statistical Manual of Mental Disorders* (5th edition). Arlington, VA: American Psychiatric Publishing.

Ansdell, G. (2016). *How Music Helps in Music Therapy and Everyday Life*. New York, NY: Routledge Publishing.

Bruscia, K. E. (1987). *Improvisational Models of Music Therapy*. Springfield, IL: Charles C. Thomas.

Carpente, J. A. (2013). *Individual Music-Centered Assessment Profile for Neurodevelopmental Disorders (IMCAP-ND): A Clinical Manual*. Baldwin, NY: Regina.

Carpente, J. A. (2016). Investigating the effectiveness of a developmental, individual difference, relationship-based (DIR) improvisational music therapy program on social communication for children with autism spectrum disorder. *Music Therapy Perspectives, 35*, 2, 160-174.

Carpente, J. A., & Gattino, G. (2018). Inter-rater reliability on the Individual Music Centered Assessment Profile for Neurodevelopmental Disorders (IMCAP-ND) for autism spectrum disorder. *Nordic Journal of Music Therapy, 27*, 297-311.

Carpente, J. A., & Kelliher, M. (2017). IMCAP-ND Musical Protocols & Procedures. Unpublished manuscript.

Feldman, R. (2007a). On the origins of background emotions: From affect synchrony to symbolic expression. *Emotion, 7*, 3, 601–611.

Feldman, R. (2007b). Parent-infant synchrony and the construction of shared timing: Physiological precursors, developmental outcomes, and risk conditions. *Journal of Child Psychology and Psychiatry, 48*, 329–354.

Fogel, A. (1993). *Developing Through Relationships*. Chicago, IL: University of Chicago Press.

Gattino, G. S., Riesgo, R. D. S., Longo, D., Leite, J. C. L., & Faccini, L. S. (2011). Effects of relational music therapy on communication of children with autism: A randomized controlled study. *Nordic Journal of Music Therapy, 20*(2), 142–154.

Geretsegger, M., Holck, U., Carpente, J. A., Elefant, C., Kim, J., & Gold, C. (2015). Common characteristics of improvisational approaches in music therapy for children with autism spectrum disorder: Developing treatment guidelines. *Journal of Music Therapy, 52*(2), 258–281.

Greenspan, S. I. (2001). The affect-diathesis hypothesis: The role of emotions in the core deficit in autism and in the development of intelligence and social skills. *Journal of Developmental and Learning Disorders, 5*, 1–47.

Greenspan, S. I., & Greenspan, N. T. (1985). *First Feelings*. New York, NY: Viking Press.

Greenspan, S. I., & Shanker, S. (2004). *The First Idea: How Symbols, Language, and Intelligence Evolved from our Primate Ancestors to Modern Humans*. New York, NY: Da Capo Press.

Greenspan, S. I., & Weider, S. (2006). *Infant and Early Childhood Mental Health: A Comprehensive Developmental Approach to Assessment and Intervention*. New York, NY: American Psychiatric Association.

Greenspan, S. I., DeGangi, G., & Weider, S. (2001). *The Functional Emotional Assessment Scale (FEAS) for Infancy and Early Childhood: Clinical and Research Applications*. New York, NY: Interdisciplinary Council on Developmental and Learning Disorders.

Holck, U. (2004). Turn-taking in music therapy with children with communication disorders. *British Journal of Music Therapy, 18*, 45–53.

Kim, J., Wigram, T., & Gold, C. (2008). The effects of improvisational music therapy on joint attention behaviors in autistic children: A randomized controlled study. *Journal of Autism and Developmental Disorders, 38*(9), 1758.

Kim, J., Wigram, T., & Gold, C. (2009). Emotional, motivational and interpersonal responsiveness of children with autism in improvisational music therapy. *Autism, 13*(4), 389-409.

Landis, J. R., & Koch, G. G. (1977). The measurement of observer agreement for categorical data. *Biometrics, 33*, 159-174.

Mahler, M. S. (1963). Thoughts about development and individuation. *The Pychoanalytic Study of the Child, 18*(1), 307-324.

Mahler, M. S., Pine, F., & Bergman, A. (2000). *The Psychological Birth of the Human Infant: Symbiosis and Individuation*. New York, NY: Basic Books.

Nordoff, P., & Robbins, C. (2007). *Creative Music Therapy: A Guide to Fostering Clinical Musicianship* (2nd ed. revised and expanded). Gilsum, NH: Barcelona Publishers.

Oldfield, A., & Bunce, L. (2001). "Mummy can play too..." Short-term music therapy with mothers and young children. *British Journal of Music Therapy, 15*(1), 27-36.

Pavlicevic, M. (2002). Dynamic interplay in clinical improvisation. *Voices: A World Forum for Music Therapy, 2*. Retrieved 13/12/2017 at https://voices.no/index.php/voices/article/view/88/70.

Rogers, S. J., & Pennington, B. F. (1991). A theoretical approach to the deficits in infantile autism. *Development and Psychopathology, 3*(2), 137-162.

Stern, D. N. (2009). *The First Relationship: Infant and Mother*. Boston, MA: Harvard University Press.

Thompson, G. A., McFerran, K. S., & Gold, C. (2013). Family-centred music therapy to promote social engagement in young children with severe autism spectrum disorder: A randomized controlled study. *Child: Care, Health, and Development, 40*(6), 840-852.

Trevarthen, C. (2011). What is it like to be a person who knows nothing? Defining the active intersubjective mind of a newborn human being. *Infant and Child Development, 20*(1), 119-135.

Wigram, T., & Gold, C. (2006). Music therapy in the assessment and treatment of autistic spectrum disorder: Clinical application and research evidence. *Child: Care, Health and Development, 32*(5), 535-542.

제6장

음악치료 표현과 의사소통 척도

Dorothee von Moreau

1. 환경과 동기

수년 동안 나는 아동 · 청소년을 위한 정신과 대학 클리닉에서 음악치료사로 일했다. 아동 · 청소년은 공격성, 우울, 야뇨증, 신경증 같은 특정한 증상으로 의뢰되었지만, 우리가 문제에 대해 더 자세히 알게 되었을 때 대부분이 그 이상의 문제를 가졌음을 알 수 있었다. 몇몇은 감각 혹은 느낌을 알지 못하고, 다른 몇몇은 정서에 대처하지 못하며 몇몇은 외로움을 느끼면서도 어떻게 친구를 사귀는지 전혀 배우지 못했다. 다른 몇몇은 어떤 접촉에도 거부되거나 혹은 어떻게 접촉을 시도하거나 유지하는지 알지 못했으며, 몇몇은 내면의 세계와 끊어진 것으로 보이거나 혹은 어떻게 그들의 감정을 표현하는지 알지 못했다. 이러한 증상 뒤에도 매우 다양한 다른 현상이 있었다. 증상을 넘어서 우리는 또한 클라이언트의 개인적인 강점도 알게 되었는데, 창조성, 정서적 강도, 영성, 공감, 힘, 풍부한 상상력이다.

임상가로서 효과적인 치료를 제공하고 계획하기 위해 우리는 단지 주요 증상뿐만 아니라 숨겨진 문제, 또 증상 뒤에 숨겨진 자원 연결에 초점을 맞출 필요가 있다. 정신역동적인 체계 안에서 우리는 증상을 내면의 상태 혹은 갈등의 상징으로 생각할 수 있었다. 체계적인 틀에서 증상은 전체 체계, 예를 들면 가정 혹은 학교에서의 취약한 부분으로 고려되었다. 때때로 우리는 증상이 결핍의 정점 혹은 오랜 발달에서의 절정임을 발견한다. 이론적인 접근에도 불구하고 우리는 항상 클라이언트의 중요한 문제를 개인적으로 특별하게 혹은 배타적으로 클라이언트-중심 방법으로 다루려고 시도한다.

음악의 정서적이고 상호적인 잠재력 때문이 다학제 간 맥락 혹은 팀 안에서 음악치료사의 역할은 정신적인 감각, 느낌과 정서, 그리고 접촉과 의사소통을 조정하는 클라이언트의 능력에 초점을 맞춘다. 효과적인 치료를 위해 우리는 클라이언트가 연결하며 표현하고, 정서와 갈등을 다루고, 이해하고 이해된 것을 느끼거나 더 많은 사회적 · 정서적 기술을 개발하도록 돕는다. 때때로 이것이 치료의 주요 목적이며, 때로는 각 사람의 증상을 완화하는 것이 목적인 증상 지향적인 치료에 부속되기도 한다.

나는 다행스럽게도 이러한 광범위한 필요에 초점을 맞춘 음악치료사로서 내가 하는 작업을 동료 및 의사들에게 인정받았다. 그럼에도 불구하고 나는 결과를 더욱 객관적이고 분명하게 제시하기 위해 치료 결과를 평가하는 데 고무되었다. 그러나 1990년대 초에는 이러한 분야에서 활용할 수 있는 음악치료를 위한 연구기반의 진단평가도구가 없었다. 동료들과 대학의 도움으로 전문가 패널을 구성하고 정서 표현과 의사소통이라는 주된 임상 목적에 초점을 맞춘 음악치료 진단평가도구를 개발하기 위해 더 많은 조사와 파일럿 연구를 수행하였다. 나의 목표는 클라이언트의 처음과 마지막의 심리 상태를 평가하고 치료 결과에 객관적인 증거를 제공하기 위한 임상과 연구의 맥락 안에서 사용될 수 있는 진단평가도구를 개발하는 것이었다.

2. 이론적 배경

음악치료를 위한 진단평가도구를 구성할 때 나의 의도는 치료적인 학파와는 독립적인 도구를 만드는 것이었다. 따라서 이 도구의 이론적 배경은 순수하게 현상학적이다. 현상학적 접근은 후설(E. Husserl, 1859~1938)에 의해 개발되었으며 칸트(E. Kant)의 작업을 기본으로 한다. 이러한 철학적인 방법은 또한 하이데거(Heidegger), 푸코(Foucault), 메를로-퐁티(Merleau-Ponty), 부버(Buber), 하버마스(Habermas)의 영향을 받았다. 또한 매우 초기부터 심리학, 정신병리학(Karl Jaspers), 특히 게슈탈트 치료(Laura Perls)의 발달과 밀접하게 연결되었다.

현상학적 이론은 '현상학적 환원'(Husserl, 1952)을 강조하며, 이는 평가, 개념, 가설, 사상, 예측 혹은 비교 없이 순수하게 경험(현상)에 초점을 맞추고자 한다. 후설에 따르면, 현상학적 환원은 순수한 지식과 인식을 야기한다. 심리학 혹은 임상적 환경으로 전환할 때 현상학적 접근은 그들의 감정이나 경험을 설명하거나 혹은 행동을 관찰하면서 클라이언트의 중요한 문제를 구별할 수 있도록 우리를 돕는다.

이러한 이론적 배경을 따른 몇 가지 음악치료 접근이 있는데, 예를 들면 살버(Salber,

1986)의 이론을 기본으로 하는 튑커, 웨이만, 그루태스와 웨버의 형태학적 음악치료(morphological) 접근이다(Tüpker, 2001). 이러한 임상가들은 음악 패턴, 형식, 다이내믹, 구조 등의 관점에서 그들의 음악연주를 분석하면서 클라이언트의 역동적인 정신 과정을 설명한다. 그들은 구조 안에서의 행동, 질적인 방법, 그들의 (음악적) 표현 현상을 주의 깊게 설명하면서 클라이언트의 증상, 진단 혹은 문제와 내면의 상태를 재구성할 가능성을 확인한다. 음악치료사로서 우리가 겪는 매일의 임상경험은 또한 음악표현과 의사소통에서의 특정 진단 관련 패턴이 있음을 제안하고, 우리는 이러한 지식을 주관적인 진단평가에 사용한다. 마찬가지로 심리학의 분야에서, 특히 반영과 언어기술이 없는 노인 혹은 매우 어린 아동과 작업할 때 치료사는 진단평가에서의 관찰과 클라이언트의 정신상태, 정신역동적 · 병리적인 것에 대한 자세한 정보를 얻기 위한 평가를 강조한다.

이러한 관찰을 위한 평가 척도를 구성하는 데 있어서 어려움은 대표성, 중요성, 의미성, 비차원적, 명확한 항목으로 관찰 범주를 정의하는 것이다. 이러한 항목은 정확하고 객관적이며 포괄적인 방법으로 범주를 설명하여야 하고, 관련된 행동의 모든 현상을 다루어야 한다(Döring & Bortz, 2015; Fisseni, 2004). 따라서 나는 음악치료 전문가들을 조사했고, 음악치료에서 기존의 진단평가도구를 검토하고 음악치료 현상을 설명하는 항목과 범주를 발견하기 위해 관련 분야를 조사하였다. 나의 연구와 직접적인 임상경험을 바탕으로 음악치료 표현과 의사소통 척도[Music Therapy Expression and Communication Scale(German: Musiktherapeutische Ausdrucks und Komminikations-Skala: MAKS)]를 개발할 수 있었다.

3. 대상

MAKS 진단평가는 서로 다른 정신과 질환의 아동 · 청소년을 위해 개발되었다. 이 척도는 두 번의 연구에서 평가되었다. 첫 번째는 건강한 집단과 정신과 질환 청소년들을 대상으로(17세 남녀), 두 번째는 건강한 집단과 7~12세 남자 정신과 질환 집단(Moreau, 2009)을 대상으로 했다. 연구의 평가에서 집단 사이에 MAKS의 차이는 변화에 매우 민감하여 나이와는 독립적임을 보여 주었다(Moreau, 2010). 항목은 클라이언트의 정신병리적인 상태 그리고 개인 성격과 관련이 있다.

MAKS는 임상과 연구 목적으로 적용될 수 있다. 치료과정의 시작에서 진단평가는 클라이언트의 비언어적 표현과 의사소통의 장점과 강점을 발견할 수 있다. 이러한 관련 정보를 제공하면서 MAKS는 임상 진단평가 과정을 지지한다. 이러한 정보는 또한 치료계획에 유용하다. 클라이언트의 강점, 창조성, 융통성, 활발함, 독립성을 지지할 목적 혹은 MAKS에 의해 발견될 수 있는 행동과 연결한다.

치료의 마지막에서 진단평가는 치료 결과를 평가하기 위해 권장된다. 치료의 처음인 초기 진단평가와 치료의 끝인 마지막 진단평가를 비교하는 것은 치료과정 동안 클라이언트의 행동이 얼마나 변화되었는지를 발견하는 데 도움을 준다. 이것은 치료 결과의 객관적인 평가를 제공한다. 필요하다면 MAKS 진단평가는 중간 평가로서 장기 치료과정의 중간에서 유용할 수 있다.

4. 음악치료 표현과 의사소통 척도

음악치료 표현과 의사소통 척도(MAKS)는 두 개의 하위 척도로 구성된 진단평가도구이다. 하나는 솔로 즉흥연주(solo-play)에서 클라이언트의 음악표현을 설명하는 것이며, 다른 하나는 클라이언트와 치료사의 즉흥연주(duo-play)에서 클라이언트의 음악 의사소통을 설명하는 것이다.

각 하위 척도는 관찰의 초점에 따라 다르게 집단화되고([그림 6-1] 참조), 각 항목은 7점 척도(리커트 척도)로 구분된다. 또한 각 항목은 정확하게 조작적으로 정의되고, 각 수준은 객관적인 평가를 위해 정확하게 설명되었다. 〈표 6-1〉은 15개 항목으로 구성된 전체 표현 척도를 보여 준다. 의사소통 척도는 14개 항목을 가진 유사한 구조를 가지며 번역 중에 있다.

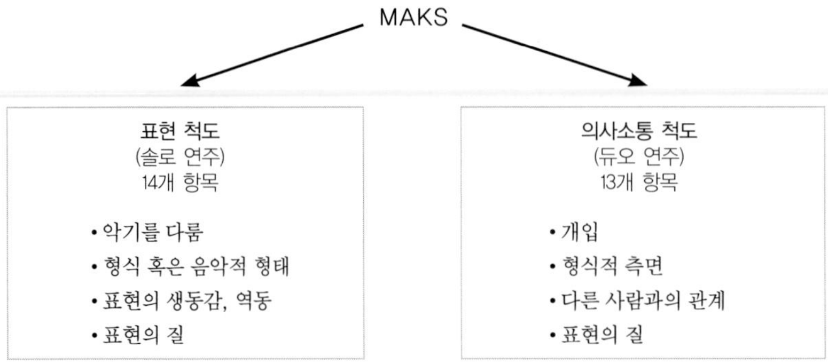

[그림 6-1] MAKS와 관찰의 초점

〈표 6-1〉 MAKS: 표현 척도(혼자서 연주)

1. 악기와 교류

악기 선택	자발적으로 악기를 선택하지 못함	차임(chimes), 작은 음정 혹은 소음 악기	현악기(리라, 서털, 칸텔레)	말렛악기 (실로폰, 메탈로폰)	드럼, 슬릿드럼	콩가, 큰 슬릿 드럼, 드럼 세트	피아노, 첼로, 관악기
연주 공간 (연주할 때 사용되는 악기의 공간 크기)	원래의 의도만큼 사용하지 못하거나 공간을 사용하여 연주하지 않음	가장 최소한의 연주 공간	작은 연주 공간 (3%)	반 정도의 연주 공간(50%)	큰 연주 공간 (70%)	전체 연주 공간 (100%)	연주 공간의 확대(100%보다 더 넓은 소리 발생)
시작하기 (연주자가 인식하는 혹은 스스로 내적인 충동 또는 아이디어를 실현하며 연주)	시작하지 못함 **(단지 도움을 받으며 요청할 때만 연주)**	매우 제한적으로 시작하기 **(친숙한 음악에만 배타적으로 연주)**	제한적으로 시작하기 **(1~2가지 아이디어로)**	중간 정도로 시작하기 **(2~3가지 아이디어로)**	높은 정도로 시작하기 **(3~4가지 아이디어로)**	매우 높은 정도로 시작하기 **(4개 이상의 아이디어로)**	과도하게 시작하기 **(스스로 제한할 수 없음)**

2. 형식/구조

연결성 (개별 음을 복잡한 형식으로 결합)	불연속의 개별음	음들이 거의 연결되지 않는 것으로 보임 (또한, 스케일 혹은 한 가지 박자)	짧은 주제(모티프) 발견 (2~3개의 연결된 음)	중간 정도 주제(모티프) (4~6개의 연결된 음)	음악적 프레이즈 (8~16개의 연결된 음)	발달되고 연속적인 프레이즈	프레이즈의 과도한 발달 자연스럽지 못함 (mannered)
구조 (연주의 내면적 순서, 예를 들면 중단, 강조, 반복을 통해 나눔)	구조를 발견할 수 없음(혼란, 끊어짐, 모호함)	구조가 거의 없음 (구조적 요소들이 혼란스럽고 질서가 없음)	약간의 구조, 자유로운 변화, 구조적 요소	중간 정도 구조 (상대적인 질서, 분명함)	높은 구조 (연속적, 안정적)	매우 높은 구조 (고정적, 융통성이 없음)	지나치게 구조적 (형식적, 무생물적)
변화 (융통성, 작곡의 변화 가능성, 예를 들면 연주기법, 형식, 리듬)	변화를 발견할 수 없음	매우 제한적인 변화	1~2개 특징의 제한적인 변화	1~2개 특징의 중간정도 변화	1~2개 특징의 많은 변화	2개 이상 특징의 매우 많은 변화	2개 이상 특징의 지나친 변화

3. 생동감/표현의 역동성

긴장 (악기의 표현력과 관련하여 악기로 전달하는 에너지의 양)	악기에 힘을 사용하지 않음	악기에 힘보다 매우 낮게	악기에 힘보다 더 낮게	악기에 힘을 사용하는 수준이 중간 정도	악기에 힘을 더 많이 사용	악기에 힘을 초과 사용	악기가 부서짐
들리는 정도 (크기)	극도로 조용함 (거의 들리지 않음)	매우 조용한 (매우 약함)	조용함 (약함)	중간	크게 (분명하게)	매우 크게 (힘, 강함)	극도로 크게 (강함, 유쾌하지 않음)
생동감 (지각된 템포)	극도로 낮음 (더욱 느림)	매우 낮음 (매우 느림, 경계함, 질질 끎)	낮음 (느리게 느껴짐, 엄숙함)	중간 (걷는 속도)	빨라짐 (활기참, 자신감)	매우 빨라짐 (빠름, 동요됨)	지나침 (지나치게 활기참, 지나치게 자신감 있음)
유동성 (억제의 부족/억제의 정도)	매우 억제 (불안정)	억제 (매우 주의함, 매우 통제적)	약간 억제 (주의, 통제)	중간 (주의, 이완, 억제도 억제가 아닌 것도 아님)	약간 비억제적 (약간 급함)	억제하지 않음 (매우 급함)	매우 억제되지 않음 (제한 매우 부족)
역동성 다이내믹 (템포와 크기에서의 변이)	역동적이지 않음 (단조로움, 획일적)	매우 약한 다이내믹	약한 다이내믹	중간 다이내믹	강한 다이내믹	매우 강한 다이내믹	지나친 다이내믹 (강함, 불규칙함)

4. 표현의 질

소리의 질 (소리를 발생할 때 강함/부드러움의 정도)	매우 부드러움 (주의함)	부드러움 (섬세함)	약간 부드러움 (온화함, 듣기 좋음)	중간	약간 강함 (천둥같음, 듣기 좋지 않음)	강함 (거침, 격렬함)	매우 강함 (극심함, 듣기 거슬림)
표현의 질 (정서표현의 강도)	강도 없음 (완전히 정서가 없음)	매우 낮은 강도 (표현이 없음, 표현적이지 않음)	낮은 강도 (약간 표현적)	중간 강도 (표현적)	높은 강도 (매우 표현적)	매우 높은 강도 (표현으로 지나침)	표현적 강도 (호흡곤란)
정서의 명료성 (정서표현의 명료성과 지각성)	지각되는 표현 없는	매우 모호함, 분명하지 않은 표현	모호함, 그러나 어느 정도 정서 식별	분명함, 확실한 표현	과장된 정서표현	분열, 양가적 감정	일관성이 없는, 무질서한 표현
경험 (자신의 연주에 대한 반응/참여의 정도)	식별되는 반응 없음 (분리된 것으로 보임, 절단)	매우 약한 반응 (부재로 보임, 무관심)	약한 반응적 (거의 영향이 없음)	중간 반응적 (관여, 흥미가 있어 보임)	강한 반응적 (매우 관여적, 흥미)	매우 강한 반응적 (깊게 움직임, 동요됨)	지나치게 강한 반응적 (음악에서 상실/ 음악에 포함)

5. 절차와 프로토콜

진단평가를 위한 프로토콜에는 단일 음악치료 환경에서 클라이언트 솔로 연주와 치료사와 클라이언트의 즉흥연주(듀오 연주)가 각각 최소한 한 번씩 구성된다. 각 진단평가 회기는 약 20분 정도 소요된다. 클라이언트는 악기, 환경, 치료사와 친숙해야 한다. 그러므로 이것은 두 번째 치료 회기의 시작 혹은 첫 번째 회기의 마지막에서 첫 번째 진단평가를 완성하는 것이 일반적인데, 그때 클라이언트는 즉흥연주에서 더욱 안정감, 자유, 자신감을 느낀다. 진단평가 회기는 특정한 감정 혹은 갈등으로 채우면 안 된다. 치료의 끝에서 마지막 진단평가 회기가 가장 마지막 회기에는 일어나면 안 된다.

1) 임상 프로토콜

솔로 즉흥연주 동안, 클라이언트는 악기를 선택한다. 그들은 흥미, 생각, 창조성을 따라서 잠시 동안 연주 지침을 받는다. 지침은 자유 즉흥연주 동안의 지침과 동일하다. 치료사는 클라이언트 옆에 앉고, 강제로 접촉 없이 클라이언트의 표현을 인정하고 인식하면서 조심스럽게 즉흥연주를 듣는다.

클라이언트와 치료사의 즉흥연주(듀오 연주) 동안, 치료사는 클라이언트가 하나는 치료사를 위해, 하나는 자신의 위해 악기를 선택하도록 하거나 하나의 악기로 클라이언트와 함께 연주하도록 한다. 이 경우 악기는 두 연주자를 위한 충분한 공간이 있는 것이어야 한다(예: 피아노 혹은 테이블 드럼). 지시는 교대로 연주하는 즉흥연주와 동일한데, 한 연주자가 시작하고 다른 연주자는 응답하며 다음에 즉흥연주를 한 뒤 함께 연주를 끝내는 것이다. 치료사는 클라이언트의 인도를 따르고 클라이언트의 요구와 접촉 수준에 조심스럽게 답하며, 만약 필요하다면 강화하거나 혹은 유발하는 것처럼 과장된 기법에 의해 활기 있는 대화를 지지한다(Bruscia, 1987 참조).

진단평가 회기 후에 치료사는 클라이언트의 지배적인 행동에 초점을 맞추면서 MAKS 평가 척도를 사용하여 음악행동을 평가한다. 비디오 혹은 오디오 기록은 정확한 평가 과정을 지지할 수도 있지만, 이것이 임상 목적을 위해 의무적이거나 혹은 일상적인 것은 아니다.

2) 연구 프로토콜

연구 목적을 위해, 진단평가 프로토콜(솔로 혹은 듀오)은 임상 맥락에서와 동일하지만 우리는 서로 다른 환경, 기록, 평가를 권장한다. 연구를 위해서는 진단평가 회기가 비디오로 기록되어야 한다. 시각적 · 청각적 질을 위해 환경은 표준화되어야 하고, 부작용을 최소화하여야 한다(악기와 연주자의 위치, 카메라와 마이크의 위치, 줌인하지 않음, 화면 사라짐과 나타남이 없음). 우리는 심지어 악기도 표준화를 제안한다(드럼, 말렛, 피아노, 심지어 혼자 연주할 때도). 파일럿 연구에 따르면, 현악기 혹은 작은 악기 소리는 비디오 녹화 시 듣기 어려워 평가가 어렵고, 정확하지 않으며, 신뢰하기 어려울 수 있다고 보고한다.

치료사는 비디오나 혹은 전사된 기록에서 솔로 연주를 할 때는 30초, 듀오 연주를 할 때는 40초를 선택해야 한다. 선택된 장면이 이번 치료 단계에서 클라이언트의 행동을 대표하여야 한다. 이것은 클라이언트의 전형적인 행동이 짧은 장면에서 대표가 되어서는 안 된다는 것을 의미한다. 치료사는 그 자체로 대표하는 장면을 선택하여야 하고 평가자가 혼란스럽지 않도록 음악적 라임이나 대화적인 연속성을 방해하면 안 된다. 파일럿 연구는 30~40초 장면이 평가를 위해 충분한 정보를 제공할 수 있음을 보여 주었다.

연구의 기준을 따라서 평가자는 치료사에 의해서가 아닌 훈련되고 독립된 '암맹'의 관찰자에 의해 수행되어야 한다. 평가를 위해 이 장면을 세 번 보여 주는데, 평가 과정 동안 한 번, 그 전에 두 번이다. 비디오의 청각적 · 시각적 질은 훌륭해야 하고 방해가 없어야 한다. 평가자는 클라이언트의 지배적인 행동을 평가하도록 지시받는다.

6. 자료분석과 결과

치료사(임상 조건) 혹은 독립된 관찰자(연구 조건)에 의한 평가는 클라이언트 행동에 대한 두 가지 프로필을 제공한다. 하나는 솔로 즉흥연주에서 표현된 행동의 프로필(표현 척도 프로필), 또 하나는 클라이언트-치료사 즉흥연주에서 사회적 행동의 프로필(의사소통 척도 프로필)이다.

두 번째 평가 연구(Moreau, 2009)는 척도 수준의 간격을 검사하였다. 이것은 더 많은 자료

분석을 위해 연구에서 필수이다. 자료분석과 해석을 위해 우리는 두 가지 수준의 관련성, 즉 항목과 범주를 고려하여야 한다.

1) 각 항목 수준에서의 자료분석

MAKS의 구조는 정상적(normal) 음악행동이 7점 척도의 중간 정도(3~5)에서 평가되며 병리적 행동은 양끝(1~2 혹은 6~7)에서 평가된다는 가설을 기본으로 한다. 따라서 첫 번째 단계에서 묘사적 자료분석은 음악표현과 의사소통 기술의 관점에서 클라이언트의 비언어적 행동의 결핍과 자원을 발견하기 위한 극단의 항목과 균형을 고려하는 것이다.

두 번째 단계에서는 클라이언트의 진단을 위해 적절한 항목을 조사할 수 있다. 예를 들면, 조현병 클라이언트를 위해서는 연결성과 구조(표현 척도) 그리고 논리구조(의사소통 척도) 항목의 결과를 고려하는 것이 합리적이다. 임상경험으로 조현병 환자는 즉흥연주를 할 때 특별한 음악패턴을 보인다고 보고되었다(De Backer, 2008; Kunkel, 2009).

2) 범주 수준에서의 자료분석

MAKS의 통계적 요인분석은 2개의 척도를 통해 7개 범주를 산출하였다. 이것의 의미는 하나의 범주 안에 항목들이 그 범주의 유사한 측면을 설명한다는 의미이며, 우리는 더 많은 통계분석을 위해 하나의 범주 안에 항목들을 통해 평균과 합을 계산할 수 있다. 〈표 6-2〉는 부하 항목으로 범주화를 보여 준다.

임상에서 개인분석을 위해 범주 안에 항목들이 유사한 프로필을 보여 주는지 여부를 조사한다. 범주 안에서 벗어난 항목의 프로필은 그 항목 안에서 불일치를 말한다. 이것은 임상적인 추론과 해석을 위해 항상 흥미롭다.

〈표 6-2〉 MAKS의 범주와 부하항목

MAKS						
표현척도					의사소통 척도	
융통성	형식	힘	생동감	정서	독립성	접촉
• 연주 공간 • 시작하기 • 변화 • 역동성	• 연결성 • 구조	• 긴장 • 들리는 정도 • 소리의 질	• 유동성 • 생동감	• 표현의 질 • 정서의 명료성 • 경험	• 자율적 • 지배적 • 정서적 질 • 주고 받기	• 관여 • 접촉 행동 • 다이내믹의 질 • 연주의 질 • 내향성/외향성

3) 범주를 통한 자료분석

임상적 추론을 위해, 표현과 의사소통 척도 항목은 매우 관련이 있기 때문에 클라이언트 혼자 그리고 클라이언트와 치료사가 함께하는 즉흥연주에서 몇 가지 단일 항목의 결과를 비교하는 것은 흥미롭다(다음 표 참조). 임상경험에서 우리는 솔로 연주는 매우 잘 수행하지만 치료사와 함께하는 듀오 연주에서는 기능적이지 않은 클라이언트를 본다. 반대로 함께하는 듀오 연주에서는 잘하는데 솔로 연주에서 기능적이지 않은 클라이언트도 있다.

표현 척도(솔로 연주)	vs	의사소통 척도(듀오 연주)
악기의 선택(솔로)	vs	악기의 선택(듀오)
연주 공간	vs	사회적 공간
변화	vs	행동의 변화
흐름	vs	유동성의 질
다이내믹	vs	다이내믹의 질
연결성	vs	논리적 구조

7. 해석과 보고

MAKS는 정신건강 혹은 정신병리의 핵심 측면과 매우 관련이 있는 일곱 가지 범주를 평가한다. 몇 개의 항목과 범주는 기질과 성격의 차원과도 관련이 있다(Moreau, 2009; Moreau, 2010). 따라서 MAKS의 진단평가는 이러한 범주에 대해 특별한 설명을 할 수 있다.

1) 단일범주(표현 척도)

'음악적 융통성(musical flexibility)'은 클라이언트가 사용하는 멜로디의 음역, 혹은 악기의 공간, 그들이 얼마나 많은 음악적 아이디어를 시작하는지, 다이내믹, 음악패턴, 악기 공간, 음악형식, 리듬의 변화 정도를 평가한다. 임상경험에 따르면, 고통, 우울, 강박 혹은 불안을 가진 클라이언트는 융통성이 감소된다고 보고한다. 반대로 집중결핍, 과잉행동, 충동적 행동 혹은 조증을 보이는 클라이언트는 흔히 융통성이 증가됨을 보여 준다(Kashdan & Rottenberg, 2010). 음악표현에서 균형 잡힌 융통성은 정신상태의 향상을 의미한다(Matten, 2014).

'음악적 힘(musical power)'은 악기연주를 통해 보여 주는 클라이언트의 에너지를 평가하며, 그들이 악기의 힘을 고려하는지 그리고 악기의 힘과 관련하여 음악표현을 발전시킬 수 있는지, 표현이 얼마나 분명한지 혹은 약한지를 평가한다. 임상에서 우리는 우울, 통증, 불안을 가진 클라이언트가 전형적으로 낮은 음악적 힘을 가졌음을 발견하였다. 그들이 회복될 때 음악적 힘은 증가한다. 반대로 조증, 과잉행동, 충동적 행동을 가진 클라이언트는 매우 큰 힘을 보여 준다. 균형 잡힌 음악적 힘은 이러한 클라이언트의 정서 상태가 증가됨을 의미한다.

'음악적 생동감(musical vitality)'은 음악표현의 템포와 흐름을 평가한다. 이것은 클라이언트 즉흥연주에서의 억제의 결핍 혹은 억제의 정도를 보여 준다. 다시 말하면, 임상경험으로 생명력이 있는 클라이언트는 느리거나 혹은 조심스러움을 보여 주며, 반대로 동요 혹은 과도한 클라이언트는 음악적 흐름이 동일하고 통제되지 않거나 혹은 억제되지 않고 급하다. 이러한 범주에서 두 항목의 분리된 평가는 강한 생동감과 강한 억제를 동시에 가진 클라이언트의 내면 상태의 양면성을 암시한다. 따라서 이러한 범주에서 점수는 정서적 자기조절의 지표이며, 곧 점수의 균형은 정서가 잘 조절되고 균형 잡혔다는 지표가 된다.

'음악적 정서성(musical emotionality)'은 클라이언트가 자신의 정서를 얼마나 강하게 표현하는지를 평가하며 치료사/혹은 관찰자에 의해 지각된 이러한 경험이 얼마나 분명한지, 얼마나 모호한지, 얼마나 분열되었는지를 평가한다. 이것은 또한 클라이언트 스스로 연주에 대한 참여와 반응을 설명한다. 따라서 이러한 범주는 클라이언트가 음악적으로 정서를 표현하고 발견하는 능력과 그들의 정서를 연결하는 것을 말한다. 이것은 또한 양면성 혹은 갈등에 대한 집중을 이끌어 낸다. 임상경험으로부터 우리는 분명하지 않고, 결합되지 않고 복잡한 장애를 가진 클라이언트의 모든 음악표현의 범위에 친숙하다. 증가되고 균형잡힌 음악적 정서는 건강한 정신상태 혹은 긍정적인 치료 결과의 신호로서 적응적인 정서를 의미한다(Greenberg & Watson, 2006).

'음악적 구조(musical structure)'는 클라이언트의 연주에서 내면의 논리적인 순서와 음악적 동기, 멜로디 혹은 프레이즈로 복잡한 음악구조를 구성하는 능력을 평가한다. 임상경험으로 우리는 이러한 능력은 신경증을 가진 클라이언트가 대체로 낮고(De Backer, 2008; Kunkel,

2009), 충동적인 장애를 가진 클라이언트는 분열됨을 알 수 있다. 클라이언트의 심리병리적 상태가 향상될 때 음악적 구조가 증가됨을 관찰할 수 있다.

2) 두 개의 범주(의사소통 척도)

'**음악적 독립성**(musical independence)'은 클라이언트가 치료사와 즉흥연주를 시작할 수 있는지, 자신의 생각을 얼마나 자율적으로 가져올 수 있는지, 다른 사람의 말에 대한 그들의 응답이 얼마나 정교한지, 지배적인지 혹은 종속적인지, 함께하는 연주에서 부드럽고 공감적인지 혹은 강하고 힘이 있는지에 대한 경향을 평가한다. 임상경험으로 우리는 우울, 불안장애, 신경증의 클라이언트는 독립적이지 않고, 그들이 정신과적 장애에서 회복될 때 더욱 독립적임을 확인할 수 있었다. 그러나 우리는 자기애성 성격장애, 조증, 사회적 장애, 충동적 장애를 가진 클라이언트가 지나치게 독립적이라는 것도 볼 수 있었다.

'**음악적 접촉**(musical contact)'은 클라이언트와 치료사의 연주에서 클라이언트의 참여와 흥미, 내향성 혹은 외향성 경향, 대화가 얼마나 유창한지, 민첩한지, 영감을 받고 있는지 혹은 차단되었는지, 근엄한지, 무감각한지를 평가한다. 임상경험으로 우리는 자폐증, 우울, 불안, 신경증, 몇 가지 인격장애 혹은 사회적 장애를 가진 사람은 접촉이 거의 없음을 볼 수 있다. 접촉을 시작하고 유지하며 조정하는 능력은 좋은 정신건강의 증거이다(Mössler et al., 2012).

3) 범주와 조건을 통한 해석

클라이언트 혼자서, 혹은 클라이언트와 치료사가 함께하는 즉흥연주에서 몇 가지 단일 항목 결과를 비교하면서 클라이언트의 독립성, 지지의 필요 혹은 접촉 상황에서의 불편함에 대한 특별한 정보를 얻는다. 만약 클라이언트가 함께 연주할 때보다 혼자일 때 연주를 더 잘한다면 그들은 접촉이 없을 때 더욱 독립성과 안정감을 느끼기 때문이며 치료사와 접촉을 불편하게 느낄 수도 있다. 반대로 클라이언트가 함께하는 연주에서 더 잘 연주한다면 지지가 필요하거나 혹은 지지로부터 혜택을 받음을 보여 준다. 만약 두 가지 조건에서 동일한 결과가 나온다면 클라이언트의 수행이 접촉과는 독립적이며 그들의 정신상태 자체와 더욱 관련이 있다고 추측할 수 있다.

8. 훈련

자격이 있는 음악치료사를 위한 MAKS 훈련 프로그램은 준비되어 왔다. 훈련은 각 척도를 위한 2회의 훈련을 포함할 것이며 각 훈련은 이틀로 구성되어 있다. 첫 번째 기간에는 척도와 배경에 대해 소개하며, 각 항목이 어떻게 작용하는지에 대한 개요를 제공하고 훈련 예시를 보여 준다. 두 번째 훈련 기간에는 참가자는 기록된 비디오를 가져와서 훈련자와 집단이 MAKS 점수에 대해 토의한다. 이 훈련 마지막에 인증서를 받고 훈련을 마친다. MAKS를 사용한 연구는 인증서를 받은 후 6개월 내로 완성되어야 한다.

9. 연구와 심리측정

MAKS 척도는 2개의 서로 다른 연구에서 타당화되었다. 첫 번째 연구는 다양한 진단을 받은 10명의 청소년을 대상으로 하였다. 52명의 훈련받지 않은 평가자들이 두 번 평가하였다(Moreau, 1996, 2003). 두 번째 연구는 62명의 소년으로 구성된 대표본이며, 24명은 건강하고 38명은 정신과적 질환을 가졌다(n=62, 연령 5.8~13.2세, 평균 8.7세). 3명의 훈련된 평가자가 세 번 평가하였다. 음악 워크숍 혹은 치료과정의 시작, 중간, 끝 부분에 평가를 하였다.

첫 번째 조사(Moreau, 1996, 2003)는 MAKS 점수가 다양한 정신과 진단을 가진 클라이언트 사이에 유의미한 차이가 있음을 보여 주었으며($p<.001$), 척도의 내적 구조를 시작하였다(항목의 독립성, 구성타당도의 측면에서 두 명의 평가자를 위한 안정된 요인 구조). 두 번째 조사(Moreau, 2009, 2010)에서 결과는 나이에 독립적이며($p=.198$, 분산분석 사용), 따라서 발달에 영향을 받지 않음을 보여 주었다.

연구는 또한 MAKS에서 변화의 민감성을 검사하였다(다변량분산 분석 결과 표현 척도 $p=.023$, 의사소통 척도 $p=.001$). 몇몇 항목과 범주는 정신병리적인 핵심 측면과 관계가 있으며[강점과 어려움 질문지(Strength and Difficulties Questionnaire: SDQ)](Goodman, 2001), 그리고 기질과 성격의 차원[아동 기질과 성격 척도(Junior Temperament and Character Inventory: JTCI)](Cloninger, 1994)와도 상관관계가 있다. 군집분석 결과, 검사 집단에 따라 집단 차이가 발견되었는데 이런 집단은 임상적 상태(분산 분석 결과 $p=.017$), 자기 주도성(분산 분석 결과 $p=.03$)에서 유의미한 차이를 보였다. 더 많은 적용이 필요하여 5개 영향력이 약한 항목을 제외한 후 최소 한 가지 조건(훈련 조건 또는 평가 조건)에서 척도의 신뢰도는 $\alpha>.07$(크론바흐 알파), 객관성은 $r>.07$(피어슨 평가자 간 상관관계)로 보고되었다.

10. 향후 계획

지난 10년 동안에 영향력이 약한 항목들이 수정되었지만, 임상집단 안에서 재평가될 필요가 있다. 훈련 매뉴얼을 위한 표준 시나리오는 비디오 녹화와 학생들을 대상으로 한 타당화이다. 현재 표현 척도는 번역되고 있고, 영문 버전으로 타당화되었다(Winkler, 2017). 의사소통 척도의 번역은 계획되고 있다. 성인 정신과 환자와 건강한 통제집단의 연구는 진단에 특화된 MAKS 프로필에 기여할 수도 있다.

11. 논의

MAKS는 정신과 아동·청소년을 위한 특별한 음악치료 진단평가도구로서 음악치료 전문가들의 지지를 받으며 개발되었다. MAKS는 나이와 독립적이기 때문에 우리는 이 척도가 정신과 집단(성인)에게도 사용될 수 있을 것을 기대한다. 아동·청소년에서 정신병리적인 차원은 변동과 모호성이 더욱 크기 때문에 우리는 성인 정신과 환자에게는 더욱 결과가 명확할 것을 기대한다(예: 집단 간의 차이와 정신병리와의 상관관계). 플럼 등(Plum et al., 2002)과 아이저만(Isermann, 2001)은 정신과 성인과의 음악치료 효과를 보여 주기 위해 사용하였다. 매튼(Matten, 2014)은 음악치료가 (성인) 통증 환자에게 융통성이 증가된다는 가설을 검증하였다. 그러나 현재까지 성인 환자 평가를 위한 MAKS는 없고, 건강한 정상 집단을 위한 전형적인 MAKS도 없다.

항목에서 각 간격의 정확한 설명은 클라이언트의 음악적 행동을 상세하게 반영할 수 있다. 타당화 검사에서 MAKS는 임상과 연구의 응용에서 객관적이며 신뢰도와 타당도가 높은 척도라고 보고한다. 또한 우리는 수정된 항목을 위해서도 동일할 것을 기대한다. 타당화는 척도의 간격 수준을 지지하기 때문에 더 많은 연구분석을 위해 강력한 통제방법이 필요하다.

MAKS의 두 척도는 표현과 의사소통 행동에 초점을 맞추며 정신적인 뚜렷함 혹은 모호함의 전형적인 미묘한 차이를 발견한다. MAKS는 주로 관찰 가능한 행동에 초점을 맞추고 클라이언트의 내면의 상태 혹은 정서적 경험은 설명할 수 없다. 요인구조를 통해 자기 신념, 지지/접촉의 필요, 클라이언트-치료사의 연주에서 방해뿐만 아니라 클라이언트의 음악적인 융통성, 힘, 변이, 정서, 구조, 독립성, 접촉행동을 설명한다. 이러한 모든 현상은 임상적으로 적절하며 진단평가 혹은 치료계획을 위해서도 적절하다. 비록 이러한 현상이 임상진단을 위해 가장 적절한 특성은 아니지만 그것들은 임상특성 혹은 장애와 상관관계가 있다. 지역적이고 국제적인 전문가 패널은 이러한 현상이 음악치료에서 가장 흔하게 다루어지는 것이라고 결정하였다. 그들은 치료 결과를 말하기 위해 적절하다.

MAKS는 배타적으로 클라이언트에 초점을 맞추며, 치료사와 그들의 행동에서는 아니다. 이러한 접근은 진단평가 동안 통제된 치료적인 태도와 행동을 요구한다. 클라이언트는 그들의 잠재력을 수행하기 위해 지지가 필요하지만 치료사의 영향은 최소화되어야 한다. 만약 그들이 프로토콜을 따르고자 한다면, 인증받고 경험이 있는 모든 치료사가 수행할 수 있어야 하고, 이러한 특정 요구를 반영할 수 있어야 한다.

감사의 글

나는 데이비드 앨드리지(David Aldridge) 교수, 피치 포스카(Fritz Pouska) 교수에게 감사를 전하고 싶다. 하이너 엘그링(Heiner Ellgring)과 안드레 바른케(Adnres Warnke)는 기회를 주었고 내 생각을 지지하였다. 통계적인 도움을 준 크리스틴 고트(Kristin Goth) 박사에게 감사한다. 더 많은 조사와 아이디어를 준 나의 학생들에게 따뜻한 감사를 보내며, 특히 잔 콜스(Jan Cohrs), 카이 매튼(Kai Matten), 잔크 빙클러(Jank Winkler)에게 감사한다. 알리스 스펜들리(Alice Spendly), 에린 골드핀크(Erin Goldfinch), 실비에 엘러(Silvie Aeller)와 더글라스 케이트(Douglas Kieth) 교수는 영어 번역을 위해 많은 수고를 해 주었다. 음악치료 전문가, 학생, 클라이언트, 동료들의 관심과 지지가 없었다면 MAKS는 절대 성공할 수 없었을 것이다.

참고문헌

Bruscia, K. E. (1987). *Improvisational Methods in Music Therapy*. Springfield, IL: Charles C. Thomas Publishers.

Cloninger, C. R., Pryzbeck, T. R., Svrakic, D. M., & Wetzel, R. D. (1994). *The Junior Temperament and Character Inventory (JTCI): A Guide to its Development and Use*. St. Louis, MO: Washington University Center for Psychobiology and Personality.

De Backer, J. (2008). Music and psychosis. *Nordic Journal of Music Therapy, 17*(2), 89-104.

Döring, N., & Bortz, J. (2015). *Forschungsmethoden und Evaluation in den Sozial- und Humanwissenschaften*. Heidelberg: Springer.

Fisseni, H. J. (2004). *Lehrbuch der psychologischen Diagnostik*. Göttingen: Hogrefe.

Goodman, R. (2001). Psychometric properties of the strengths and difficulties questionnaire. *Journal of the American Academy of Child and Adolescent Psychiatry, 40*(11), 1337-1345.

Greenberg, L. S., & Watson, J. C. (2006). *Emotion-Focused Therapy for Depression*. New York, NY: American Psychological Association.

Husserl, E. (1952). *Ideen III: Die Phänomenologie und die Fundamente der Wissenschaften*. Tübingen: Max Niemeyer Verlag.

Isermann, H. (2001). *Einzelfalluntersuchung einer Gruppenmusiktherapie mit schizophrenen Patienten*. Unpublished thesis in music therapy, University Enschede.

Kashdan, T. B., & Rottenberg, J. (2010). Psychological flexibility as a fundamental aspect of health. *Clinical Psychology Review, 30*(7), 865-878.

Kunkel, S. (2009). Möglichkeiten und Formen emotionaler Differenzierung im musiktherapeutischen Erstkontakt mit schizophrenen Patienten. In Deutsche Musiktherapeutische Gesellschaft (Ed.), *Musiktherapie und Emotionale Differenzierung*. Jahrbuch Musiktherapie Bd. 5. Wiesbaden: Reichert.

Matten, K. M. (2014). *Darstellung einer Flexibilisierung des erstarrten Bezugskorrelats durch 4 Items der Musiktherapeutischen Ausdrucks- und Kommunikationsskala*. Unpublished bachelor thesis, SRH University, Heidelberg.

Moreau, D. v. (1996). *Entwicklung und Evaluation eines Beschreibungssystems (MAKS) zum Ausdrucks- und Kommunikationsverhalten in der Musiktherapie*. Unpublished diploma thesis, Universität Würzburg.

Moreau, D. v. (2003). MAKS-a scale for measurement of expressive and musical behaviour.

Music Therapy Today, 4(4), Retrieved 13/11/2017 at www.wfmt.info/Musictherapyworld.

Moreau, D. v. (2009). *Evaluation der Musiktherapeutischen Ausdrucks- und Kommunikationsskala (MAKS)*. Unpublished PhD thesis, Universität Witten-Herdecke.

Moreau, D. v. (2010). Psychometric results of the music therapy scale (MAKS) for measuring expression and communication. *Music and Medicine, 2*(1), 41-47.

Mössler, K., Assmus, J., Heldal, T. O., Fuchs, K., & Gold, C. (2012). Music therapy techniques as predictors of change in mental health care. *The Arts in Psychotherapy, 39*, 333-341.

Plum, F. J., Lodemann, E., Bender, S., Finkbeiner, T., & Gastpar, M. (2002). Gruppenmusiktherapie mit schizophrenen Patienten. Entwicklung des Kontaktverhaltens, des improvisatorischen Spielausdrucks und der Psychopathologie. *Nervenheilkunde, 10*, 522-528.

Salber, W. (1986). *Morphologie des Seelischen Geschehens*. Bonn: Bouvier.

Tüpker, R. (2001). Morphologisch orientierte Musiktherapie. In H. H. Decker-Voigt (Ed.), *Schulen der Musiktherapie*. München: E. Reinhardt.

Winkler, J. (2017). *Übersetzung der Musiktherapeutischen Ausdrucks- und Kommunikationsskala (MAKS) ins Englische*. Unpublished master's thesis, SRH Hochschule, Heidelberg.

제7장

자폐 진단을 위한 음악기반 척도

Thomas Bergmann

1. 환경과 동기

나는 십 년 넘게 중도(severe) 및 도전적 행동을 수반하는 지적장애와 정신장애를 동반한 사람들에게 특화된 치료센터에서 일해 왔다. 관계의 질 진단평가(the Assessment of the Quality of Relationship: AQR)(Schumacher & Calvet, 2007)는 영유아기 연구와 애착이론에 기초한 치료적 접근을 지원하는 치료계획 수립에 유용한 도구였다. 음악치료는 개별 환경에서 중도 의사소통 결손과 정서조절에 문제가 있는 내담자를 위한 비언어적이고 상호적인 방법으로 알려졌다. 나는 세상에서 고립되곤 하는 전반적 발달장애인과 작업하는 것에 더욱 강하게 이끌렸다. 접촉하는 찰나의 순간은 잠시 열린 창문과 같이 느껴졌고, 사고와 지각에서 전혀 다른 방식들은 다른 행성을 걷고 있는 것처럼 느껴졌다. 이들은 모두 나의 경험을 풍성하게 하고, 내 영혼에 감동을 주었으며, 호기심을 자아내어 자폐 영역에 대한 연구에 동기를 불어넣었다.

지적발달장애 성인을 위한 치료와 진단을 개선하기 위하여, 신경증과 정신증 그리고 심리치료 전문가들과 함께 임상연구집단을 만들었다. 먼저, 우리는 문헌들을 개관하고 자폐 진단을 위한 다분야 전문가 절차(multi-professional procedure)에 따라 매주 진단 회의를 실행했다. 동시에 우리는 아동 · 청소년에게 적용 가능한 진단도구(Sappok et al., 2013)와 지적장애 성인용으로 개발된 진단평가도구(Sappok et al., 2014)를 조사하였다. 우리는 자폐로 진단받은 사람을 위해 처치와 지원을 변화하였다. 예를 들어, 향정신성 약물 줄이기, 내담자 및 내담자와 관련된 사람들과의 컨설팅, 자폐 친화적인 환경 조성하기 그리고 자폐 역량 집단(Bergmann, Herberger, Brikner, & Sappok, 2016)과 같은 특수교육적 개념을 발전시켰다.

진단 회의에서 논의하기 위한 자료로서 진단적 목적의 영상 기록을 실시하였다. 동일성과 구조를 필요로 하는 내담자에게 일관성을 제공하기 위하여 나는 이미 자폐를 위한 반구조화된 음악치료 접근법을 개발하였다(Bergmann et al., 2009). 그리고 체계적으로 영상 기록을 시작하였다. 이러한 영상들은 특히 언어 제한이 있는 내담자의 진단 작업에 핵심적 부분이 되어 의사결정을 도왔다. 이런 경험들에 동기가 부여되어 나는 진단과 관련된 행동의 조작화를 고려하기 시작했다. 이것이 음악기반 자폐진단 척도(Music-based Scale of Autism Diagnostics: MUSAD)를 개발하게 된 출발점이었고, 나의 박사학위로 이어졌으며, 이 분야의 연구 활동을 늘려 가게 하였다.

2. 이론적 배경

자폐스펙트럼장애(autism spectrum disorder: ASD)는 자폐를 포함하여 신경발달적 상태의 연속성을 기술하는 포괄적인 용어이다. 스펙트럼의 모든 상태는 사회적 상호작용과 의사소통의 질적 손상, 그리고 정형화되고 반복적인 행동 패턴, 증상의 초기 발병을 특징으로 한다. 『정신장애 진단 및 통계편람 제5판(Diagnostic and Statistical Manual of Mental Disorders 5th ed.: DSM-5)』(American Psychiatric Association: APA, 2013)은 ASD의 핵심적 양상으로 감각적 기이함을 포함한다. 운동 기능의 서투름은 종종 고기능 ASD에서 관찰되며(Gillberg & Gillberg, 1989), 전반적 스펙트럼에 걸쳐 주요한 특징으로 논의된다(Fournier et al., 2010). ASD는 평생 동안 삶의 전반에 걸쳐 다양하고 심각한 증상을 보이는 장애이다(Howlin et al., 2004). ASD로 인한 사회적 상호성의 결핍 또는 관심 패턴의 제한과 같은 임상적 특징은 자기 자신, 타인 그리고 사물과의 관계에 영향을 미치며, 이는 삶의 모든 영역에 해당된다(Williams, 2008).

지적장애(Intellectual disability)는 지적·적응적 기능의 유의한 손상을 특징으로 하는 범신경발달장애이다. IQ<70이며, 일상생활에 영향을 미치는 두 가지 이상 적응적 행동의 결손으로 정의된다(APA, 2013). 일반 인구의 약 1퍼센트가 영향을 받는다(Maulik et al., 2011). ASD와 지적장애는 빈번하게 동반 발생하며, 늘어나는 ASD의 유병률은 인지 손상 심각성이 증가하는 것과 연결된다(Bryson et al., 2008). 이 집단에서 도전적 행동과 자해 행동이 매우

빈번하게 관찰되고(McCarthy et al., 2010), 입원과 오랜 기간 동안의 항정신성 약물 치료로 이어질 수 있다(Tsakanikos et al., 2007). 지적장애를 지닌 ASD 의심자를 분별하는 것은 본질적으로 적절한 치료를 보장하고 정신건강과 삶의 질을 개선한다(Howlin, 2000).

ASD의 고유한 생물학적 지표(marker)는 없으므로 진단은 내담자의 의학적 정보와 행동 진단평가에 근거한다. ASD 진단평가는 지적장애와 언어 손상으로 인해 자기 보고가 어려우며, 적응행동, 언어, 사회적 상호작용과 상동행동 영역에서 ASD와 지적장애에 관련된 지표들이 중복된 성인에게 특히 도전적이다. 감별 진단은 조현병(schizophrenia), 입원(hospitalization), 정서발달장애와 감각 손상과 같은 ASD와 비슷한 모습으로 인해 더 복잡해질 수 있다. 심지어, 이런 모든 조건은 잠재적으로 공존이환(co-morbidities)하기도 한다. 불행히도 이런 임상집단을 위한 적절한 진단도구가 부족하다.

진단의 명확성을 위하여, 아동 · 청소년을 위한 진단의 황금률이 잠재적으로 유용하다. 여기에 자폐진단면접 개정판(Autism Diagnostic Interview-Revised: ADI-R)(Lord, Rutter, & Couteur, 1994)은 유아기 발달에 대한 중요한 정보를 제공하지만, 단지 1/3의 사례에 해당한다(Sappok et al., 2013). 자폐진단관찰일지(Autism Diagnostic Observation Schedule: ADOS)(Lord et al., 2012)는 본래 놀이에 기초한 구조적 틀에서 아동을 평가하기 위해 개발되었다. 절차들은 검사자와 내담자 사이의 사회적 상호작용을 포함한 구조화 · 반구조화된 연속적 과제들로 구성된다. 검사자는 내담자의 행동과 신호의 세밀한 부분까지도 관찰하여 식별하고, ASD의 증상학과 관련된 관찰 범주로 이를 가져온다.

비록 ADOS가 지적장애를 가진 성인에게 적용된다고 할지라도, 아동에 맞춘 설계와 매체들은 성인을 진단하기에는 부적절해 보인다(Berument et al., 2005; Sappok et al., 2013). 반면에 음악적 상호작용은 비언어적이고 연령에 구애받지 않는 놀이의 형태로서 이러한 제한을 극복할 수 있다. ASD 유아와 아동의 교육, 치료에서 음악이 폭넓게 사용되는데(Srinivasan, & Bhat, 2013), 이것이 음악기반 구조적 틀에서 ASD 친화성을 지지한다. 이런 잠재적 가능성과 도전에 직면하여, 지적장애 성인을 진단하기 위하여 ADOS를 보완 및 대체하는 것으로 MUSAD를 개발하였다.

3. 절차

MUSAD는 악기를 만져 보거나 연주하는 것과 같은 비사회적 활동뿐 아니라, 다양한 형태의 사회적 상호작용을 요구하는 음악적 상황을 제공하여 ASD의 증상학적 정의를 검증하고자 한다. ADOS의 과제와 촉진자극과 유사하게, 활동 및 악기와 관련된 상황은 내담자의 행동을 ASD 증상과 관련하여 체계적으로 평가할 수 있도록 만들었다.

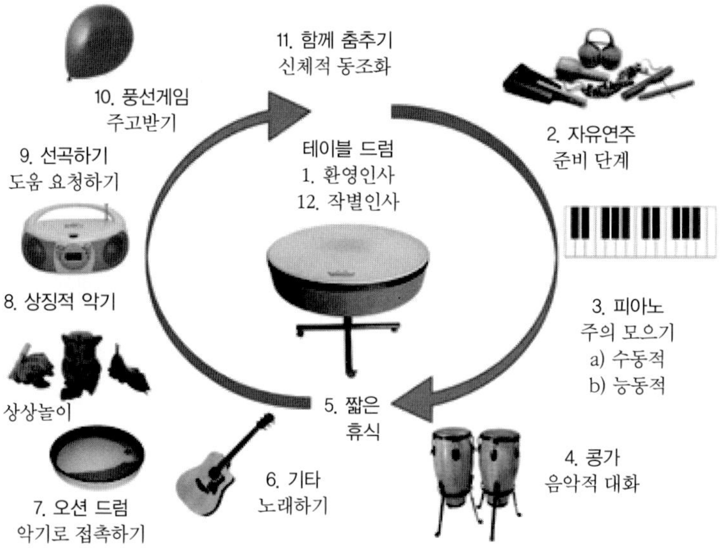

[그림 7-1] 진단적 환경의 반구조화

1) 실행 절차

[그림 7-1]에서 보여 주듯이 반구조화된 진단 환경의 조감도에서 12개의 악기/대상이 모두 해당 활동과 관련되어 있으며, 여기서 악기의 배열은 검사 순서에 따랐다. 필요한 악기 세트는 일반적인 음악치료 악기들과 큰 색깔 풍선, 다양한 스타일의 댄스음악이 포함된 CD 모음집이다. 테이블 드럼은 탐색의 시작과 끝을 나타낸다(1. 환영인사~12. 작별인사). 시계방향으로 악기 및 과제를 수행하고, 중간에 짧은 휴식을 배치하며 시간을 구조화하고, 마무리를 예견할 수 있게 한다. 이것은 구조화 · 시각화의 원리를 따른 것으로 측정의 실현 가능

성을 좀 더 개선한 것이다(Mesibow, Shea, & Schopler, 2004). 관찰하는 양육자나 지도교사의 참여는 바람직하지만 의무적인 것은 아니다.

실현 가능성을 높이기 위해 상호적 기술 요구를 높이고, 신체 접촉을 사용하는 절차가 사용되었다. 환영인사 이후에 테이블 드럼(1)에서 카메라에 대한 안내와 준비시키는 말을 하고 '준비 단계'(2)로 검사를 시작한다. 이때, 내담자가 상호 간의 접촉이나 요구사항 없이 악기와 방을 탐색할 수 있도록 허용한다. 피아노(3)에서 피아노 앞에 나란히 함께 앉는 물리적 근접성이 융합되고, 주의를 모으기 위한 요구사항들이 증가하면서 점점 내적 도전이 증가한다. 대화로의 첫 초대는 콩가(4)에서 발생하는데, 물리적으로 얼굴을 맞대는 상황의 사회적 상호성이 요구된다. 짧은 휴식(5) 이후에, 기타 반주에 맞춰 노래 부르기(6)는 내담자에게 직접 미소를 보여 주는 것으로 사회정서적 공존의 기쁨을 나누는 도전이 발생한다. 오션 드럼(7)은 악기를 통한 첫 신체 접촉을 요구한다. 상징적 악기들(8)로 하는 역할 놀이는 사회적 상상능력을 요구하며, CD를 실행하는 데 도움을 요청해야 하는 선곡(9)이 뒤따른다. 풍선 게임(10)은 앞뒤의 상호작용을 평가하고, 함께 춤추기(11)가 뒤따른다. 이 활동은 몸 전체의 움직임 협응과 손을 사용한 직접적인 신체 접촉을 최대한 요구하고, 다음으로 드럼 테이블(12)에서 활동을 요약하고 정리하면서 검사를 마친다.

2) 부호화 절차

검사자가 음악적이고 상호적인 진단 환경에서 능동적 동료부터 내담자의 행동을 평가하는 외부적 측정자에 이르기까지 역할 및 관점의 변화를 돕기 위하여 ADOS에서 채택한 2단계 부호화 절차를 가져왔다. 콩가(4) 이하는 전적인 진단 작업을 보여 준다.

(1) 실행

검사자(음악치료사)는 일반적인 심박 빠르기로 합주를 시작하여, 약간의 템포 변화, 그리고 기본박(basic beat)으로 재안정화가 뒤따른다. 다음 과제는 오른손과 왼손을 교차하여 드럼을 연주하는 것이다. 다음은 상호작용을 시작하기 위한 단순한 주제(모티프)와 휴지부이다. 만약 내담자가 반응하지 않거나 멈추면, 언어 또는 몸짓으로 지지한다. 마지막으로, 긴장의 이완과 고조로 내담자에게 정서적 공감으로 초대한다.

(2) 기술

관점을 변화시키기 위해, 먼저 검사자는 미리 정해진 관찰 순서에 따라 내담자의 행동을 자유로운 문장으로 기술한다. 예를 들면 다음과 같다.

〈드럼〉

드럼 합주는 운동기술과 음악적 상호성의 관찰을 가능하게 한다.

1. 운동 협응(오른-왼, 시각-손), 그리고 속도와 리듬 움직임의 유연성
2. 검사자의 템포의 변화 동안에 보이는 모방능력과 박의 적응
3. 음악적 대화 요구에 대한 반동(reaction): 주제(모티프)와 휴지부의 사용에서 음악적 상호성과 가변성의 질과 정도
4. 마지막 고조 부분과 드럼 소리를 통한 음악적 긴장 형성에 따른 정서반응(사회적 안심과 즐거움의 신호)

(3) 채점

'템포 변화의 리듬 동조화'와 같은 특정 과제 문항 또는 '함께 연주하는 즐거움'과 같은 전체 문항은 ASD와 관련된 행동들로 조작하기 위해 4점 리커트 척도로 채점된다. 예를 들면, 다음과 같다.

〈템포 변화의 리듬 동조화〉

드럼연주

3점: 공통 리듬이 전혀 없다.

2점: 공통 리듬이 있으나, 검사자가 시도한 템포 변화에 반응하지 않는다.

1점: 박의 적응이 지연되거나, 템포가 변화하면 음악 연주가 멈춘다.

0점: 템포 변화에 자발적인 동조화가 바로 이루어진다.

4. 문항과 척도 구조

문항 개발 과정은 ICS-10과 DSM-5 진단 기준에 근거하였고, 추가적으로 문헌들에서 논의되는 ASD 증상, 기존의 ASD 척도와 진단평가, 그리고 음악치료 고유의 상황에서 자폐 측면이 어떻게 더 분명하게 드러나는지에 대한 임상경험에 기초하였다. 척도 구조는 ASD의 조작적 증상을 주제로 하는 음악적·비음악적 행동들로 이루어진 88개의 MUSAD 원문항의 결과이다. 추가적인 문항 개발 과정에서, MUSAD는 진단의 명확성과 간명성, 사용자 편의성을 증진시키기 위해 문항을 선별하고 간소화하였다. 따라서 최종 버전은, ① 사회적 의사소통과 상호작용, ② 감각 영역을 포함한 다채로운 관심과 행동 패턴, ③ 운동 협응의 영역으로 묶인 46개의 문항으로 구성하였다(Bergmann et al., 2018).

5. 자료분석과 해석

MUSAD 채점은 ASD 증상의 심각도가 증가하는 것을 나타내고자 0에서 3점 평가로 이루어진다. 46개 문항에서 진단 알고리즘을 위해 가장 설명량이 큰 20개 문항을 선별하였다. 이 20개 문항은 단순 총 점수를 제공하기 위한 것이다. 균형 잡힌 절단점수는 올바른 범주 결정, 즉 ASD(민감성) 또는 비-ASD(특이성)을 정확하게 식별하도록 한다. 절단점으로 26은 80%에 대한 민감성/특이성을 나타낸다. 또한 총점은 전체적인 ASD 증상 심각도를 나타낸다. 진단 알고리즘의 다음 단계로 나머지 26개 문항은 추가적인 진단 정보를 제공하기에 적합하고, 진단적 논의에서 고려될 가치가 있다. 양적 결과에 상관없이, ASD의 특성과 관련된 구조화된 조건에서 내담자의 질적 측면을 진단하는 것은 전문가의 판단에 따른다.

국제적 기준은 포괄적이며, 훈련받고 유능한 전문인들로 구성된 팀에 기초한 작업, 그리고 진단적으로 관련된 정보들로 폭넓은 자원을 사용할 것을 권고한다(National Institute for Health, and Clinical Excellence, 2012). 이러한 제언에 따라 MUSAD는 전문인의 범주와 ASD를 진단하는 자원들을 넓혔다. 그러나 다른 척도 및 도구들과 마찬가지로, MUSAD 단독으로 최종 진단을 내리기에는 충분하지 않다.

6. 훈련

구조화된 진단도구의 실행과 평가는 훈련을 필요로 한다. ASD에 대한 기초적인 지식들은 필수적이다. 더구나 MUSAD를 올바로 사용하기 위해 표준화가 요구되는 절차의 실행은 다른 내담자와 검사자와도 동일하게 점수를 비교할 수 있게 한다. 채점에는 눈금이 필요하고, 해석은 전형적인 논의에 따른다. 비록 심리학자가 종종 진단도구를 적용하는 데에 정교한 지식들을 갖추고 있지만, 음악훈련이 필요할 수도 있고, 음악치료사 역시 진단적 관점을 가져오기 위한 자세한 설명이 필요할 수도 있다. 음악치료 전문가로서 자기 개념은 치료적 관계에 기초하고, 내담자의 강점에 초점을 둔다. 그러나 진단을 목적으로 음악에 기반한 상호작용을 사용한다는 것은 그 짧은 순간에서 특정한 증상에 초점을 두는 것을 의미하는데, 이것은 치료사로서의 자기 개념과 충돌할 수 있다. 결국, 능동적으로 참여하는 치료사의 고유한 역할에서 내담자의 행동을 진단하기 위해 거리를 두는 관점으로 전환하는 것은 쉽지 않은 일이다.

결과적으로, 배우고 실행하는 것은 흥미로운 일이다. MUSAD를 실행하기 위해서 3일의 입문자 과정과 1일의 인증 시험을 거치도록 개념화하였다. 세부 매뉴얼에는 해석 정보와 안내문, 그리고 추가적인 사용지침 동영상을 포함하였다. 그리고 정기적인 재인증이 고려되는데, 이는 정확한 채점과 결과 해석을 위한 논의 등을 보장하기 위한 것이다.

7. 연구와 심리측정

현장에서 진단적 도구와 척도로서 확립될 수 있는지, 그리고 검사의 질을 확인하기 위한 기준들을 사용하여 MUSAD의 심리적 특성을 살펴보았다. 두 편의 연구가 적용되었는데, 첫 번째는 새로운 도구에 대한 예비연구이다(Bergmann, Sappok, Diefenbacher, Dames et al., 2015; Bergmann, Sappok, Diefenbacher, & Dziobek, 2015). 두 번째 표집은 수정된 척도의 타당화이다(Bergmann et al., 2018).

1) 표본 특성과 연구목적

연구 1(2010년 1월~2011년 12월)은 지적장애 성인 80명을 기반으로 하였다. 과민반응과 감각 손상이 심한 4명은 MUSAD의 실행과 해석에 실패하였다. 50명(66%)의 참가자는 ASD로 진단되었다. 나머지 26명의 참가자는 ASD로 보이지는 않지만, 조현병, 기분장애, 강박장애, 주의력결핍 과잉행동장애, 그리고 도전적 행동들로 진단되었다. 연구목적은 다음을 조사하기 위한 것이었다.

- 실현 가능성
- MUSAD 개념타당도와 채점의 사용자 편의성
- 요인타당도
- 구성신뢰도
- 수렴 및 판별 타당도
- 평가자 간 일치도
- 검사-재검사 신뢰도

연구 2(2012년 1월~2016년 4월)는 129명의 성인 표본에 기초하였다. ASD는 78명(60%)에게 진단되었고 비-ASD는 51명이었다. 연구 1과 비교할 때, ASD와 비-ASD 집단에서 성별, IQ, 나이에 따른 유의한 차이는 없었다. 연구의 목적은 다음과 같다.

- 문항 선별
- 확인적 요인분석(연구 1)의 재현
- 평가자 간 일치도의 개선
- 진단타당도 산출

참가자들은 진단 절차 내에서 연속적으로 선출되었다. 선출 기준은 18세 이상, 지적장애 증상 있음(ICD-10: F70-73), 임상 현실을 반영하여 즉석으로(ad-hoc) 표본을 선출하였다.

2) 절차

MUSAD 검사 시행은 다분야 전문가 진단 작업의 구성원인 검사 개발자가 수행하였다. 모든 회기는 제3자가 행동을 관찰할 수 있도록 녹화하였다. ASD의 진단은 적어도 한 명의 정신과 의사, 임상심리학자, 특별 지원 간병인, 치료사 및 지적장애와 ASD 현장의 경험이 있는 간호 요원으로 구성된 다학제적 협회의(multidisciplinary team consensus conference)에 의해 결정된다. 이 다학제적 협의회의 진단 과정은 내부적으로 평가되고(Bergmann, Diefenbacher, Heinrich, & Sappok, 2016), 최신 안내지침에 따라 이루어진다(National Institute for Health and Clinical Excellence, 2012).

3) 결과

MUSAD의 실현 가능성은 95%로서, 전체 80명 중 4명만이 실패했다(2명은 거절하였고, 2명은 감각 손상으로 제외하였다). 그중 40명은 MUSAD와 놀이기반 ADOS로 조사되었다. MUSAD의 실현 가능성은 ADOS의 85%와 비교해서 더 높았다.

MUSAD의 개념타당도와 채점의 사용자 편의성은 12명의 독립적인 평가자가 사전 훈련 없이 채점용 소책자에 따라 한 명의 사례에 대한 설명문에 기초하여 채점을 한 것으로 지지되었다. 평가자 간 절대적인 동의라고 볼 수 있었다. 급간 내 상관계수(Intraclass Correlation Coefficient: ICC) 2, 1[1)]은 .67이었고, 검사 질문지의 문항과 채점 그리고 절차에 대해 전문가의 긍정적인 피드백을 받았다.

요인타당도는 MUSAD의 구조모델에서 한 요인이 서로 다른 문항 간의 내적 상관을 적절하게 기술하는지를 묻는다. 확인적 요인분석(Confimatory Factor Analysis: CFA)이 실행되었고, 수정된 3요인 모델이 적절한 적합도를 나타냈다(요인 1: 사회적 의사소통과 상호작용, 요인 2: 상동 및 제한적이고 반복적인 행동 패턴, 요인 3: 운동 협응). 요인적합도는 척도 구조의 견고함을 나타내는 정보를 제공한다. 모형적합도는 CFA=.97, RMSEA=.06(90% 신뢰구간 .05~.07)으로 좋은 모형적합도를 나타냈다. 연구 2에서 논쟁이 된 문항들을 포함한 뒤에 다시 측정한 확

1) 2, 1: ICC 모형의 2는 이원분산분석(two-way ANOVA)을 사용하여 평가자가 무선적으로 선택되었음을 의미하고, 1은 단일 측정된 값을 사용하여 통계처리하였음을 나타냄(역자 주).

인적 요인분석의 결과는 약간 낮은 값을 나타냈으나, DSM-5의 기준에 따른 MUSAD의 요인 구조는 여전히 지지받았다.

각 하위 요인의 구성신뢰도는 맥도날드 오메가(McDonald's omega)로 측정하였고(McDonald, 1999), .90보다 컸다(Ω1=.98; Ω2=.94, Ω3=.92). 이 측정값은 크론바흐 알파에 따르면, 문항의 훌륭한 내적 일관성 계수로 해석될 수 있다. 연구 2에서 산출한 크론바흐 알파값은 전체 문항에 대한 평균 .95로 증가하였다.

수렴 및 판별 타당도는 구성타당도를 나타낸다. 즉, MUSAD에서 의도하고 주장하는 것을 얼마나 측정하고 있는지를 나타낸다. 수렴 및 판별 타당도는 같은 표본집단에서 ASD와 비-ASD의 MUSAD 점수를 비교하는 것으로 실행되었다. MUSAD 총점은 ASD의 같은 구성개념을 면담 측정하는 PDD-MRS(Kraijer & Bildt, 2005)의 합산 점수와 유의한 상관이 있었다[$r(37)=.55$, $p<.001$, 단측]. 예상했던 대로, 확산타당도(divergent validity)는 MUSAD와 수정된 오버트 공격성 척도(Modified Overt Aggression Scale: MOAS)(Oliver et al., 2007)와 유의하지 않고, 무시할 만한 관계가 나타났는데[$r(56)=.15$, $p=.252$], 공격적 행동은 ASD의 핵심 증상과 높은 상관이 없다는 판별 자료가 된다.

평가자 간 일치도는 평가자들 사이에서 동의하는 정도를 말한다. 이것은 급간 내 상관계수(ICC: Shrout & Fleiss, 1979)로 측정하였다. 2명의 맹검된 평가자 간 일치도는 연구 1에서 12명의 무선층화표집(stratified random sampling)[2]에 기초하였다. 37개 문항을 포함한 최종 버전에서의 ICC(2, 1)=.71(95% CI, .59~.82)였다. 2명의 맹검 평가자 그리고 검사 개발자의 ICC(2, 1)=.67(95% CI, .62~.72)였다. ICC .7의 수치는 새로 개발된 척도로서는 적절한 것으로 보인다. 그리고 연구 2에서 MUSAD가 마무리되면서, 평가자 간 일치도의 개선이 이루어졌다. 25명의 사례와 진단 알고리즘을 위해 선별된 24개 문항에 기초한 4명의 독립적인 평가자 간 일치도는 평균 ICC(1, 1)=.75이고, 범위는 .60에서 .90이었다. 총점에 기초한 일치도는 훌륭했다(ICC=.93).

검사-재검사 신뢰도는 연구 1에서 4회의 검사와 재검사 사이의 상관에 의해 산출되었다. 상관계수는 .45에서 .80 사이에 있었고, 평균 ICC(3, 1)=.69로 나타났다. 변화 폭이 큰 것은 통계적 이상점에 의한 것인데, 심각한 손상이 있었던 사람의 평가가 어려웠다. 연구 2에서

2) 무선층화표집(stratified random sampling): 모집단을 동질적인 몇 개의 층으로 나누고 이러한 각 층으로부터 무선표집하는 방법(역자 주).

3회의 재검사를 포함하여, 평균 ICC는 .73이었고, 좋은 일치도를 나타낸다.

문항 선별은 진단 알고리즘의 산출을 위한 가장 의미 있는 문항을 선별하기 위해 실행되었다. 임계 값(thresholds)에 의해 정의된 균형 잡힌 특성들, 즉 누락된 데이터가 낮은 것(≤5%), 판별력(*gamma*$>.5$, $r>.3$) 및 높은 평가자 신뢰도(ICC$>.7$)가 선별을 위해 사용되었다. 추가적으로 문항 난이도의 폭과 내용과 관련된 측면이 알고리즘에 포함되었다. 이 절차들의 결과 총 24개 문항이 되었다. 13개 문항은 사회적 의사소통과 상호작용, 8개 문항은 제한되고 반복적인 행동들, 그리고 3개 문항은 운동 협응을 평가하는 것이다. 자해행동(.04)에서 상징적 소리에 대한 반응(.74)에 이르기까지 난이도의 폭은 매우 컸지만, 대부분의 문항은 중간 정도의 난이도였다.

준거타당도(criterion validity)는 한 척도가 어떤 결과들과 관련되는 정도이다. 이 경우에, 외부 준거는 개인력(biographical anamnesis), 매일의 관찰, 그리고 ASD 척도에 기초한 다학제적 협의회의 진단 결정이었다. 이것은 MUSAD가 집단 구분의 절단점으로 ASD(민감성)와 비-ASD(특이성)를 얼마나 알아보는지를 나타내는 ROC(Receiver Operating Characteristic) 분석을 사용하여 산출하였다. 29의 절단점을 적용하였더니, 민감성은 78%였고, 특이성은 76%였다. 곡선 아래의 영역(AUC)은 .80이었다.

종합하자면, MUSAD은 언어에 제한이 있는 성인의 ASD를 진단하기 적절해 보인다. 전문가의 판단에 의해 타당성이 지지되었고, 객관성(내부 평가자 신뢰도)은 아주 훌륭했으며, MUSAD의 구성타당도 또한 지지되었다. 24개의 선별된 문항에 의한 진단적 알고리즘은 전체 사례의 80%에서 ASD와 비-ASD를 정확하게 식별하였고, 임상 현실을 반영한 자연적 연구의 이론적 기반을 따라 적절해 보인다.

8. 향후 계획

MUSAD의 연구 버전 코딩 소책자는 독일어로 존재한다. 그리고 이미 영어, 프랑스어로 번역되었다. 우리는 현재 실행 지침을 보다 정확하고 포괄적이며, 자명하고 직접적인 것이 되도록 수정하기 위한 보완 작업을 하고 있다. 우리는 필수 진단용 책이 출간되는 시점에 MUSAD 매뉴얼이 독일어로 제공되기를 바란다. 현재 소규모 연구가 잠재적 사용자들, 음악치료사, 음악적 경험이 있는 심리학자 그리고 기초적인 음악기술을 가진 심리학자를 포함하여 MUSAD의 폭넓은 구현과 적용의 객관성을 평가하기 위한 목적으로 이루어지고 있다. MUSAD를 다른 문화와 언어권에 적용하기 위해서는 심리측정학적 특성에 대한 새로운 검증이 요구된다.

아동 · 청소년과 함께 일하는 동료들은 MUSAD를 지적장애와 언어사용에 제한이 있는 대상자에게 실행할 수 있는 데에 관심을 갖는다. ADOS와 함께 MUSAD의 짧은 버전을 간단하게 즉시적으로 선별하는 방법으로 사용하는 것은 합리적이다. 이 버전은 일반적인 음악치료 회기 중에도 적용 가능하고, 음악치료사가 아니더라도 실현 가능하며, 적은 훈련이 요구된다. 최근 음악치료사와 심리학자들의 국제 네트워크가 커짐에 따라 다음의 내용이 따라야 한다.

- 아동을 대상으로 MUSAD 실현 절차 및 적절한 음악적 상호작용 상황의 확인
- 가장 유의한 문항과 가장 가치 있는 상황을 선택
- 심리측정적 속성 평가

9. 논의

요약하자면, MUSAD는 언어에 제한이 있는 성인 ASD 특정 행동을 탐지하는 비언어적이고 상호적인 음악연주의 질을 사용한 고유한 구조화된 접근이다. 도구는 조사하고자 하는 집단에서 잘 수용되며, 심리측정적 특성들을 폭넓게 평가되어 왔으며, 다학제적 진단 작업에서 사용되며, 진단의 질적 증거를 제공한다. 여기 지적장애를 위해 일하는 분야의 음악치료사는 현장에서 확립된 척도들과 비교할 수 있는 노구를 사용하여 ASD 진단에 실질적으로 공헌할 가능성이 지원된다. 이것은 전문적 프로필을 확장하고, 또한 음악치료가 기관 환경에서 더 공고하게 자리잡을 수 있도록 공헌할 수 있다. MUSAD는 성인 언어장애 내담자의 관찰적 진단도구의 한계를 보완한다. 예상컨대, 낮은 기능을 보이는 아동 · 청소년을 위한 짧은 버전은 진단적 명확성에 공헌할 것이다.

앞에서 언급한 AQR과 신경발달장애를 위한 개별 음악중심 진단 프로필(IMCAP-ND)

(Carpente, 2013)은 둘 다 치료과정의 측정에서 변화의 민감성을 요구하는 발달이론에 기초하여 중재계획 및 치료평가를 하기 위한 진단평가이다. 여기 MUSAD는 근본적으로 다음의 점에서 다르다.

- 상태를 평가한다.
- 이론에서 자유롭고, 진단 매뉴얼에 정향되어 있다.
- 실행이 구조화되어 있다.
- 장애에 초점을 짓는다.

정확한 진단적 분류는 적절한 치료와 지원을 보장하기 위해서, 그리고 의학적 치료에서부터 교육, 환경 조성, 음악치료와 같은 비의학적 전략들에 이르기까지 변화를 가져오도록 하기 위해서도 필요하다. 세계보건기구(WHO)의 국제 기능 · 장애 · 건강 분류(International Classification of Functioning: ICF)(World Health Organization, 2001)는 건강과 장애가 어떻게 이해되고 측정되는지에 대한 패러다임의 전환을 제시하였다. 생물학적 · 심리적 · 사회적 · 환경적 측면을 종합한 다양한 차원의 인간 기능을 포괄적으로 다루는 것은 내담자를 보다 개별화하여 파악하는 것을 가능하게 한다. ASD에 대한 최근 연구들은 자폐스펙트럼장애와 같은 아동 · 청소년을 대상으로 더 많은 차원에서의 관점을 가지고 강점과 잠재적 일치성을 기술하는 폭넓은 문항들로 ICF의 핵심적인 내용을 개발하려는 목적을 가진다(Schipper et al., 2015). 예상컨대, 이는 지지와 치료, 치료계획에 더 세세한 단서를 제공하고, 더 나아가 ASD 현장에서 음악치료 진단평가의 개발에 영향을 미칠 것이다.

감사의 글

나는 함부르크의 슈티프텅 아이렌(Stiftung Irene)의 재정적 지원에 감사를 표하고 싶다. 특히 마뉴엘 하인리히(Manuel Heinrich)가 이 장의 포괄적 검토를 해 준 것에 감사를 표한다.

참고문헌

American Psychiatric Association. (2013). *Diagnostic and Statistical Manual of Mental Disorders: DSM-5*. Washington, DC: American Psychiatric Association.

Bergmann, T., Diefenbacher, A., Heinrich, M., & Sappok, T. (2016). Perspektivenverschränkung: Multiprofessionelle Autismusdiagnostik bei erwachsenen Menschen mit Intelligenzminderung und Autismusverdacht [Entangled perspectives: A multiprofessional approach in diagnosing autism in adults with intellectual disability]. *Zeitschrift fur Psychiatric, Psychologic und Psychotherapie, 64,* 257–267.

Bergmann, T., Heinrich, M., Ziegler, M., Dziobek, I., Diefenbacher, A., & Sappok, T. (2018, forthcoming). Musical interaction helps in diagnosing autism in adults with intellectual disability: Validation of the MUSAD.

Bergmann, T., Herberger, K., Birkner, J., & Sappok, T. (2016). A musical-bodily-based group training supporting adults with autism and intellectual disability. *Nordic Journal of Music Therapy, 25*(1), 119, doi.org/10.1080/08098131.2016.1180140.

Bergmann, T., Sappok, T., Diefenbacher, A., Dames, S., et al. (2015). Music-based autism diagnostics(MUSAD): A newly developed diagnostic measure for adults with intellectual developmental disabilities suspected of autism/Research in Developmental Disabilities, 43-44, 123–135, doi.org/10.1016/j.ridd.2015.05.011.

Bergmann, T., Sappok, T., Diefenbacher, A., & Dziobek, I. (2015). Music in diagnostics: Using musical interactional settings for diagnosing autism in adults with intellectual developmental disabilities. *Nordic Journal of Music Therapy, 25*(4), 319–351, doi.org/10.1080/0809813L2015.103.9567.

Bergmann, T., Sappok, T., Schumacher, K., & Diefenbacher, A. (2009). Musiktherapeutischer Ansatz in der Behandlung von Erwachsenen mit Autismus und geistiger Behinderung [Music-therapeutic approach in the treatment of adults with autism and intellectual disability]. In F. Schneider & M. Groezinger(Eds.), *Psychische Erkrankungen in der Lebensspanne: Abstractband zum DGPPN Kongress 2009*. Berlin: DGPPN.

Berument, S. K., Starr, E., Pickles, A., Tomlins, M., Papanikolauou, K., Lord, C., & Rutter, M. (2005). Pre-Linguistic Autism Diagnostic Observation Schedule adapted for older individuals with severe to profound mental retardation: A pilot study. *Journal of Autism and Developmental Disorders, 35*(6), 821–829, doi.org/10.1007/s10803-005-0027-4

Bryson, S. E., Bradley, E. A., Thompson, A., & Wainwright, A. (2008). Prevalence of autism among adolescents with intellectual disabilities. *Canadian Journal of Psychiatry, 53*(7), 449-459.

Carpente, J. A. (2013). *IMCAP-ND: The Individual Music-Centered Assessment Profile for Neurodevelopmental Disorders: A Clinical Manual* North Baldwin, NY: Regina Publishers.

Cronbach, L. J. (1951). Coefficient alpha and the internal structure of tests. *Psychometrika, 16*(3), 297-334, doi.org/10.1007/BF02310555.

Fournier, K. A., Hass, C. J., Naik, S. K., Lodha, N., & Cauraugh, J. H. (2010). Motor coordination in autism spectrum disorders: A synthesis and meta-analysis. *Journal of Autism and Developmental Disorders, 40*(10), 1227-1240, doi.org/10.1007/S10803-010-0981-3.

Gillberg, I. C., & Gillberg, C. (1989). Asperger syndrome? Some epidemiological considerations: A research note. *Journal of Child Psychology and Psychiatry, 30*(4), 631-638, doi.org/10.1111/j.1469-7610.1989.tb00275.x.

Howlin, P. (2000). Autism and intellectual disability: Diagnostic and treatment issues. *Journal of the Royal Society of Medicine, 93*(7), 351-355.

Howlin, P., Goode, S., Hutton, J., & Rutter, M. (2004). Adult outcome for children with autism. *Journal of Child Psychology and Psychiatry, 45*(2), 212-229, doi.org/ 10.1111/j.1469-7610.2004.00215.x.

Kraijer, D. W., & Bildt, A. de. (2005). The PDD-MRS: An instrument for identification of autism spectrum disorders in persons with mental retardation. *Journal of Autism and Developmental Disorders, 35*(4), 499-513.

Lord, C., Rutter, M., DiLavore, P. C., Risi, S., Gotham, K., & Bishop, S. L. (2012). *Autism Diagnostic Observation Schedule* (2nd edition). Los Angeles, CA: Western Psychological Services.

Lord, C., Rutter, M., & Le Couteur, A. (1994). Autism Diagnostic Interview-Revised: A revised version of a diagnostic interview for caregivers of individuals with possible pervasive developmental dmorders. *Journal of Autism and Developmental Disorders, 24(5)*, 659-685.

Maulik, P. K., Mascarenhas, M. N., Mathers, C. D., Dua, T., & Saxena, S. (2011). Prevalence of intellectual disability: A meta-analysis of population-based studies. *Research in*

Developmental Disabilities, 32(2), 419-436, doi.org/ 10.1016/j.ridd.2010.12.018.

McCarthy, J., Hemmings, C., Kravariti, E., Dworzynski, K., Holt, G., Bourns, N., & Tsakanikos, E. (2010). Challenging behavior and co-morbid psychopathology in adults with intellectual disability and autism spectrum disorders. *Research in Developmental Disabilities, 31*(2), 362-366, doi.org/10.1016/j.ridd.2009.10.009.

McDonald, R. P. (1999). *Test Theory: A Unified Treatment* Mahwah, NJ: L. Erlbaum Associates.

Mesibov, G. B., Shea, V., & Schopler, E. (2004). *The TEACCH Approach to Autism Spectrum Disorders.* New York, NY: Springer.

National Institute for Health and Clinical Excellence (2012). *Autism Spectrum Disorder in Adults: Dkgnmis and Management.* Retrieved 27/01/2018 from www.nice= orgjjk./ guidance/eg 142/chapter/1-guidance.

Oliver, P. C., Crawford, M. *J.*, Rao, B., Reece, B., & Tyrer, P. (2007). Modified Overt Aggression Scale (MOAS) for people with intellectual disability and aggressive challenging behaviour: A reliability study. *Journal of Applied Research in Intellectual Disabilities, 20*(4), 368-372, doi.org/10.1111/j. 1468-3148.2006.00346.x.

Sappok, T., Diefenbacher, A., Budczies, J., Schade, C., et al. (2013). Diagnosing autism in a clinical sample of adults with intellectual disabilities: How useful are the ADOS and the ADI-R' *Research in Developmental Disabilities, 34*(5), 1642-1655, doLorg/10=1016/j.r.dd. 2013.01.028.

Sappok, T., Gaul, I., Bergmann, T., Dziobek, I., et al. (2014). The Diagnostic Behavioral Assessment for Autism Spectrum Disorder—Revised: A screening instrument for adults with intellectual disability suspected of autism spectrum disorders. *Research in Autism Spectrum Disorders, 8*(4), 362-375, doi.org/10.1016/j.rasd.2013.12.016.

Schipper, E. de., Lundequist, A., Coghill, D., Vries, P. J., et al., (2015). Ability and disability in autism spectrum disorder: A systematic literature review employing the International Classification of Functioning, Disability and Health—Children and Youth Version. *Official Journal of the International Society for Autism Research, 8*(6), 782-794, doi.org/10.1002/ aur.1485.

Schumacher, K., & Calvet, C. (2007). The "AQR-Instrument"—An Observation Instrument to Assess the Quality of Relationship. In T. Wosch & T. Wigram (Eds.), *Microanalysis in Music Therapy—Methods, Techniques and Applications for Clinicians, Researchers,*

Educators and Students. London: Jessica Kingsley Publishers.

Shrout, P. E., & Fleiss, J. L. (1979). Intraclass correlations: Uses in assessing rater reliability. *Psychological Bulletin, 86*(2), 420–428.

Srinivasan, S. M., & Bhat, A. N. (2013). A review of "music and movement" therapies for children with autism: Embodied interventions for multisystem development. *Frontiers in Integrative Neuroscience, 7*(22), doi.org/10.3 389/fnint.2013.00022.

Tsakanikos, E., Costello, H., Holt, G., Sturmey, P., & Bouras, N. (2007). Behaviour management problems as predictors of psychotropic medication and use of psychiatric services in aduks with autism. *Journal of Autism and Developmental Disorders, 37*(6), 1080–1085.

Williams, J. H. (2008). Self–other relations in social development and autism: Multiple roles for mirror neurons and other brain bases. *Autism Research, 1*(2), 73–90, doi.org/ 10.1002/aur.15.

World Health Organization. (2001). *ICF: The International Classification of Functioning, Disability and Health.* Geneva: World Health Organization.

제8장

개별 음악치료 진단평가 프로필

Penny Roberts

1. 환경과 동기

개별 음악치료 진단평가 프로필(Individual Music Therapy Assessment Profile: IMTAP)은 쓰고 출간하는 과정에 4년이 걸렸고, 무수한 주말과 일과 후 회의가 있었으며, 어떠한 재정적 지원도 없이 이루어졌다. 각 단계에 적합한 기술을 탐색하고 IMTAP가 다양한 연령대에 적용될 수 있음을 보장하는 데 상당 시간을 사용하였으며, 이어 채점 체계를 안정화하였다. IMTAP는 수련 과정, 철학적 접근, 의사소통의 차이를 포함하여 수많은 현장의 어려움에 대한 실천적 해결방안으로 시작되었다. 내가 2002년에 팀에 합류했을 때, 론 보르크존(Ron Borczon)과 주디 넬슨(Judy Nelson)은 캘리포니아 주립대학교 노스리지 캠퍼스에서 음악치료를 가르치고 있었다. 론은 광범위한 배경의 많은 대상자군을 대상으로 일하고 있었고, 클리닉에서 트라우마를 지닌 성인과의 일하며, 강의를 하고, 음악치료 웰니스 클리닉(Music Therapy Wellness Clinic: MTWC)의 책임자로 일하고 있었다. 주디는 여러 가지 음악치료 과정을 가르쳤고, 언어 및 언어병리학 학위를 취득하기 위해 학교로 돌아가는 것을 고려하고 있었다.

MTWC 팀의 또 다른 멤버는 홀리 튜즈데이 백스터(Holly Tuesday Baxter, MT-BC), 카시 앤 피터스(Kasi Ann Peters, MT-BC), 줄리 버고퍼(Julie Berghofer, RMT), 그리고 레사 맥완(Lesa MacEwan, MT-BC)이 있었다. 홀리는 기술을 활용했으며, 로스앤젤레스의 지역권으로부터 위기 청소년 집단을 대상으로 송라이팅, 자기표현 및 공연을 목적으로 하였다. 줄리는 가장 경험이 많은 임상가로서, 클라이브 로빈스(Clive Robbins)에게 훈련받은 노련한 노도프-로빈스(Nordoff-Robins: N-R) 치료사이다. 레사는 특수교육 석사학위를 소지하고, 유치원부터 12학년까지 로스앤젤레스 통합 교육구의 특수교육 교사로 일했다. 카시는 자폐 아동과 작업하였고, MTWC와 다른 클리닉에서 플로어타임(Floortime) 기법을 사용하였다. 나는 플로리다 주립대학교에서 피아노 교육과 음악치료학 석사학위를 받았고, 이곳에서는 행동기법과 양적 자료수집에 중점을 두었다. 우리는 재능과 능력 그리고 강한 의견이 독특하게 혼합되어 있었다.

최근 들어 클리닉은 지역사회에서 문자 그대로 그리고 상징적으로도 그 위치가 더 굳건해졌다. 우리는 최근 클리닉에 두 개의 치료실 공간을 배정받았고, 각각 피아노, 기타 그리고 부모와 학생이 관찰하기 위해 양방향 거울(two-way mirror) 및 오디오 배선이 있었다. 이것은 단지 피아노와 의자만 있어서 수업과 단절된 장소였던 클리닉에서 엄청난 변화였다. 이 헌정된 공간은 MTWC가 지역사회에 존재하도록 만든 론의 노력을 보여 주었으며, 이제 우리가 하고 있는 음악치료의 모든 양식을 지지하고 수용할 수 있는 일관된 진단평가와 문서화 도구를 채택해야 할 때라고 제언했다.

다른 많은 음악치료사와 같이, MTWC의 치료사들은 우리의 내담자와 환경에 적절한 스스로 만든 진단평가를 사용하고 있었다(Wigram, Bonde, & Pedersen, 2002). IMTAP 이전에, 우리의 진단평가는 서술에 기초하였고 대근육 운동, 소근육 운동, 발성, 내담자의 전체적인 강점과 약점, 내담자의 목적과 목표 그리고 만난 날에 대한 빈칸으로 이루어졌다. 진단평가는 다른 치료사들(예: 작업치료사 또는 언어치료사), 지역센터(local Regional Center: 당시에 음악치료 내담자에게 자금을 지원해 주었다), 개별화교육계획(IEPs), 그리고 우리가 접근할 수 있는 다른 어떤 보고서나 정보에 의해 보완되었다. 론이 우리의 힘과 음악치료에 대한 각기 다른 접근법을 인정하고 이 개성을 고무시킬 수 있는 리더십을 갖고 있다는 것은 정말 다행이었다. 어쨌거나 우리는 직원회의에서 어떻게 그 기술을 진단해 왔고, 이것이 어떻게 각 내담자의 전체적 윤곽과 관련되는지, 어떤 기법을 사용하며 왜 사용하는지를 서로에게 설명하기 위해 고심했다.

IMTAP 팀은 2003년에 정기적으로 회의를 시작했는데, 비록 그 당시에 단지 클리닉에서 사용할 진단평가를 만들기 위한 것이었지만, 이 프로젝트에 집중할수록 우리는 일반적인 음악치료 진단평가의 현황을 고려하기 시작하였고, 우리 사회의 필요성을 인식하였으며, 출간을 고려하였다. IMTAP 회의가 진행될수록 우리의 목적은 음악치료 진단평가들을 아우르는 것을 만들고자 하는 공통점이 있었지만, 목적과 목표, 자료수집 그리고 기법들에 대한 많은 논의에도 불구하고 우리 모두가 다른 전문 용어를 사용하고, 서로 다른 진단적 우선순위가 있음을 발견하였다. 줄리의 초점은 음악아(music child)를 창조하는 데에 쏠려 있었고, 카시는 내심 어떻게 내담자가 악기를 사용할 수 있을까에 있었으며, 주디는 아동의 통합적 언어에 사로잡혔고, 홀리는 희미하게 나타나는 청소년 기술에 관심이 있었고, 레사는 IEP 목적으로 전환될 수 있는 확실한 음악치료 목적을 만들어 내기를 원했다. 그리고 나는 관찰 가능한 사전 · 사후 자료에 관심이 있었다. 문제가 복잡해지면서 우리는 때때로 동일한 무언가를 설명하기 위해 서로 다른 용어를 사용했고, 이것이 우리 팀의 강점인지 약점인지 확실치 않았다.

심지어 한낱 전문 용어의 차이처럼 여겨졌던 것들까지도 쉽게 해결하기 어려운 접근법의 차이로 나타났다. 우리가 '적절한'이라는 단어에 동의하기 위해 애써 왔던 것이 가장 기억에 남는 기술이었다. 비록 본질적으로 이해가 된다고 할지라도, 이 단어는 몇몇 이유에서 문제가 된다. 적절한 것은 무엇인가? 누가 그것을 결정하는가? 관련지어 측정한 것은 무엇인가? 자폐 아동이 사회적으로 적절하기 위해 노력하고 있거나, 사회적으로 편안해질 수 있는가? 사회적 적절함의 목적은 무엇인가? 우리는 어떤 문화적 기준에 호소하는가? 우리는 이것을 IMTAP 회의 때마다 논의하였으나 해결했다가도 원점으로 돌아와서 다시 문제가 되곤 했다. 그것은 우리를 좌절하게 했고 시간을 낭비했지만, 궁극적으로는 계몽적이었다. '적절한'의 문제가 정돈된 후에, 우리는 또한 374개나 되는 모든 기술을 각기 정의해야 한다는 것을 깨달았다. 모든 것을 마친 후에, 단순함/중간/발전된 리듬 패턴이 정확하게 무엇인가? 우리의 불균형은 타당도의 틀 안에서 가장 쉽게 이해될 수 있었고, 우리는 타당도에 따른 질문들에 따라 스스로와 서로에게 질문했다. IMTAP는 현재의 IEP 그리고 다른 치료적 목적들과 관련되는가? IMTAP의 영역들은 정확하게 실제 세상의 기술과 능력으로 전환되는가? 우리 모두가 다른 이론적 틀에서 음악치료법에 접근했다면, 우리는 어떻게 우리 모두가 같은 것을 평가하는지를 확신할 수 있는가? 이러한 논의들은 종종 혼란스러웠지만 우리 클리닉에서 음악치료 공동체의 참된 본성을 재발견한 것이고, 비록 우리가 다른 방식으로 일하고 믿었지만 우리 모두는 우리가 일하는 임상센터인 클리닉에서, 그리고 음악치료 공동체 안에서 내담자를 위해 최선을 해 왔다.

IMTAP는 아마도 가장 독특하게 음악적 능력에 대한 평가를 포함했다. 2004년 말, 특별한 요구가 있는 아동과 일하는 음악치료사에게 실시한 설문에서 단지 35%만이 음악적 반응과 능력을 진단했다는 것을 발견했다(Chase, 2004). 특히 우리는 타고난 음악적 재능을 포함시키는 것이 아동 능력의 전체적 윤곽에 중요하다고 믿었다. 예를 들어, 우리의 경험으로 볼 때 아동은 언어와 소근육 운동기술이 발달적으로 지연될 수 있지만, 내재된 리듬감을 드럼으로 보여 줄 수 있고, 조화를 강제하지 않아도 음악적 형식과 구조 안에서 재능을 발휘할 수 있다(Heaton, 2009; Wigram, 2000). 그리고 이것은 다른 치료에서는 발견되기 힘든 강점이다. 나아가서 교차 영역과 관련된 기술에 대한 지식(둘 이상의 영역에서 나타나는 것들)은 한 영역에서 결핍으로 드러날 수도 있고, 다른 영역에서 강점으로 드러날 수 있다. 예를 들어, 낮은 구강 운동(oral motor) 점수를 보이는 아동이 높은 발성(vocalizing) 점수를 나타낼 수 있는데, 이것은 수행과 처리 과정의 본질적 영역을 제안한다. 우리는 음악치료가 이러한 재능과 능력을 인식하고 평가하며, 이끌어 내고 발전시키는 고유한 힘이 있음을 강하게 느꼈고, 내담자의 음악적 취향, 능력, 성취를 포함시키는 것이 음악치료 문서와 보고서 작성에서 무엇보다 중요한 것이라고 믿었다. 이러한 이유에서 치료사들이 다른 9개 영역을 포함시키든 제외시키든 간에 IMTAP에서 '음악성(musicality)' 영역은 항상 진단평가의 적절성을 가리킨다. 줄리는 신규 또는 경험이 많은 치료사 모두가 사용할 수 있는 감각적이고 사려 깊은 활동 메뉴, 해석 및 제안점 작성하는 데 주도적인 역할을 했으며, 이는 치료사 참고사항으로 포함되었다.

우리는 IMTAP-beta를 사용하여 내담자들을 평가하였고, 맹검 실시하였으며(채점되는 영역에서), 클리닉 내담자들로 내부 평가자 간 평가 신뢰도를 검사했다. 팀은 기록이 현저히 다르거나 변경 및 편집된 점수에 대해 논의한 다음, 다른 회기에서 검사하고 채점했다. 우리는 이러한 절차를 클리닉 내부 치료사 간 평가 신뢰도가 75%보다 커질 때까지 계속하였다. 팀이 최종 완성물을 안정시킨 후에, 우리는 몇몇 치료사(음악, 언어, 작업, 물리치료사)를 선별하여 그들에게 예비 검사를 위한 전체 패키지를 보냈다. 이 관대한 전문가들은 IMTAP-beta의 피드백과 제안을 보내 주었고, 우리는 즉시 필요한 변화를 취하였다. 결국, IMTAP는 내담자의 주요 관심사 및 선호 사항을 모두 수용하고, 내담자, 문화, 공동체의 개별성을 담았다.

2. 이론적 배경

음악치료는 특히 표준화의 부족으로 인하여 축복과 저주를 동시에 받았다(Bieleninik, Ghetti, & Gold, 2016; Hohmann et al., 2017). 음악은 수많은 유동적인 변인으로 가득차 있으며[음높이, 리듬, 변음(inflection) 등], 음악치료사는 이러한 요소들을 적용하여 내담자에게 반응한다(Jackson, 2010; Spiro & Himberg, 2016). 사실, 매 순간에 적용하는 능력은 음악치료사가 주의와 헌신을 다해 내담자와 소통하도록 한다. 그러나 이 고유한 개인화(personalization)는 내담자, 치료사 그리고 내담자-치료사 관계에서 방법론적 표준화의 부족의 결과로 나타나며, 또한 음악치료 연구에서 주요한 비판이 되어 왔다(Raglio et al., 2008). 불운하게도, "잘 의도된 그리고 종종 엄격한 연구는 연구방법론의 부족으로 망쳤다"(Aldridge, 1994, p. 204; Silvermanm, 2007). 연구의 재현성이 없다면, 우리는 결과를 신뢰할 만하다고 확신할 수 없었다. 그러나 우리가 주장하듯이, 음악치료처럼 역동적인 치료 관계 안에서 조건들은 언제나 다르다.

노도프-로빈스(Nordoff-Robbins) 접근법에서, "치료사의 중재는 음악 안에서 일어나고, 내담자의 발달적 과정은 음악적 반응을 통해 나타난다"(New York University, 2017). 이런 방식으로 내담자의 음악은 각각 개인적이고 시적이며 값을 매길 수 없는 의미 있는 의사소통이다. 노도프-로빈스 접근법과 같이, 플로어타임 기법은 내담자의 반응을 상호작용을 위한 출발점으로 사용하도록 추구하며, "개인의 본질적인 관심 수준에서 타인과의 공동 관심사와 협력하고자 하는 초기의 동기 수준으로 확장한다"(Hess, 2013, p. 269). 행동주의 음악치료는 행동을 조성하지만, 음악적 신호(cue), 신체 및 일시적 구조, 보상 및 주의집중을 사용한다(Wheeler et al., 2012). 이 방법은 해석보다는 중재에 대한 반응에 더 초점을 둘 수 있다. 그리고 이것은 기대하는 반응을 추적 가능하고 기록하게 해 준다.

IMTAP의 현재 형태와 기능은 몇몇 강렬한 깨달음에 의해 영향을 받았다. 첫째, 우리는 내담자가 무엇을 할 수 없는지보다 무엇을 할 수 있는지에 초점을 둔 진단평가를 만들고자 하였다. 이것은 우리의 생각에서 가장 큰 변화였고, 우리가 결핍에 대한 관점을 내담자의 긍정적인 방향으로 다시 기술하게 만든 이유가 되었다. 우리는 이 프로젝트가 완성될 때까지 이러한 생각과 접근을 유지하였다.

둘째, 주요 목적들은 발달적 주요 지표 용어로 조성하였다. 우리는 1단계 기술을 0~18개월, 2단계 기술은 36개월, 이런 식으로 결정하였다. 이러한 형태는 질병통제예방센터(Centers for Disease Control and Protection, 2018)와 물리치료, 작업치료, 언어치료 그리고 음악치료 센터의 동료들을 포함한 여러 연구의 영향을 받았다.

3. IMTAP 도구

1) 심리측정 속성

IMTAP의 타당도는 우리의 가장 주요한 관심사였다. 우리는 유용한 음악치료 진단평가란 공존타당도(현재의 IEP와 다른 치료적 목적들과 관련하여)와 안면타당도(측정하고자 하는 바를 잘 측정하는지에 대한 동의), 예측타당도(미래 행동에 대한 정확한 예측)를 갖춰야 한다고 생각했다.

IMTAP는 서열측정 척도를 활용한다. 이는 절대영을 갖고, 서열화할 수 있다. 반면, 점수 사이의 차이는 정확하게 등급의 차이와 같지 않다. 한 가지 기술에서 '드문(rarely)'과 '한결같지 않은(inconsistent)'의 차이는 '한결같지 않은(inconsistent)'과 '한결같은(consistent)'의 차이와 같지 않다. 마찬가지로 두 기술 사이에서도 같지 않다. 10개의 기술 영역(대근육 운동, 소근육 운동, 감각, 상호 의사소통, 소리지각, 표현적 의사소통, 인지기술, 정서기술, 사회기술, 음악성)과 306개의 점수를 낼 수 있는 문항들이 있다.

IMTAP는 당시 두 가지 다른 방식이 있었다. 첫째, 임상가의 손끝에서 정량적 측정이 이루어지는 CD-ROM을 가져온다. 그 소프트웨어 프로그램은 그 즉시 보고서를 만드는데, 그 보고서는 내담자의 파일, IEP 또는 팀회의를 위한 참고자료가 수록되어 있어 바로 출력이 가능하여 치료과정을 살펴보고, 부모와 발달에 대해 논의할 수 있다. 나아가 내담자의 고유한 프로필이 일반적인 기능 목적의 틀 안에서 수정 · 보완될 수 있도록 하였다. 둘째, 우리는 모든 음악치료사가 접근하거나, 컴퓨터로 진단평가하는 것이 쉽지 않다는 것을 인지했고, 그래서 쉽게 접근하고 수동으로 채점할 수 있는 종이 체계도 보장하기로 결정했다.

2) 대상

비록 IMTAP를 만들 당시에 우리 클리닉이 대부분 특별한 요구가 있는 아동을 위해 일했지만, 5세와 그 이상을 위한 기술을 포함하여 청소년과 성인도 이 도구로 진단할 수 있도록 한다. 특정 연령대를 대상으로 하는 다른 진단평가들과 다르게, IMTAP는 다양한 연령과 능력에 적용할 수 있다. 등록과 회기 계획은 치료사가 실시하며, IMTAP를 유연한 자원으로 만드는 문화적 고려사항도 허용 가능하다. 특히 IMTAP는 먼저 등록과 진단평가의 절차를 명확하게 하여 인터뷰 형식에 따라 부모와 보호자, 치료사에게서 정보를 제공받을 수 있다. 이때의 인터뷰 형식은 평가 영역을 좁혀 맞춤식 진단평가를 하기 위한 목적으로 고안된 것이다.

3) 절차

IMTAP 절차는 다음과 같다.

① 등록을 완료한다.
② 회기를 계획하고 준비한다.
③ 진단평가 회기를 실행한다.
④ 최종 점수와 교차 영역 기술, 요약에 대한 평가를 계산한다.
⑤ 목적과 목표를 설정한다.
⑥ 주요 영역과 하위 영역에 대한 프로필 그래프를 만든다.

4) 해석

IMTAP는 내담자와 내담자, 치료사와 치료사 사이에서 일관적으로 진행되도록 진단평가 절차를 보장하고자 몇 가지 양식을 포함하여 방법론적인 안정성을 증가시켰다. 등록 양식은 각 10개 영역의 관련된 정보를 수집하도록 되어 있고, 이어서 치료사가 지시된 영역을 참고하도록 한다. 예를 들어, 등록 시 질문들이 정서처리 과정에서의 결핍을 나타낸다면, 등록 요약의 정서처리 칸에 체크한다. 진단 회기에 적절한 음악적 활동의 제안이 있고, IMTAP는 치료사가 진단평가를 완성하도록 안내한다. 중요한 것은 활동이 포함된 제안인데, 궁극적으로 음악치료사가 진단평가 회기를 만든다. 프로필 패키지의 각 단위에는 음악치료사 서명과 날짜 밑줄이 있어 논리적이고 진보적이며, 서명을 하며 날짜를 지정하는 문서를 만든다.

양적 자료를 수집하기 위해서 행동이 관찰되고, 내담자가 이 행동을 수행한 시간 비율을 간격기록법에 따라 절대 그렇지 않다(Never, 0%), 거의 그렇지 않다(Rarely, <50%), 약간 그렇지 않다(Inconsistently, 50~79%), 그렇다(Consistently, 80~100%)(NRIC)로 기록한다. 이렇게 하여 간격기록법과 빈도기록법 모두 사용한다. 우리는 미리 결정된 총 시간 중에서 NRIC 체계에 따른 비율로 얼마나 많은 시간 동안 그 행동이 일어났는지를 기록한다. 그러고 나서 NRIC 점수를 집계하여 각 영역의 기능에 대한 전반적 지표를 제공한다. 내담자의 긍정적인 면을 보고자 하는 우리의 바람과 관련하여 결과 점수는 정규성 척도에 따른 점수 조합이 아니라, 오히려 내담자가 어떤 기술을 성공적으로 수행할 수 있었는지를 나타낸다. 예를 들어, 매우 어린 아동의 경우 4레벨 기술을 수행할 것이라 기대되지 않는다. 이러한 능력의 부재는 실패가 아니라 치료사가 진단평가에서 생략하거나, 최종 결과물 안에서 포함시키는 것으로 선택할 수 있다. 따라서 결과 문서는 각 내담자의 수행에 대한 프로필이고, 모든 후속 진단평가는 특정 연령대에 적절한 성취를 나타내는 기존의 복합적 표준치가 아닌 더 근원적인 것과 비교된다.

치료사는 수작업으로 또는 IMTAP 소프트웨어를 통해 내담자의 반응 프로필을 작성하고 평가한 모든 영역에서 내담자의 능력과 필요성의 총 합계 그래프를 만든다.

5) 분석과 결과

이 진단평가의 전체 결과는 IEP와 부모의 치료과정 상담 그리고 치료사의 변경과 같은 수많은 환경 속에서 매우 귀중한 문서이다. 가장 중요한 것은 진단평가가 촬영되면 치료사는 객관적으로 NRIC 반응으로 기록하는데, 여기에는 그 순간 주시할 것을 요구하지 않고 해석이나 불일치 때문에 시간을 남겨 둘 필요가 없다. 이것은 음악치료의 결과가 주관적이라는 우려를 반증하고, 결과를 지지할 수 있는 양적 자료를 제공한다.

4. 훈련

IMTAP의 추가적인 장점은 전문적 도구로서의 접근성이다. 즉, IMTAP를 사용하는 방법에 대한 광범위하고도 자세하게 설명된 상세 지침이 포함되어 있다. 그것은 전문 교육을 필요로 하지 않고, 저자에게 연례 인증 또는 면허 갱신을 필요로 하지도 않는다. IMTAP는 음악치료사가 처음 사용했을 때부터 쉽게 사용할 수 있도록 기획되었다.

5. 연구

2007년 출간한 이후, IMTAP는 많은 연구, 논문, 이론 그리고 학위논문에서 사용되어 왔다(Berger, 2009; de Araujo et al., 2018; MAriath et al., 2017; Moereira et al., 2016; Salokivi, 2012; Twyford & Watters, 2016). 그리고 한국어(Yong, 2014), 포르투갈어(da Silve et al., 2013), 핀란드어(Letule, 2016)로도 번역되거나 언급되어 출간이 이루어졌다. 그리고 미국의 음악치료 학교에서 이스라엘, 핀란드, 대만, 라트비아 그리고 브라질의 연구자들이 학교와 관련된 일들에 사용하기 위해 허락 혹은 인정받고자 IMTAP 팀과 연결되어 왔다. 우리는 이것이 계속해서 사용되기를 갈망한다.

6. 향후 계획과 논의

IMTAP 소프트웨어는 업그레이드가 필요하다. 홀리는 IMTAP 이전에 'FileMaker' 프로그램에 투자했었고, 그 프로젝트는 거대하게 진행되고 있다. 그러나 컴퓨터 프로그래밍보다 전문성 개발 영역을 우선하고 있기 때문에 소프트웨어는 아직 업데이트되지 않았다. 더구나 근래에 들어 학생들이 거의 CD-ROM을 사용하지 않는 기술적 변화가 있었다. 또한 우리는 아동 · 청소년보다 다른 대상군을 포함하는 형식으로 확장하는 데에 관심을 가지고 있고, 이 가능성에 대해 다른 사람들과 소통을 계속하고 있다.

소아과 영역의 진단평가를 위한 안내지침과 제안이 변화함에 따라(Brooke, 2006; Hicks et

al., 2010; Limbos & Joycem 2011) 발달적 지표들을 위한 선별작업 역시 진보를 위해 계속되어 왔다. 예를 들어, 미국소아과학회(Americans Academy of Pediatrics, 2006)는 개정판 발달 검사 자료를 포함한 진술서를 계속 발표하고 있다. IMTAP의 수정판은 당연하게 최근의 발달적 제언과 의학 및 치료 영역의 자료를 포함할 것이다.

음악치료 영역은 2007년 우리의 원 출간물 이래 출간된 여러 훌륭한 진단평가의 혜택을 받아 왔다. 현재, 개별 음악치료 진단평가 프로필(IMTAP)(Baxter et al., 2007), 음악치료 사회기술 진단평가(Music Therapy Social Skills Assessment and Documentation: MTSSA)(Dennis et al., 2014), 신경발달장애용 개별 음악중심 진단평가 프로필(Individual Music-Centered Assessment Profile for Neurodevelopmental Disorders)(IMCAP-ND)과 같이 세 가지의 아동을 위한 진단평가가 있다(Carpente, 2013). MTSSA는 집단 맥락에서 사회기술에 초점을 두었고, IMTAP는 집단과 개별 모두 사용이 가능하며 영역 중에서 사회기술을 포함하고 있다. IMTAP와 같이, MTSSA는 회기 계획을 위한 제안과 CD-ROM을 제공하는 양식을 제안해 왔고, 채점은 시간 체계에서 관찰된 행동 시간의 가장 높은 수를 수집하도록 설계되었다. IMCAP-ND는 음악적 정서(음악에 대한 정서적 반응, 주의와 몰입, 연주), 음악 인지/지각(시작, 회상, 음악적 요소를 따름) 그리고 음악적 반응(내담자의 선호와 결합하고 음악에 대한 반응에서 자기조절)의 세 영역에서 채점한다. 이 도구와 IMTAP는 반응 채점 체계에 준거기반 빈도를 적용한 것과 개발 대상을 포함하여 많은 공통점을 지니고 있다.

마지막으로, 출판을 결정했을 때 우리는 또 다른 어려운 연구 주제와 직면했다. 우리 팀이 이런 개념들과 씨름하는 동안에, 우리는 IMTAP의 신뢰도와 타당도에 대한 충분한 연구 자료를 갖지 못하였다는 것을 인지하였다. 비록 베타 검사가 타당도와 신뢰도를 나타낸다 할지라도 우리는 더 큰 연구를 수행할 시간, 자금 또는 자원이 없었다. 우리는 대신 IMTAP를 우리의 가장 위대한 자원, 즉 동료 음악치료사에게 맡기기로 하였다. 우리는 IMTAP가 학·석사학위논문에서 지속적으로 사용되고, 후속판에 정보를 제공하며, 음악치료 분야에서 최상의 기여를 하는 방법을 찾기를 고대한다.

최근 나에게 온 메일에서 홀리가 말하기를, "사용 가능하고, 기능적이며, 다양한 영역을 진단할 수 있는 명확한 지시문, 내담자의 진보 과정을 사정할 수 있는 양적 도구, 초보에서 숙련 치료사에 이르기까지 모든 수준의 치료사가 사용할 수 있는 도구를 만드는 것이 우리의 목적이었다."라고 하였다. 요약하자면, IMTAP는 다음에 대한 응답이었다.

- 서로의 접근방식을 존중하고 팀워크를 기르는 음악치료사 팀
- 다양한 내담자군
- 이해할 만하고, 정확한 수량적인 정보를 요구하는 음악치료적 반응
- 음악치료 중재의 고유성을 보호하고 알려 주기
- 내담자에 대한 전체의 그림을 창조하는 양적 · 질적 진단 방식을 녹여 낸 도전
- 다른 분야의 치료사들과 함께 이해하고 공동 작업할 수 있는 프로필의 개발 필요성

우리는 발달 규준에 따른 측정보다는 다른 많은 영역의 프로필로서 윤곽을 형성하는 것으로 내담자의 고유성을 알기 위한 수량화의 균형을 이루고자 시도해 왔다. 더 나아가 우리는 내담자의 음악적 능력과 선호도를 보여 줄 기회가 풍부한 음악적 영역을 포함하는 음악치료 개입의 차별성을 인식하였다. 우리는 이 분야가 성장하고 변화하기를 간절히 원하며, 새로운 평가를 환영하고 계속해서 이 분야에서 함께할 수 있음을 영광스럽게 생각한다.

참고문헌

Aldridge, A. (1994). An overview of music therapy research. *Complementary Therapies in Medicine, 2,* 204-216.

American Academy of Pediatrics. (2016). Recommendations for pediatric and preventive healthcare. *Pediatrics, 137*(1), doi: 10.1542/peds2015-3908.

Baxter, H. T., Berghofer, J. A., MacEwan, L., Nelson, J., Peters, K. A., & Roberts, P. (2007). *The Individualized Music Therapy Assessment Profile.* London: Jessica Kingsley Publishers.

Berger, D. (2009). On developing music therapy goals and objectives. *Voices: A World Forum for Music Therapy, 9*(1), doi: 10.15845/voices.v9i1.362.

Bieleninik, L., Ghetti, C., & Gold, C. (2016). Music therapy for preterm infants and their parents: A meta-analysis. *Pediatrics, 138*(3), doi: 10.1542/peds.2016-0971.

Brooke, S. (2006). *Creative Arts Therapies Manual: A Guide to the History, Theoretical Approaches, Assessment, and Work with Special Populations of Art, Play, Dance, Music, Drama, and Poetry Therapies.* Springfield, IL: Charles C. Thomas.

Carpente, J. (2013). *The Individual Music-Centered Assessment Profile for Neurodevelopmental Disorders (IMCAP-ND): A Clinical Manual.* North Baldwin, NY: Regina Publishers.

Centers for Disease Control and Protection. (2018). *Developmental Milestones.* Retrieved 27/01/2018 from www.cdc.gov/ncbddd/actearly/milestones/index.html.

Chase, K. M. (2004). Music therapy assessment for children with developmental disabilities: A survey study. *Journal of Music Therapy, 41,* 28-54, doi: 10.1093/jmt/41.1.28.

da Silva, A. M., Gattino, G. S., de Araujo, G. A., Mariath, L. M., Riesgo, R. S., & Schuler-Faccini, L. (2013). Translation to Brazilian Portuguese language and validation of the Individualized Music Therapy Assessment Profile(IMTAP) scale for use in Brazil. *Revista Brasileira de Musicoteropia, 14,* 67-80.

de Araujo, G., Leite, J., Gattino, G. S., Heck, C., et al. (2018, forthcoming). Music therapy intervention effects in the non-declarative memory of children with Williams syndrome. *Arts in Psychotherapy.*

Dennis, A., Ho, P., West, R., Peyton, K., et al (2014). *Music Therapy Social Skills Assessment and Documentation Manual(MTSSA): Clinical Guidelines for Group Work with Children and Adolescents.* London: Jessica Kingsley Publishers.

Heaton, P. (2009). Assessing music skills in autistic children who are not savants. *Philosophical*

Transactions of the Royal Society B: Biological Sciences, 27, 364, doi: 10.1098/rsth2008.0327.

Hess, E. (2013). DIR®/Floortime™: Evidence based practice towards the treatment of autism and sensory processing disorder in children and adolescents. *International Journal of Health and Human Development, 6*(3), 267-274.

Hicks, P., Englander, R., Schumacher, D., Burke, A., et al. (2010). Pediatrics Milestone Project: Next steps toward meaningful outcomes assessment. *Journal of Graduate Medical Education, 2*(4), 577-584.

Hohmann, L., Bradt, J., Stegemann, T., & Koelsch, S. (2017). Effects of music therapy and music-based interventions in the treatment of substance use disorders: A systematic review. *PLoS One,* doi: 10.1371/journal.pone.0187363.

Jackson, N. (2010). Models of response to client anger in music therapy. *Arts in Psychotherapy, 37*(1), 46-55.

Letule, N. (2016). An assessment model for the musical material produced during the course of music therapy. *Casa Baubo. 2°Semmario Internacional deJazzy Musicoterapia 2014,* 64-83.

Limbos, M., & Joyce, D. (2011). Comparison of the ASQ and PEDS in screening for developmental delay in children presenting for primary care. *Journal of Developmental Behavioral Pediatrics, 32*(7), 499-511, doi: 10.1097/DBR0b013e31822552e9.

Mariath, L., M., da Silva, A. M., Kowalski, T. W., Gattino, G. S., et al. (2017). Music genetics research: Association with musicality of a polymorphism in the AVPR1A gene. *Genetics and Molecular Biology, 40*(2), 421-429, doi: 10.1590/1678-4685-GMB-2016-0021.

Moreira, S., Gattino, G., Ferrari, K., Alcantara-Silva, T., Araujo, G., & Ortega, I. (2016). Assessment in music therapy: Strategies and applications to clinical practice in an international perspective. *Nordic Journal of Music Therapy, 25, 95,* doi: 10.1080/0809813L2016.1180082.

New York University. (2017). *Nordoff-Robbins Center for Music Therapy: Developments.* Retrieved 13/12/2017 from http://steinhardt.nyu.edu/music/nordoff/developments.

Raglio, A., Bellelli, G., Traficante, D., Gianotti, M., et al. (2008). Efficacy of music therapy in the treatment of behavioral and psychiatric symptoms of dementia. *Alzheimer Disease Associated Disorders, 22*(2), 158-162.

Salokivi, M. (2012). The Individualized Music Therapy Assessment Profile as an Initial Assessment Tool of Social Emotional Functioning. Unpublished master's thesis, Department of Music, Faculty of Humanities, University of Jyvaskyla, Finland. Retrieved 13/12/2017 from https://jyx.jyu.fi/dspace/bitstream/handle/123456789/40439/URN:NBN:fi:jyu-201211273079.pdf?sequence= 1.

Silverman, M. J. (2007). Evaluating current trends in psychiatric music therapy: A descriptive *zmlyrn. Journal of Music Therapy, 44*(4), 388-414.

Spiro, N., & Himberg, T. (2016). Analysing change in music therapy interactions of children with communication difficulties. *Philosophical Transactions of the Royal Society B: Biological Sciences, 371,* 1693, doi: 10.1098/rstb.2015.0374.

Twyford, K., & Watters, S. (2016). In the groove: An evaluation to explore a joint music therapy and occupational therapy intervention for children with acquired brain injury. *Voices: A World Forum for Music Therapy, 16*(1), doi: 10.15 845/voices.vl6iL85L.

Wheeler, B., Wagner, G., Summer, L., Madsen, C, Turry, A., & Eschen, J. (2012). Five international models of music therapy practice. *Voices: A World Forum for Music Therapy, 12*(1), doi: 10.15845/voices.vl2il.634.

Wigram, T. (2000). A method of music therapy assessment for the diagnosis of autism and communication disorders in children. *Music Therapy Perspectives, 18*(1), 13-22.

Wigram, T. P., Bonde, L. O., & Pedersen, I. N. (2002). *A Comprehensive Guide to Music Therapy.* London: Jessica Kingsley Publishers.

Yong, S. (2014). An Exploratory Inquiry into Music Therapy Assessment for Children with Special Needs. Unpublished master's thesis, Seoul National University Graduate School, College of Education, Program of Special Education, South Korea.

제9장

사건기반 분석

Tony Wigram · Stine Lindahl Jacobsen[1)]

토니 위그램(Tony Wigram)은 음악치료 진단평가 분야의 전설적인 인물 중 한 명이다. 비록 그가 더 이상 우리와 함께 있지 않지만, 이 책의 편저자는 제시카 킹슬리(Jessica Kingsley) 출판사와 제니 위그램(Jenny Wigram)에게 토니 위그램의 진단평가도구인 사건기반 분석(Event-Based Analysis: EBA)[2)]을 사용하는 것에 대해 승인을 받았다. EBA는 음악치료사들의 연구와 임상에서 폭넓게 실행되고 사용되어 왔다. 본문은 주로 그의 기술과 반영물에 기반을 두고 있으며, 두 번째 저자는 주로 여러 간행물, 연구 및 문헌에 대한 최신 진술을 병합하고 부분과 부분 간 자연스러운 흐름과 전개를 가져 왔다.

1. 환경과 동기

나는 수년 동안 아동 · 청소년 정신의학 분야의 진단적 공식을 지원하기 위해 음악치료 진단평가에서 증거를 도출하는 데 관심을 가져왔으며, 이는 즉흥연주 진단평가(Improvisation Assessment Profiles: IAP)와 EBA를 개발하기 위한 기초를 형성하였다(Wigram, 2007).

진단적 공식을 위한 음악치료 영역에서 기본적 근거는 음악적 자료와 병리적 문제, 치료과정 사이의 연결성이다. 언제 음악치료 진단평가의 결과가 드러나는가, 또는 음악치료의 기간, 내담자와 회기 동안 존재했던 음악적 경험의 분석과 음악적 자료의 문서 기록은 변화 또는 변화의 부족을 포함하는 특정 치료적 주제와 연결된다. 따라서 분석은 치료과정과 병

1) 이 장은 다음의 출판물에 근거하여 집필되었다. Wigram(2004, 2007); Wosch(2007).

2) 제1장에 언급된 근거기반 진단평가와 약어가 중복되지만, 제9장에서는 사건기반 분석을 'EBA'로 약어 기술하였다(역자 주).

리적 문제를 연결하여 음악의 '기능'을 검사하는 것을 포함한다(Wigram, 2004).

내담자의 변화 또는 변화의 부족을 분석하기 위한 기초로서 특별한 음악적 요소에 초점을 두는 진단평가 절차는 IAP이며(Bruscia, 1987), 이는 음악의 기능을 설명하는 가장 포괄적이고 적절한 방법이라고 생각한다. IAP가 몇 년간 문헌에 있었다는 사실에도 불구하고, IAP의 전체 형식 안에서 진단평가로 사용하는 데에는 많은 제한점이 있었는데, 아마도 그것은 복잡하고 세세하며 광범위한 분석 방법 때문일 것이다. IAP 세트의 완성에서, 브루샤(Bruscia)는 여섯 가지 특별한 분석 영역을 정의했는데, 즉 자율성(autonomy), 가변성(variability), 통합(integraion), 독특성(salience), 긴장(tension) 그리고 조화(congruence)이다. 각 프로필은 즉흥연주를 분석하는 기준을 제공하고, 모든 기준의 프로필 형식은 하나의 극단이나 극성에서 대척점에 이르는 범위로 5단계 또는 수준의 연속선이다(Bruscia, 1987, p. 406).

음악적 자료를 분석하는 데 경제적 · 효과적 방식으로 이러한 프로필을 사용하려면, IAP 사용을 위한 브루샤의 제안과 권고를 따를 필요가 있다. 이 절차 부분은 분석할 자료의 양을 적절하고 필수적인 양으로 줄인 다음, 적용할 적절한 프로필을 선택하는 것이다. IAP의 임상적 적용은 양적 분석과 질적 분석 모두를 포함할 수 있다. 나는 이 포괄적인 평가도구를 적용하는 방법을 설명하고, 브루샤가 분석을 위해 통합한 변수의 사용과 내가 결정한 것을 모두 기술하고자 한다(Wigram, 2007).

2. 이론적 배경

분석을 위한 브루샤의 여섯 개 영역 중 자율성과 가변성의 프로필은 의사소통장애가 있는 아동의 음악적 자료들을 분석하기 위해 내가 종종 사용하는 것이다(Wigram, 1999, 2000). 그리고 내가 이 분석에 사용한 방법을 설명하기 위한 목적으로 이 두 가지를 사용할 것이다. IAP의 본래적이고 포괄적인 목적은 브루샤(1987)의 문헌을 참고하길 권한다.

> 자율성 프로필은 즉흥연주자 사이에서 형성된 역할 관계의 종류를 다룬다. 이 척도는 프로필 내에서 각 음악적 요소와 구성요인이 타인을 이끌거나 따르는 정도를 기술한다(Bruscia, 1987, p. 405).

가변성 프로필은 음악의 순차적 측면들이 어떻게 조직되고 관련되는지를 다룬다. 이 척도는 프로필 내에서 각 음악적 요소가 동일하게 머물거나 변화하는 정도를 기술한다(Bruscia, 1987. p. 404).

진단적 평가에 도움이 되기 위한 목적에서, 이 두 프로필은 자폐(ASD) 아동, 다른 전반적 발달장애(PDD)의 유형, 예를 들어 아스퍼거증후군(mild ASD)과 상세불명의 전반적 발달장애(pervasive developmental disorder not otherwise specified: PDD-NOS) 또는 의사소통장애 아동 간 감별에 유용하고 적절하다. 자율성은 진행 중인 대인관계 사건들을 밀접하게 보는 데 도움이 된다. 특히 아동이 치료사 또는 다른 사람들과 함께 작업하고, 주고받으며, 공유하고, 동료로 활동하기 위한 준비를 보여 준다. 또한 이 프로필은 아마도 독립적인 태도로서 제안에 대한 저항, 또는 반대로 극단적으로 종속되고 의존적인 것으로 드러나는 연주의 질과 형태를 확인한다. 가변성은 아동의 창의적 능력을 음악 내적 · 외적 수준에서 보여 줄 수 있다. 또는 아동의 경직되고 반복적인 연주 방식이 자폐적 속성의 진단을 돕는 증거가 될 수 있다. 이 프로필은 아동 연주의 질을 정렬하는 데에 도움이 되며, 음악치료의 즉흥연주 접근법이 사회적 참여와 의사소통의 매개체로서 창의성과 표현을 추구하고 촉진하는 것처럼 가변성 정도는 아동의 유연성과 창조성을 식별하는 데 도움이 된다(Wigram, 2007).

3. 사건기반 분석 절차

아동의 잠재성과 도전에 대한 아이디어, 그리고 음악치료 처치의 가능성에 대한 아이디어를 얻으려면 대개 2~3회기의 진단평가 회기(20~40분)가 필요하다. 회기는 오디오 녹음만 실시하기보다 가능하다면 비디오로 녹화해야 한다. 어느 방법이든 간에 반드시 동의와 승인이 필요하다. 음악치료의 구조는 아동의 잠재성이 그동안 발전시켜 온 전-언어적이고 전환적인 의사소통 방식을 드러내도록 허용해야 하며, 특히 즉흥연주가 아동이 자유롭게 음악내적 관계 안에서 탐색할 수 있는 장이 되어야 한다.

EBA 회기는 정규 음악치료 회기와는 다르다. 치료사는 내담자와 내담자의 음악을 탐색해야 하고, 따라서 다른 접근법들을 사용하여 다른 수준에서 작업할 필요가 있다. 하나의 아이디어에서 갑자기 다음으로 움직이듯이 예측하기 어렵게 넘어가서는 안 된다. 회기는 본질적으로 한 구조적 틀 또는 시나리오에서 또 다른 것으로 넘어가는 미묘한 움직임을 지닌 치료 회기이다. 만약 아동이 밀접한 접촉에 쉽게 몰입하거나 즐기면 치료사는 회기 중 어떤 시점에 아동에게서 안정적인 거리를 갖도록 노력하고, 몰입에서 벗어나 어떤 일들이 일어나는지 보아야 한다. 만약 아동이 구조에 넘치게 반응하고, 더 쉽게 접근을 한다는 것을 발견하면, 규칙이나 지시 없이 더 자유로운 활동 시기로 안내할 수 있다. 아동에게 회기 중에 일어나는 일을 통제할 수 있는 자유를 주는 것과 아동에게 요구하는 것 사이에서 조심스럽게 균형을 만드는 것은 중요하다. 따라서 치료사는 더 많은 요구가 만들어 질 때에 반응들을 탐색할 수 있다(예: 아동이 뚜렷한 저항에도 불구하고 활동에 참여하는 것을 권장해야 할 때). 치료사는 아동이 치료 회기에서 사용하도록 매우 다양한 악기를 가지고 있어야 하는데, 이는 다양한 악기를 사용하여 잠재성을 탐색할 수 있기 때문이다(Wigram, 2000).

아동과 함께 주제를 가진 즉흥연주 또는 합주를 할 때(Wigram, 2004), 치료사는 내담자와의 시작점을 찾을 수 있다. 예를 들어, 즉흥의 시작에서 치료사 또는 내담자에 의해 만들어진 짧은 리듬이나 멜로디, 화성 테마를 사용할 수 있다. 또한 주고받기(turn-taking)는 즉흥연주 진단에서 탐색에 매우 중요하다. 두 사람 사이에서 음악을 만들어 가는 본질은 그 시간 속에서 주고받기, 공유하기(sharing), 그리고 창조성에 놓여 있으며, 이것은 의사소통의 핵심이기 때문이다(Wigram, 2000).

1) 자료 선택하기

EBA 방법의 첫 단계는 다음의 권고와 브루샤가 IAP를 사용하기 위해 제안한 안내를 따른다. 본질적으로 분석할 자료의 양을 적절하게 필수적인 수준으로 줄이는 과정을 따라야 한다. 그런 다음 IAP에서 다루기 위한 적절한 방법을 선택한다.

1단계: 프로필과 즉흥연주 자료 선택하기

1–1: 음악 외적 · 내적, 또는 양쪽 모두에 초점을 두는지 고려하라.

1–2: 치료적 초점 또는 진단평가에서 질문을 제기하기 위한 것과 관련하여 분석을 위한 프로필을 선택하라.

1-3: 분석할 전체 회기를 검토하고, 적절하고 가치 있는 자료를 포함하는 회기 또는 즉흥 연주를 선택하라(Bruscia, 1987, pp. 418-421).

2단계와 3단계(순서가 바뀔 수도 있다)

특히 진단평가의 절차에서 도움이 될 수 있는 몇몇 기준을 추가하였고, 또한 음악적으로 어떤 일이 일어나고 있는지 해석하고 평가하기 위한 관련 정보를 생성하는 데 필요한 분석량을 줄였다. 아동의 행동이나 의뢰 내용과 관련된 문제에 기초하여 회기 중에 아동의 음악적 행동과 음악적 사건을 검토하면서, 특히 분석에서 사용할 가장 관련 있는 척도의 음악적 요소를 선택한다. 하지만 그 척도는 너무 세세하고 길다. 그리고 오히려 그것을 제외시키는 것이 더 유익할 수도 있다. 예를 들어, 리듬, 볼륨, 프레이즈와 같은 세 개의 특별한 요소가 분석에 더 유익할 수 있다.

나는 녹화 비디오를 보거나 오디오 테이프를 들으면서 바로 기록할 수 있도록 하여, 프로필의 변화도(gradient)를 통해 분류할 수 있는 음악적 사건을 검색하는 차트를 사용한다. 그리고 이 분석을 수행하기 위한 간단한 양식을 만들었다([그림 9-1] 참조).

이름: ______________________ 일시: __________

프로필: ______________________

	변화도 1	변화도 2	변화도 3	변화도 4	변화도 5
음악적 변인					

____

____

____

____

[그림 9-1] 원점수 기록지

이 양식은 내가 선택한 프로필의 변화도와 브루샤 척도에서 가져온 음악적 변인을 선택하여 배치하는 원점수 기록지이다. 사건이 발생할 때마다 기록한다. 이는 비디오나 오디오 분석에서도 적용될 수 있다. 그러나 내 방법은 비디오 분석만 포함해 왔다. 밑줄은 음악적 모티프나 단편을 기록하는 오선보표이다.

2) 분석에 앞서

즉흥연주를 분석하기 위한 절차는 진단평가를 목적으로 회기 내에서 발생한 둘 혹은 최대 세 차례의 즉흥연주를 선택하는 것을 포함한다. 즉흥연주의 길이에 따라 분석할 자료의 추가 또는 감축이 필요할 수도 있고, 아닐 수도 있다. 이것은 분석을 위한 초점에 기초하여, 가장 유용하고 관련성 있는 부분을 초기에 고려하여 만든 것에 따라 결정한다. 사실 분석을 위해서 즉흥연주의 길거나 짧은 부분 발췌를 선택하는 것은 지속시간, 빈도, 일치성, 음악적 사건의 강도를 포함한 많은 요인에 의해 영향을 받는다. 결론적으로 '닭이 먼저냐 달걀이 먼저냐'와 같은 의사결정 과정이 발생한다. 나는 대개 이것을 진단적 질문, 치료적 관련성, 개인적 필요성에 기초하여 결정한다.

다음 절차로 가장 중점을 둔 음악적 요소를 선택해야 하고, 그 결정은 아동의 악기 사용, 미디어, 작품의 유형에 따른다. 많은 아동의 경우에 드럼, 심벌즈, 우드블럭, 젬베 등의 음고가 없는 타악기를 선택하였다면, 음악적 요소는 템포, 리듬, 볼륨, 음색, 프레이즈가 될 것이고, 반면에 만약 아동이 키보드 혹은 플루트와 같은 음고가 있는 악기를 연주하였다면 멜로디와 화성이 더 관련적인 요인이 될 것이다. 이 선택은 음악적 관점과 마찬가지로 임상적 관점에 기초한다. 그러나 여기에서 가장 중요한 것은, 최대 세 가지 음악적 설명이 있어야 한다는 것이다.

내가 선택한 동영상을 2~3번 보고, 내가 볼 수 있는 빈칸, 예를 들어 빠르기의 가변성 칸에 점수를 기록할 것이다. 이전에 언급한 것처럼, 브루샤는 IAP에 대한 설명에서 가변성과 자율성의 다섯 가지 다른 수준을 기술한 변화도를 포함한 음악적 자료 유형의 정의와 설명들에서 풍부한 자원을 제공한다(Bruscia, 1987; Wigram, 2007).

3) 자료분석

2단계: 사건기반 분석

EBA의 2단계는 결정이 이루어지는 일련의 단계가 포함되며, 반복적인 비디오 관찰을 통해 체계적으로 분석된다. 이것이 임상의 시간 구조 안에서 현실적으로 이루어지기 위해서, 분석할 자료의 양을 제한하고, 또한 적용될 변수(척도의 음악적 요소)를 선택할 때 무엇이 본질적이고 관련적인지에 기초하여 신중하게 고려해야 한다. 1, 2단계 모두 분석에 필요하므로 임상 장면을 위한 단축형은 없지만, 만약 앞에서 설명한 제약 조건이 적용되는 경우 이 두 단계의 분석은 충분히 짧아질 수 있다.

2–1: 즉흥연주에서 추출한 것을 보거나 들어라. 그리고 어떤 음악적/다른 변인들을 프로필에서 (최대 세 가지) 지켜볼 것인지 결정한다. 치료사는 이미 회기에서 즉흥연주와 관련된 기억을 돌이켜보며 결정했을 수도 있다.

2–2: 음악적 변인을 선택하고 비디오를 다시 보라.

2–3: 즉흥연주에서 사건이 발생할 때마다 칸에 체크 표시하라. 그렇게 할 동안 비디오를 중지하라. 예를 들어, 만약 내담자가 템포를 바꿀 때 치료사가 따라가고, 내담자가 이어서 몇 초 동안 안정적으로 머문다면 그 해당 칸에 표시하라.

- 자율성: 리듬 배경—이끄는 자(leader)
- 가변성: 템포—가변적, 지속적

2–4: 관련성이 있는 경우, 비디오를 멈추고 채점표([그림 9–1] 참조)의 아래쪽에 '주제(모티프)'에 명확하게 기록하라. 이후에 다시 언급할 것이다.

2–5: 이 변수가 끝나면, 두 번째 변수를 선택하고 다시 분석하라(2–2에서 2–4를 반복).

2–6: 각 칸에 사건 표시를 추가하고, 원점수 기록지([그림 9–1]의 줄 아래 첫 번째 즉흥연주 또는 즉흥연주에서 발췌)에 총점을 구하라.

2–7: 치료적 목적 또는 진단적 물음과 관련하여 즉흥연주의 이 영역 점수를 해석하라. 치료사는 공식적 진단에 지지적이든 그렇지 않든 간에 분석을 통해 증거 자료를 제시하기 위하여 분석을 위한 사전 기준이 정립되어 있어야 한다. 또한 치료 회기에서의 전 시간과 과정을 분석하면서 분석으로 인해 연주 스타일이나 개인 내적/음악 내적

행동 안에서의 변화를 보여 줄 수도 있다.

2-8: 만약 또 다른 프로필을 채택한다면, 2-1에서 2-7의 과정을 반복하라. 음악적 상황과 치료적 상황 모두에 따라 기록은 빈도로만 규명될 수도, 빈도와 지속시간으로 규명될 수도 있다. 많은 사례의 경우, 즉흥연주에서 음악의 복잡성과 다층적인 특징은 사건의 지속시간을 규명하는 것을 매우 어렵게 한다. 예를 들어, 내담자가 템포를 변화시켜 온 때를 기록할 수 있다. 그리고 다른 사람은 따라간다. 그러나 관련이 있

이름: ______________________ 일시: ______________

즉흥연주 1:

즉흥연주 2:

즉흥연주 3:

자율성				가변성			
독립적	1	2	3	경직적	1	2	3
따르는				안정적			
협력적				가변적			
이끄는				대조적			
저항적				무작위			

[그림 9-2] 사건기반 분석자료 기록지

든 없든 다른 유사한 사건이 일어날 때, 새로운 템포가 얼마나 오랫동안 안정적으로 유지되었는지(사건의 지속시간)를 확인하기는 어렵다. 따라서 몇몇 이유로 사건이 시작된 순간을 기록하는 것으로도 충분하다. 분석하는 동안 점수를 기록한 다음에 각 프로필의 각 음악 요소에 대한 총점수를 또 다른 양식([그림 9-2] 참조)으로 옮겨서 어떤 일이 발생했는지에 대한 전체 개요를 제공할 수 있다(Wigram, 2007).

4) 해석과 EBA 보고서

여기서는 사례 자료를 이용하여 EBA 자료의 해석과 사용을 살펴보고자 한다.

벤(Ben)은 5세 소년으로 ASD 진단의 2차 의견을 구하기 위해 센터에 의뢰되었다. 그는 다음과 같은 특징이 있었다.

- 매우 제한적인 언어와 언어장애
- 반향어
- 기계적 대상에 대한 강박
- 공유 활동에 대한 관심 부족
- 스스로 선택할 활동을 즐김
- 인지 과제에 참여하기 어려울 정도로 인지능력의 불안정성

이러한 프로필은 ASD 진단을 제안할 만하다. 그러나 또한 발달장애 대상군의 더 심각한 양상으로 보일 수도 있다. 음악치료 진단평가 이전에, 벤은 미술치료 진단평가를 받는 중이었다. 이 기간 동안 벤은 치료사와의 대화에서 마지막 말을 반복하는 것을 제외하고는 순응적이고 협력적이었지만, 치료사와의 관계맺기(engagement)는 부족했다. 그는 미술 재료에 관심이 있었지만, 치료사와 관계를 맺는 데는 관심이 없었다. 음악치료 진단평가는 여러 즉흥연주가 포함되었고, 그중 가장 의미 있는 것은 개방된 즉흥연주였다. 벤은 두 개의 북을 각기 분리된 연주자로 연주하였고, 나는 피아노를 연주하였다. 이 부분에서 벤은 즉흥연주를 그가 원할 때 멈추고 시작하여 '조절(control)'할 수 있음을 보여 주었다. 그는 주로 큰 리듬 변주 없이 연주하였고, 따라서 자율성과 가변성과 관련된 곳은 리듬/빠르기였다. 벤은 강

약에서 몇몇 차이를 보여 주었고, 이것 또한 두 프로필에서 채점하였다. 마지막으로 꽤 많은 주고받기가 있었고, 벤이 나를 따라왔던 음악적 사건이 있었다. 프레이즈는 또한 자율성 프로필에서 관련적인 음악적 변수였다. 두 번째로 선택한 짧은 즉흥연주에서 벤은 내 바로 옆에 피아노의 저음부 쪽에 앉아서 함께 연주하였다. 이 즉흥연주 동안 가장 의미 있는 요소는 주고받기와 함께 연주하기였다. 따라서 벤이 리드한 명백한 사건에서 자율성 프로필은 관련적이었다. 그러나 더 중요한 것은 그가 치료사를 따랐다는 것이다. 프레이즈와 리듬/템포는 가장 의미 있는 음악적 요인이었다.

[그림 9-3]에서 [그림 9-6]은 벤의 회기에서 선택한 표본으로 즉흥연주 1과 2 모두를 기록한 분석 원자료이며, 자율성 프로필([그림 9-3] [그림 9-6] 참조)과 가변성 프로필([그림 9-4]

이름: 벤 일시: ______________

프로필: 자율성

	변화 1	변화 2	변화 3	변화 4	변화 5
음악적 변인	의존적	따르는	협력적	이끄는	저항적/독립적
리듬적 기반		1111111111		111	1
음량		111		1	11
프레이즈		11111111		111	1

[그림 9-3] 사건기반 분석자료 기록지 예시

이름: 벤 일시: ______________

프로필: 가변성

	변화 1	변화 2	변화 3	변화 4	변화 5
음악적 변인	경직적	안정적	가변적	대조적	저항적/독립적
리듬적 기반	1	11	111111		
음량	111	11	1111		
프레이즈		1111	1111111111		

[그림 9-4] 사건기반 분석자료 기록지 예시

이름: 벤 일시: ______________

프로필: 가변성

	변화 1	변화 2	변화 3	변화 4	변화 5
음악적 변인	경직적	안정적	가변적	대조적	무작위
빠르기	1	11	111111		
프레이즈		1111	11111111		

[그림 9-5] 사건기반 분석자료 기록지 예시

이름: 벤 일시: ______________

프로필: 자율성

	변화 1	변화 2	변화 3	변화 4	변화 5
음악적 변인	의존적	따르는	협력적	이끄는	저항적/독립적
리듬적 기반		1111		1	
프레이즈		11111		1	

[그림 9-6] 사건기반 분석자료 기록지 예시

[그림 9-5] 참조)을 보여 주고 있다. 그리고 [그림 9-7]은 선택된 즉흥연주에서 입력된 자율성과 가변성 프로필의 모든 변화도에서 누적된 최종 점수를 보여 준다.

[그림 9-7]에서 보고한 점수들은 첫 즉흥연주 동안 리듬과 프레이즈 영역에서 벤의 좋은 '따르는(follower)' 점수를 나타낸다. 그리고 이것은 주로 주고받기 사건으로 채점되었다. 즉흥연주들에서 어떠한 '의존적(dependent)' 사건도 없었고, 매주 적은 '경직된(rigid)' 사건들만 있었다. 모든 변수에서 '따르는'과 '이끄는' 사건 사이의 균형('따르는' 누적 점수=32, '이끄는'=9)은 이러한 두 개의 즉흥연주가 따르는 행동 경향에 있다는 것을 보여 주는데, 이것은 ASD에서는 일반적이지 않지만 음악치료에서는 그렇다.

'협력적(partner)' 사건은 (이것을 고려하는 데에 너무 많은 시간을 필요로 하기 때문에) 실질적인 사건으로 채점하기는 어렵다. 다만 '따르는'과 '이끄는' 사이의 균형을 통해 더 많이 표현된다. 가변성을 놓고 보면, 벤의 점수는 단지 몇몇 '경직된' 변화량만을 보일만큼 확실히 '가

이름: 벤 　　　　　　　　　　　　　　　　　일시: ____________

즉흥연주 1: 벤이 드럼연주, 치료사(토니)는 피아노

즉흥연주 2: 벤과 치료사(토니) 피아노 연주

자율성 　　　　　　　　　　　　　　　　　가변성

의존적	1	2	3	경직된	1	2	3
리듬적 기반	0	0	-	템포	1	1	
볼륨	0	-	-	볼륨	3	-	
프레이즈	0	0	-	프레이즈	0	0	
따르는				안정적			
리듬적 기반	10	4	-	템포	2	2	
볼륨	3	-	-	볼륨	2	-	
프레이즈	8	7	-	프레이즈	4	4	
협력적				가변적			
리듬적 기반	0	0	-	템포	6	6	
볼륨	0	-	-	볼륨	4	-	
프레이즈	0	0	-	프레이즈	10	8	
이끄는				대조적			
리듬적 기반	3	1	-	템포	0	0	
볼륨	1	-	-	볼륨	0	-	
프레이즈	3	1	-	프레이즈	0	0	
저항적				무작위			
리듬적 기반	1	0	-	템포	0	0	
볼륨	2	-	-	볼륨	0	-	
프레이즈	1	0	-	프레이즈	0	0	

[그림 9-7] **사건기반 분석자료 기록지 예시**

변적' 연주를 나타낸다. 그리고 기대한 만큼의 약간 '안정적' 사건들이 있다. 이 점수는 자율성 점수와 밀접하게 연결되어 있는데, 아동이 치료사를 따라하는 사건이 많을수록 더 가변적이고 유동적인 연주 스타일을 나타낸다고 볼 수 있다(치료사의 즉흥연주가 가변적이고 경직되지 않았다는 전제하에).

EBA 방법 이전의 결과들은 어떻게 채점된 사건 점수들이, 특히 진단과 관련하여 음악 연주의 특징을 규명하는지 돕는가를 설명해 왔고 진단적 평가를 위해 참고적으로 아동의 다른 프로필을 보여 주는 것으로 이전 출판물에서 보고하였다(Wigram, 1999, 2000, 2002, 2004).

4. EBA 훈련

임상 즉흥연주에서 사용하는 음악기술의 발전으로 음악치료 학생과 자격을 갖춘 훈련자는 이러한 요소들을 어떻게 균형 있고 효과적으로 사용하여 내담자를 평가하고 참여시키며 부모를 돕는, 매우 감각적이고 미묘한 방법을 만드는지 배운다. 어떤 내담자는 안정적이고 예측 가능한 음악이 필요하다. 예를 들어, 정신병적 장애가 있는 사람의 세상은 혼란스럽고 분리되어 있다. 다른 사람들, 예컨대 자폐증, 학습장애, 불안신경증 환자는 예측할 수 없는 세상을 대처하기 위한 능력을 개발할 필요가 있고, 이것은 예측할 수 없는 음악경험에 적응하는 것으로 발달시킬 수 있다. 따라서 EBA를 윤리적이고 타당하며 의미 있는 방식으로 사용하기 위해서는 음악치료 훈련이 필요하다(Wigram, 2004).

몇몇 음악치료 학 · 석사과정에서 IAP와 EBA를 즉흥연주와 진단평가를 이해하기 위한 기초 방식으로 가르쳤다. IAP는 질적 분석을 수행하기 위한 고도로 세련된 기술 도구이다. 브루샤(1987)는 가르치는 도구로서 폭넓게 사용되었다(p. 410)고 언급하였고, 나 또한 이런 측면을 강조하고자 한다. 왜냐하면 학생들이 어떤 일이 일어나고 있는지를 듣고, 그것을 성급한 해석일 수 있는 심리학적이고 직관적인 결론으로 넘어가기 전에 음악적 수준에서 분석하는 데에 유용하게 때문이다. 브루샤는 IAP를 사용하는 출발점이 독특성 프로필(salience profile)이라고 언급한 정도로 즉흥음악에서 무슨 일이 일어나고 있는지를 귀 기울여 듣는 것이 중요하다고 강조한다. 이 프로필은 어떤 음악적 요소가 가장 두드러지고, 가장 큰 영향력을 행사하는지를 규명하는 것을 돕고, 음악 내적 · 외적 사건을 분석하는 데에 사용될 수 있다. 치료사가 무엇을 찾길 원하는지만 안다면, 나는 즉흥연주의 독특성을 확립하는 것부터 시작할 필요는 없다고 생각한다(Wigram, 2007).

6. EBA/IAP 연구

IAP의 임상적 적용은 다양한 연구자와 임상가들에 의해 양적 · 질적 분석으로 발전해 왔다(Abrams, 2007; Bellido, 2000; Erkkila, 2000; Frederiksen, 1999; Jacobsen, 2012; McFerran & Wigram, 2004; Scholtz, Voigt, & Wosch, 2007; Stige, 1996; Wosch, 2007; Wosch & Erkkila, 2016). 나는 음악 즉흥연주의 기능적 분석을 통해 수치 또는 범주적 자료를 분석하기 위한 가능성을 모색하고자 하였다. IAP로 만든 기능적이고 양적인 사용은 음악 즉흥연주 안에서 사건을 채점하고, 예견된 범주에 점수를 채워 넣는 것이었다(Wigram, 1999, 2000, 2002). 예를 들어, 자율성과 관련된 음악적 지표로서 템포의 변화를 구체적으로 보고 싶다고 결정한 후, 내담자-치료사 즉흥연주에서 템포가 변한 횟수와 왜 그런 변화가 일어났는지를 점검하였다. 따라서 그것이 독립적이든 의존적이든 간에 템포 변화에 대한 계획을 판단하고 자율성 프로필의 변화도에서 위치를 식별하는 것이 상대적으로 쉽다. 또한 이 빈도는 같은 범주(템포/리듬 배경) 안에 있는 빈도들과 같이 기술 통계에 유용한 초기 자료가 될 수 있다. (앞에서 기술한) 사건의 횟수와 같은 빈도 자료들은 기술통계가 가능하고, 단일사례 분석을 통하여 그릴 수 있는 적절한 결론을 가능하게 한다.

IAP의 변화도와 척도들은 비율 척도나 등간격 척도로 사용할 수 없으므로, 척도의 등간격 지점에 기초하여 계산되지 않는다면 모수 통계 데이터가 될 수 없다. 그러나 비모수 통계는 사용할 수 있다. 윌콕슨 부호순위 검증(Wilcoxon signed-ranks test), 만-위트니 U 검증(Mann-Whitney U test), 프리드먼 검증(Friedman test) 또는 크러스칼-왈리스 검증(Kruskal-Wallis test)에서 볼 수 있듯이, 비모수 통계의 변수는 점수 간 정확한 수치 차이를 계산하는 것이 아니라, 통계적 계산에 기초하여 특정 점수들이 다른 점수보다 높거나 낮은가 여부만을 고려하여 효과적으로 순위를 정렬하는 것이다(모수 등가: related t-검증, unrelated t-검증, 일원분산분석 related, 또는 일원분산분석 unrelated). 따라서 덜 안정적이지만 적용할 수 있는 통계검증들은 순위 정렬을 통해 적절하게 만든 순서 척도의 합산된 빈도를 비교하는 분석을 사용해야 하고, 그 자료들은 명확하게 동질적이지 않다(Wigram, 2001).

분석의 또 다른 유형으로 범주화가 발전될 수 있고, 카이제곱 검증이 적용될 수 있다. IAP의 변화도는 범주로 다뤄질 수 있고, 하위 범주들의 전체 시리즈로서 음악적 요소들의 배열로 정의될 수도 있다. 예를 들어, '리듬을 따라가는' '리듬을 이끌어 가는' '프레이즈가 대조되는' '프레이즈가 경직된'과 같은 것들이 그렇다. 카이제곱 검증의 일반적 사용은 자료들이 명목 척도이고, 대상자들이 하나 이상의 범주에 배열되어 있을 때이다. IAP의 경우에, 앞의 예와 같이 음악적 사건들은 범주에 배열될 수 있다. 따라서 범주들 사이의 어떤 유의한 차이가 있는지 발견하려는 시도를 할 수 있다. 만약 그 차이가 영가설에서 언급된 것처럼 우연히 일어난 일이 아니라면, 카이제곱 검증은 사건의 수를 기대하는 빈도에 따라 각기 다른 범주로 넣어 관찰된 빈도를 비교할 수 있다. 각 범주에 할당하기 위해 충분할 정도이고 최소 20회의 최소 빈도가 있다는 것은 중요한 시사점이 된다. IAP의 변화점은 서열 척도 자료이지만, 묘사, 응답 또는 상호작용의 범주로 기술될 수 있고, 따라서 이런 유형의 통계분석에 적합하게 만들 수 있다(Wigram, 2001, 2004).

6. 논의와 요약

음악적으로 구조화된 것과 자유 즉흥연주는 분석자료의 복합적인 원료(source)를 제공한다. 그리고 EBA를 통한 IAP의 사용을 적용하는 것은 창의성과 음악적 상호작용을 분석하는 것과 마찬가지로 음악적 사건을 치료적 주제들과 관련짓는 데 효과적이다. 자폐를 가진 아동은 자신의 음악으로 병리를 보여 주고, 진단적 관점에서 자폐로 보이는 언어장애 아동의 다른 행동적 측면을 드러낼 수 있다. 음악치료 진단평가의 가치는 특별히 즉흥음악에 따르는 자유로움에 있으며, 뿐만 아니라 장애의 영역을 식별하거나 예견하지 못한 능력과 잠재력을 드러내는 것에 있다. 내담자에 따르면, 음악자료의 분석은 특정 음악적 요소가 치료적 도입, 진행 과정, 결과와 관련하여 중요한 측면을 규명하는 사건들의 형태로 견고한 증거를 제공할 수 있다. 유의하고 견고한 사건들 없이도, 직관적으로 이해할 수 있는 내담자의 음악적 능력이나 창조성을 지지하고 타당화하는 분석을 만드는 것이 필요하다(Wigram, 2004).

EBA는 임상에서 즉흥연주의 분석에 사용될 수 있고, 시간에 따른 변화를 결정하는 데 효과적이다. 그 시간적 틀은 단일 회기 또는 회기 과정에 걸쳐 발생하는 변화일 수 있다. 브루샤는 한 편의 즉흥연주와 여러 편의 즉흥연주를 분석하는 것의 차이를 언급하였다. 한 편의 즉흥연주를 분석하여 얻는 것과 전체 즉흥연주를 비교하며 얻는 통찰력은 매우 다르다. 단일 회기 분석의 신뢰도는 오로지 같은 즉흥연주 내에서 나타낸 반복을 통해 정립되지만, 이것은 개인의 전형적인 스타일인지 혹은 개인의 경향성인지, 관련되었을 때의 즉흥연주 양상인지에 관한 증거를 제공하지 못한다(Bruscia, 2001).

신뢰도에 대한 이 언급은 내담자가 그들의 음악적 '행동'에서 나타낸 특성이 증거의 지속성을 확립하기 위해 충분히 재발생해야 하고, 실제로 이 장에서 설명한 EBA를 지지하는 것 같다. EBA는 시간에 따른 사건의 누적 점수를 이끌어 낸다.

또한 IAP를 시간에 따른 변화를 측정하는 데 탁월한 도구로 만드는 것은 프로필의 양방향성 측면이다. 처음에 치료사는 6개의 프로필의 어떤 하나의 중간점에 맞추어 놓고 내담자가 한 방향으로 연주한 근거를 찾을 수도 있다. 자율성 프로필을 예로 들면, 중간점(동료)은 '건강한' 것으로 인식될 수 있는 반면, 중간점의 어느 한 측면(이끄는 자와 따르는 자)은 특정 기간 동안 그 사람의 행동으로 '상태', 또는 행동의 지속적 패턴의 증거로서 개인적 '특질'을 의미한다. 치료의 가능성과 시간의 흐름에 따른 변화를 식별하는 이 프로필의 가능성은 '따르는 자'(아마도 의존적 행동방식을 가진)인 내담자의 자율성을 증가시키고, 더 의사결정을 하며, 이끄는 자가 되고, 심지어 '독립적(저항의 대체 용어)' 방향으로 치료를 진행할 수도 있다. 반대로, ASD 분야에서 병리학은 높은 수준의 자율성을 가진 사람은 발생한 모든 일을 자신의 통제 아래에 두어야 하고, 반응을 이끌어 내기 위한 시도가 거절이나 회피(저항)와 직면할 수 있다고 한다. 여기에 치료적 방향과 분석의 초점은 음악 만들기 사건들이 일어나는 시간을 통해 내담자가 따르는 자 또는 의존적인 것으로 보여 주는 사례들을 찾을 수 있고, 내담자가 다른 사람들과 관계할 준비 측면에서 유의하고 중요한 변화(또는 가능성)를 나타낼 수 있다.

음악적 구조 또는 자유 즉흥은 분석을 위한 자료의 복합적인 원료를 제공하고, IAP의 활용은 창조성과 음악적 상호작용의 분석과 마찬가지로 음악적 사건이 치료적 주제와 관련적 인지를 규명하는 데 효과적이다. 내담자에 따르면, EBA를 통한 음악적 자료의 분석은 특정 음악적 요소가 방향, 치료과정, 결과와 관련하여 중요한 측면을 식별하는 사건의 형태로서 확고한 증거를 제공할 수 있다. 내담자의 음악적 행동을 직관적으로 이해하는 것을 돕기 위하여 단일 즉흥연주(미시분석)와 연속적 즉흥 또는 회기 전체(회기분석)를 분석하는 것을 만들 필요가 있다(Wigram, 2007).

참고문헌

Abrams, B. (2007). The Use of Improvisation Assessment Profiles (IAP) and RepGrid in Microanalysis of Clinical Improvisation. In T. Wosch & T. Wigram (Eds.), *Microanalysis in Music Therapy — Methods, Techniques and Applications for Clinicians, Researchers, Educators and Students.* London: Jessica Kingsley Publishers.

Bellido, G. (2000). IAP revisited.' Online discussion forum on IAP. *Nordic Journal of Music Therapy.* Retrieved from www.njmt.no.

Bruscia, K. (1987). *Improvisational Models of Music Therapy.* Springfield, IL: Charles C. Thomas.

Bruscia, K. (2001). Response to the discussion forum on IAP. *Nordic Journal of Music Therapy.* Retrieved from www.njmt.no.

Erkkila, J. (2000). A proposition for the didactics of music therapy improvisation. *Nordic Journal of Music Therapy, 9*(1), doi: 10.1080/08098130009477982.

Frederiksen, B. V. (1999). Analysis of Musical Improvisations to Understand and Work with Elements of Resistance in a Client with Anorexia Nervosa. In T. Wigram & J. De Backer (Eds.), *Clinical Applications of Music Therapy in Psychiatry.* London: Jessica Kingsley Publishers.

Jacobsen, S. L (2012). Music Therapy Assessment and Development of Parental Competences in Families Where Children Have Experienced Emotional Neglect: An Investigation of the Reliability and Validity of the Tool, Assessment of Parenting Competencies(APC). Unpublished PhD thesis. Department of Communication and Psychology, Aalborg University.

McFerran, K., & Wigram, T. (2004). Articulating the dynamics of music therapy group improvisations: An empirical study. *NordicJournal of Music Therapy, 14*(2), 33-46.

Scholtz, J., Voigt, M., & Wosch, T. (2007). Microanalysis of Interaction in Music Therapy(MIMT) with Children with Developmental Disorders. In T. Wosch & T. Wigram (Eds.), *Microanalysis in Music Therapy—Methods, Techniques and Applications for Clinicians, Researchers, Educators and Students.* London: Jessica Kingsley Publishers.

Stige, B. (1996). Om Improvisational Assessment Profiles (IAP). Del II: Klinisk og forskningsmessig relevans. *Nordic Journal of Music Therapy, 5*(1), 3-12.

Wigram, T. (1999). Assessment methods in music therapy: A humanistic or natural science framework? *Nordic Journal of Music Therapy, 9*(1), 6-24.

Wigram, T. (2000). A method of music therapy assessment for the diagnosis of autistic and communication disordered children. *Music Therapy Perspectives, 18*(1), 13-22.

Wigram, T. (2001). Quantifiable data, statistical analysis and the IAP: IAP revisited. Online discussion forum on IAP. *Nordic Journal of Music Therapy.* Retrieved from www.njmt.no.

Wigram, T. (2002). Indications in music therapy: Evidence from assessment that can identify the expectations of music therapy as a treatment for autistic spectrum disorder(ASD). Meeting the challenge of evidence based practice.' *BritishJournal of Music Therapy, 16*(1), 11-28.

Wigram, T. (2004). *Improvisation: Methods and Techniques for Music Therapy Clinicians, Educators and Students.* London: Jessica Kingsley Publishers.

Wigram, T. (2007). Event-Based Analysis of Improvisation using the Improvisational Assessment Profiles (IAP). In T. Wosch & T. Wigram (Eds.), *Microanalysis in Music Therapy—Methods, Techniques and Applications for Clinicians, Researchers, Educators and Students.* London: Jessica Kingsley Publishers.

Wosch, T. (2007). Microanalysis of Processes of Interactions in Clinical Improvisation with IAP-Autonomy. In T. Wosch & T. Wigram (Eds.), *Microanalysis in Music Therapy—Methods, Techniques and Applications for Clinicians, Researchers, Educators and Students.* London: Jessica Kingsley Publishers.

Wosch, T., & Erkkila, J. (2016). Microanalysis in Objectivist Research. In B. L. Wheeler & K. Murphy (Eds.), *Music Therapy Research* (3rd edition). Dallas, TX: Barcelona Publishers.

제10장

관계의 질 진단평가

Karin Schumacher · Claudine Calvet · Silke Reimer

1. AQR의 역사

자폐 아동은 사회적 상호작용, 의사소통장애로 고통받는다. 손상이 심각할수록 양육자와 치료사가 접근하고 아동을 다루는 데 더 힘들어질 수 있다. 함께하는 능력을 요구하는 상호작용과 중재는 아직 대인관계 역량이 발달되지 않은 자폐 아동을 과도하게 자극한다. 이 장의 제1저자인 카린 슈마허(Karin Schumacher)는 음악치료에서는 대인관계가 발달되지 않아도 접촉이 발생할 수 있다는 것을 발견했다.

카린은 음악치료사로서 8명의 7~12세 자폐스펙트럼장애 아동을 위한 연구소에서 일했다. 아동들은 1세 미만의 발달연령으로 주의를 모으거나, 말하는 능력의 발달이 되지 않았다. 1990년대에는 1세 이하의 사회정서적 발달 수준에서 주의를 동참하기까지 발달 단계를 분석할 수 있는 도구가 없었다. 카린은 1990년대 초에 이 장의 제2저자인 발달심리학자 클라우딘 칼벳(Claudine Calvet)과 공동 연구를 시작하였다. 우리는 아동 8명의 음악치료 회기를 비디오로 촬영하고 분석하였다.

첫째, 우리는 맥스(Max)라는 한 아동과 함께 시작하여 음악치료 안에서 그의 발달을 따라갔다(Schumacher, 2017). 맥스는 강박적 상동행동을 하는 7세로 말을 하지 못하는 소년이었고, 다른 아동이나 성인과 어떤 상호적인 접촉을 하지 않으며 다가가기 어려웠다. 관계의 질 진단평가도구(Assessment of the Quality of Relationship: AQR)의 개발을 위해, 우리는 먼저 그를 음악 악기와 접촉시키는 데에 집중했다. 그의 사회정서적 발달 및 대상과 치료사에 대한 관계에 근거하여, 우리는 악기와의 관계를 평가하는 척도를 개발했고, 악기 관계의 질(Instrumental Quality of Relationship: IQR)로 이름 지었다. 이것은 AQR의 네 가지 척도 중 하나이다.

이어서 우리는 맥스의 전-언어적 발성(vocal pre-speech)의 발달에 초점을 두었다. 우리는 연구를 시작했고, 다음의 질문에 중점을 두고 어떻게 일반적으로 아동의 전-언어적 발성 표현을 발달해 가는지 비교하였다. 전형적인 전-언어적 발성의 양상은 무엇이고, 자폐 아동은 어떤 어려움을 갖는가? 우리의 발견은 두 번째 척도인 전-언어적 발성 관계의 질(Vocal Pre-Speech Quality of Relationship: VQR)의 개발로 이어졌다. 그다음 우리는 학교에 다니는 심각한 접촉 문제가 있는 다른 아동들, 특히 악기연주나 발성을 하지 않는 아동들을 촬영하고 분석하였다. 우리는 세 번째 척도에 대해 생각하기 시작했고, 그것은 그들의 몸과 신체-정서적 표현들과 관련된 것으로 다음의 물음과 관련된다. "표정과 신체언어에서 우리는 무엇을 읽을 수 있을까?" 또는 "우리는 음악적 표현이 없이도 발달을 확인할 수 있을까?" 여기서 세 번째 척도인 신체-감정 관계의 질(Physical-Emotional Quality of Relationship: PEQR)이 개발되었다.

더 나아가서 우리에게 중요한 질문은 "대인관계 능력을 가능하게 하려면 치료사는 어떤 중재를 적용해야 하는가?" 그리고 "만약 아동이 치료사 또는 개입 방법에 반응을 나타내지 못할 때, 어떤 중재가 효과적인가?"였다. 우리는 치료적 중재들을 분석하기 시작했고, AQR의 네 번째 척도를 개발했다. 치료사와 개입법 관계의 질(Therapist and Interventions Quality of Relationship: TQR) 척도는 치료사와 개입법에 대해 묘사한다. 우리는 적절한 음악치료 중재가 적용되고, 그 중재가 아동의 발달 수준과 만날 때 비로소 관계성이 발달될 수 있다는 것을 깨달았다. 촬영한 내용 분석을 통해, 우리는 자폐 아동이 다양한 영역(대상관계, 신체와 신체 자각, 발성 표현)에서 어떻게 다르게 발달하는지를 볼 수 있었다. 우리 관심의 초점은 민감성과 유연성을 갖춘 치료사가 적절한 발달 수준을 인식하는 것에 집중되었다(Ainsworth & Bell, 1974; Ainsworth et al., 1978). 오직 이런 방식으로 아동의 과대 혹은 과소 자극을 피할 수 있고, 발달을 지지할 수 있었다.

2. 이론적 배경

앞서 언급했듯이, 모든 아동이 음악치료 회기를 시작할 때 치료사와 접촉하거나 치료사와 연주할 능력을 갖추고 있지는 않다. 또한 일부 아동은 치료사 또는 음악에 반응하지도 않는다. 발달심리학적 관점에서 일반적으로 사람이 어떻게 다른 사람과 접촉하는 능력을 발달시키는지, 어떤 경험과 발달 단계가 이 능력에 선행하는지에 관한 질문이 발생한다. 자폐의 임상적 장면을 발달심리학적 관점으로 보면, 이 질문은 자폐 아동이 다른 사람과 관계하게 하는 어떤 능력과 경험을 놓쳤는가와 관련된다. 또한 발달심리학의 발견은 유용한 중재를 규명하는 데에 도움이 된다. 특히 관련인에 의한 과소 · 과잉 중재를 인식하는 것은 양호한 발달과 치료적 중재를 결정하는 기초이다.

그러면 어떻게 대인관계 능력이 상호 주관적으로 일어나고, 어떻게 양육자가 이 발달을 지원할 수 있을까? 다니엘 스턴(Daniel Stern)은 아동 삶의 첫 해를 통해 전-언어적 시기에 대한 지식에서 주요 영감을 얻었다(Stern, 2000). 유아기 연구자로서, 스턴은 아동의 능력뿐 아니라 양육자와의 관계 맥락 속 아동발달에 관심을 두었다.

스턴은 소위 '계층적 발달 모델(layered model of development)'로 상호 주관성의 발달과 유아의 경험을 묘사하면서, AQR 개발을 위한 구조를 제공하였다(Stern, 2000). 칼벳은 발달심리학자이자, 어머니와 아동의 관계의 초기 상호작용장애에 대한 전문가로서(Calvet-Kruppa, 2001; Calvet-Kruppa, Ziegenhain, & Derksen, 2005), 척도개발에 발달심리학적 주제들을 정립했다. 1990년대 초반, 칼벳은 『돌봄 목록(Care index)』(Crittenden, 1979~2005)에서 그녀를 처음 지도했던 크리텐든(Crittenden, 1990; Crittenden, Partridge, & Claussen, 1991)의 영향을 받았다. 이것은 유아를 관찰하기 위한 도구로 사용했고, 부모와 아동 간 상호작용을 평가하였다. 크리텐든의 팀 작업이었던 볼비(Bowlby, 1969, 1979, 1998), 에인스워스 등(Ainsworth et al., 1978), 에인스워스와 벨(Ainsworth & Bell, 1974)을 통해 우리는 애착이론에 대한 지식을 과제의 중요한 요소로 추가하였다.

혼란된 애착 유형에 대한 메인의 기술(Main & Salomon, 1986)은 트라우마 주제에 대해 생각하게 하였다. 자폐로 진단받아 온 아동의 다양한 임상 발표는 AQR이 선천적 자폐, 사회정서적 박탈(시설증후군[1]), 애착장애 그리고 트라우마 사이의 감별을 도울 수 있는지에 대한 물음으로 이끌었다. 우리는 임상 비디오의 추가 분석을 통해서 음악치료의 특정 순간에 관심을 갖게 되었는데, 이것은 매우 유익하게 여겨졌다.

1) 시설증후군(hospitalism): 유아가 생후 1년 동안 보호시설에서 자라거나 상당 기간 동안 어머니의 돌봄을 심하게 박탈당했을 때 나타나는 파국적 증후군(네이버 지식백과, 역자 주).

동기적 순간(synchronous moment)은 울부짖는 아기들을 위해 일했던 렌츠(Lenz, 2000)에 의해 알려졌다. 동기적 순간은 음악연주 중 두 사람 이상의 사람의 시간 구조가 정확하게 일치하는 순간을 의미한다. 리듬과 강도의 정확한 조율은 식별될 수 있다(Schumacher & Calvet, 2008). 렌츠의 업적은 독일의 뇌 연구자 휘더(Hüther, 2003, 2004)의 결과를 이끌었다. 휘더는 정서적으로 긍정적인 대인관계는 뇌 발달상의 영향을 준다는 것을 일깨워 주었다. 그는 치료적 관계의 중요한 영향력을 강조하였다. 동기적 순간이 관계의 질을 긍정적으로 변화시킬 수 있고, 이것이 AQR로 분석될 수 있다는 것은 우리 연구의 또 다른 초점이 되었다. 따라서 음악이론가는 아동과의 음악치료에서 동기적 순간을 분석하고, 이를 그래프로 기록하였다. 같은 절차로 춤 치료사가 춤추는 사람들을 위해 개발한 라반 표기법[2])으로 분석하였다. 카린은 지휘자인 허버트 폰 카라얀(Herbert von Karajan)의 리허설을 분석하였고, 음악가들에게 동기화된 연주능력이 얼마나 중요한지를 보여 주었다. 칼벳은 신생아에게 동기화 경험이 얼마나 중요한지를 보여 주었다. 분석 결과는 동기적 순간이 관계의 질을 변화시키는 것뿐 아니라, 그것을 개선시킨다는 것을 보여 주었다(Schumacher & Calvet, 2008).

미국의 연구자 스루프(Sroufe, 1997)는 정서의 발달과 조절의 주제에서 전-언어적, 사회정서적 발달의 이해를 도왔다. 대인관계와 그들의 역동을 위한 능력을 이해하기 위해, 우리는 알스(Als, 1986)가 개발한 행동 조직화를 사용하였다. 그녀는 출생 후 활성화되는 태중 발달과 전 생애에 걸친 상호작용의 질을 통한 발달의 네 가지 체계를 발표했다. 상호작용의 실현은 오직 균형 잡히고, 안정적이며 성장적이고, 운동근육의 체계에 기초할 때 가능하다는 깨달음이 음악치료 중재의 결정적 효과를 가져왔다. AQR의 사용으로 음악치료 동안 과소 · 과다 자극으로 인해 발생하는 스트레스 신호의 분석과 이해가 가능해졌다. 특정 음악치료 중재 방법은 상호작용의 기초로서 그 영향력을 안정화시키고 조절하는 것을 목표로 한다.

3. AQR의 개발

AQR은 자신(신체와 음성), 대상(악기) 그리고 다른 사람들(음악치료사)과의 관계 방식에 초점을 두고 만들어졌다. 특정한 특성의 도움으로, 관계를 위한 능력의 질은 평가될 수 있으므

2) 라반 표기법(Laban notation): 라반이 만든 인간동작에 대한 관찰과 분석을 위한 동작 표기법(네이버 지식백과, 역자 주)

로 포괄적인 방식으로 결정했다. TQR, PEQR, VQR과 IQR 척도의 특성에 대한 4개의 목록은 이미 단축형에서 미시분석을 위한 방법으로 출간되었다(Schumacher & Calvet, 2008). [그림 10-1]로 보여 주듯이, 각 척도들은 관찰의 특정한 초점 기술을 포함한다. 각 척도에서 관계의 질을 7개 모드(0~6모드, modus)로 기술하였다. 각 모드는 관계가 표현된 방식을 의미한다. 0~6모드의 순서는 스턴(2000)과 스루프(1997)의 사회정서적 발달 개념에 따라서 네 가지 척도에서 각기 동일하다.

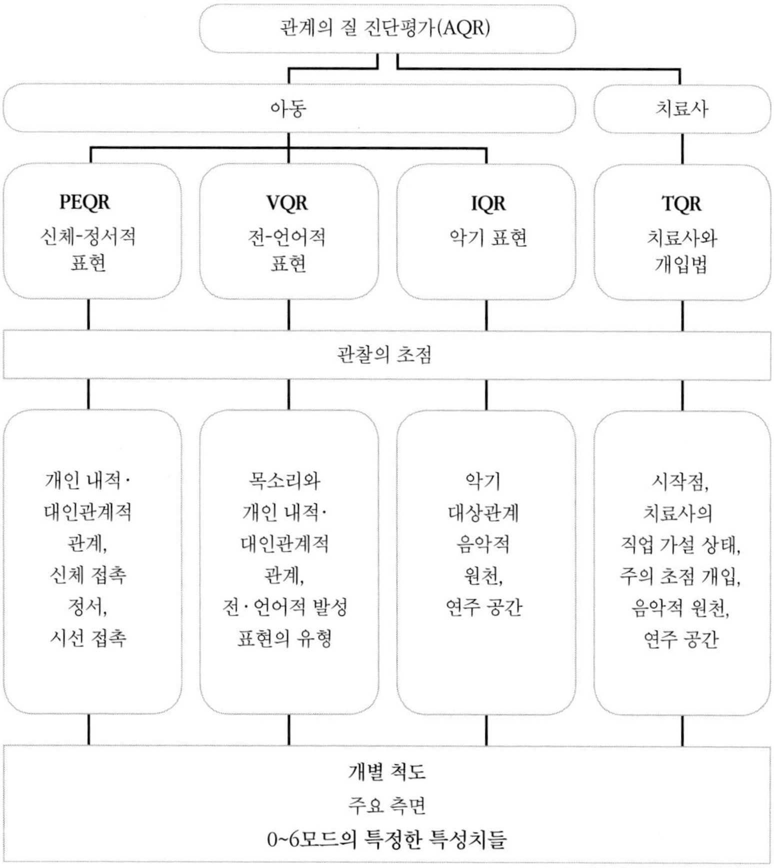

[그림 10-1] AQR의 구조

1) 모드 0: 접촉의 부족/접촉 거절

주요 특성은 반응의 부족이다. 치료사의 제안에 대한 자각이 없거나, 그것을 거절하는 것으로 보인다. 아동은 거의 접근 불가능하고, 정형행동(stereotypic behavior)이 관찰될 수 있다. 치료사는 아동의 '그런 상태'를 수용한다. 음악은 강제하지 않고도 가능한 관계를 만들기 위한 분위기를 만들 의도로 제공된다.

2) 모드 1: 감각적 접촉/접촉-반응

치료사는 아동의 감각적 욕구와 정형적 움직임에 집중한다. 아동 움직임의 리듬과 강도를 정확하게 포착하여 들을 수 있도록 하거나, 치료사가 아동을 흔들거나, 이 움직임을 그들의 노래로 동기화한다. 그 목적은 아동의 느낌, 시각, 청각 그리고 특히 신체감각의 감각적 인상을 아동이 조율해서 경험을 동기화하기 위함이다. 만약 이 중재가 성공적이면, 짧은 긍정적 반응(reaction)이 관찰될 수 있다.

3) 모드 2: 기능적 접촉

아동은 매우 긴장되어 있고, 그들의 정서는 신체-정서적 표현의 전경에 있다. 악기는 아동의 정서적 요구에 따라 사용되고, 종종 파괴적으로 다뤄지거나 파괴적인 방식으로 연주된다. 치료사는 이런 정서들을 감정 맞추기(affect attunement)[3]와 감정 조성(shaping)으로 조절하는데, 이것은 아동이 다른 것을 통해 정서조절을 경험할 수 있도록 하기 위함이다.

4) 모드 3: 자기 자신과 접촉하기/자기 자각

아동은 집중적이고 고요하다. 그들은 활동의 원천으로 자신의 몸을 자각하고, 자기 효율성과 주체로 자신을 인식하기 위하여 악기, 자신의 목소리 또는 몸을 탐색한다. 치료사는 아동의 표현과 행동에 동반하고 모방하여 이러한 탐색을 지지한다.

3) 발달심리학자 스턴(1992)이 제안한 개념으로서 치료사가 내담자의 감정과 영향을 동조하면서 상호적인 반응을 보이는 것을 의미함(역자 주)

5) 모드 4: 타인과 접촉/상호 주체성

아동은 치료사와 활동 참여에 관심을 보인다. 상호 주의성(inter-attentionality) 능력(함께 주의 모으기)이 발달되고, 아동은 시선 접촉의 교환과 휴식을 통해 자신의 감정을 조절한다. 치료사는 아동이 자신의 지각과 느낌을 사회적으로 참조하려는 욕구와 만나고, 아동에게 사람으로 포함되는 경험을 한다.

6) 모드 5: 타인과 관계/상호성

주된 특징은 모방하는 능력이다. 대화 주제의 변화에서 휴식의 유지와 마찬가지로 상호 참조가 분명해진다. 치료사는 아동의 주제와 아동이 대답하는 경험을 끌어올린다.

7) 모드 6: 경험에 참여하기/상호-감정 상태

관계가 확고히 안정되고, 두 연주자 모두 긍정적인 정서 상태로 표현적인 연주에 동참한다. 아동과 치료사의 경험은 즐겁고 재미있다.

AQR의 훈련과 신뢰도 통제를 위한 교육 영상을 개발하였다(IQR: Schumacher, 1999/VQR: Schumacher & Calvet-Kruppa, 1999a/PEQR: Schumacher & Calvet-Kruppa, 2001/ TQR: Schumacher & Calvet-Kruppa, 2005). AQR은 영문의 단축형 버전으로 출간되었고(Schumacher & Calvet-Kruppa, 1999b), 첫 완성판은 몇 년 뒤에 출간되었다(Schumacher & Calvet, 2008). 2011년에는 이 장의 세 번째 저자인 음악치료사 실케 라이머(Silke Reimer)가 참여한 독일어 버전의 최종판이 출판되었다(Schumacher, Calvet, & Reimer, 2013). 또한 11세 사례 소년과의 임상 장면에서 AQR의 적용과 음악의 기능이 기술되었다(Schumacher, 2014). 슈마허와 칼벳(2016)은 음악치료의 출발점으로서 몸과 신체-정서 표현에 중요하게 초점을 맞춰 논의하였다.

4. 신뢰도

앞서 언급한 교육 영상은 AQR의 신뢰도 검증에 관심이 있는 84명의 평가자를 교육하는 데 사용되었다. 베를린, 뮌헨, 비엔나, 쇠빅(Sjövik)/스웨덴과 같은 각기 다른 도시에서 음악치료사와 학생 작업 집단을 조직하였다. 통계학자와 연계하여 AQR의 신뢰도를 분석하였다(Schumacher, Calvet, & Stallmann, 2005). 신뢰도 분석 결과는 다양한 척도의 급간 내 상관계수로 보여 주었다.

척도	급간 내 상관계수(ICC)	95% 신뢰구간
PEQR	0.75	0.56~0.93
TQR	0.78	0.62~0.93
VQR	0.83	0.68~0.95
IQR	0.82	0.67~0.94

5. AQR의 적용

연구 질문에 따라 1~3분의 장면을 촬영하고, 해당하는 척도로 평가하였다. 우리는 항상 치료사는 '이 상황에서 어떤 중재를 선택하는가?'라는 질문으로 시작한다. 이것은 TQR 척도를 이용하여 평가할 수 있다. 내담자가 스스로를 신체–정서적으로, 음성적으로 또는 악기로 표현하는지에 따라서 세 가지 척도, 즉 신체—정서적으로 표현할 때는 PEQR 척도, 발성의 전—언어적 표현에는 VQR 척도, 악기를 연주하여 표현할 경우에는 IQR 척도를 사용하여 평가한다. 오직 치료사의 모드가 내담자가 할 수 있는 모드와 일치할 때 건설적인 치료과정을 기대할 수 있다. 만약 그런 사례가 아니라면, 치료사가 더 적절한 방식으로 개입할 수 있는 이유들을 도출해 내는 것이 중요하다. 진단평가를 위해 요구되는 시간은 치료사의 훈련과 임상에 달려 있다.

6. 자료분석과 결과

진단평가의 도표 기호는 치료사가 아동의 필요에 따라 중재해 왔는지를 빠르게 보여 준다. 이러한 목적으로 모드를 도표에 원으로 기입한다([그림 10-2] 참조).

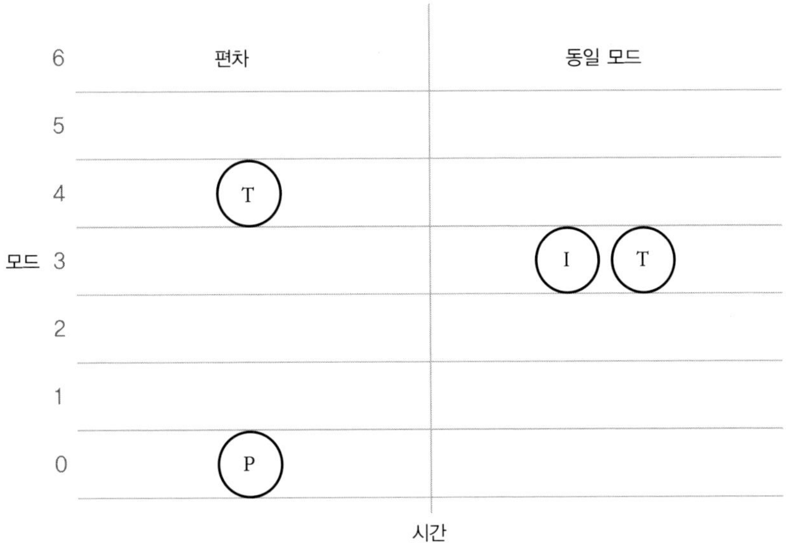

[그림 10-2] 신뢰도 분석의 결과

만약 아동의 표현과 치료사의 중재가 동일한 모드에 있는 것으로 표시된다면(예: [그림 10-2]의 TQR과 IQR의 채점이 동일 모드에 있는 것처럼), 치료사의 중재는 아동의 정서적 조건과 필요에 적절하다. 만약 치료사의 중재가 아동의 필요와 조건에서 벗어나 있다면(예: [그림 10-2]의 TQR과 PEQR의 채점처럼), 치료사는 아동과 일치하지 않는 것에 대해 가설을 세워야 한다. 치료사는 아동의 발달을 지지하는 환경을 제공하지 않고 있다(Mössler et al., 2017).

7. 훈련

수년 동안, 정보를 제공하는 입문 과정 외에도 AQR의 후속 교육 과정이 독일, 영국, 프랑스의 음악치료 훈련센터에서 제공되었다. 현재로는 베를린, 뮌헨, 비엔나, 취리히, 로잔 등이 있다. 목표는 AQR의 독립적인 적용이다. 이 과정은 5주(총 90시간)이고, 참가자들은 음악치료 훈련을 이수하고, 현장에서 음악치료 임상경험이 있어야 한다. 이 과정에서는 AQR을 중재 기법으로서 배울 뿐 아니라, AQR의 토대가 되는 발달심리학적 이론들을 배울 수 있다. 또한 각 학생들이 가져온 동영상 분석이 적용되고, 내담자의 정서-인지 발달 수준과 음악치료에서의 내담자 발달 역동을 인식하는 데 도움이 된다. 이 과정은 자격증 시험으로 마치며, 참가자들은 각 대학의 자격증을 수여받는다. 뿐만 아니라, 이 과정의 특별한 가치는 숙련된 음악치료사 집단 내에서의 개별적 관점과 진단평가에 대한 논의에 있다. 자폐 아동을 대상으로 일하는 치료사뿐 아니라, 다른 영역의 치료사도 참가한다. 내담자의 장애와 어려움을 이해하는 발달심리학적 방향성이 함께하기 위한 기반이 된다. 다른 임상군에서도 사용할 수 있도록 척도의 수정이 수반되기도 한다. 적용 분야에 따라서, 이전에 이 과정에서 자격증을 취득한 참가자들이 근무 지역에서 일을 지속하기 위해 집단을 구성한다.

8. 추가 응용 분야로의 전환

자격 과정에서 AQR이 각 응용 분야에 맞게 수정되어야 한다는 것은 분명하다. 예를 들어, 신경학 분야의 전문가인 바우만(Baumann)은 모드 0(접촉의 부족)과 모드 1(감각적 접촉)이 정확하게 규명되어야 한다는 것을 보여 주었다. 관찰 가능한 특성에 대한 인식은 특히 최소한의 반응을 보이는 내담자에게 관계의 질을 평가하기 위한 기초가 된다(Baumann, 2018). AQR은 어떤 관계의 질적 측면이 치매 환자에게 위협이 되는지를 묘사하고, 음악치료의 도움으로 더 오래 유지될 수 있는 양상을 기술하는 데 도움이 되었다(Muthesius et al., 2010). 특히 애착에 트라우마가 있고 경계선성 인격장애로 진단받은 내담자와의 음악치료에서 정서조절의 중요성(모드 2: 기능적 접촉)과 자기 효능감의 안정화(모드 3: 자기 자각)가 쿱스키와 슐츠-벤라스(Kupski & Schulz-Venrath, 2014, 2016)의 AQR 분석을 통해 조명되었다.

또한 모드 2는 상동행동, 자기자극, 자해행동의 형태로 나타나는 심각한 복합장애를 가진 성인과의 음악치료에서 중요한 역할을 한다. 이렇게 신체를 손상하는 심각한 행동들과 과대 · 과소 자극과의 상관을 각각 조사하였다. 먼저 내담자를 고요하게 주의를 기울이게 한 다음, 치료사와 접촉하는 데 도움이 되는 음악치료 개입법을 기술하는 것이 이 연구의 목표였다(Reimer, 2016). 심신증(psychosomatic) 내담자와의 작업에서도 AQR은 진단도구로 사용되어 왔다. 첫 회기의 결과는 또 다른 독일어 진단도구인 OPD-2와 비교되었다(Korber, 2009). 조현병 내담자를 위해 '신체 움직임 음악점수'가 개발되었고, AQR은 이 적용 분야를 평가하였다(Skrzypek, 2017).

다양한 대상군에서 사용뿐 아니라, AQR은 음악교육 현장에서도 사용되었다. 함께 주의 모으기 능력이 없는 사람들은 실제로 교수법으로 도움을 받을 수 없다는 것을 알게 되었다(Salmon & Kallos, 2010). 따라서 상이한 능력을 가진 사람을 위한 교수법은 이 요인을 염두해야 한다. 정신장애가 있는 아동의 치료과정 또한 AQR로 진단평가하고 있다(Fragkouli, 2012).

9. 연구

AQR은 계속해서 응용 분야로 전파되고 있으며, 2013년에서 2017년까지는 베를린 대학교 예술학과와 협력하여 그리그 아카데미 음악치료 연구센터(Grieg Academy Music Therapy Research Centre, 노르웨이 베르겐 소재)에서 거대한 국제 연구 프로젝트를 조직하여 사용되었다. 이 프로젝트를 위해서, AQR은 자폐 아동의 사회정서적 기술의 발달 지표로서 치료 관계의 질을 검증하기 위한 목적으로 5개월간 자폐 아동의 치료 성과를 측정하는 데 사용되었다. 첫 번째 결과는 치료사가 아동의 음악적 · 정서적 표현에 맞추는 것이 일반화된 사회기술의 중요한 매개변인이 된다는 것을 입증했다. 이 발견들은 독립적이고 맹검된 평가자에 의해 관찰되었고, 또한 자연스러운 환경에서 부모에 의해 관찰되었다(Mössler et al., 2017).

10. 현재 프로젝트와 향후 계획

AQR을 다른 언어로 번역할 준비가 되어 있다.[4] AQR을 임상 과정에서 배워야 하기에, 각 언어로 후속 교육과정을 학습하는 것이 중요하다. 임상경험과 이론적 기초의 결합을 통해 각 영역에서 적용하도록 개선되어야 한다. 오스트리아 잘츠부르크 모차르테움 대학교의 오

4) English: G. Litwin, S. Salmon; Japanese: S. Suzuki-Kupski; French: Nicole Droin.

르프 연구소(Orff Institute)에서 연구 과제의 주요 목적은 AQR을 교육용으로 채택하는 것이다. AQR은 어떤 중재가 어떤 효과를 내고, 관계의 질이 어떻게 강화되거나 변화되며, 그리고 어떤 중재가 아동의 각 발달 수준에 적합한지를 보여 주는 교육과정의 지침으로 사용되어야 한다(Esterbauer, Salmon, & Schumacher, 2018; Salmon, 2012).

학교가 통합적 교육으로 변화하고 있다는 사실은 우리로 하여금 새롭고 다른 목적을 설정하도록 한다. 포츠담 대학교에서는 AQR로 아동의 즉흥연주를 분석하는 프로젝트가 시작되었다(Frohlich, 2018). VQR 척도는 단지 전-언어 행동만 평가할 수 있었기에, 소위 '언어 척도'가 개발 중이며, 이를 위해 자폐스펙트럼장애 아동의 10년간 치료과정을 녹화해 둔 것을 분석해 왔다(Jordan, 2017). 질문은 비언어적 표현을 위한 모드가 언어적 표현에도 적용되는지 여부이다.

치료적 · 교육학적 접근은 종종 내담자의 의사소통, 과제 수행 또는 사회적 상호작용의 요구를 인식할 것을 요구한다. 많은 음악치료사는 내담자와 대화식으로 연주하거나 발달에 기여하도록 훈련받는다. 그러나 내담자가 참여하고 모방할 수 없다면, 또는 치료사가 그들의 요구에 긍정적인 반응을 보여 주지 못한다면, 치료사가 중재에 대한 내담자의 상호 반응만을 목적으로 하는 중재 기법을 지속한다면 내담자에게는 과도한 자극이 될 수 있다. 내담자가 치료사와 덜 관련적일수록, 치료사는 더더욱 내담자의 신체-정서적 상태와 발언, 행동에 대한 중재에 기초해야 한다. AQR 척도는 치료사로 하여금 아직 상호 주관성 능력을 갖추지 못한 내담자의 발달을 평가할 뿐 아니라, 특히 함께 주의를 모으는 능력과 상호 주관성 발달 이전에 효과적이며 적용할 수 있는 중재들을 기술할 수 있다. 따라서 AQR은 치료에서 내담자의 반응을 분석하는 데 도움이 될 뿐 아니라 모든 치료적 상황에서 지침이 된다. 현재까지 음악치료 분야의 어떤 도구도 상호 주관성과 중재에 이렇게 세세하게 대응하는 발달적 선구자가 되지 못했다.

음악치료의 연구를 위해서 내담자의 발달을 묘사하는 것뿐 아니라, 음악치료사가 무엇을 하고 있는지 그리고 특정 중재를 왜 사용하는지를 더 정확하게 이해하는 것이 중요하다. 음악치료의 효과는 오직 임상장면과 증상, 내담자의 개인적 필요에 중재가 적용될 때 측정할 수 있다.

11. 논의

치료사 중재에 대한 질문과 그들의 내적 작업 모델(Bowlby, 1969) 그리고 그들의 목적들은 똑같이 어려우면서도 도움이 되는 질문이다. 연구 프로젝트와 마찬가지로 교육적 과정에서 영상 속에서 일어난 일에 대한 인식은 매우 개별적일 수 있다. 상이한 인식에 대한 논의는 '옳음'과 '그름'에 대한 판단을 이끌어 내기 위한 의도는 아니지만, 누군가의 고유한 행동의 자각과 누군가의 고유한 관찰 역량으로 확장된다. 결국 내담자의 반응, 그들의 사회정서적 발달과 접촉의 결과는 치료사의 중재가 내담자의 발달에 도움이 되는 과정인지를 보여준다. AQR의 주 목적은 상호 주관성이 취약하거나 아직 정서 수준에서 발달되지 않은 사람에게 도달하기 위한 것이다. 음악치료사의 능력, 동기적 순간(Schumacher & Calvet, 2008)을 위한 전제조건을 창조하기는 AQR 개발의 원동력으로 입증되었다. 앞으로는 이 현상에 주의를 기울여야 한다.

참고문헌

Ainsworth, M. D. S., & Bell, S. M. (1974). Mother-Infant Interaction and the Development of Competence. In K. Connolly & J. S. Brunner (Eds.), *The Growth of Competence*. London and New York, NY: Academic Press.

Ainsworth, M. D. S., Blehar, M. C., Waters, E., & Wall, S. (1978). *Patterns of Attachment: A Psychological Study of the Strange Situation*. Hillsdale, NJ: Erlbaum.

Als, H. (1986). A Synactive Model of Neonatal Behavioral Organization: Framework for the Assessment of Neurobehavioral Development in the Premature Infant and for Support of Infants and Parents in the Neonatal Intensive Care Environment. In J. Sweeney (Ed.), *The High-Risk Neonate: Developmental Therapy Perspectives*. New York, NY: Haworth Press.

Baumann, M. (2018). Musik im Übergang—Die Improvisation in der (Früh-) Rehabilitation Hirnverletzter. In M. Nöcker-Ribaupierre (Ed.), *Musik in Therapie und Medizin*. Wiesbaden: Reichert-Verlag.

Bowlby, J. (1969). *Attachment and Loss. Vol 1: Attachment*. New York, NY: Basic Books.

Bowlby, J. (1979). *The Making and Breaking of Affectional Bonds*. London: Tavistock Publications.

Bowlby, J. (1998). *A Secure Base*. New York, NY: Basic Books.

Calvet-Kruppa, C. (2001). Feinfühligkeit als Interaktionsqualität. Ein Leitfaden entwicklungspsy chologischer Intervention. In O. Decker & A. Borkenhagen (Eds.), *Psychoanalyse, Texte zur Sozidforschung, 9*, 153-156.

Calvet-Kruppa, C., Ziegenhain, U., & Derksen, B. (2005). Kinder mit Down-Syndrom: Entwicklungspsychologische Hlternberatung. In Jürgen Kühl (Ed.), *Autonomie und DialogKleine Kinder in der Frühförderung*. München: Reinhardt.

Crittenden, P. M. (1979-2005). CARE-Index: Infant Coding Manual. Unpublished manuscript, Miami, FL Available from www.patcrittenden.com.

Crittenden, P. M. (1990). Internal representational models of attachment relationships. *Infant Mental Health Journal, 11*, 259-277.

Crittenden, P. M., Partridge, M. F., & Claussen, A. H. (1991). Family patterns of relationship in normative and dysfunctional families. *Development and Psychopathology, 3*, 491-512.

Esterbauer, E., Salmon, S., & Schumacher, K. (2018). Einschätzung der Beziehungsfähigkeit mit Hilfe des "EBQ-Instruments" im inklusiven Musikunterricht. *Zeitschrifi Diskussion*

Musikpadägogik.

Fragkouli, A. (2012). Music Therapy for Children with Psychological Disorders in Special Education. Unpublished PhD thesis, Department of Early Childhood Education, National and Kapodistrian University of Athens, Athens, Greece.

Frohlich, C. (2018). Kind—Spiel—Musik—ein Mikrokosmos gegenseitiger Bezogenheit. *Bildung Schweiz, 10,* 36-37.

Hlither, G. (2003). *Die Bedeutung emotionaler Sicherheit fur die Entwicklung des menschlichen Gehirns*. DVD 437D. Auditorium.

Hiither, G. (2004). Ebenen salutogenetischer Wirkungen auf das Gehirn. *Musiktberapeutiscbe Umschau, 25*(1), 16-26.

Jordan, A. K. (2017). Assessing the Quality of Relationship in Music Therapy Sessions with the Focus on Language. Oral presentation at the ESCOM Conference in Gent, Belgium.

Korber, A. (2009). *Beziehungsqualität in der Musiktherapie mit Psychothempiepatienten. Vergleichende Untersuchung interpersonalen Verhaltens (EBQ, OPD-2, IIP)*. Saarbrücken, Germany: VDM Verlag Dr. Muller.

Kupski, G., & Schulz-Venrath, U. (2014). "Let's beat the drum..." "Yes, but tell me how"—Interventionen in der Musiktherapie mit Borderline-Patienten aus Sicht des Mentalisierungsmodells. *Jahrbuch Musiktherapie, 10, Mentalisierung und Symbolbildung in der musikthempeutischen Praxis*. Wiesbaden: Reichert-Verlag.

Kupski, G., & Schulz-Venrath, U. (2016). Musiktherapie mit Borderline-Patienten aus Sicht des Mentalisierungsmodells. In S. Leikert & A. Niehbur (Eds.), *Von der Musik zur Sprache und wieder zurück. Jahrbuch für Psychoanalyse und Musik, 1*. Gieften: Psychosozial-Verlag.

Lenz, G. M. (2000). Musiktherapie bei Schrei-Babys. Hine Pilotstudie zu frühen Interaktionsstörungen zwischen Mutter und Kind. *Musikthempeutische Umschau, 21,* 126-140.

Main, M., & Salomon, J. (1986). Discovery of an Insecure-Disorganized/Disoriented Attachment Pattern. In T. B. Brazelton & M. N. Yogman (Eds.), *Affective Development in Infancy*. Norwood: Ablex Publishing Corporation.

Mossier, K., Gold, C., Assmus, J., Schumacher, K., et al. (2017). The therapeutic relationship as predictor of change in music therapy with young children with autism spectrum disorder. *Journal of Autism and Developmental Disorders,* doi: 10.1007/sl0803-017-3306-y.

Muthesius, D., Sonntag, J., Warme, B., & Falk, M. (2010). *Musik Demenz Begegnung: Musiktherapie für Menschen mit Demenz.* Frankfurt am Main: Mabuse-Verlag.

Reimer, S. (2016). *Affektregulation in der Musiktherapie mit Menschen mit schwerster Mehrfachbebinderung. Zeitpunkt musik.* Wiesbaden: Reichert-Verlag.

Salmon, S. (2012). Die Einschätzung der Beziehungsqualitat bei Menschen mit Schwerstbehinderung in einem musikpädagogischen Setting. In A. Langer & M. Oebelsberger (Eds.), *Reihe Musikpddägogiscbe Forscbung Österreich, 4;* G. Enser & M. Oebelsberger (Eds.), *Vernetzung als Chance für die Musikpädagogik.* Wien, Austria: Universal Edition.

Salmon, S., & Kallos, C. (2010). *"Between Freedom and Ritual." Means of Expression with Music and Movement for People with Disabilities.* Mozarteum University Salzburg./ Department for Music and Dance Education, Orff Institut. UNIMOZ-002.

Schumacher, K. (1999). *Musiktherapie und Säuglingsforschung. Zusammenspiel. Einschätzung der Beziehungsqualität am Beispiel des instrumentalen Ausdrucks eines autistischen Kindes.* Frankfurt am Main: Peter Lang.

Schumacher, K. (2014). Music Therapy for Pervasive Developmental Disorders, Especially Autism: A Case Study with Theoretical Basis and Evaluation. In J. De Backer & J. Sutton (Eds.), *The Music in Music Therapy. Psychodynamic Music Therapy in Europe: Clinical Theoretical and Research Approaches.* London: Jessica Kingsley Publishers.

Schumacher, K. (2017). *Musiktherapie bei Kindern mit Autismus. Musik, Bewegungs und Sprachspiele zur Bebandlung gestörter Körper und Sinneswahrnehmung.* DVD in collaboration with C. Calvet & S. Reimer. Wiesbaden: Reichert-Verlag.

Schumacher, K., & Calvet, C. (2008). *Synchronisation/Synchronization. Musiktherapie bei Kindern mit Autismus/Music Therapy with Children on the Autistic Spectrum.* DVD box and booklet. Gottingen: Vandenhoeck and Ruprecht.

Schumacher, K., & Calvet, C. (2016). The body and the state of affect as starting points in music therapy. *Tijdschrift voor muziektherapie.* Retrieved 18/09/17 from www.tijdschriftvoormuziektherapie.be/autisme/the-body-and-the-state-of-afFect- as-starting-points-in-music-therapy-k-schumacher-c-calvet-2.

Schumacher, K., Calvet, C., & Reimer, S. (2013). *Das EBQ-Instrument und seine entwicklungspsychologischen Grundlagen.* Göttingen: Vandenhoeck and Ruprecht.

Schumacher, K., Calvet, C., & Stallmann, M. (2005). "Zwischenmenschlidie

Beziehungsfähigkeit"—Ergebnisse der Reliabilitätsprüfung eines neu entwickelten Instrumentes zum Wirkungsnachweis der Musiktherapie. In B. Miiller-Oursin (Ed.), *Ich Wachse, Wenn Ich Musik Mache. Musiktherapie mit chronisch kranken und von Behinderung bedrohten Kindern.* Wiesbaden: Reichert-Verlag.

Schumacher, K., & Calvet-Kruppa, C. (1999a). Musiktherapie als Weg zum Spracherwerb. *Musiktherapeutische Umschau, 20,* 216-221.

Schumacher, K., & Calvet-Kruppa, C. (1999b). The AQR—an analysis system to evaluate the quality of relationship during music therapy. *Nordic Journal of Music Therapy, 8*(2), 188-192.

Schumacher, K., & Calvet-Kruppa, C. (2001). Die Relevanz entwicklungspsychologischer Erkenntnisse für die Musiktherapie In H.-H. Decker-Voigt (Ed.), *Schulen der Musiktherapie.* München: Reinhardt.

Schumacher, K., & Calvet-Kruppa, C. (2005). "Untersteh' Dich!"—Musiktherapie bei Kindern mit autistischem Syndrom. In C. Plahl & H. Koch-Temming (Eds.), *Musiktherapie für Kinder. Grundlagen, Methoden, Praxisfelder.* Bern: Hans Huber.

Skrzypek, H. (2017). Körper, Bewegung und Musik als Partitur für künstlerische Psychotherapien. Unpublished PhD thesis, University of Music, Augsburg.

Sroufe, L. A. (1997). *Emotional Development: The Organization of Emotional Ufi in the Early Years.* Cambridge: Cambridge University Press.

Stem, D. (2000). *The Interpersonal World of the Infant* New York, NY: Basic Books.

Wosch, T., & Wigram, T. (2017) *Microanalysis in Music Therapy—Methods, Techniques and Applications for Clinicians, Researchers, Educators and Stuidents.* London: Jessica Kingsley Publishers.

제11장

음악기반 인지기능 평가

Anne Lipe

1. 환경과 동기

1980년대 초반, 노인을 위한 음악치료 임상은 유아기였다. 치매 또는 다른 인지적 손상이 있는 노쇠한 노인을 위한 간호, 건강돌봄 시설에서 일하는 음악치료사는 대개 활동의 일부분 또는 레크리에이션 직원으로 고용되었다. 이 서비스의 1차적 목적은 기분전환 활동을 제공하는 것이었다. 전문적 문헌들은 치료적 목적을 지향하는 옵션으로서, 그리고 특정 발달을 안내하기에 매우 제한적이었다. 한 가지 주목할 만한 예외로, 1970년대 위스콘신 주 웨스트 벤드에 있는 시더 레이크 홈(Cedar Lake Home)에 음악치료 프로그램을 설립한 음악치료 선구자인 마리안 팔머(Marian Palmer)의 업적이 있었다. 초기 문헌에서 팔머는 포괄적 돌봄 환경 노인의 신체적 · 인지적 필요에 따른 음악기반 중재를 기술하였고, 이 기법들의 효과성을 드러내기 위해 이 사례를 공유했다(Palmer, 1977).

1981년, 내가 노인을 위한 건강돌봄 시설에서 일을 시작했을 때, 나는 갓 인턴을 마치고 시설에서 음악치료를 위한 고유한 자리를 마련하느라 고양되어 있었다. 첫 단계는 7개의 각 병동별로 1주일에 한 번씩 집단 음악치료 회기를 정착시키는 것이었다. 그 당시에는 특별 치매병동이 없었고, 다양한 돌봄을 필요로 하는 일반적인 거주 공간이었다. 참여를 원하는 모든 거주자에게 공개된 그룹이었지만, 1차적인 목적은 일반적인 활동 프로그램에 성공적으로 참여하지 못하는 제한된 기능을 지닌 이들에게 구조적인 음악경험으로 도움을 주는 것이었다. 음악경험을 통해 배우고 관찰하며 적응하는 과정에서, 나는 인지적 손상이 있는 사람들에게서 일관된 반응이 있는 것을 알아차렸다. 언어 사용에 문제가 있던 사람들도 익숙한 노래를 정확한 가사로 노래할 수 있었고, 적절한 촉진 자극만 있다면 새로운 노래를 알려 주어도 몇 회기 이후에 회상해 냈다. 제시한 리듬 패턴의 모방은 정확했고, 많은 사람이 30~40분에 걸쳐 집단 작업에 주의를 유지할 수 있었다. 여기서 질문이 떠올랐다. 이런 반응은 무엇을 의미하는가? 어떻게 중등도의 인지 손상이 있거나 또는 손상이 진행 중인 사람이 여전히 성공적으로 음악경험에 참여할 수 있는가? 이 같은 음악과제에 대한 반응이 온전한 인지 과정에 대해 무엇을 말해 주는 것인가?

이런 질문에 대답하기 위해서 나는 진단평가의 역할을 탐구하기 시작하였다. 이 당시에 노인의 인지 손상에 사용하는 형식을 갖추고 표준화된 진단평가는 없었다. 음악치료에서 진단평가는 비정형적이고 특정한 임상적 상황 요구에 기초했다(Wheeler, 2013). 이것은 내 경험과 일치했는데, 치료팀의 다른 팀원들과 간호팀에서도 음악치료의 긍정적인 결과를 보았다는 비공식적인 언급이 나왔다. 나는 몇몇 정형화되고 표준화된 진단평가 절차들이 음악적 능력과 일반적 인지기능 관계를 명확하게 하고, 음악치료 또한 이런 환경 속에서 고유한 서비스로 인식되게 할 수 있음을 깨달았다. 이 과정은 체계적으로 조직되어 다른 팀원들에게도 의사소통하는 방법을 제공할 수 있다. 또한 이것은 임상가가 개개인의 요구와 시간의 흐름에 따른 진보 기록을 추적하기 위해 특정 음악과제를 규명하는 데에 잠재적으로 도움을 줄 것이다. 박사학위 과정에서 나는 음악능력과 일반적인 인지기능 간의 관계를 계속해서 탐구하였고, 인지기능에 대한 정보를 제공할 수 있는 특정 음악과제를 개발하고자 하였다.

2. 이론적 배경

음악기반 인지기능 평가(Music-based Evaluation of Cognitive Functioning: MBECF)의 개발을 위한 1차적 이론 토대는 고전검사이론이다. 이 이론은 심리적 구성 개념을 식별하고 측정하기 위해 고안된 도구의 개발과 개선을 위한 가정과 절차를 명시한다(Crocker & Algina, 1986). 이 이론의 기본 가정은 총점(관찰된 점수)이 '진(true)' 점수와 임의의 오차를 더한 정량화된 특성이라는 것이다(Cappelleri, Lundy, & Hays, 2014). 정확하게 관심 있는 구성 개념을 묘사하기 위해서 측정도구의 신뢰도와 타당도를 평가하는 통계적 방법이 사용된다. 고전검사이론의 핵심, 그리고 진단평가 개발에 대한 논의는 구성 개념의 중요성과 관찰된 행동과의 관계를 이해하는 데 있다. 구성 개념은 직접 측정할 수 없는 무형의 심리적 특성으로 정의된다.

그러므로 관찰된 행동을 통해 그 존재성을 유추해야 한다(Crocker & Algina, 1986). 음악치료에서 1차적으로 관심을 갖는 구성 개념은 음악적 능력 또는 음악성이고, 수많은 방법으로 정의되어 왔다(Lipe, 2015). 구성 개념은 관찰될 수 없거나 직접 측정할 수 없기에, 진단평가 개발의 1차적 과제는 관련 구성 개념을 측정할 수 있도록 조작화하는 것이다. MBECF의 개발 초기에는 중등도(moderate) 또는 중도(severe) 치매 환자의 언어와 행동적 특성과 일치하지 않아 보이는 음악에 대한 반응을 관찰하는 것으로 시작했다.

이러한 관찰과 동시에 이런 현상에 대한 설명 가능한 기제(mechanism)에 대한 추측이 있었다. 스워츠 등(Swartz et al., 1989)은 일반적 음향 특성을 지각하는 기초 단계에서부터 음악의 주제와 리듬 측면의 변형과 복잡한 형태를 지각하는 복잡한 단계에 이르기까지 지각 능력의 다섯 단계를 제안했다. 명명(naming)이 일어나지도 않은 지각의 낮은 단계에서 음악적 지각은 순수한 것으로 가정된다(Swartz et al., 1989, p. 154). 고급 음악훈련이나 교육은 지각의 더 높은 수준에서 훼손을 느리게 하는 것으로 가정된다. 앨드리지와 앨드리지(Aldridge & Aldridge, 1992)는 언어와 음악의 처리 과정에서 반구상의 차이가 이 현상을 설명할 수 있다고 가정하였고, 음악의 처리 과정은 뇌의 양쪽 반구와 관련있다는 것에 주목하였다. 그들은 스워츠 등(1989)이 규명한 지각의 장애가 음악적 능력 그 자체에서의 결핍으로 인한 것이 아니라 청각적 어려움을 나타낼 수 있다는 것을 강조했다(Aldridge & Aldridge, 1992, pp. 248, 252). 이 관찰은 최근 연구에 의해 지지받았는데, 치매 환자 중에서 음악적 인식에 대해 배워왔던 많은 것이 언어적 반응을 요구하는 과제를 사용한 통제된 실험에서 나왔다는 사실이다(Lipe, York, & Jensen, 2007). 앨드리지와 앨드리지(1992)는 치매 환자의 인지기능에 대한 정보를 제공하기 위해서 음악 만들기 과제를 사용하는 것이 중요하다고 강조했다. 이 논의는 구성 개념을 정의하고 해석하는 방식이 그것들을 측정하기 위해 선택한 방법의 정확성에 매우 크게 기초한다는 것을 보여 준다.

측정하는 방식이 구성 개념의 해석에 영향을 미친다는 추가적인 사례는 정신상태 검사(mental status tests) 개발의 밑바탕이 되는 원리에 대한 짧은 시험에서 발견할 수 있다. 이 도구는 노화와 관련하여 질병의 증상이 될 수도 있는 것에서 정상적인 인지 변화를 구별하기 위한 진단 작업의 일부로 널리 사용되어왔다. 정신상태 검사 개발에 대한 간략한 역사는 웩슬러 성인용 지능검사(Wechsler Scale of Adult Intelligence)처럼 표준화된 지능검사도구로 간주된 초기 접근법들이 병리적 · 인지적 변화를 규명하는 데 유용할 수 있는데, 이 검사는 빈번하게 이 도구들의 구성타당도 검증에 사용되었다(Lipe, 1994). 웩슬러(Wechsler, 1975)는 추론 및 문제해결과 같은 능력들이 '지능'을 정의하는 데 중요하지만, 이 구성 개념은 비지능적 요소로 구성되었고 그 목적은 개개인이 성공적으로 세상을 이해하고 대처하는 데 도움이 되는 것이라고 하였다(Wechsler, 1975). 앨버트(Alvert, 1984)는 주의, 언어, 기억, 가상공간 능력, 개념화와 같은 다섯 가지 정신기능 요인을 설정하고, 이 요인들을 시험에 포함시켜야 한다고 믿었다. 이 구성 요인이 명백하다는 많은 변형과 해석이 1943년에서 1980년대 중반 사이에 출판되었다. 몇몇 검사는 임상적 진단에 사용되어 타당화되었으나, 진단을 내리기 위해 사용한 기준이 일치하지 않았거나 보고되지 않았다. 많은 도구가 입원 환자들에게 시행되었고, 언어적 유창성을 요구하였으며, 교육 수준과 문화적 배경은 거의 고려되지 않았다. 이 도구에 포함된 많은 과제는 생태적 타당성, 개인의 일상 경험과 관련성이 부족했다(Lipe, 1994).

음악적 능력과 인지기능 사이의 관계 물음에 응답하기 위해서, 검사이론은 어떻게 이전의 측정들이 정의되어 왔고, '인지기능'의 구성 개념을 조작화했으며, 이런 측정도구 개발의 한계가 어떻게 관심있는 구성 개념의 이해를 불완전하게 했는지를 보완하는 데 도움이 되었다. 앨드리지와 앨드리지(1992)는 전통적인 도구들에서 정립된 인지기능 영역과 유연성, 의도성과 같이 아직 충분히 정립되지 못한 영역을 평가하는 데 음악 만들기 과제가 유용한 방법이라는 상세한 사례를 제공하였다. 정신상태 검사에서 포함하는 유사한 과제들과의 상관률 및 MBECF 과제 개발을 위한 견본으로 의학적 요소들와 음악적 인식론을 비교하는 표가 제공되었다.

3. MBECF의 목적

MBECF는 음악수행 과제를 사용하여 치매 노인의 인지능력을 평가하기 위해 고안되었다. 이 진단평가는 노래 부르기, 멜로디, 리듬 동작 및 언어 응답이 요구되는 19가지 과제로 구성되었다. 하나의 감상 과제가 포함되지만 채점되지 않는다. 과제들은 0~3점으로 채점되고, 최대 가능한 총점은 54점이다. 이 평가를 수행하는 임상가는 일반적인 음악치료 회기와 최대한 유사하게 구조화하기를 권장한다. 초대된 내담자는 임상가의 바로 맞은편에 앉아야 한다. 평가를 수행하는 데 필요한 장비 목록은 저자가 제공하는 관리 매뉴얼에 포함되어 있다. 또한 매뉴얼에는 각 과제 수행을 위한 지침이 수록되어 있다.

4. 개발과 절차

앞서 기술한 임상 관찰 및 경험은 평가를 위한 특정 과제 개발의 출발점을 제공했다. 또한 노인을 대상으로 하는 음악의 사용과 음악치료에 관한 연구 문헌을 통해 결과가 확인된 것 중에서 가장 성공적인 성취를 가져온 중재와 과제가 무엇인지 조사했다. 예를 들어, 문헌들은 이들에게 선호하는 익숙한 노래가 중요하다는 것을 알려 주었다(Gibbons, 1977; Gilbert & Beal, 1982; Lathom, Petersen, & Havlicek, 1982). 프리켓과 무어(Prickett & Moore, 1991)는 노래로 불렀던 단어에 대한 회상이 말로 한 단어의 회상보다 더 높았고, 알츠하이머 병에 걸린 사람도 촉진 자극과 연습을 통해 새로운 노래를 배워 단어를 회상할 수 있다고 하였다. 특히 몇몇 연구는 모방과 반복을 사용한 리듬 과제에 따른 긍정적인 반응을 기록하였다. 이런 반응은 심각한 인지 손상이 있는 사람들에게서도 관찰되었다(Clair 1991; Clair, & Bernstein, 1990a, 1990b).

MBECF의 본래 프로토콜은 모두 2부로 구성되었다. 1부는 음악훈련, 배경, 음악 경험 및 태도에 대한 정보를 수집하기 위해 참가자 또는 간병인이 작성하는 질문지로 이루어졌다. 2부는 개별 음악치료 형식과 유사하게 실행되는 19개의 과제를 포함하며 음악치료사가 작성하도록 고안되었다. 진단평가의 시작 부분에서 한 개의 감상 과제가 실행되고, 4개의 노래 부르기 과제, 8개의 리듬 과제, 6개의 짧은 언어 과제(대부분 질문)가 이어진다. 감상 과제는 채점하지 않지만 치료사가 감상 경험에 의해 유발된 관찰 가능한 행동을 식별하기 위한 짧은 체크리스트가 포함된다. 원 도구의 문항 분석(Lipe, 1994)에 따라 2부의 1개 문항이 생략되었고, 몇 문항은 채점에서 일관성을 향상시키기 위해 수정되었다. 1부의 자료가 압축되고, 음악적 태도 요소가 개인의 삶 속에서 음악의 의미를 묻는 한 질문으로 축소되었다. 또한 음악적 선호도에 대한 질문이 원본과 수정본의 1부에 포함되었다. 수정본은 후속 연구에서 사용했다(Lipe et al., 2007).

MBECF의 1부와 2부는 내담자의 인지 상태와 에너지 수준에 따라 분리하여 실행할 수 있다. 음악에 대한 배경과 관심사에 대한 정보를 수집하기 때문에, 내담자가 정보를 작성할 수 없는 경우, 대리자가 1부를 작성할 수 있다. 1부의 정보는 일반적으로 면담을 통해 얻지만, 필요하다면 서면으로 제출할 수도 있다. 평가의 2부를 완료하는 데 대개 30분이 걸리며, 일반적인 음악치료 개별 회기처럼 진행된다.

5. 자료수집과 분석

1부에서 자료는 음악적 배경의 세 가지 요소로 수집된다. 음악경험 범주에서 가능한 한 많은 음악적 경험을 '당신이 했거나 하는가?' 그리고 '합창단에서 또는 코러스로 노래하기'와 같은 15개의 옵션들을 포함된 표를 통해 확인한다. 면담자는 '예' 칸에 체크하고, '설명' 줄에 정보 제공자의 상세한 응답을 기록한다. 한 가지 질문은 음악적 훈련에 대한 질문이고, 만약 그렇다고 응답한다면, 전공 악기가 무엇인지를 묻는다. 다른 한 문항은 "당신의 삶에 음악은 어떤 의미인가요?"라고 묻는다. 응답 옵션들은 리커트 3점 척도로 배열하고, 3점은 '매우 의미있음', 0점은 '아무런 의미 없음'이다. 음악적 선호도에 대한 자료는 음악 장르와 노래에 대한 개방형 질문을 통해 수집된다. 이 문항들은 채점되지 않는다. 이 정보는 주로 임상가가 2부에서 구조화하고, 치료 중에 유용하게 사용할 수 있는 내담자의 음악적 프로필을 만드는 것을 돕고자 고안되었다.

2부는 18개의 수행 과제와 한 개의 감상 과제로 구성된다. 감상 과제를 제외하고, 다른 모든 과제에 대한 응답은 3점 척도를 사용하여 채점된다. MBECF의 채점 체계는 임상적 측면에서 어느 정도 융통성을 허용하고 치매의 다른 단계에서 개인의 음악적/인지적 기능 차이를 반영하는 데 의미가 있도록 의도되었다. 일반적으로 3점은 정확함과 독립성, 두 가지 모두를 필요로 하는 응답을 나타낸다. 2점은 부분적으로 정확하거나(여러 답변이 필요한 경우) 촉진 자극이 필요할 때를 반영한다. 몇몇 과제에서 2점은 응답자가 3점 수준 응답에 필요한 정확도가 부족하더라도, 임상가가 과제의 의도를 준수하기 위해, 비록 3점을 요구하기엔 반응이 엄밀하게 부족하다 할지라도 내담자에게 촉진과제를 주어 조직화한 것을 나타낸다. 1점은 언어기술은 없지만, 매우 기본적인 수준에서 음악과제에 참여하고 몰입하는 능력을 나타내기 위한 것이다. 각 과제를 채점하기 위한 지침이 평가 시행 매뉴얼에 수록되어 있지만, 주어진 과제에 적절한 채점을 하기 위해서는 치료사의 음악적 · 임상적 · 직관적 기술들 또한 중요하다.

감상 과제가 먼저 제공되며, 내담자가 음악경험으로 정향될 수 있는 기회를 제공한다. 2~3분의 녹음된 래그타임[1] 피아노 음악이 이 과제에 권장되지만, 1부에서 수집된 정보에 기반하여 다른 피아노 연주곡으로 대체할 수도 있다. 대체할 음악의 스타일은 리듬의 규칙성과 반복적 구조에 기초한 것을 권장한다. 또한 피아노 음악의 사용이 권장되는데, 추가적 문항(L1V, L2V)에서 내담자에게 이전 작업에서 들었던 악기 이름을 회상하도록 요청하기 때문이다. 이 과제의 목적은 내담자를 음악경험으로 향하게 하고, '음악이 없는' 환경에서 '음악 환경'으로 옮겨 가기 위한 것이므로(음악 지각 수준 1의 활성화)(Swartz et al., 1989), 이 문항은 채점하지 않는다. 과제에 대한 6개의 예상행동반응이 체크리스트에 수록되었고, 임상가는 그것이 무엇이든 관찰한 반응을 '예' 또는 '아니요'에 동그라미로 표시하여 나타낸다. 언어 과제는 음악감상 경험 이후에 내담자가 음악에서 들었던 악기의 이름을 말하도록 요청하는 것이다. 이 과제는 3점 척도로 채점한다.

감상 과제에 이어 8개의 노래하기, 언어 과제, 멜로디 모방과 즉흥의 두 과제 시리즈와 7개의 언어, 움직임 그리고 리듬 반응 과제가 뒤따르고, 각 채점은 3점 척도를 사용하여 앞에서 언급한 것과 같이 기술한다. 미국의 포크송은 반복, 구조적 단순성, 제한된 보컬 음역을 특징으로 하며 많은 내담자에게 친숙하기 때문에, 두 개의 노래하기 과제에서 사용하기를 권장한다(Taylor, 1997). 그러나 권장된 노래에서 반영해야 하는 내용을 대체할 만한 음악적 준거나 내용이 있다면 대체가 가능하다. 예를 들어, 어떤 임상가는 S3 과제의 노래 부르기에서 다음에 언어적 연합 과제에서 제기할 질문과 관련될 수 있기에 〈Every Night When the Sun Goes In〉 대신에 〈Goodnight Irene〉의 후렴으로 대체한다. 언어 과제는 음악 만들기를 포함하는 것 사이사이에 들어가고, 어떤 음악적 참여가 잔존 언어능력을 점화할 수 있고, 회상을 더 용이하게 하는지 조사한다(Prickett & Moore, 1991).

---

1) 래그타임(ragtime): 1880년대부터 미국 미주리주를 중심으로 유행한 피아노 음악으로 미국의 대중가요, 재즈밴드 연주에 많은 영향을 끼쳤다(역자 주).

6. 자료해석, 문서화, 보고서

각 과제의 시리즈는 하위 소계 점수들을 만든다. 그러고 나서 합산하여 평가 총점을 만든다. 〈표 11-1〉은 간이 정신상태 검사(Mini-Mental State Exam: MMSE)(Folstein, Folstein, & McHugh, 1975)의 총점과 상관으로 MBECF의 원본과 수정본에서 상관률 점수 분포를 보여준다.

〈표 11-1〉 MMSE와 MBECF 총점 비교

MMSE 점수 (N = 82)	MBECF(원본) 총점 (N = 32; 치매 16명, 비치매 16명)	MBECF(수정본) 총점 (N = 50)
23~30(치매 없음)	41~48	N / A
18~22(가벼운 손상)	41~45	40~54
10~17(중등도 손상)	29~42	30~43
10점 이하(심각한 손상)	20~31	2~30

MBECF의 첫 연구(Liupe, 1994)는 비치매 노인의 평가에서 '천정 효과'가 있었고 이 집단에서 과제는 인지적 도전이 거의 되지 않았음을 나타냈다. 중등도의 손상이 있는 노인들 또한 MBECF 40점이 넘었다. 자극 매체의 언어 회상을 요구하는 문항은 이들에게 약간의 어려움이 있었다. 중등도 정도의 손상이 있는 사람들은 일반적으로 언어 문항에 응답할 수 없으며, 노래 부르기 반응 요구에 약간의 어려움을 경험했다. 중도 손상을 지닌 사람들은 진단평가에 거의 참여하지 못하는 능력을 나타냈고, 일반적으로 리듬 반응을 요구하는 문항에는 성공적으로 수행하였다. 수정본에서도 비슷한 패턴의 수행이 관찰되었다(Lipe et al., 2007).

프로토콜에는 임상가가 평가 결과를 보고하거나, 내담자의 영구 기록에 직접 넣을 수 있는 별도의 채점 요약지가 포함되었다. 문서화와 보고서 형식은 임상가의 판단에 달려 있으며, 음악치료 서비스를 감독하는 시설 또는 기관의 정책 및 절차와 일치해야 한다. MBECF는 진단도구로 사용하기 위해 만든 것은 아니다. 그러나 진단을 확인하기 위한 목적으로 개인의 인지능력에 대한 추가적 정보를 제공할 수 있고, 특히 다른 도구로는 '검사할 수 없는' 것으로 간주되는 심각한 손상을 지닌 사람들에 대한 추가적 정보를 제공할 수 있다. 주요 목적은 내담자의 요구를 위해 선택한 음악치료의 효과성을 평가하고 식별하기 위한 기초선을 제공하는 데에 있다.

7. 훈련

MBECF는 사용자 친화적으로 만들어졌고, 매뉴얼에는 전체적인 평가 관리 지침과 각 문항의 실행과 채점 지침이 포함되어 있다. MBECF를 위해 수년에 걸쳐 수많은 회의 회기와 지속적인 음악치료 교육 회기를 제공하였지만, 공식적인 교육이나 인증은 필요하지 않다. 채점 체계는 임상적 지식과 직관을 활용하기 때문에, MBECF는 음악치료사로 자격을 갖춘 사람이 실행하도록 고안되었다. 예를 들어, 리듬 반응이 필요한 여러 과제에서 치료사는 내담자가 연주할 때를 결정해야 한다. 정말로 리듬 안에 머무는지, 박(beat)의 수에 대한 정확한 기준, 이런 반응을 위해 계획한 시간을 제공하는 것보다는 가장 적절한 채점을 위해 치료사의 직관적 · 음악적 · 임상적 판단에 의존한다.

8. 연구와 심리측정

32명의 여성 노인이 MBECF 원 연구에 참여하였다. 16명은 치매 진단을 받았으며, 16명은 그렇지 않았다. 몇몇 노인은 간호시설에서 거주하고 있었고, 몇몇 사람은 성인 주간보호센터에 참여하였다. 치매 유무는 참가자의 의료 기록과 지식을 갖춘 직원들에 의해 확인되었다. MBECF의 2부는 각 개인에게 2번씩 시행되었고, 10~14일 간격으로 진행되었다. 조사자는 시행할 때마다 각 평가를 채점했다. 시행된 모든 것이 담긴 비디오를 보고 2명의 훈련된 평가자가 채점했고, 조사자와 평가자 사이의 평가자 간 일치도는 .85였다. 조사자와 두 명의 평가자는 평가자 간 일치도가 .80 이하인 사례를 해결하고 검토하기 위해 두 차례 만났다. 이러한 차이를 해결한 결과 전체 평가자 간 일치도는 .92로 나타났다.

1차 시행에 대한 크론바흐 알파 분석은 .92의 신뢰도 계수를 나타냈고, 2차 시행은 .93, 두 차례 시행의 평균은 .95로 높은 내적 일관성 계수를 나타냈다. 피어슨 상관계수는 .93으로 진단평가의 검사-재검사 신뢰도 증거를 제공하였다(Lipe, 1995). 준거타당도는 MBECF 음악수행 과제의 총점과 세 개의 표준화된 인지 상태 측정도구들, 즉 MMSE(Folstein et al., 1975), 단축형 인지평가 척도(Brief Cognitive Rating Scale: BCRS)(Reisberg et al., 1983), 중도 손상 배터리 검사(Severe Impairment Battery: SIB)(Saxton et al., 1993)와의 피어슨 상관으로 나타냈다. MBECF 음악수행 과제와 MMSE와의 상관은 .93, BCRS와는 -.83, SIB와는 .98로 나타났다(Lipe, 1994). BCRS에서 치매의 정도는 더 높은 점수로 나타나는 데 비해, 다른 두 척도에서 손상 정도는 더 낮은 점수로 나타났다. SIB 검사는 치매 노인 16명에게만 하였다. 모든 상관은 유의수준 .01에서 유의하였고, 총 MBECF 점수에서 수행된 독립표본 T 검증과 언어, 노래 부르기 및 리듬 과제에 대한 분석은 모든 차원에서 비(非) 치매 환자들이 치매 환자들보다 높은 점수를 받았다는 것을 보여 주었다. 모든 *t*값은 p =.000에서 유의했다(Lipe, 1995).

앞서 언급하였듯이, MBECF의 수정본은 원 연구의 결과에 기초하여 만들어졌다. 치매 노인 50명(남자 30명, 여자 17명)이 후속 연구에 참여하였고, MBECF와 잔존 음악기술 검사(Residual Music Skills Test: RMST)(York, 1994)의 구성타당도를 검사하고자 했다. 이전 연구에서처럼, MMSE는 음악능력과 일반적 인지능력 사이의 관계를 확인하기 위해 사용하였다. 참가자들은 일반 지역사회와 다양한 주거 간호 환경에서 왔다. MBECF의 점수에 대한 크론바흐 알파 분석은 .83이었고, 평가의 내적 일관성 계수를 지지하였다(Lipe et al., 2007). MMSE와 MBECF 사이의 피어슨 상관계수는 .89였고, MBECF와 RMST 사이의 피어슨 상관계수는 .83이었다. 이 대상자에게 인지기능을 평가하는 데 이 평가도구가 유용하다는 것을 지지하였고, 비록 두 도구의 목적이 다르더라도, 음악 인지의 유사한 측면을 측정하고 있다(Lipe et al., 2007). 상관행렬 분석은 언어, 노래 부르기와 리듬 과제와 각 도구 사이의 상관을 조사하였고, 하위 점수 간 모든 상관이 유의한 반면, 몇몇 흥미로운 패턴이 나타나 다른 연구에서 충분히 논의하였다(Lipe et al., 2007). 구성타당도에 대해 "'음악 인지'는 리듬, 노래 부르기, 멜로디기술과 같이 고유하게 식별될 수 있는 다차원적 구성개념이지만, 각기 서로 독립적이지 않다."(Lipe et al., 2007, p. 381)라고 결론지었다.

한국판 K-MBECF가 두 편의 연구로 보고되었다. 첫 연구(Moon & Ko, 2014)는 50명의 한국 노인 표본을 대상으로, 강한 내적 일관성 계수(Cronbach's alpha=.833)와 강한 평가자 간 신뢰도(93%), 그리고 K-MMSE와의 피어슨 상관계수 .745로 강한 준거타당도를 보고하였다. 또한 점수가 치매의 경도, 중등도, 중도에서 각기 구분되었다. 두 번째 연구는 라쉬 분석

(Rasch analysis)과 문항반응이론(Item Response Theory: IRT)을 사용하여 K-MBECF의 단축형이 만들어졌고, 문항 수를 18개에서 10개로 줄였다. K-MBECF가 측정했다고 주장하는 구성개념을 규명하기 위해 구성타당도 지표(Conteut Validity Index: CVI)를 사용했다(Moon & Ko, 2017). 또한 MBECF의 일본어 번역본이 거의 완료된 상태이다(Imura, 2017).

9. 향후 계획과 논의

헌슬리와 매시(Hunsley & Mash, 2008)가 권고한 증거기반 진단평가의 기준을 사용하면 더 큰 표본과 더 정교한 통계 절차들이 MBECF의 심리측정적 특성을 명료하게 할 것이다. MMSE가 식별 도구로 폭넓게 사용되고 있지만, 향후 연구에서 MBECF 점수와 시한(Sheehan, 2012)이 기술한 치매의 전체적 진행 과정에 더 민감한 다른 표준화된 정신상태 측정도구들과의 비교가 권장된다. 최근 연구는 음악중재가 치매 노인의 인지기능에 긍정적 효과가 있음을 나타냈다(Chang et al., 2015; Lin et al., 2011). 특히 일반적 내용을 담는 연상 기호로서 음악의 사용은 효과적이다(Simmons-Stern et al., 2012). 그러나 다른 검토에서는 효과가 작거나 없었다(van der Steen et al., 2017; Zhang et al., 2017). MMSE는 이 검토를 포함한 주요 연구에서 가장 우선시하는 측정 결과였다. MMSE로 타당화해 왔기 때문에 음악치료 임상가가 관심을 가지는 결과 변인에 대해서는 MMSE보다 MBECF가 더 민감할 수도 있으므로 이런 유형의 연구에서 비슷하게 사용할 수 있다.

앞서 기술한 심리측정적 정보들을 고려할 때, MBECF는 음악적 능력과 치매의 다양한 단계에 있는 개인의 인지기능에 유용한 정보를 제공한다. 음악에 기반한 진단평가는 이 대상군에게 성공적인 것으로 보인다. 왜냐하면 결핍 대신에 인지적 강점에 초점을 두고 있기 때문이다. 음악과의 긍정적인 관계는 관심을 불러일으키고 개인이 몰입하기 위한 동기를 제공하고, 따라서 안녕감을 증진시키도록 이끌 것이다. 이것이 치매 진단평가의 개발에서 음악을 사용한 접근이었다(McDermott, Orrell, & Ridder, 2015). 또한 음악 만들기 과제는 앨드리지와 앨드리지(1992)에 의해 정립된 중요한 두 가지 인지적 측면인 절차와 의도를 임상가가 평가할 수 있다는 장점을 갖고 있다. 이런 이유들로 MBECF는 음악치료사가 치매 환자와 그 가족에게 서비스를 제공하기 위한 유용한 재원이 될 수 있다.

참고문헌

Albert, M. (1984). Assessment of cognitive function in the elderly. *Clinical Issues in Geriatric Psychiatry, 25*(4), 310-317.

Aldridge, D., & Aldridge, G. (1992). Two epistemologies: Music therapy and medicine in the treatment of dementia. *The Arts in Psychothempy, 19,* 243-255.

Cappelleri, J. C., Lundy, J. J., & Hays, R. D. (2014). Overview of classical test theory and item response theory for the quantitative assessment of items in developing patient reported outcome measures. *Clinical Therapeutics, 36*(5), 648-662.

Chang, Y. S., Chu, H., Yang, C. Y., Tsai, J. C., et al. (2015). The efficacy of music therapy for people with dementia: A meta-analysis of randomised controlled *trials. Journal of Clinical Nursing, 24,* 3425-3440, doi: 10.111l/jocn.12976.

Clair, A. A. (1991), Music Therapy for a Severely Regressed Person with a Probable Diagnosis of Alzheimer's Disease: A Case Study. In K. Bruscia (Ed.), *Case Studies in Music Therapy.* Phoenixville, PA: Barcelona Publishers.

Clair, A. A., & Bernstein, B. (1990a). A preliminary study of music therapy programming for severely regressed persons with Alzheimer's type dementia. *The Journal of Applied Gerontology, 9*(3), 299-311.

Clair, A. A., & Bernstein, B. (1990b). A comparison of singing, vibrotactile and nonvibrotactile responses in severely regressed persons with dementia of the Alzheimer's. *Journal of Music Therapy, 27*(3), 119-125.

Crocker, L., & Algina, J. (1986). *Introduction to Classical and Modern Test Theory.* Fort Worth, TX: Holt, Rinehart & Winston.

Folstein, M. F., Folstein, S. E., & McHugh, P. R. (1975). "Mini-Mental State": A practical method for grading the cognitive state of patients for the *dinicim. Journal of Psychiatric Research, 12,* 189-198.

Gibbons, A. (1977). Popular music preferences of elderly people. *Journal of Music Therapy, 14*(4), 180-189.

Gilbert, J. P., & Beal, M. R. (1982). Preferences of elderly individuals for selected music education experiences. *Journal of Research in Music Education, 30,* 247-253.

Hunsley, J., & Mash, E. J. (2008). Developing Criteria for Evidence-Based Assessment: An Introduction to Assessments that Work. In J. Hunsley & E. J. Mash (Eds.), *A Guide to*

Assessments that Work. New York, NY: Oxford University Press.

Imura, S. (2017). Development of a Japanese Version of the Music-Based Evaluation of Cognitive Functioning (J-MBECF): Forward-Translation and Cultural Adaptation. Unpublished master's thesis, Shenandoah University, Winchester, VA.

Lathom, W., Petersen, M., & Havlicek, L. (1982). Musical preferences of older people attending nutrition sites. *Educational Gerontology, 8,* 155-165.

Lin, S. T., Yang, P., Lai, C. Y., Su, Y. Y., et al. (2011). Mental health implications of music: Insight from neuroscientific and clinical studies. *Harvard Review of Psychiatry, 19*(1), 34-46, doi: 103109/10673229.2011.549769.

Lipe, A. W. (1994). The Use of Music Performance Tasks in the Assessment of Cognitive Functioning among Older Adults with Dementia. Unpublished doctoral dissertation, University of Maryland, College Park, MD.

Lipe, A. W. (1995). The use of music performance tasks in the assessment of cognitive functioning among older adults with dementia. *Journal of Music Therapy, 32*(3), 137-151.

Lipe, A. W. (2015). Music Therapy Assessment. In B. L. Wheeler (Ed.), *Music Therapy Handbook.* New York, NY: Guilford Press.

Lipe, A. W., York, E., & Jensen, E. (2007). Construct validity of two music-based assessments for people with dementia. *Journal of Music Therapy, 44*(4), 369-387.

McDermott, O., Orrell, M., & Ridder, H. M. (2015). The development of Music in Dementia Assessment Scales (MiDAS). *NordicJournal of Music Therapy, 24*(3), 232-251, doi: 10.1080/08098131.2014907333.

Moon, S. R., & Ko, B. S. (2014). The validity and reliability of the Korean version of the Music-Based Evaluation of Cognitive Functioning. *Korean Journal of Music Therapy, 16*(1), 49-63.

Moon, S. R., & Ko, B. S. (2017). The item analysis and the content validity for developing a short form of Korean version of the Music-Based Evaluation of Cognitive Functioning. *Korean Journal of Music Therapy, 19*(1), 73-92, doi: 10.21330/kjmt2017.19.L73.

Palmer, M. D. (1977). Music therapy in a comprehensive program of treatment and rehabilitation for the geriatric resident. *Journal of Music Therapy, 14*(4), 190-197.

Prickett, C. A., & Moore, R. S. (1991). The use of music to aid memory of Alzheimer's patients. *Journal of Music Therapy, 28*(2), 101-110.

Reisberg, B., Schneck, M. K., Ferris, S. H., Schwartz, G. E., & deLeon, E. D. (1983). The Brief Cognitive Rating Scale (BCRS): Findings in primary degenerative dementia (PDD). *Psycbopharmacology Bulletin, 19*(1), 47-51.

Saxton, J., McGonigle, K. L., Swihart, A. A., & Boiler, E. (1993). *The Severe Impairment Battery (SIB) Manual* Pittsburgh, PA: The University of Pittsburgh, of the Commonwealth System of Higher Education.

Sheehan, B. (2012). Assessment scales in dementia. *Therapeutic Advances in Neurological Disorders, 5*(6), 349-358, doi: 10.1177/1756285612455733.

Simmons-Stern, N. R., Deason, R. G., Brandler, B. J., Frustace, B. S., et al. (2012). Music-based enhancement in Alzheimer's disease: Promise and limitations. *Neuropsychologia, 50,* 3295-3303.

Swartz, K. P., Hantz, H. C., Crummer, G. C., Walton, J. P., et al. (1989). Does the melody linger on? Music cognition in Alzheimer's disease. *Seminars in Neurology, 9*(2), 152-158.

Taylor, D. B. (1997). *Biomedical Foundations of Music as Therapy.* St. Louis, MO: MMB Music, Inc.

van der Steen, J. T., van Soest-Poortvliet, M. D., van der Wouden, J. C., Bruinsma, M. S., et al. (2017). Music-based therapeutic interventions for people with dementia (review). *Cochrane Database of Systematic Reviews, 5,* Art. No.: CD003477; doi: 10.1002/14651858.CD003477.pub3.

Wechsler, D. (1975). Intelligence defined and undefined: A relativistic approach. *American Psychologist, 30,* 135-139.

Wheeler, B. (2013). Music Therapy Assessment. In R. F. Cruz & B. Feder (Eds.), *Feders The Art and Science of Evaluation in the Arts Therapies.* Springfield, IL: Charles C. Thomas.

York, E. (1994). The development of a quantitative music skills test for patients with Alzheimer's *disease. Journal of Music Therapy, 31*(4), 280-296.

Zhang, Y., Cai, J., An, L., Hui, F., et al. (2017). Does music therapy enhance behavioral and cognitive function in elderly dementia patients? A systematic review and meta-analysis. *Ageing Research Reviews, 35,* 1-11.

제 12 장

잔존 음악기술

Elizabeth York

1. 환경과 동기

임상현장에서 일을 하는 중에 연구 질문이 떠올랐다. 나는 미국 조지아주 밀리지빌에 위치한 대규모 정신과 입원시설인 조지아 주립병원에서 퇴원한 신체적으로 건강한 노인 집단을 대상으로 애틀랜타에서 음악치료 회기를 제공하기 시작했다. 그 과정에서 데칼브 카운티 예술위원회의 보조금을 받아 예술기반 작업을 할 기회가 있었는데, 그 결과로 기관 참가자들과 함께 〈나는 천사의 노래를 들었다(I Heard the Angels Singing)〉라는 제목의 공연을 했다. 이 노인 중 일부는 80대로 여러 해 동안 보호시설 생활에 익숙해졌고, 공동체 안에서 최대한 독립적으로 살아가는 목적과 더불어 (여가 활동을 포함하여) 일상생활 기술을 배우는 주간 프로그램 회원이었다. 나는 나와는 공통점이 거의 없는 아프리카계 미국인들을 주축으로 하는 집단에 소개되었다. 인종차별적인 남부에서 자란 백인 여성인 나는 흑인 공동체와 거의 교류한 적이 없었다. 내가 할머니의 무릎 위와 학교에서 배웠던 다른 노래보다는 내가 알고 있는 단지 몇 개의 영가와 노동요가 이 노인 집단과 신뢰 관계를 형성하는 것을 도왔을 것이다.

내가 처음 그들을 만났을 때 그들은 조용했고, 나는 기타를 든 백인 여자가 무언가를 해주는 것을 회의적으로 생각했다. 내가 처음 부른 노래는 나의 할머니가 내게 불러 줬던 첫 노래인 자장가 〈Go to sleep〉이었다. 노래가 끝나자, 엘노라(Elnora)는 내가 들어보지 못했던 나머지 가사를 노래하기 시작했다. “And one'll be black, and one'll be blue, and one'll be the color of your Grandpa's shoes.” 그렇게 기억에 남는 시작 이후에, 나는 직관적으로 그들이 입원 전 삶의 기억을 불러일으키는 주제에 기초하여 음악 회기 접근을 결정했다. 어머니, 교회, 휴일 그리고 요리를 위한 회기였다. 3개월에 걸쳐 나는 매주 회기에서 (내가 기억하는 노래로) 그 날의 주제와 관련된 노래를 시작했다. 그들은 어린 시절에 어머니가 가르쳐 주었던 노래를 불렀는데, 교회에는 피아노나 다른 악기가 없었기 때문에 나무 바닥을 발로 구르며 리듬 붙인 노래를 불렀다. 그들은 좋아하는 음식(고구마, 칼라 그린, 콘 브레드)과 어떻게 그 음식을 만드는지에 대해 이야기했다("Mama's little baby loves shortnin', shortnin. Mama's little baby loves shortnin's bread"). 나는 매 회기를 녹음했고, 마치 민족음악학자가 다른 문화권의 음악을 연구하는 것처럼 내가 들은 것을 기록했다.

(몇몇은 30년이 넘게 입원했던) 그들의 기억을 담은 이야기와 노래의 풍요로움이 나를 움직였고, 1990년에 플로리다주 마이애미 대학교의 대학원 과정으로 이끌었다. 나는 기억을 자극하여 이야기를 하게 할 뿐 아니라, 과거의 의미 있는 노래 가사와 멜로디를 되찾아오는 '음악'의 능력에 매료되었다. 나는 익숙한 노래로 접근하고 평가할 때 음악적 기억이 견고해진다고 가정하였다. 마침 내 대학원 첫 해는 음악과 노화에 관한 상원 청문회(Senate Hearing on Music and Aging)의 첫 해(1992)였다. 전해 듣기로, 청문회에서 노인과 함께 일하는 전국의 음악치료사에게 8개의 연구 프로젝트를 지원하기로 했다는 것이었다. 마이애미 대학교의 멘토인 테드 팀즈 박사(Dr. Ted Tims)는 동료인 마이애미 대학교의 성인발달과 노화센터의 데이비드 로웬스타인 박사(Dr. David Loewenstein)와 함께 연구 프로젝트 중 하나를 지원받았다. 그들의 연구는 알츠하이머 환자에게 음악치료의 생리적 효과를 연구하는 것이었다. 나의 학위논문 연구는 그들의 프로젝트에 참여한 사람들을 진단평가하는 것이었다. 샤운 불러(Shawn Buller), 개리 버하겐(Gary Verhagen)과 나는 대학원 연구 조교로 일했다. 우리는 음악치료 프로토콜을 개발하고 실행했다. 그들은 내 연구에서 독립적인 평가자였다.

그 당시 마이애미 대학교의 음악교육 학과장인 데이비드 보일 박사(Dr. David Boyle)는 캔자스 대학교의 루디 라도시 박사(Dr. Rudy Radocy)와 함께 음악 진단평가의 전문가였다. 그들은 함께 『음악경험의 측정 및 평가(Measurement and Evaluation of Musical Experiences)』(1987)를 출간했고, 나는 운 좋게 보일 박사의 수업을 들을 수 있었다. 대부분의 내용은 음악 지각, 태도, 음악 교육자 관점에서 학습을 평가하기 위해 개발된 척도에 관한 것이었다(Bentley, 1966; Gordon, 1965, 1979; Seashore, Lewis, & Saetveit, 1960). 이러한 검사의 대부분은 음정, 리듬, 멜로디와 같은 음악영역 내의 청각적 식별 과제들을 포함했다. 예를 들어, 과제는 청취자가 음고의 높음과 낮음, '동일하거나 다른' 멜로디 부분 또는 리듬 패턴을 회상하고 식별하는 것을 요구했다. 기븐스(Gibbons, 1982, 1983a, 1983b)는 그 당시에 건강한 노인의 청각 식별을 조사하기 위해 음악소질검사(Music Aptitude Profile: MAP)와 유동음악소질검사(Primary Measures of Music Audiation: PMMA)를 사용해 온 유일한 음악치료사였고, 노화에 따라 점수가 감소할 필요는 없다는 것을 발견하였다. 이 발견은 내가 애틀랜타에서 아프리카계 미국인 내담자와 함께 일하며 관찰한 음악적 행동과 기억의 보존에 매료되었던 그 열정을 되돌려 놓았다.

2. 이론적 배경

내가 원 연구를 하던 시기에, 음악치료 문헌 중 작은 핵심으로 알츠하이머 환자의 음악기억 보존에 대한 임상적 증거를 발견했다(Aldridge & Aldridge, 1992; Lipe, 1991; Olderog-Millard & Smith, 1989; Prickett & Moore, 1991). 다른 연구자들은 알츠하이머 환자들의 음악적 기억 보존은 청각과 음악적 자극이 나타날 때의 대안적 인지, 기억, 다른 신경 기제의 사용에 따른 것일 수 있다고 제안하였다(Crystal, Grober, & Masur, 1989; Walton et al., 1988). 이 저자들은 치매로 인해 다른 인지기능의 감퇴에도 노인의 음악적 행동이 유지되는 것처럼 보이는 나의 임상적 관찰을 지지했다.

나의 대학원 연구 초기에, 나는 마이애미 재향군인 관리국 메디컬 센터에 있는 79세 알츠하이머 중기 여성 노인을 대상으로 사례연구를 수행하였다. 그녀는 심각한 표현성 실어증으로 언어 치료가 중단되었다. 그럼에도 내가 그녀가 어렸을 적 노래의 멜로디를 불러주면 그녀는 완벽한 리듬으로 오르프 실로폰 연주를 지속하였고 놀랍게도 그녀가 자발적 발화를 할 수 없었을 때에도 큰 소리로 노래 가사를 읽었다(York, 1990). 리프(Lipe, 1991)는 알츠하이머 환자를 대상으로 비슷한 음악치료 사례연구를 출간했다. 그녀는 "심각한 손상을 가진 개인을 대상으로 인지적 강점에 민감한 표준화된 진단평가와 측정도구"(p. 104)의 필요성을 확인했다. 그녀의 연구 질문은 나와 비슷했다. 알츠하이머 환자의 음악적 행동 보존을 드러내고 정량화할 음악적 활동 과제 절차를 포함한 채점 가능한 진단평가를 만들 수 있는가? 그것을 다른 전문가들이 표준화한 진단평가 개발 기준에 맞추는 것이 가능한가? 나는 그저 심리측정의 어마어마한 세계에 뛰어들고 나서야 이 일을 할 수 있었다.

나는 노인의 인지 감퇴와 정신상태를 식별하기 위해 개발되었던 표준화된 선별도구들을 조사했다[맥두걸(MacDougall, 1990)의 검토에서 폭넓게 사용된 많은 검사를 발견할 수 있었다]. 하나는 광범위한 연구 도구인 루리아-네브레스카 신경심리학 검사 배터리(Luria-Nebraska Neuropsychological Battery: LNNB)(Golden et al., 1980)인데, 신경심리학적 검사는 뇌의 후발성 또는 국소 손상을 지닌 환자를 구별하는 데 효과적인 것으로 알려졌다. LNNB는 리듬 하위 검사에 12개의 음악적 문항이 있는데, 리듬 패턴의 움직임 만들기와 익숙한 노래 부르기 능력과 같은 능동적 음악과제와 멜로디 자극의 청각 변별과 같은 수용적 과제를 포함한다.

다른 관련 있는 도구는 간이 정신상태 검사(Mini-Mental State Examination: MMSE)(Folstein, Folstein, & McHugh, 1975)로, 짧으면서도 인지 손상을 식별하기 위한 신뢰할 수 있고 타당화된 도구로 판명된 인지검사이며, 23점 이하를 치매의 지표로 간주된다(Cockrell & Folstein, 1988). MMSE는 국립신경학연구소(National Institute of Neurological)와 의사소통장애, 뇌졸중, 알츠하이머 관련 장애 연합의 작업 집단에 의해 알츠하이머의 임상적 시험에서 정량적인 도움을 주는 도구로 인식되고 있다(McDougall, 1990). 비록 MMSE가 알츠하이머를 진단하지 못하지만, 더 포괄적인 신경심리학적 도구와 같이 타당화된 것이라고 여겨진다(Giordani et al., 1990). MMSE의 인기는 5~10분의 쉬운 실행으로 주의 결핍이 있는 치매 환자와 일하는 임상가에게 도움이 되기 때문이라고 할 수 있다(York, 1994).

3. 잔존 음악기술 검사의 기술

잔존 음악기술 검사(Residual Music Skills Test: RMST)는 "공식적인 음악교육의 혜택 없이 일생 동안 습득한 음악행동"(York, 1994, p. 283)으로 조작적 정의한 '잔존 음악기술'을 측정하고 식별하기 위해 고안된 정량적 도구이다. 달리 말하자면 이 음악적 기술은 문화화를 통해 습득된다. 이 검사는 알츠하이머 개연성이 있는 노인을 위해 특별히 고안되었는데, 나는 다른 유형의 인지 손상을 가진 성인에게도 사용할 수 있다고 생각한다. 임상 증거들은 알츠하이머 개연성이 있는 사람이 음악적 인지의 특정 측면(예: 익숙한 노래의 가사를 기억하기, 꾸준한 박 유지 능력)을 유지하는 것을 보여 주었기에, 임상적 진단평가와 이런 기술을 확인하는 것은 음악치료사와 보호자가 알츠하이머 유형의 치매 개연성이 있는 사람과 의사소통하고 상호작용할 수 있는 추가적 의미를 제공한다. RMST는 단지 음악적 기술과 행동에 관한 것이기에, 일반적으로 사회적 상호작용, 신체적 · 정서적 반응, 주의력 같은 비음악적 영역을 측정하는 전통적인 음악치료 진단평가로서 간주될 수 없다. 그러나 만약 환자가 RMST에서 높은 점수(최대 80점)를 받는다면, 이는 음악행동의 보존을 나타내고 음악치료에 적합하다고 추정될 수 있다. 또한 검사는 총점과 하위 점수를 제공하므로 심리측정적 표준(즉, 어떤 채점 도구의 표준화에서 요구되는)과 함께 엄격한 통계분석을 사용하여 신뢰도와 타당도를 결정할 수 있다.

1) 검사 구성과 내용타당도

처음에 RMST의 내용은 폴스타인(Folstein)의 MMSE 형식을 대략적으로 본떠 만들었다. 검사 문항은 일반적으로 음악치료 회기에서 발생할 수 있는 능동적 · 수동적 과제를 반영했고, 음악 문항은 MMSE의 비음악적 문항에 맞추었다. 또한 내용타당도는 음악교육을 통제하기 위해 9세 수준의 음악을 지원하였다(Norris & Bowes, 1970). 다음을 포함한다.

- 음악적 단서가 있든 없든 익숙한 노래 단어를 노래하기
- 음악적 단서를 제공한 익숙한 노래의 제목 말하기
- 소리를 듣고 대중 악기 알아맞히기
- 녹음된 음악에 반응하여 자발적인 리듬 행동
- 방금 들었던 리듬 패턴의 연주
- 방금 들은 멜로디 패턴과 방금 들은 악기 소리를 정확하게 목소리로 따라하는 두 과제

단기기억 과제, 그리고 읽고 언어 명령으로 옮기는 것을 요구하는 과제는 LNNB에서 제공받은 것이다(Golden et al., 1980).

RMST의 초기 버전(1991)은 밴더빌트 대학교와 마이애미 VA 메디컬 센터에서 알츠하이머 가능성이 있다고 진단받은 8명에게 실시하였다. 수정판은 초기 시행 이후에 채점과 문항을 검사하여 만들었다. RMST 수정판(1994)의 하위 검사는 노래 회상(1문항, 31점), 악기 식별(1문항, 6점), 청음 기억(Tonal Memory)/음고 식별(1문항, 10점), 악기 이름과 노래의 단기기억 회상(2문항, 8점), 음악적 언어(3문항, 12점) 그리고 리듬 과제(3문항, 13점) 등으로 이루어져 있다. 음악적 언어 과제는 단어기억과 표현언어 기능의 지표일 뿐 아니라 장기기억의 음악적

측정이다. 단기기억 회상 과제는 단기기억의 음악적 측정이다. 피험자들은 가능한 광범위한 응답에 대해 숫자 점수를 받았고, 각 과제에 가능한 한 많은 점수를 주었다. 최대 총점은 80점이다.

애틀랜타에서 알츠하이머 환자들을 위해 실시된 2일의 치료 프로그램에 37명이 참여하였고, 현장에서 RMST 수정판으로 검사하였다(York, 1994). 문항을 분석하고 내적 일치도를 평가하기 위해서 예비 자료를 얻었고, 두 명의 독립적인 평가자를 사용하여 평가자 간 신뢰도를 구하여 RMST와 MMSE 사이의 상관을 조사하고자 하였다(York, 1994). 이러한 모든 단계는 피어슨의 상관계수, 크론바흐 알파, 그리고 스피어먼 브라운(Spearman Brown) 공식을 포함한 양적 검사의 표준화를 위해 요구되는 심리측정적 분석을 사용했다.

2) 신뢰도 분석

(1) 평가자 간 신뢰도

1994년 연구에서 두 명의 독립적인 평가자가 동시에 각 피험자를 채점하였고, 평가자 간 신뢰도는 높았다(r =.96). 내 학위논문의 일부로 수행한 기초선, 사전, 사후 그리고 6주 후 추수 시점의 자료를 수집한 후속 분석에서 평가자 간 신뢰도는 r > .90으로 나타났다(York, 1995).

(2) 내적 일관성 계수

크론바흐 알파 신뢰도 분석의 결과는 .66이었다. RMST에서 시행한 문항 변별도 분석은 총점과 음악적 회상(노래하기)(r =.87), 총점과 음악적 언어 과제(r =.82)에서 강한 정적 상관을 나타냈다. 문항 변별도 검사 절차 결과는 노래하기를 요구한 문항(1, 3, 6, 9) 점수들 간에 강한 상관을 나타낸다. 이는 RMST에서 높은 점수를 받은 사람은 잔존하는 표현적 언어가 보존된다는 점을 제안한다.

(3) 검사-재검사 신뢰도

유타주에서 알츠하이머 개연성이 있는 것으로 진단받은 95명의 피험자 표본에서 높은 검사-재검사 신뢰도가 나타났다(r =.92). 이 연구에서 피험자들은 초기에 RMST를 수행했고,

14일 후에 재검사하였다(York, 2000).

3) 타당도 분석: 구성타당도

애틀랜타 연구(York, 1994)는 RMST 점수와 MMSE 점수 사이의 비교를 수행했다. 두 검사의 총점 간 상관은 정적이었지만 높지는 않았다(r=.61). 이것은 두 검사가 인지기능의 다른 측면을 측정하고 있다는 것을 나타낸다. RMST 언어 하위 점수와 MMSE는 더 높은 상관이었다(r=.72).

리프와 동료들(Lipe, York, & Jensen, 2007)은 그녀의 도구인 음악기반 인지기능 평가(MBECF)(Lipe, 1995)와 RMST(York, 1994), MMSE(Folstein, 1975) 사이에 구성타당도에 대한 추가적인 증거를 발견했다. MBECF와 MMSE 사이의 상관(r=.89)은 RMST와 MMSE 사이의 상관(r=.72)보다 높았다. 나는 그 차이가 음악적 과제를 사용하여 일반적인 인지를 평가하는 MBECF와 대조적으로 음악기술을 식별하려는 RMST의 의도 차이에 기인한다고 결론지었다. 그러나 RMST 총점과 MBECF 총점 사이에 .83의 상관이 나타났다는 것은 두 평가 모두 유사한 음악적 인지를 측정하는 진단평가라는 것을 나타낸다.

4. 실행

RMST는 개별적으로 실행하도록 설계되었다. 비록 시간제한은 없지만, 검사는 15~20분 정도 소요된다. 검사는 적절한 조명, 최소한의 산만함, 피험자와 치료사를 위한 책상과 의자가 있는 방에서 수행되어야 한다. 평가받는 개인은 책상을 사이에 두고 치료사와 마주보도록 위치한다. 이 장의 끝에 있는 RMST 실행 완수 절차를 참조하길 원한다.

다음은 RMST 수행에 필요한 준비물이다.

- 고음질의 CD 플레이어(또는 다른 디지털 음원 연주기기, MP3, iPhone)가 피험자와 1미터 거리 내에 위치한다. 녹음된 자료들은 다음을 포함한다.
  - 〈You Are My Sunshine〉(David, 1937)의 악기 버전

– 드럼, 기타와 피아노 소리
– 악기연주 버전의 〈Happy Birthday〉 〈Star Spangled Banner〉 〈Chattanooga Choo Choo〉(Warren & Gordon, 1941).
이 노래들은 글렌 밀러 오케스트라의 밴드 원 버전인 〈Chattanooga Choo Choo〉를 제외하고, 피아노로 녹음할 수 있다.

- 마라카스 2개
- 피아노, 기타, 트럼펫, 드럼의 8 × 11인치 라미네이트 사진
- 볼드체로 'Clap Your Hands'라고 적힌 라미네이트 표시판
- 오음계 피치를 제공하는 두 개의 톤 바(C, G)와 〈Zip-a-Dee-Doo-Dah〉(Wrubel & Gilbert, 1946)의 첫 소절
- 스크립트와 지시문이 포함된 RMST 복사본

5. 점수 해석

검사점수의 가장 정확한 해석은 높은 점수가 낮은 점수보다 더 높은 잔존 음악기술을 유지하고 있다는 것이다. 음악치료사가 개별 문항에 대한 반응 패턴을 면밀히 검토하면 개별 환자를 위한 특정 치료 목적을 개발하고 측정하는 데 도움이 된다. 이 대상군의 잔존 음악기술을 위한 '규준'을 결정하는 작업은 수행하지 않았다. 치매가 없는 정상 성인의 표본 점수가 치매 환자와 비교된다면, 우리는 절단점을 발견할 수 있을 것이다. 알츠하이머의 다양한 단계 중에 있는 사람들과 함께 RMST 점수를 비교하는 것은 유용할 수 있다. 더 많은 연구가 수행될 때까지 우리는 무엇이 시간의 흐름에 따라 반영된 잔존 음악기술의 '감퇴'를 특성화시키는지 알지 못한다.

6. 제한과 자산

나는 RMST가 미국 남부에서 개발되었다고 인정한다. 몇몇 노래는 남부의 일반적인 문화와 관련이 있으며, 1992~1995년에 함께 일했던 연령대의 전형적인 노래와 관련이 있다. 미국의 다른 지역에 거주하는 새로운 세대의 알츠하이머 환자들에게는 이러한 노래를 업데이트해야 할 필요가 있다. 일본에서 이 검사를 번역해서 만들고자 한 시도가 있었다(Okazaki, 1999). 문항들은 일본 문화(악기 소리와 익숙한 노래)에 맞추어 변형되었다. 20명의 일본 노인을 대상으로 하는 예비 검사 결과는 RMST가 어려움 없이 다른 문화 맥락에서 채택될 수 있음을 보여 주었다. 향후 수행되는 국제적 연구를 통해 '잔존 음악기술'이 문화에 걸쳐 일관적 인지를 조사할 수 있을 것이다.

RMST의 구조와 심리측정적 속성은 검사-재검사 신뢰도 연구(York, 2000)를 제외하고 작은 표본으로 실행되어 왔다. RMST에 대한 후속 연구에서는 더 큰 표본을 사용하는 것이 유익할 것이다. 건강한 노인에 대한 검사점수 조사는 일반 노인과 치매 환자 사이의 비교에 유익하고 규준화된 자료를 제공할 것이다. 노래 부르기 과제는 RMST 전체 점수와 높은 상관이 발견되었다. 따라서 노래 부르기에 필요한 문항에 가중치나 점수 조정이 필요할 수도 있다. 그러나 표현적 실어증 질병의 중간이나 후반 단계 특성에 있는 사람이라면 음악적 언어를 요구하는 문항(특히 익숙한 노래의 단어를 노래하는 것)은 인지적 감퇴의 조기 지표가 될 수도 있다. 대안적으로, 시간에 따른 노래 부르기 기술의 설명은 음악 언어가 고유하며, 발화 언어가 감퇴되는 인지 손상 환자에게도 접근할 수 있다는 입증되지 않은 임상 보고를 확신하게 한다. RMST와 함께 실험설계를 사용한 연구들은 사전 · 사후 점수의 비교로 음악치료 중재 효과를 살펴볼 수 있다. 또한 시간의 흐름에 따라 점수를 비교하여 음악언어 변화가 발화 언어의 변화와 평행한지, 그리고 이러한 변화가 시험 내 하위 점수뿐 아니라 총점에 미치는 영향을 확인할 수 있다. RMST는 또한 외상성 뇌손상 및 기타 치매로 인한 인지 손상이 있는 환자에게도 검사할 수 있다.

7. 결론

라도시(Radocy)는 음악치료 분야가 매우 다양하기 때문에 심리측정적으로 타당한 검사를 만들 수 있을지 의문을 가졌다(Radocy, 1999). 커디와 더핀(Cuddy & Duffin, 2005)은 "알츠하이머 환자를 위한 신뢰할 수 있고 정량적인 음악기억 검사를 개발하려는 사람의 노력은 지지되어야 한다."(p. 233)라는 것을 알았다. 그들은 알츠하이머 치매의 음악기억 보존의 증거는 여전히 입증되지 않았다는 것을 주장했다. RMST는 오직 이 목적을 위해 만들어졌으며, 알츠하이머 진단이 가능한 개인에게 실행하기 적합한 것으로 밝혀졌다. 이 검사는 시행이 간편할 뿐 아니라, 피험자가 검사에 응하는 동안 음악적 반응을 강제하지 않고, 긍정적 · 정서적 반응의 관찰에 기반한 스트레스가 전혀 없는 경험을 기본으로 한다. 이것은 심각한 인지 손상이 있는 사람을 평가하는 동안, 짧은 주의 유지 능력과 산만성이 있는 사람에게 긍정적인 결과이다.

RMST는 신뢰도와 타당도가 결정되었기에, 현재 거주보호시설에서 사용되는 질적 시설기반 행동 진단평가를 강화하는 데 도움이 될 수 있다. 시간이 지남에 따라 검사를 시행하면서 인지기능 감퇴 대 음악 인지 감퇴의 유용한 정보를 제공할 수 있다. 이것의 쓰임새는 알츠하이머 환자가 음악치료 처치로 받는 이익을 확인하도록 돕고, 어떻게 음악이 알츠하이머 환자와 보호자의 삶의 질을 증진시키는지 지침을 제공하는 것이 있다. 리프와 요크는 증거기반 진단평가 접근이 목표한 치료 목적과 목표 그리고 최고의 임상적 결정을 이끌 수 있다고 주장했다(Lipe, 2015; Lipe & York, 2000). 특정 내담자 대상군을 위한 정량적 검사를 개발하는 데 선구자인 우리는 그것이 가능한지 의심하는 이들로부터의 도전에 직면하고 있다. 그 유용성은 아직 임상환경에서 결정되지 않았으며, 나의 간절한 소망은 이 출판물이 임상에서 RMST의 사용으로 이어지는 것이다.

잔존 음악기술 검사(RMST)

■ 도입

"(이름), 저는 오늘 음악에 대해 몇 가지 질문을 드리려고 해요. 음악 좋아하세요?" (응답을 기다림)

"저는 이것이 즐거우시길 바라요. 만약에 피곤하시면, 저에게 알려 주세요. 잠시 쉬도록 해드릴게요."

■ 노래 회상(31점)

"제가 익숙할 수도 있는 노래를 들려 드릴 거예요. 만약 하실 수 있으면, 이 노래를 따라 부르시면 좋겠어요. 기억하는 한 많은 단어를 노래해 보세요."

(1단어에 1점. 노래 부른 각 단어에 ○ 표시하라.)

You are my sunshine, my only sunshine.
You make me happy when skies are grey.
You'll never know dear, how much I love you.
Please don't take my sunshine away. (*Davis, 1937, Decco Records*)

"이 노래 제목 기억하세요?"
노래의 제목을 기억한다면 1점( )
기억하지 못하면 0점( )
노래 회상 하위 점수: ________

■ 악기 알아맞히기 (6점)

4장의 악기 카드를 보여 준다.

"여기 일반적인 악기 사진이 있어요. 세 개의 악기 소리를 들려 드릴 거예요. 제가 들려드리는 각 악기 소리를 듣고, 어떤 악기 소리인지, 손으로 가리켜 주세요."

녹음된 소리를 들려준다. 각각에 정확하게 응답하면 2점이다. 각 시도 후에, 악기 이름을 말하게 하라. 세 개 모두를 말할 수 있을 때까지 반복한다.

드럼( ), 피아노( ), 기타( )
악기 알아맞히기 하위 점수: ________

■ **청음 기억/음고 식별(10점)**

"지금 제가 '라라라라' 하고 나면 노래하세요."
(톤바 C음을 참고하고, 4/4박자 중간빠르기 아카펠라로 노래한 다장조 첫 다섯 음을 노래하라.)

음정 맞춰 노래하면, 2점( )
비슷한 음고로 노래하면 1점( )
과제를 정확히 수행할 수 없으면 0점( )
청음 기억/음고 식별 하위 점수: ________

■ **악기 이름과 노래의 단기 회상(8점)**

악기 사진을 다시 보여 준다.

"제가 세 개의 악기 소리를 몇 분 전에 들려 드렸지요. 들었던 악기를 가리킬 수 있어요?"

각각 정확하게 응답하면 2점( )
드럼( ), 피아노( ), 기타( )

"몇 분 전에 노래를 불러 드렸어요. 그 노래 제목을 말씀해 주실 수 있나요?"

정확하게 응답하면 2점( ) (〈You are my sunshine〉)
단기 회상 하위 점수: ________

■ **음악적 언어(12점)**

"지금 어르신이 알고 계실 수도 있는 두 개 이상의 노래를 들려 드릴 거예요."
〈Happy Birthday〉와 〈Star Spangled Banner〉의 악기연주 버전을 들려준다.

각 노래의 연주가 끝나면 노래 제목을 묻는다.

1점: 노래를 듣는 동안, 다음 행동을 한다.
허밍(　　), 휘파람(　　), 노래 가사 부르기(　　) 〈Happy Birthday〉
허밍(　　), 휘파람(　　), 노래 가사 부르기(　　) 〈Star Spangled Banner〉

1점: 각 정확한 이름을 맞춘다.
〈Happy Birthday〉 (　　), 〈Star Spangled Banner〉 (　　)

"이제 제가 노래하는 것을 정확하게 노래해 주세요. 먼저 들으시고, 다음에 부르시면 됩니다." (톤바 G를 참고하라. 〈Zip-a-Dee-Doo-Dah〉(Wrubel & Gilbert, 1946, Disney Productions)의 첫 다섯 음고를 노래하라.

음고를 정확하게 맞추면, 1점(　　)
멜로디 선율을 모방하면, 1점(　　)
음절을 정확하게 노래하면, 1점(　　)

"이제 알고 있는 노래를 한 소절 불러 주실 수 있나요?"
과제를 수행하면, 1점(　　)
과제를 수행하지 못하면, 0점(　　)
음악적 언어 하위 점수: ________

■ 리듬 과제(13점)
"이 악기를 보여 드릴게요." (마라카스를 보여 준다.)
"이건 마라카스라고 해요. 어떻게 연주하는지 보여 드릴게요." (4/4박자 보통빠르기를 들려 준다.)
"같이 연주하고 싶어요." (다른 마라카스를 손에 쥐어 준다.)
"제가 시작하면 연주하세요. 준비되셨어요? 시작!"

치료사와 함께 고르게 연주하면 3점(　　)
간헐적으로 연주하면 2점(　　)

악기는 쥐었지만 연주하지 못하면 1점(   )
악기를 잡지 못하면 0점(   )

"이제 제가 신호를 드릴 거예요. 이 신호를 보고 이 신호가 하라는 것을 하시면 됩니다."
(볼드체로 크게 쓴 '박수 치세요.' 신호)

한 번 이상 리듬에 맞춰 고르게 박수치면 3점(   )
한 번 이상 간헐적으로 박수치면 2점(   )
박수를 한 번 치면 1점(   )
과제를 수행하지 못하면 0점(   )

"이제 음악 몇 곡을 연주해 드릴 거예요. 즐기실 수 있길 바라요.
음악을 연주하는 동안, 원하는 것을 자유롭게 하시면 됩니다."
[〈Chattanooga Choo Choo〉(Warren & Gordon, 1941, Bluebird Records)의 악기연주 버전을 연주한다.]

각각 다음의 리듬 행동을 하면, 1점
박수(   ), 발 구르기(   ), 고개 흔들기(   )
의자에서 몸 흔들기(   ), 탁자를 손가락을 치기(   )
춤추기(   ), 기타(   )
리듬 하위 점수: ________

총점: ________ (최대 80점)
논평:

____

____

____

____

____

참고문헌

Aldridge, D., & Aldridge, G. (1992). Two epistemologies: Music therapy and the treatment of dementia. *The Arts in Psychotherapy, 19,* 243-255.

Bentley, A. (1966). *Music Ability in Children and its Measurement.* New York, NY: October House, Inc.

Boyle, J. D., & Radocy, R. E. (1987). *Meamremmt and Evaluation of Musical Experiences.* New York, NY: Shirmer.

Cockrell, J. R., & Folstein, M. F. (1988). Mini-Mental State Examination. *Psychopharmacology Bulletin, 24,* 689-692.

Cuddy, L. L., & Duffin, J. (2005). Music, memory, and Alzheimer's disease: Is music recognition spared in dementia, and how can it be assessed? *Medical Hypotheses, 64,* 229-235.

Crystal, H., Grober, E., & Masur, D. (1989). Preservation of musical memory in Alzheimer's disease. *Journal of Neurology, Neurosurgery, and Psychiatry, 52,* 1415-1416.

Davis, J. (1937). 'You Are My Sunshine'. Decca Records.

Folstein, M. F., Folstein, S. E., & McHugh, P. R. (1975). Mini-mental state: A practical method for grading the cognitive state of patients for the clinician. *Journal of Psychiatric Research, 12,* 189-198.

Gibbons, A. C. (1982). Musical Aptitude Profile scores in a non-institutionalized elderly population. *Journal of Music Therapy, 30,* 23-29.

Gibbons, A. C. (1983a). Item analysis of the Primary Measures of Music Audiation in elderly care home *residents. Journal of Music Therapy, 20,* 201-210.

Gibbons, A. C. (1983b). Primary Measures of Music Audiation scores in an institutionalized elderly population. *Journal of Music Therapy, 20,* 21-29.

Giordani, B., Boivin, M. J., Hall, A. L., Foster, N. L., et al. (1990). The utility and generality of the Mini-Mental State Examination scores in Alzheimer's disease. *Neurology, 40,* 1894-1896.

Golden, C. J., Sweet, J., Hammeke, T., Purisch, A., Graber, B., & Osman, D. (1980). Factor analysis of the Luria-Nebraska Neuropsychological Battery: I. Motor, rhythm and tactile scales. *International Journal of Neuroscience, 11,* 91-99.

Gordon, E. E. (1965). *Music Aptitude Profile.* Boston, MA: Houghton Mifflin.

Gordon, E. E. (1979). *Primary Measures of Music Audiation.* Chicago, IL: GIA Publications.

Lipe, A. (1991). Using music therapy to enhance the quality of life in a client with Alzheimer's dementia: A case study. *Music Therapy Perspectives, 9,* 102-105.

Lipe, A. (1995). The use of music performance tasks in the assessment of cognitive functioning among older adults with dementia. *Journal of Music Therapy, 32,* 137-151.

Lipe, A. (2015). Music Therapy Assessment. In B. L. Wheeler (Ed.), *Music Therapy Handbook* New York, NY: Guilford Press.

Lipe, A., & York, E. F. (2000). Guest editorial: Special issue on assessment in music therapy. *Music Therapy Perspectives, 18,* 11-12.

Lipe, A., York, E. F., & Jensen, H. (2007). Construct validation of two music-based assessments for people with Dementia. *Journal of Music Therapy, 54,* 369—387.

McDougall, G. J. (1990). A review of screening instruments for assessing cognition and mental status in older adults. *Nurse Practitioner, 15,* 18-28.

Norris, E. L., & Bowes, J. E. (1970). *National Assessment of Educational Progress: Music Objectives.* Ann Arbor, MI: National Assessment Office.

Okazaki, K. (1999). A Japanese adaptation of the Residual Music Skills Test. Unpublished manuscript.

Olderog-Millard, K. A., & Smith, J. M. (1989). The influence of group singing therapy on the behavior of Alzheimer's disease patients. *Journal of Music Therapy, 26,* 58-70.

Prickett, C. A., & Moore, R. S. (1991). The use of music to aid memory of Alzheimer's *patients. Journal of Music Therapy, 28,* 101-110.

Radocy, R. (1999). Measurement Traditions: May They Facilitate Music Therapy Assessments? In B. Wilson & E. York (Eds.), *Proceedings of the Institute on Music Therapy Assessment, 4-8.* Washington, DC: World Congress of Music Therapy.

Seashore, C. E., Lewis, L., & Saetveit, J. G. (1960). *Seashore Measures of Musical Talents.* New York, NY: The Psychological Corporation.

Senate hearings (1992). Forever Young: Music and Aging. Hearing before the senate special committee on aging. *Music Therapy Perspectives, 10,* 45-61.

Walton, J. P., Frisina, R. D., Swartz, K. P., Hantz, E., & Crummer, G. C. (1988). Neural basis for music cognition: Future directions and biomedical implications. *Psychomusicology, 7,* 127-138.

Warren, H. (composer). & Gordon, M. (lyricist) (1941). 'Chattanooga Choo Choo.' [Recorded by Glenn Miller AAF Orchestra.] On Sun Valley serenade [audio recording]. Camden, NJ: Bluebird Records (May 7, 1941).

Wrubel, A., & Gilbert, R. (1946). 'Zip-a-Dee-Doo-Dah.' Anaheim, CA: Disney Productions.

York, E. F. (1990). *CA* Music Therapy Assessment of a Patient Diagnosed with Alzheimer's Type Dementia. Unpublished manuscript, University of Miami.

York, E. F. (1994). The development of a quantitative music skills test for patients with Alzheimer's disease. *Journal of Music Therapy, 31,* 280-296.

York, E. F. (1995). The Effects of Music Therapy Interventions on Naming and Verbal Fluency in Persons with Probable Alzheimer's Disease. Unpublished PhD dissertation, University of Miami.

York, E. F. (2000). A test-retest reliability study of the Residual Music Skills Test. *Psychology of Music, 28,* 174-180.

제13장

대인관계 음악적 소통역량 척도

Søren Hald

1. 환경과 동기

음악치료 석사학위 과정을 마친 후, 나는 후천성 뇌손상(Acquired Brain Injury: ABI)으로 고통받는 사람들의 신경재활 분야에서 일하기 시작했다. ABI로 고생하는 내담자들은 광범위한 재활적 필요(예: 신체적 · 인지적 · 심리적 · 사회적 필요 또는 문제)가 있다. 그런데 뇌는 모든 대인관계 유형의 매개자이기에 ABI로 고생하는 내담자 대다수가 대인관계적 소통에도 문제가 있음을 깨달았다. 게다가 나는 음악치료가 내담자의 소통 능력을 변화시킬 수 있음을 경험했다. 몇 년의 임상 이후에, 나의 경험을 구조화 · 정량화하여 기술하고픈 충동을 느꼈고, 이 특별한 동기가 나를 박사과정으로 이끌었다.

ABI 내담자는 감소되는 대인관계 소통역량을 보여 준다. 그들은 종종 주제를 유지하거나, 기억, 자기 표현 및 명확성(언어 · 비언어적), 계획성, 사회적 규칙의 이해(부적절한 행동), 보속증[1], 소통 상대방에 대한 민감성으로 인해 소통에 몰입하는 데 어려움을 경험한다(Bateman et al., 2010; Kay et al., 1992; Struchen et al., 2008). 또한 음악치료는 ABI 내담자의 대인관계 소통 능력을 증가시킨다는 연구들이 있었다(Barker & Brunk, 1991; Gilbertson & Aldridge, 2008; Jeong & Kim, 2007; Nayak et al., 2000; Purdie, 1997).

이와 같은 이유로, 나는 ABI로 고통받는 사람들에게 음악치료가 음악 안에서, 또 일상생활에서 대인관계 소통역량에 미치는 영향에 주안점을 두고 박사학위 공부를 시작했다. 당시에 대인관계 소통역량을 측정하기 위해 사용할 만한 표준화된 도구가 없었기에 나는 진

1) 보속증(perseveration): 질문이나 지시에 응해서 일단 생긴 말이나 행동이 반복되는 것으로 다른 반응이 기대되는 질문이나 지시를 주어도 같은 말이나 행동이 반복해서 나타난다. 대부분은 기질성 뇌질환에서 나타난다(간호학대사전, 역자 주).

단평가도구를 개발했다. 대인관계 음악적 소통역량 척도(Interpersonal Music-Communication Competence Scale: IMCCS) 연구의 이론, 결과 및 분석에 대한 더 깊이 있는 정보는 여러 출판물에서 찾아볼 수 있다(Hald, 2012; Hald, Baker, & Ridder, 2015, 2017).

2. 이론적 배경

대인관계 소통에 대한 정의는 문헌마다 다양하다. 시아스와 재블린(Sias & Jablin, 2001)은 소통역량에 대한 검토 연구에서 다음과 같이 언급했다. "이 구성 개념에 관심이 있는 연구자들만큼 소통역량의 다양한 정의가 있다."(p. 820) 그들의 진술은 소통 전문가인 스피츠버그(Spitzberg, 2003)에 의해 지지받는데, 그는 "대인관계 소통기술처럼 일상적 삶의 질에 중요한 개념으로 다뤄지는 것도 없지만, 대인관계 기술처럼 측정하고 정의하기 어려운 개념도 없다."(p. 93)라고 말했다. 여기에서는 대인관계 소통역량을 소통기술(메시지 교환)과 대인관계 기술(본질적으로 관계적이고 과정에 정향된)의 연합으로 정의한다(Duffy et al., 2004).

구어 소통의 목적은 의미론적 교환인 데 비해, 비언어적 소통은 종종 말한 단어의 보완으로 여겨진다(Hargie & Dickson, 2004). 버군과 바큐(Burgoon & Bacue, 2003)은 비언어적 소통의 중요성에 대해 다음과 같이 기술하였다.

> 소통기술에 대한 이론적이고 실천적인 개념은 비언어적 행동의 중요성이 평가절하되고 있음에도 언어 단서의 역할을 강조한다. 이는 사회적 상황에서 의미의 60% 이상이 비언어적으로 전달된다는 추정을 고려할 때 더욱 놀랍다. …… 그리고 연구들은 언어적 메시지로 갈등하고 있을 때 비언어적 단서를 더 믿게 되는 것 같다고 가리킨다(Burgoon & Bacue, 2003, p. 179).

대인관계 소통은 타인과 신호를 주고받는 지속적인 과정이다. 신경학적으로 소통 방식은 감각 입력, 통합 그리고 운동 산출의 지속적 과정이다. 소통하는 자기는 일관된 자기 체계로서 기능하는 신경 체계로 비교적 독립적이지만 상호 의존적이다(Hart, 2006). 신경학자인 다마시오(Damasio, 2010)는 소통하는 '자기'는 몸과 뇌의 복합적인 네트워크 체계로부터 비롯된 신경학적인 것이라고 강조했다.

1) ABI와 대인관계 소통

ABI 환자가 대인관계에서 의미 있는 삶을 살아가기란 쉽지 않다. 문헌에서 ABI가 종종 사회적 · 대인관계적 문제를 동반한다고 강조하지만, 이것을 조사하는 경험적 연구는 제한적이다(Struchen, 2005). 〈표 13-1〉는 ABI 이후에 나타나는 공통적인 인지 변화와 행동 변화에 대한 정보를 종합하여 보여 준다(Struchen, 2005). 표의 왼쪽은 인지와 행동 변화를 정리하였고, 오른쪽은 사회적 소통 능력의 영향을 설명하였다.

〈표 13-1〉 ABI 이후 공통적인 인지/행동 변화 예시

ABI에 의한 인지/행동 변화	사회적 소통 능력의 영향
주의/집중	
낮은 집중력	• 주제를 유지하기 어려움 • 주의분산으로 대화의 흐름을 유지하기 어려움
주의를 옮기기 어려움	• 주제를 전환하기 어려움 • 화자와 청자 역할 사이에서 변환이 어려움
느려진 처리 속도	• 말하기에서 긴 중단, 말 속도가 느려짐 • 정상적 속도로 말할 때, 다른 것을 이해하기 어려움
학습과 기억	
낮은 즉시 기억	• 스스로 반복하기 • 대화 주제의 흐름을 놓침
침해, 간섭에 대한 민감성	• 지시 또는 메시지의 혼합 • 주제에 머무르는 것이 어려움
낮은 학습/회상 조직화 능력	• 혼란스러운 발화 • 횡설수설함
집행 기능	
통합의 어려움	• 상충되는 언어/비언어적 정보 조정의 어려움
계획성의 감소	• 대화하고자 하는 계획성의 감소 • 타인에 대한 관심이 부족해짐
낮은 자기 감시 능력	• 피드백 사용의 빈곤함 • 실수 인식능력의 부족
낮은 조직화/계획 세우기 능력	• 지시를 내릴 때 절차의 부족 • 낮은 말하기 조직화

〈계속〉

자기중심성	• 방해 • 과도한 말하기 • 타인의 관점 취하기 어려움
보속증	• 주제를 변화하기 어려움 • 정형화된 반응
낮은 정서/행동 조절능력	• 예측할 수 없는 사회적 행동 • 부적절한 웃음 • 과도한 분노 표현
낮은 자기 자각능력	• 비현실적 목표 또는 생활 상황 • 신뢰성 부족 • 보상 전략의 열악한 사용

출처: Struchen(2005) p. 90.

이러한 문제 대부분은 ABI로 고통받는 사람과의 음악적 상호작용에서 명백해진다. 음악치료 환경은 이런 문제에서 재활할 수 있는 장면을 제공한다. ABI 환자는 음악치료 환경에서 리듬(pulse), 질(quality), 서사(narratives)와 같은 소통적인 음악능력을 연습할 수 있는 기회를 제공받는다. 또한 주의집중력, 공감, 자기노출, 자기자각, 목소리 톤, 주고받기와 같은 대인관계 소통역량을 연습할 수 있다. 대인관계 소통역량을 연습하고 음악적 상호작용에서부터 "타인과의 존재 방식"(Stern, 2000)을 통해 일상의 상호작용, 일반적인 대인관계 소통역량에 영향을 미치는 것이 목적이다.

2) 대인관계 소통과 음악치료

음악치료사들은 종종 내담자와의 음악적 즉흥을 소리 안에서의 소통이라고 묘사한다(Pavlicevic, 2000). 그리고 내담자가 음악 안에서 어떻게 소통하는지와 일상생활의 상호작용 사이에는 명백한 상응이 있는 것처럼 보인다(Smeijsters, 2003). 미슨(Mithen, 2006)은 음악적 소통을 언어 소통 혁명의 초기 단계로 보면서 이를 지지하였다. 또한 언어와 음악적(즉흥) 소통을 다루는 뇌의 신경망이 중복되는 것처럼 보인다(Lopez-Gonzalez & Limb, 2012; Vuust, 2007). 그리고 재즈 음악가가 한 쌍으로 소통하는 방식과 어머니-유아가 소리를 사용해서 소통하는 방식은 명확한 유사점이 있음이 밝혀졌다(Schogler, 1998). 전-언어적(pre-verbal; 재즈) 소통과 관련된 음악 역량은 리듬에서 비롯되며, 동기화, 프레이즈(서사) 및 역동을 포함한다(Malloch & Trevarthen, 2009; Schogler, 1998).

음악적 소통과 일상생활의 소통 사이의 유사성은 '소통적 음악성(communicative musicality)'(Malloch & Trevarthen, 2009) 개념을 이끌어 냈고, 스턴(Stern, 1985)의 대인관계이론에 기반한다. 소통적 음악성은 음악적 상호작용에 제한되지 않고, (무엇을 소통하는가가 아니라) 우리가 어떻게 소통하는가에 뿌리를 둔다. 소통적 음악성은 함께 주의를 모으기, 반영/복사, 공감, 주고받기, 역동, 비언어적 표현, 질, 프레이즈와과 같은 것처럼 행동과 상태를 통해 개발된다. 스턴(1985)은 이러한 비언어적 소통의 측면은 주로 양육자와의 상호작용을 하는 시기, 즉 생애 첫 두 해 동안 진화한다고 하였다. 이러한 '소통역량'은 음악치료 환경의 음악적 상호작용을 통해 연습할 수 있고(Bonde, Nygaard Pedersen, & Wigram, 2001), '음악적 상호작용'에서 타인과 함께 존재하는 방식 개념(Stern, 1985)을 통해 일상의 상호작용으로 전환될 수 있다.

3) 대인관계 소통 평가하기

내담자의 대인관계 소통역량 발달을 평가하는 것은 음악치료 환경 안팎에서 효과 측정처럼 실행할 수 있다. 전이 또는 다중 모드 효과(음악치료 환경 외적인 효과)를 측정하는 것은 증거기반 임상에서 핵심적 요인이다. 그러나 외부에서 측정할 수 없는 음악치료 환경 내에서 발생하는 몇몇 발달적 속성을 고려해야 하고, 특정 시기 전에는 측정할 수 없는 효과들도 있다. ABI 환자의 음악치료 환경 외부에서 음악치료가 소통역량에 미치는 효과를 측정하기 위해 사용된 결과측정도구들이 있다. 정과 김(Jeong & Kim, 2007)은 관계변화 척도(Relationship Change Scale: RCS)와 신경학적 행동평가 척도(Neurobehavioral Rating Scale)(Levin et al., 1987)를 사용했는데, RCS는 관계의 여덟 측면(주도하기－조언하기, 자기강화－경쟁적인, 공격적－거부적, 저항적－의심스러운, 자기를 내세우지 않는－순종적인, 유순한－독립적인, 협력적－친화적, 수용－돕기)을 측정하고, 신경학적 행동평가 척도는 후천성 뇌손상 환자를 대상으로 집행/인지기능, 양성 · 음성 증상, 그리고 기분/정서로 관계 문제를 측정한다(Shannon & Guerney, 1973).

음악적 즉흥 동안에 수행한 상호작용을 분석하기 위해 개발된 몇몇 정량적 도구가 있다.

백스터 등(Baxter et al., 2007)의 개별 음악치료 진단평가 프로필(Individualized Music Therapy Assessment Profile: IMTAP), 브루샤(Bruscia, 1987)의 즉흥연주 진단평가 프로필(Improvisation Assessment Profiles: IAP), 파빌리체빅과 트레바튼(Pavilicevic & Trevarthen, 1989)의 음악적 상호작용 평가(Musical Interaction Rating: MIR) 등이다. 그러나 이러한 도구 중 어떤 것도 소통역량의 전체 스펙트럼을 평가하도록 고안하지 않았으며, 게다가 이들은 심리측정적으로 ABI 환자의 측정에 타당화되지도 않았다. 내가 아는 한 일상생활에서 대인관계 소통역량을 측정하는 것과 병행하며, ABI 환자를 위한 대인관계 음악 소통역량에 초점을 둔 쉽게 사용할 수 있고, 적절하며 신뢰할 수 있고 타당화된 진단평가도구는 없었다. 그런 도구의 필요성에 직면하여, 나는 루빈과 마틴(Rubin & Martin, 1994)의 대인관계 소통역량 척도에 기초하여 ABI 환자를 위한 대인관계 음악 소통을 측정하고자 고안된 척도를 개발하기로 결심했다.

4) 대인관계 소통역량 척도

스피츠버그(2003)는 대인관계 소통의 네 가지 일반적 모델/측정을 확인했다.

① 대인관계 소통역량 척도(Interpersonal Communication Competence Scale: ICCS)(Rubin & Marin, 1994; Rubin et al., 1993)

② 대인관계 역량의 매개모델(The Mediational Model of Men's Interpersonal Competence) (Bruch, Berko, & Hasse, 1998)

③ 세 척도의 조합(the Attributes Questionnaire SF, the Interpersonal Competence Scale, the Relationship Satisfaction Scale) (Lamke et al., 1994)

④ 지각된 갈등전략 역량 모델(Model of the Perceived Competence of Conflict Strategies) (Canary & Spitzberg, 1989)

이 네 가지 모델/척도 중에서 ICCS는 유일하게 특정 대상군이 없는 소통 모델이다. 소통의 결핍보다는 사람의 역량을 평가하여 자원에 정향된 관점을 통합했다는 점에서 독특하다.

ICCS는 ABI 연구에서 정형적으로 적용되지는 않았지만, 소통(Macik-Frey, 2007), 주의 문제(Fields, 2008), 애착 유형(Anders & Tucker, 2000) 그리고 리더십 훈련(Chan, 2003)에 초점을 둔 다른 연구들에서 성공적으로 사용되어 왔다. ICCS를 채택한 이유는 언어적 · 비언어적 상호작용을 일상생활 상황 속에서 다루기 때문이다. 앞에서 언급했듯이, 음악적 상호작용과 비언어적 상호작용에서 사용하는 역량 사이에는 명확한 유사점이 있다.

ICCS는 리커트 척도 30개 문항으로 구성되었으며, 대인관계 소통의 열 가지 영역을 나타내는 10개의 하위 척도, 즉 자기노출, 공감, 사회적 이완, 독단성, 상호작용 관리, 중심 변환(altercentrism), 표현성, 지지성, 즉시성, 환경 통제로 나뉜다.

나의 박사학위 연구는 ICCS를 ABI 환자가 이해하기 쉽게 약간 수정해 주었다. 이는 참가자의 일상생활에서 대인관계 소통역량을 평가하기 위해서 수행되었다. 할드 등(Hald et al., 2015)의 연구에서 더 많은 정보를 참조하길 권한다. 뿐만 아니라, 박사학위 연구를 통해 ICCS의 음악-소통 버전을 개발했다.

3. IMCCS

ICCS는 루빈과 마틴(1994)이 일상적 소통의 비언어적 측면에 우선적으로 초점을 둔 하위 요인들로 일반적 소통역량을 측정하기 위해 개발하였다. ICCS의 일상적 상호작용은 방금 한 쌍으로 연주한 4회의 음악적 즉흥에 관한 문항들로 음악적 상호작용으로 보정되었다.

1) 절차

IMCCS의 기초를 형성하는 음악적 즉흥은, ① 대화, ② 따름, ③ 프레이즈 유지, ④ 자유 표현의 한 쌍으로 하는 음악경험의 총 네 편으로 이루어졌다. 이 경험은 다양한 대인관계 음악 소통역량에 몰입할 수 있는 기회를 제공하고자 계획되었다. 4회의 경험 모두에 걸리는 시간은 대략 15분 정도이고, 치료사와 참여자는 마지막 경험 이후에 바로 IMCCS를 평가한다. 기존에 존재하는 즉흥연주 활동에 기초하여 수행한 대인관계 음악적 소통역량을 위해 기회를 만들고자 4회의 즉흥연주 경험이 계획되었다(Bruscia, 1987; Wigram, 2004).

(1) 연습 1: 대화

스스로 선택한 악기로 대화. 이 연습 동안, 참가자는 자신이 선택한 악기로 치료사와 음악적 대화에 몰입하도록 지시를 받는다. 치료사는 즉흥연주를 주고받기 시작하면서 치료사가 음악적으로 동기부여한 것에 따라서 창의적으로 참여하도록 이끈다. 가능하면, 치료사와 대화를 병행해도 좋다. 브루샤(1987, p. 290)에 따르면, 대화에서 일반적으로 사용되는 음악치료 기술은 모방, 반복, 변형, 과장 및 모델링을 포함한다. 이 연습의 목적은 치료적 발달을 촉진하는 것이 아니라, 참가자가 음악에서 가장 높은 잠재력을 발휘하는 것이다. 활동은 참가자의 음악 안에서 자기노출, 공감, 중심 변환, 상호작용 관리 및 환경적 통제 등의 능력이 조명되도록 계획한다.

(2) 연습 2: 따름

피아노/키보드에서 치료사를 따름. 이 활동 동안에 참가자는 치료사의 음악적 표현을 음악적으로 따르도록 지시받는다. 지침은 치료사가 연주한 것과 정확히 같은 음을 연주하는 것은 아니더라도 치료사의 음악과 맞추는 것이다. 치료사의 즉흥은 한 감정적 상태에서 시작하여 다른 감정으로 옮겨 가기 전에 시작한다(예: 슬픔에서 행복까지, 분노에서 부드러움까지). 연습은 참가자의 공감능력과 음악적 표현을 따르고 맞추는 능력을 평가하기 위해 계획되었다(Bruscia, 1987; Wigram, 2004). 나아가 이 연습은 참가자의 음악 안에서 표현과 즉시성을 측정할 수 있다.

(3) 연습 3: 프레이즈 유지

자신이 고른 악기로 치료사의 간섭에도 프레이즈 유지하여 연주하기. 이 활동 동안 참가자는 짧은 멜로디 혹은 리듬 프레이즈를 연주하고, 중단하라는 다른 지시가 있을 때까지 이 프레이즈를 계속해서 반복할 것을 지시받는다. 치료사와 참가자가 함께 프레이즈를 몇 번 반복 연주한 이후에 치료사가 참가자에게, 예를 들어 점점 빠르게/점점 느리게, 또는 음계에 없던 음을 연주하는 도전을 지시한다. 이 연습은 브루샤(1987)가 묘사한 참가자의 음악적 독립성, 자율성, 자기주장성을 측정하기 위해 계획되었다. 나아가 이 연습은 참가자의 음악 안에서 사회적 이완(스트레스 환경을 대하는 능력)과 중심 변환(집중적인 능력)을 평가할 수 있다.

(4) 연습 4: 자유 표현

자신이 고른 악기로 자유 즉흥. 자유롭게 공유하는 음악 만들기는 거의 모든 음악치료 접근에서 사용하는 기법이다(Bruscia, 1987; Wigram, 2004). 목적은 참가자에게 음악과 소통 안에서 현존하는 능력을 나타낼 기회를 제공하는 것이다. 참가자는 음악적으로 그들이 지금 이 순간을 어떻게 느끼는지 표현하도록 지시받는다. 치료사는 즉흥 안에서 지지적 역할을 한다. 만약 음악이 2분 이상 경직된다면, 치료사는 음악적으로 변화에 동기부여할 것이다. 이 연습은 잠재적으로 모든 대인관계 음악적 소통역량에 대한 정보를 제공할 수 있다.

음악치료사는 참가자의 소통적 연주를 평가할 수 있도록 연습 1과 연습 4에서 음악적 소통을 시작하도록 지시받는다. 소통적 계획은 프레이즈 이후에 명확한 멈추기, 부름에 대한 응답 요구하기 그리고 참가자의 프레이즈를 발전시키기를 포함한다. 연습 4에서 음악치료사의 지원은 지지하기(supporting), 반영하기(mirroring), 붙잡기(holding)와 같은 즉흥적 기법을 포함한다(Wigram, 2004). 만약에 연습이 외부 평가자에 의해 평가된다면, 4회의 평가 연습은 비디오로 녹화할 수 있고, 첫 음을 막 시작한 것부터 마지막 음을 연주한 다음까지 편집할 수 있다. 즉흥은 몇 분 동안 지속될 수 있고, 음악치료사는 5분에 종결을 촉구할 것이다. 즉흥 연습 이후에, 치료사와 내담자는 IMCCS를 사용하여 그들이 음악을 만든 경험을 평가한다.

2) 다른 평가자와 버전들

IMCCS의 타당성을 높이기 위해 음악치료사용 척도뿐 아니라 참가자가 채점할 수 있는 척도를 개발할 필요성을 발견했다. 자기평가(self-rater) 버전에는 참가자가 자신의 역량을 어떻게 평가했는지에 대한 정보가 포함되며, 더 나아가 이러한 발견들을 수렴하는 것이 가능하다. 이 척도를 객관적 연구에서 사용하기 위해서 비디오 자료로 채점하는 맹검 평가판을 개발하기로 결심했다. 따라서 IMCCS의 세 가지 버전, 즉 대인관계 음악소통역량 척도의 치료사용 버전(IMCCS-Therapist), 음악치료 참가자 버전(IMCCS-Participant), 음악소통 평가자 버전(IMCCS-Rater)이 개발되었다.

일상생활 소통역량에 대한 대인관계 소통역량 원척도의 30개 문항은 방금 전에 연주한 4회의 음악적 즉흥과 관련한 음악적 소통역량에 대한 30개 문항으로 수정하였다. 이것은 하위 집단 역량과 음악 안에서 역량이 어떻게 나타나는지에 중점을 두고 시행되었다. 예를 들어, 대인관계 소통역량 1번 문항은 “나는 내가 정말 어떤 사람인지 친구들에게 보여 준다.”

인데, 이를 "참가자의 음악적 표현이 진정으로 자신의 정체성을 표현합니까?"로 수정했다. 〈표 13-2〉는 ICCS의 원문항과 수정된 IMCCS 문항을 보여 준다.

참가자와 치료사의 IMCCS 평가는 4회의 연습 이후에 즉시 시행되기 때문에, ICCS의 리커트 척도를 '얼마나 자주' 간격에서 정도의 간격으로 바꿨다. 이런 방식에서, 즉흥연주를 음악치료 참가자에게 처음에 '얼마나 자주'를 물으면, 그들은 일반적으로 음악 안에서 감정을 드러내기를 회피했다. 응답은 필연적으로 '종종 그렇지 않다'가 되었다. 결과적으로 리커트 척도는, ⑤ 가장 높은 수준, ④ 높은 수준, ③ 중간 수준, ② 덜한 수준, ① 최소한의 수준으로 수정되었다. 이런 방식으로 4회의 음악 즉흥연주와 관련된 문항뿐 아니라, 리커트 척도의 수정을 수행하였다(IMCCS 치료사 버전 문항의 세부 내용은 〈표 13-2〉 참조). 참가자 버전은 치료사 버전과 매우 유사하다.

〈표 13-2〉 ICCS에서 IMCCS 문항으로 수정

문항	ICCS(Rubin & Martin, 1994)	IMCCS 치료사 버전
	자기 노출	음악 안에서 자기 노출
1	나는 내가 정말 어떤 사람인지 친구들에게 보여 준다.	참가자의 음악적 표현이 진정으로 자신의 정체성을 표현합니까?
2	다른 사람들이 내가 생각하는 것을 안다.	당신은 참가자의 음악을 이해할 수 있습니까?
3	나는 내가 타인을 어떻게 느끼는지 드러낸다.	참가자는 음악 안에서 정서를 표현합니까?
	공감	음악적 공감
4	나는 타인의 입장이 될 수 있다.	참가자가 당신이 연주하는 정서를 이해합니까?
5	나는 다른 사람이 느끼는 것을 정확히 알지 못한다. (역산 문항)	참가자가 '따르기'연습에서 당신이 표현한 느낌을 이해하는 데 어려움이 있었습니까? (역산 문항)
6	다른 사람들은 내가 그들을 이해한다고 생각한다.	참가자는 음악 안에서 공감하려고 노력했습니까?
	사회적 이완	음악 안에서 사회적 이완
7	나는 사회적 상황에서 편안하다.	참가자는 당신과 함께 음악 연주하는 것을 편안해하였습니까?
8	나는 소집단에서 이완감을 느낀다.	함께 음악 연주할 때, 참가자는 이완되었습니까?

〈계속〉

9	나는 낯선 사람들과의 집단에서 불안감을 느낀다. (역산 문항)	참가자는 익숙하지 않은 사람과 음악 연주하는 것을 불안해했습니까? (역산 문항)
	자기주장성	음악 안에서 자기주장성
10	내가 부당한 대우를 받았을 때, 나를 부당하게 대한 사람과 마주한다.	참가자는 음악 안에서 성가시게 하는 것에 음악적으로 반응했습니까?
11	나는 스스로 온전히 서는 것이 어렵다. (역산 문항)	참가자가 음악 안에서 자율적으로 있는 것에 어려워했습니까?(역산 문항)
12	나는 내 권리를 지킨다.	참가자는 자신의 고유한 음악적 공간을 만들었습니까?
	중심변환	음악 안에서 중심변환
13	나의 대화들은 꽤 일방적이다. (역산 문항)	참가자는 듣기보다 연주를 했습니까? (역산 문항)
14	나는 그들이 말한 것을 내가 이해한다고 타인들이 알게 한다.	참가자의 음악이 당신의 음악을 보완했습니까?
15	대화 중에 내 마음은 방황한다.	참가자는 그들의 연주에 집중했습니까?
	상호작용 관리	음악 안에서 상호작용 관리
16	나의 대화들은 하나의 주제에서 다음으로 부드럽게 전환되는 특성이 있다.	참가자의 음악이 유연하고 다양했습니까?
17	나는 우리가 말하는 주제를 협상하여 대화에 임한다.	참가자는 공간을 제공하고 음악으로 이끌었습니까?
18	친구와의 대화에서, 나는 그들이 말하는 것뿐 아니라 그들이 말하지 않는 것도 인지한다.	당신은 음악 안에서 표현되지 않은 무언가를 알아차렸습니까?
	표현성	음악 안에서 표현성
19	내 친구는 내가 행복하거나 슬플 때 말할 수 있다.	당신은 참가자가 음악적 표현에 근거해서 무엇을 느끼고 있는지 알 수 있었습니까?
20	나 스스로를 표현할 정확한 단어를 찾기가 어렵다. (역산 문항)	참가자가 어떻게 느끼는지를 음악적으로 소통하고 표현하는 것에 어려워했습니까? (역산 문항)
21	나는 나 자신에 대해 유창하게 표현한다.	참가자는 음악적 표현에서 정확했습니까?
	지지	음악 안에서 지지
22	나의 소통은 대개 기술적이고 평가적이지 않다.	참가자가 당신의 음악적 아이디어와 일치했습니까?

〈계속〉

23	나는 다른 사람들과 동등한 것처럼 의사소통한다.	당신과 참가자는 (음악적으로) 관계적으로 동등함을 유지했습니까?
24	다른 사람들은 나를 따듯한 사람으로 묘사할 것이다.	당신은 참가자의 음악에서 연민과 따듯함을 느꼈습니까?
	즉시성	음악 안에서 즉시성
25	내 친구들은 진실로 내가 그들을 돌본다고 믿는다.	당신은 참가자가 당신과 당신의 음악을 돌본 것으로 느낍니까?
26	나는 이야기할 때, 눈으로 타인을 보려고 노력한다.	참가자는 자신의 음악을 당신의 음악에 맞춰 조정했습니까?
27	나는 가깝다고 느낄 때에 그들과 말한다.	당신은 참가자와 친밀감을 경험했습니까?
	환경 통제	음악 안에서 환경 통제
28	나는 나의 소통 목적을 달성한다.	참가자는 음악 안에서 원하는 것을 표현했습니까?
29	나는 타인을 내 입장으로 설득할 수 있다.	참가자는 자신의 음악적 아이디어에 따르도록 당신에게 영향을 미쳤습니까?
30	나는 타인이 내가 원하는 것을 하도록 설득하는 데 어려움이 있다. (역산 문항)	참가자는 당신을 자신의 고유한 음악공간으로 이끌고 오는 것에 어려움을 가졌습니까? (역산 문항)

3) 문항과 결과

IMCCS 평가자에서 평가 절차를 가능하게 하기 위해 문항을 관찰할 수 있는 변수로 변경했다. 따라서 IMCCS 치료사 문항의 대부분은 IMCCS 평가자에서 조정되었다. 예를 들면, 치료사가 참가자의 음악을 이해했는지에 대한 2번 문항은 평가자가 음악 안에서 초점/명료성을 경험했는지로 바뀌었다. 또한 IMCCS 평가자에서 리커트 척도는 시간/양 초점을 보인다. 이는, ⑤ 거의 모든 시간(>90%), ④ 많은 시간(60~90%), ③ 어느 정도의 시간(40~60%), ② 약간의 시간(10~40%), ① 거의 할애된 시간이 없음(0~10%)과 같다. 평가 절차를 쉽게 하기 위해서, IMCCS 평가자의 문항들은 4회의 즉흥적 진단평가 연습 각각에 연결한 4개 집단으로 나뉘었다. 평가자는 '대화' 연습을 사용해서 IMCCS의 2, 6, 9, 13, 14, 16, 17, 28, 29, 30번 문항을 평가한다. '따름' 연습은 4, 5, 20, 21, 25, 26번 문항을, '프레이즈 유지' 연습은 8, 10, 11, 12, 15번 문항을, 마지막으로 '자유 즉흥' 연습은 1, 3, 7, 18, 19, 22, 23, 24, 27번 문항을 사용한다.

각 하위 척도와 총점은 응답한 리커트 점수로 합산되고, 문항 5, 9, 11, 13, 20, 30번은 역산한다. 총점은 30~150점에 위치하고, 하위 척도 점수들은 3~15점 범위이다.

4) 연구와 심리측정

중등도에서 중도 ABI 환자들(22~65세, 평균 48세, 8명의 남자, 7명의 여자)에게 세 가지 버전의 IMCCS(치료사, 참가자, 평가자)를 심리측정적으로 검사하였다. 기술된 진단평가 절차를 사용하여 20회기의 집단 음악치료 프로그램의 사전과 사후에 참가자의 음악 안에서 소통역량을 평가하였다.

통계분석을 위해서, 내적 일관성 검사는 크론바흐 알파를 사용하여 IMCCS 세 가지 버전 모두에서 시행하였다. 추가적으로 IMCCS 평가자 버전의 평가자 간 일치도는 피어슨 상관과 코헨 카파 계수를 사용하여 계산했다. 2차 가중된 카파 값을 사용하였는데, 점수 간 차이가 비례적으로 가중되어야 하기 때문이었으며, 매클루어와 윌렛(Maclure & Willett, 1987)에 따르면 2차적 접근이 가장 일반적이다. IMCCS 평가자의 참가자 점수는 일상생활에서 대인관계 소통역량 점수와 상관이 있었다(자기 평가와 직원 평가, ICCS 측정값과 관련한 것 모두에서). IMCCS 치료사와와 IMCCS 참가자의 자료들은 덴마크어판 척도를 사용해서 수집하였고, IMCCS 평가자는 영어로 실행되었다.

한 명의 숙련된 음악치료사와 두 명의 평가자가 IMCCS 치료사와 IMCCS 평가자로 참가자의 음악 안에서 소통역량을 평가했다. 또한 참가자의 일상 대인관계 소통역량에 대한 정보를 수집하기 위해서 음악치료 전에 ICCS를 약간 변형한(덴마크어로 번역된) 두 척도(참가자용, 직원 또는 관계자용)를 실행했다[세 척도의 심리측정적 평가는 할드 등(2015) 참조]. 진단평가는 20회기 집단 음악치료의 사전과 사후에 하였다. 단지 중도 탈락자 때문에 30개의 진단평가 회기 중 28편만 수행되었고, 54초에서 5분 46초 동안의 112번의 즉흥 연습으로부터 결과를 도출했다.

(1) 신뢰도

세 척도의 전체 크론바흐 알파 범위는 .89에서 .93 사이였고, 양호함에서 훌륭한 내적 일관성을 나타낸다. IMCCS 평가자를 사용한 음악적 연습의 진단평가 간에 두 명의 맹검 평가자 일치도가 얼마나 좋은지를 나타내기 위해 피어슨 상관계수(양측)와 코헨 카파 계수를 계산했다. 분석 결과, 두 평가자의 총점과 하위 척도 사이에 유의한 상관이 나타났다. 피어슨이 평가자 상관의 견고한 지표가 아니기 때문에, 코헨의 카파를 사용하여 IMCCS 평가자의 각 문항에서 두 평가자 간 일치도가 얼마나 좋은지를 계산했다. IMCCS 평가자의 전체 코헨 카파는 .597이었다.

직원/관계자에 의해 평가한 것과 자가채점한 일상생활 소통에 대한 ICCS, 그리고 음악치료사 · 참가자 · 평가자에 의해 평가된 IMCCS의 양측 피어슨 상관분석을 시행했다. 〈표 13-3〉은 음악치료사의 점수가 다른 척도들과 가장 정적인 상관이 있음을 보여 준다. 뿐만 아니라 참가자 스스로의 일상생활에서 ICCS는 다른 척도들과 최소한의 상관을 보였다. 〈표 13-3〉에서 보여 주듯이, 직원과 관계자들이 참가자의 일상생활에서 대인관계 소통역량을 평가한 것은 음악치료사가 이를 평가한 것과 다섯 개의 하위 척도(공감, 자기주장성, 중심 변화, 표현성, 지지성)에서 유의한 상관을 나타냈다. 이 결과는 음악 및 일상생활의 소통역량 일부와 대인관계 소통역량이 유사하다는 것을 나타낸다. 직원과 관계자의 ICCS 총점은 두 명의 맹검 평가자의 IMCCS와 유의한 수준에서 상관이 있다. IMCCS 평가자와 직원 및 관계자의 ICCS 점수는 단지 하나의 하위 척도(표현성)에서만 유의한 상관이 있었다. 나머지 9개의 하위 척도에서 상관계수 수준은 낮았다. 이 결과는 음악 안에서 대인관계 소통역량과 일상생활 상호작용이 중간 정도의 상관관계임을 나타낸다.

〈표 13-3〉 ICCS와 IMCCS의 양측 피어슨 상관분석

	IMCCS 치료사	IMCCS 참가자	IMCCS 평가자	ICCS 자기 평가	ICCS
IMCCS 치료사		$r=.622$ $\boldsymbol{p=.007}$	$r=.636$ $\boldsymbol{p=.005}$	$r=-.057$ $p=.420$	$r=.766$ $\boldsymbol{p=.000}$
IMCCS 참가자			$r=.619$ $\boldsymbol{p<.01}$	$r=-.391$ $p=.075$	$r=.376$ $p=.084$
IMCCS 평가자				$r=-.215$ $p=.221$	$r=.408$ $p=.066$
ICCS 자기 평가					$r=.335$ $p=.111$

4. 해석과 보고

IMCCS는 대인관계 음악적 소통역량 총점을 제공하며, 일반적인 내담자의 소통역량 진보에 대한 정보를 제공하는 데 사용할 수 있다. 하위 척도는 내담자의 소통역량의 특정 요인들에 대한 정보를 제공하고, 음악치료에 초점을 둔 영역과 진보 과정에 대한 정보를 제공할 수 있다.

하위 척도 '음악 안에서 자기노출' 하위 척도는 음악 안에서 내담자의 개방성과 음악 안에서 스스로를 드러내는 능력에 대한 정보를 나타낸다. 브루샤(1987, p. 561)는 즉흥음악에서 자기 노출의 다른 영역을 기술하였는데, 즉흥음악으로 인해 자신의 신체적 · 정서적 · 지적 또는 사회적 정보를 드러낼 수 있다고 하였다. 즉흥음악에서 자기노출을 평가할 때, 평가자는 '대화'와 '자유로운 표현' 연습에 중점을 두어야 한다. ICCS 평가자를 사용해서 자기노출을 평가할 때, 평가자는 참가자의 느낌에 의존해야 하며, 음악적 진술, 정서적 지표, 사회적 맥락, 신체언어 사이의 일치성에 초점을 두어야 한다.

'음악적 공감' 하위 척도는 참가자가 음악치료사와 함께 음악적으로 느끼는 능력 정보를 제공하는데, 음악치료사의 정서적 표현에 대한 반응과 해석 능력을 말한다. 음악적 공감을 평가할 때, 평가자는 '따르기'와 '대화' 연습에 중점을 둔다. 평가는 참가자가 치료사의 음악과 전체적인 표현에 일치시키기, 음악적 변화에 따라가는 참가자의 능력이 얼마나 잘 이루어지는지에 대한 정보를 제공할 수 있다.

'음악 안에서 사회적 이완' 하위 척도는 음악을 연주하는 동안 참가자의 불안과 평안한 느낌 수준에 대한 정보를 제공한다. 참가자의 사회적 이완을 평가할 때, 평가자는 '자유 표현'과 '대화' 연습에 주의해야 하며, 참가자의 신체표현이 긴장되어 있는지, 자유로운지, 이완되어 있는지와 같은 것들을 알아차려야 한다.

'음악 안에서 자기주장성' 하위 척도는 참가자가 치료사의 음악에 의해 방해받을 때에도 음악을 만들어 낼 수 있는 능력 정보를 제공한다. 즉흥음악에서 자기주장성을 평가할 때, 평가자는 1차적으로 '프레이즈 유지' 즉흥연주를 평가해야 한다. 평가자는 참가자가 음악적 독립성을 가지고 있으면서 안정적인 멜로디 또는 리듬 프레이즈와 참가자의 즐거움을 유지하는 능력에 중점을 둔다.

'음악 안에서의 중심 변환' 하위 척도는 다른 것, 세심함과 음악에 대한 반응에 관심을 두어야 한다. 즉흥음악에서 중심 변환을 평가할 때, 평가자는 '프레이즈 유지하기'와 '대화' 즉흥연주에 중점을 둘 필요가 있다.

'음악 안에서 상호작용 관리' 하위 척도는 참가자가 주고받기, 프레이즈 가져오기와 즉흥연주의 시작과 끝과 같은 의례적 절차에 참여할 수 있는 능력 정보를 드러낸다. 즉흥연주 음악에서 상호작용 관리를 평가할 때, 평가자는 1차적으로 '대화'와 '자유 표현' 즉흥연주를 평가하고, 참가자의 주고받기 능력과 음악의 시작과 종결 능력에 초점을 둔다. 또한 참가자의 유연하고 다양한 방식으로 연주하는 능력, 음악적 대화에서 아이디어를 도출하고, 음악 안에서의 변화를 인식하는 것을 알아차려야 한다.

'음악 안에서 표현성' 하위 척도는 마음의 상태를 비언어적으로 소통하는 것과 관련이 있다. 평가할 때, 평가자의 초점은 '자유 표현'과 '따르기'에 있어야 한다. 음악적으로 표현성은 역동, 조성/멜로디 언어, 템포, 신체적 표현과 함께 이루어지며, 또한 이것은 음악 안에서 표현성을 평가할 때 주목되어야 한다.

'음악 안에서 지지' 하위 척도는 타인의 음악을 지지하는 능력과 관련된다. 즉흥음악에서 지지를 평가할 때, 평가자의 초점은 '자유 표현'에 있어야 한다. 음악 안에서 지지적인 것은 자의적이고, 공감적이며, 상호 평등적인 것과 관련된다. 음악 안에서 지지를 평가할 때, 평가자는 1차적으로 솔로인지 반주인지와 같은 참가자의 역할을 평가한다. 또한 평가자는 참가자의 대인관계에서 따스함을 감지해야 한다.

'음악 안에서 즉시성' 하위 척도는 음악적 상호작용의 가능성과 접근 가능성과 함께 한다. 즉흥음악에서 즉시성을 평가할 때, 평가자는 '자유 표현'과 '따르기' 즉흥연주에 초점을 두어야 한다. 즉시성을 평가할 때, 평가자는 시선 접촉, 개방적 자세를 취하는 능력, 즐거운 얼굴 표현을 가지는지, 몸을 앞으로 숙이는 것과 같은 것들을 관찰한다. 보다 미묘한 수준이지만 즉시성은 대인관계의 따스함, 친밀감 및 소속감을 전달하는 것과 관련이 있다. 구체적인 음악 수준에서 음악적 '질문'에 반응하고 집중된 주의를 갖는 것과 관련된다.

'음악 안에서 환경 통제' 하위 척도는 사전에 계획된 목적을 성취하는 것과 요구를 충족시키는 것과 관련된다. 즉흥음악에서 환경 통제를 평가할 때, 평가자는 1차적으로 '대화' 즉흥연주를 평가한다. 음악 안에서 환경 통제는 타인에게서 '따르기'를 얻어내는 것과 협력적 태도로 분열과 혼란을 해결하는 능력을 포함한다. 즉흥연주에서 평가자는 참가자가 자신의 결과물에 대한 만족감과 의도를 표시하는 능력을 평가한다.

5. 논의와 요약

IMCCS 치료사의 크론바흐 알파 계수는 양호한 내적 일치도를 나타내고, IMCCS 참가자의 크론바흐 알파 계수는 훌륭한 내적 일관성 계수를 나타냈다. 이 높은 크론바흐 알파는 IMCCS가 대인관계 음악적 소통역량을 측정하는 신뢰할 수 있는 자기 평가 및 치료사 평가 척도라는 것을 보여 준다. IMCCS 평가자에서 크론바흐 알파는 훌륭한 일치성을 나타냈다. IMCCS 참가자와 IMCCS 평가자 모두에서 .9가 넘는 크론바흐 알파는 어떤 문항은 불필요하다는 것을 나타낼 수도 있다. 그러나 문항의 제거는 척도의 구성 개념을 달라지게 할 것이며, 상관이나 비교에 문제가 생길 수도 있다. IMCCS 평가자의 코헨 카파 계수는 중간 정도(거의 견고한)의 평가자 간 일치도를 나타낸다. 척도와 평가 사이의 관계를 나타내는 척도 사이에서 견고한 상관이 있다. 또한 일상의 삶과 음악적 소통역량 사이에 상관이 나타났다. 척도는 아직 충분히 타당화되지 않았으며, IMTAP, MIR과 IAP와 같이 유사한 다른 척도와의 상관이 필요하지만 현재로서는 그런 계획은 없다.

음악치료사가 참가자의 음악 안에서 대인관계 소통역량을 평가하는 것은 4회의 연습 동안 발생한 상호작용에 대해 직접 수행한 보고서를 제공한다. 임상적 관점에서 IMCCS 치료사는 참가자의 음악 안에서 대인관계 소통역량을 측정하는 구조적 방법을 제공한다. 치료사와 맹검 평가자의 평가 간에 높은 상관이 나타났고, 이는 이 도구가 신뢰할 수 있다는 것을 나타낸다. 평가를 수행한 음악치료사로부터의 피드백은 IMCCS 치료사는 빠르고 쉽게 완수할 수 있으며, 표준화된 임상 모니터링의 일부로 포함하기에 부담이 없다는 것을 나타낸다. 그러나 음악적 즉흥 사이의 비음악적 상호작용이 음악치료사의 평가에 영향을 미쳤을 수도 있으므로 치료사가 비음악적 역량도 평가했을 수 있다고 가정해야 한다. 뿐만 아니라 진단평가를 수행하는 음악치료사가 일상생활에서 참가자를 알고 있었다면 그것이 참가자의 음악 안에서 대인관계 소통역량을 평가하는 데 영향을 미쳤을 수도 있다.

ICCS에서 가져온 구성 개념을 사용하였기 때문에, IMCCS의 세 가지 척도를 ICCS로 측정한 일상생활의 소통역량과 비교할 수 있다.

IMCCS는 다른 즉흥연주 척도들(IMTAP, MIR, IAP)과 비교할 수 있고, 더 엄격하게 음악 안에서 대인관계 소통역량에 초점을 기울일 수 있다. 이것은 내담자의 소통역량에 더 집중하고 비교 가능한 진단평가이기에 강점으로 여겨진다. 이와 동시에 평가하는 치료사가 궁극적인 관심 영역과 다른 관찰 내용들을 배제해야 하기 때문에, 이러한 경직성은 대인관계 음악적 소통역량 척도 도구의 가장 큰 한계이다.

IMCCS는 연구와 임상 모두에서 사용될 수 있다. IMCCS 치료사는 음악치료사가 쉽게 실행할 수 있고, 임상가에게 내담자의 강점에 대한 정보를 가져다줄 수 있다. 더 많은 시간이 소요되고, 맹검 평가자를 사용하는 포괄적인 진단평가는 주로 연구에서 사용한다. IMCCS와 ICCS의 혼합은 환경에 걸쳐(일상생활과 음악) 대인관계 소통역량을 측정하는 방법을 제공하며, 마찬가지로 다른 대상군에게 적용할 수 있는 중요한 도구가 될 수 있다.

관련하여 추후 연구는 ABI 환자 집단이 아닌 사람들(청소년, 성인, 정신증 환자 등)을 대상으로 IMCCS의 규준 점수를 만드는 연구가 될 수 있다. 또한 ICCS와 IMCCS 모두를 비임상 대상군에게 적용하여 음악 안에서의 대인관계 소통역량과 일상생활에서의 대인관계 소통역량의 상관 여부를 드러낼 수 있다. 마찬가지로 이 연구에서 나타낸 바와 같이, ABI로 고통받지 않는 대상군에게 일반화할 수도 있다. 그런 연구로 인해 몇몇 하위 척도의 상관이 부족한 이유가 참가자의 인지적 결손 때문인지를 나타낼 수 있다. IMCCS를 후속 연구에 적용할 때, 유사한 측면을 측정하는 다른 척도들 또한 적용될 수 있다. 이것은 척도의 후속타당화를 가능하게 할 것이다.

참고문헌

Anders, S. L., & Tucker, J. S. (2000). Adult attachment style, interpersonal communication competence, and social support. *Personal Rdaticmships, 1*(4), 379-389.

Barker, V. L., & Brunk, B. (1991). The role of creative arts group in the treatment of clients with traumatic brain injury. *Music Therapy Perspectives, 9,* 26-31.

Bateman, A., Braithwaite, B., Bromley, D., Evans, J., et al. (2010). *The Brain Injury Handbook.* Glasgow: Rehab Group.

Baxter, H. T., Berghofer, J. A., MacEwan, L., Nelson, J., Peters, K., & Roberts, P. (2007). *The Individualized Music Therapy Assessment Profile: IMTAP.* London: Jessica Kingsley Publishers.

Bonde, L. O., Nygaard Pedersen, I., & Wigram, T. (2001). *Musikterapi: Når ord ikke slår til* Århus: Forlaget Klim.

Bruch, M. A., Berko, E. H., & Haase, R. F. (1998). Shyness, masculine ideology, physical attractiveness, and emotional inexpressiveness: Testing a mediational model of men's interpersonal competence. *Journal of Counseling Psychology, 45*(1), 84-97.

Bruscia, K. E. (1987). *Improvisational Models of Music Therapy.* Springfield, IL: Charles C. Thomas.

Burgoon, J. K., & Bacue, A. E. (2003). Nonverbal Communication Skills. In J. O. Greene & B. R. Burleson (Eds.), *Handbook of Communication and Social Interaction Skills.* New York, NY and London: L. Erlbaum Associates.

Canary, D. J., & Spitzberg, B. H. (1989). A model of the perceived competence of conflict strategies. *Human Communication Research, 15*(4), 630-649.

Chan, D. W. (2003). Leadership skills training for Chinese secondary students in Hong Kong: Does training make a difference? *Prufrock Journal, 14*(3), 166-174, doi: 10.4219/jsge-2003-427.

Damasio, A. R. (2010). *Self Comes to Mind: Constructing the Conscious Brain.* New York, NY: Pantheon Books.

Duffy, F. D., Gordon, G. H., Whelan, G., Cole-Kelly, K., & Frankel, R. (2004). Assessing competence in communication and interpersonal skills: The Kalamazoo II Report. *Academic Medicine, 79*(6), 495-507.

Fields, A. D. (2008). Recognition of Facial Affect on Adults with Attention Problems. PhD,

George Mason University, Fairfax, Virginia.

Gilbertson, S., & Aldridge, D. (2008). *Music Therapy and Traumatic Brain Injury: A Light on a Dark Night* London: Jessica Kingsley Publishers.

Hald, S. (2012). Music Therapy, Acquired Brain Injury and Interpersonal Communication Competencies. PhD, Aalborg University, Aalborg.

Hald, S. V., Baker, F. A., & Ridder, H. M. (2015). A preliminary psychometric evaluation of the Interpersonal Communication Competence Scale for aquired brain injury. *Brain Injury, 1-8,* doi : 103109/02699052.2015.1024740.

Hald, S. V., Baker, E A., & Ridder, H. M. (2017). A preliminary evaluation of the Interpersonal Music-Communication Competence Scales. *Nordic Journal of Music Therapy, 26*(1), 40-61, doi : 10.1080/0809813 L2015.1117122.

Hargie, O., & Dickson, D. (2004). *Skilled Interpersonal Communication* (4th edition). London: Routledge.

Hart, S. (2006). *Hjerne, samherighed, personlighed.* Copenhagen: Reitzels.

Jeong, S. H., & Kim, M. T. (2007). Effects of a theory-driven music and movement program for stroke survivors in a community setting. *Applied Nursing Research, 20*(3), 125-131, doi: 10s1016/j.apnr.2007.04.005.

Kay, T., Newman, B., Cavallo, M., Ezrachi, O., & Resnick, M. (1992). Toward a neuropsychological model of functional disability after mild traumatic brain injury. *Neuropsycholoy 6*(4), 371-384, doi: 10.1037/0894-4105.6A371.

Lamke, L. K., Sollie, D. L., Durbin, R. G., & Fitzpatrick, J. A. (1994). Masculinity, femininity and relationship satisfaction-the mediating role of interpersonal competence. *Journal of Social and Personal Relationships, 11*(4), 535-554.

Levin, H. S., High, W. M., Goethe, K. E., Sisson, R. A., et al. (1987). The Neurobehavioural Rating Scale: Assessment of the behavioural sequelae of head injury by the Clinician. *Journal of Neurology, Neurosurgery, and Psychiatry, 50,* 183-193.

Lopez-Gonzalez, M., & Limb, C. J. (2012). Musical creativity and the brain. *Cerebrum, 2.* Retrieved 26/02/2018 from http://dana.org/news/cerebrum/detail.aspx?id=35670.

Macik-Frey, M. (2007). Communication-Centered Approach to Leadership: The Relationship of Interpersonal Communication Competence to Transformational Leadership and Emotional Intelligence. Unpublished PhD thesis, University of Texas, Arlington. Retrieved 12/12/2017 from http : //dspace.uta.edu/bitstream/ handle/10106/557/umi-uta-1743.pdf?sequence= 1.

Maclure, M., & Willett, W. C. (1987). Misinterpretation and misuse of the kappa- statistic. *American Journal of Epidemiology, 126*(2), 161-169.

Malloch, S., & Trevarthen, C. (2009). *Communicative Musicality: Exploring the Basis of Human Companionship.* Oxford; New York, NY: Oxford University Press.

Mithen, S. J. (2006). *The Singing Neanderthals: The Origins of Music, Language, Mind and Body.* London: Weidenfeld & Nicolson.

Nayak, S., Wheeler, B. L., Shiflett, S. C., & Agostinelli, S. (2000). Effect of music therapy on mood and social interaction among individuals with acute traumatic brain injury and stroke. *Rehabilitation Psychology, 45*(3), 274-283.

Pavlicevic, M. (2000). Improvisation in music therapy: Human communication in sound. *Journal of Music Therapy, 4,* 269-285.

Pavlicevic, M., & Trevarthen, C. (1989). A musical assessment of psychiatric states in adults. *Psychopathology 22*(6), 325-334.

Purdie, H. (1997). Music therapy with adults who have traumatic brain injury and stroke. *British Journal of Music Therapy, 11*(2), 45-50.

Rubin, R. B., & Martin, M. M. (1994). Development of a measure of interpersonal communication competence. *Communication Research Reports, 11*(1), 33-44.

Rubin, R. B., Martin, M. M., Bruning, S. S., & Powers, D. E. (1993). Test of a self-efficacy model of interpersonal communication competence. *Communication Quarterly, 41*(2), 210-220.

Schögler, B. (1998). Music as a tool in communications research. *Nordisk Tidsskrift for Musikkterapi,* 7(1), 40-49, doi: 10.1080/08098139809477919,

Shannon, J., & Guerney, B. (1973). Interpersonal effects of interpersonal behavior. *Journal of Personality and Social Psychology, 26*(1), 142-150.

Sias, P. M., & Jablin, F. M. (2001). Communication Competence. In L. L. Putnam & F. M. Jablin (Eds.), *The New Handbook of Organizational Communication: Advances in Theory, Research, and Methods.* Thousand Oaks, CA: Sage Publications.

Smeijsters, H. (2003). Forms of feeling and forms of perception: The fundamentals of analogy in music therapy. *Nordic Journal of Music Therapy, 12*(1), 71-85.

Spitzberg, B. H. (2003). Methods of Interpersonal Skill Assessment. In J. O. Greene & B. R.

Burleson (Eds.), *Handbook of Communication and Social Interaction*. London: Routledge.

Stern, D. (1985). *The Interpersonal World of the Infant: A View from Psychoanalysis and Developmental Psychology*. New York, NY: Basic Books.

Stern, D. (2000). *The Interpersonal World of the Infant*. New York, NY: Basic Books.

Struchen, M. A. (2005). Social Communication Intervention. In W. M. High (Ed.), *Rehabilitation for Traumatic Brain Injury*. New York, NY: Oxford University Press.

Struchen, M. A., Clark, A. N., Sander, A. M., Mills, M. R., Evans, G., & Kurtz, D. (2008). Relation of executive functioning and social communication measures to functional outcomes following traumatic brain injury. *Neurorehabilitation, 23*(2), 185-198.

Vuust, P. (2007). Musikkens sprog. *Musik og Psykologi*, 186-209.

Wigram, T. (2004). *Improvisation: Methods and Techniques for Music Therapy Clinicians, Educators, and Students*. London: Jessica Kingsley Publishers.

제 14 장

부모-아동 상호작용 진단평가

Stine Lindahl Jacobsen

1. 환경과 동기

약 10년 전 덴마크의 한 가족돌봄센터에서 4개월간의 인턴십을 하면서 다학제팀의 음악치료사로서 어떻게 부모-아동 상호작용을 진단평가할 수 있을지에 대한 연구를 시작했다. 센터에 처음 도착한 가족은 대부분 매우 좌절하고 불안해하여 평소처럼 상호작용하기를 어려워했다. 어떤 가족은 괜찮은 척하려고 할 수도 있고 어떤 가족은 불안하고 약한 모습을 보일 수도 있다. 이러한 상황에도 음악치료는 가족을 안정시키고 때로는 함께 즐길 수 있도록 돕는다. 또한 부모-아동 상호작용과 가족 내 부모의 역량을 직접적으로 관찰하고 진단평가할 수가 있다. 인턴십을 계속하면서 석사논문의 일부로 부모역량 진단평가(Assessment of Parenting Competences: APC)(Jacobsen & Wigram, 2007)의 첫 버전을 개발했다. 가족돌봄센터에서 3년을 보낸 뒤 나는 박사학업의 일부로 개발한 도구를 정량화하고 타당도와 신뢰도 조사를 위한 심리측정 분석을 통해 더 보강하고 싶었다. APC를 더 발전시키려는 이유는 가족에게 평등한 기회와 최적의 도움을 제공할 수 있는 윤리적이고 객관적인 가족연구를 하기 위한 것이다. 정서적 방임을 경험하면서도 이 세상에서 살아남으려고 애쓰는 아동을 지켜보는 것은 힘든 일이고, 조금이라도 나아지려고 안간힘 쓰는 부모를 지켜보는 것은 더욱 슬픈 일이다. 어떤 때는 아동을 가족에게서 분리시키는 것이 최선의 해결책이 될 수 있고 어떤 때는 그렇지 않다. 그러나 이러한 결정은 객관적 데이터를 기반으로 이루어져야 하고, 가족이나 부모 당사자가 그러한 결정을 이해하는 것이 중요하다.

가족치료를 하는 사람은 부모-아동의 감정 소통을 파악하고 증진시켜야 한다는 것을 알고 있다. 최근의 한 체계적 문헌연구에서 콜레그로브와 하비거스트(Colegrove & Havighurst,

2016)는 부모-아동의 비언어적 소통의 중요성을 특별히 강조하였다. 부모-아동 의사소통에서 비언어적 과정은 대단히 중요하지만 아동이 12개월이 넘으면 치료에서 비언어적 소통을 더 이상 중요하게 다루지 않는다. 더 나아가, "효과적인 양육과 부모-아동 의사소통을 위해 비언어 소통이 중요하다는 점을 고려하여 비언어 소통을 부모-아동을 위한 중재, 발달, 평가의 핵심 부분으로서 명확하게 진단하고 다루기를 제안한다"(Colegrove & Havighurst, 2016, p. 1).

2. 이론적 배경

쇼어와 쇼어(Schore & Schore, 2008)에 따르면, 아동이 감정을 조절하고 정서적으로 안정될 수 있도록 지원하는 것은 부모의 핵심 역량 중 하나이다. 정서조율과 상호 주관성이라고도 알려진 자기조절(self-regulation)은 아동기 초기에 어머니와 유아 사이의 민감한 감정적 소통을 통해 발달한다(Snyder, Shapiro, & Treleaven, 2013; Stern, 2000). 그러나 어떻게 부모와 아동 간의 감정적 비언어적 의사소통을 평가할 수 있을까?

발달심리학에는 아동의 감정적 필요에 대한 '좋은 양육' 관련 이론이 많다. 위니컷(Winnicott, 1971)과 스턴(Stern, 1995, 2000, 2010a, 2010b)의 이론에는 음악과 놀이가 주로 포함되어 있는데, 심리치료와 음악치료 양쪽의 문헌과 연구에서 자주 사용된다. 음악치료에서 조절은 중요한 문제로, 음악적 조절은 리듬, 음고, 다이내믹과 같은 음악적 지표들을 사용하여 비언어적 의사소통을 다루기 때문이다(Kim, Wigram, & Gold, 2009; Pavlicevic, 2002; Trondalen & Shårderud, 2007; Bonde, Pedersen, & Jacobsen, 2019). 트론달렌과 스카드러드(Trondalen & Skårderud)는 즉흥연주의 틀 안에서의 감정조절에 관하여 연구하였다. 그리고 음악적 상호연주에서의 주고받는 경험이 실제 삶에서 상호 주관적 행동을 공유하는 비언어적인 부분과 유사하다고 논의하였다. 이것은 말로크와 트레바튼(Malloch & Trevarthen, 2009) 그리고 음악치료사 홀크(Holck, 2008)가 묘사한 소통적 음악성(communicative musicality)과 일맥상통한다. 어머니와 영아 간의 건강한 비언어 소통을 언어적으로 분석하고 기술하는 것은 음악치료에서 나타나는 부모-아동 교대행동의 상호성을 이해하고 관련 이론을 정립하는 데 유용하다(Holck, 2004; Knapp & Hall, 2009).

현대의 애착이론은 인생 초기의 감정소통, 교류, 정서조절, 상호 주관성의 경험이 어떻게 조절되거나 그렇지 않을 수 있는지, 또한 어떻게 안정 애착과 불안정 애착으로 발전하는지를 보여 준다(Shore & Shore, 2008). 초기의 애착 패턴은 전 생애에 걸쳐 한 개인에게 영향을 줄 수 있고, 특히 아동, 부모 혹은 조부모 사이의 교류, 관계, 애착이 복잡한 경우 부모가 사용하는 소통기술에도 영향을 미칠 수 있다.

많은 연구가 아동의 취약성 수준 및 기질 유형과 부모 행동의 연관성에 대해 관심을 두고 있다. 자녀를 먹이고 재우는 일, 낮은 상황 적응력, 과도한 부담감으로 부모가 지치게 되면 부모는 문제점을 알면서도 자녀와 부정적으로 상호작용하게 되고, 아동은 더욱 보채고 관심을 요구하는 악순환으로 이어질 수 있다(Iwaniec, 1995). 그러나 수십 년 동안의 연구 과정에서 연구자, 임상가, 이론가들 사이에서는 아동과 성인에게 네 가지의 주요 애착 패턴 전략이 나타난다는 일치된 의견이 있었다(Ainsworth et al., 1978; Killén, 2012).

민감하고 예측 가능하며 필요할 때 와 주는 보호자가 있는 아동은 건강한 독립성과 건강한 자기조절을 통해 나타나는 안정 애착(B유형)을 발달시키는 경향이 있다. 무심하고 예측하기 어려우며 조종하려 하거나 포기해 버린 보호자가 있는 아동은 겉보기에 독립적으로 보이지만 회피적 불안정 애착(A유형)을 발달시키는 경향이 있다. 섬세하지 못하고 일관성 없이 돌봐 주는 보호자가 있는 경우 아동은 대단히 의존적이고 집착하거나 공격적이고 저항하는 듯 보이는 양면적 불안정 애착(C유형)을 발달시키는 경향이 있다. 애착 행동은 아동이 상호교류에서의 조절감을 배우고 자신을 돌봐 주는 사람에게 다가가는 방법을 배우는 대처전략이다. 무질서 애착(D유형)은 일관성 없고 모순적인 보호자가 있는 아동이 갖는 비기능적이고 무력한 전략으로, 이러한 아동의 부모는 종종 공격적이거나 무력하거나 무섭고 아주 무심하거나 폭력적이다(Killén, 2012). 아동은 안락함과 보호가 필요한데, 이러한 부모는 아동은 두려워하는 부모인 것이다(Juffer, Bakermans-Kranenburg, & van Ijendoorn, 2005).

양육능력을 진단평가하는 기본 목적은 방임과 폭력 등의 잘못된 양육으로부터 아동을 보호하기 위한 것이다. 또한 부모를 평가하는 것은 아동복지를 확보하는 것 외에도 다른 유익한 점들이 있다. 예를 들어, 이후의 중재를 위한 출발점으로서 평가 과정에서도 치료적으로 유익한 점이 있는데, 부모의 통찰력 향상, 강점과 필요성 확인, 부모의 내적 힘 강화, 낮은 자존감 향상 등에서 그러하다(Wolf & Peregoy, 2003).

추상적 개념과 실질적 지표가 서로 연결되어 있는 치료과정을 임상적으로 평가하는 것은 모든 예술치료에서 쉽지 않은 부분이다. 종종 예술에 대한 해석은 매우 주관적인 것으로 간주되고 객관성을 유지하기 어려울 수 있다. 그러나 디컨과 파이러시(Deacon & Pieracy, 2001)는 임상적 정보를 수집하는 데 있어서 예술치료사가 특히 유리하다고 하였다. 예술치료 활동은 치료사에게는 진단평가 기법의 역할을 하고 클라이언트에게는 치료경험의 역할을 한다. 예술매체를 통해 자신을 표현할 때 보통 클라이언트는 덜 불안해한다. 예술 활동은 클라이언트가 관심을 자신의 문제로부터 내적 결과물로 옮기게 하는 동시에 가족이 예술적 과정을 즐기면서도 긍정적으로 결속되도록 한다. 많은 가족이 너무 직설적인 언어표현으로 다른 구성원의 감정을 상하게 할까 봐 염려한다. 그러나 은유적인 방식을 사용할 때 가족은 덜 방어적이고 자신들을 상징적으로 더 잘 표현할 수 있다. 더 나아가 예술 활동에는 다양한 연령과 능력 수준의 가족 구성원이 평등하게 참여할 수 있고 치료사의 개입이 덜 필요하다(Deacon & Piercy, 2001).

음악은 감정소통과 힘겨루기, 자율성 수준, 역기능적 교류, 협력, 교대행동, 상호작용의 다른 요소를 잘 보여 주기 때문에 부모-아동 상호작용을 평가하는 데 특히 적합하다. 부모의 소통 및 상호작용 방식을 통해 아동의 필요를 충족시키는 부모의 능력을 평가하는 데 음악치료 기법을 사용할 수 있다(Oldfield & Flower, 2008). 음악치료 진단평가는 놀랍게도 눈 맞춤, 참여, 경청, 모방과 같은 비언어적 행동을 포함하여 소통, 역동, 관계의 측면을 치료팀과 가족 모두에게 보여 준다(Molyneux, 2008). 가족에게 공통적 과제를 주고 그 과제를 완료하는 방식을 관찰함으로써 가족 안에서 힘의 균형을 평가할 수 있다. 비구조화된 교류적 음악과제는 각 구성원의 의사소통 기능과 스타일을 보여 줄 수 있다. 힘의 불균형과 모호한 경계가 명확하게 나타난다(Miller, 1994). 제이콥슨과 위그램(Jacobsen & Wigram, 2007)은 잠재적 장애아동 부모의 양육능력 진단평가가 부모의 아동과의 관계와 그 관계를 입증하는 상호작용에 관한 평가를 어떻게 보여 주는지를 관찰하였다.

3. 부모-아동 상호작용 진단평가

1) 절차와 대상

부모-아동 상호작용 진단평가(Assessment of Parent-Child Interaction: APCI)는 양자 관찰평가도구이다. 아동보호 분야에서 부모와 아동 간 관계의 질과 비언어적 소통기술을 조사하고 아동에 대한 부모의 감정 반응을 측정하기 위해 비디오 녹화를 설계하고 사용하는 진단평가 절차이다. 이 절차는 구조화 정도가 각각 다른 네 가지 즉흥연주를 고정적으로 실시하는 두 번의 동일한 진단평가 회기로 구성되어 있다. 가족이 치료실을 돌아보는 것으로 회기를 시작하고 이후에는 간단한 인사 노래를 하며 마찬가지로 헤어지는 노래로 회기를 마친다. 부모와 아동이 음악활동을 수행하기 전에 음악치료사는 먼저 세 가지 과제를 시연한다. 제시된 악기들 중에서 가족은 각 과제에 필요한 악기를 자유롭게 선택한다. 첫 번째 활동은 작게, 크게 그리고 다시 작게 연주하는 것이다. 두 번째 활동에서는 부모와 아동이 스스로 선택한 악기를 교대로 연주한다. 세 번째 활동에서는 부모와 아동이 교대로 즉흥연주를 이끌어 간다. 네 번째 활동은 음악치료사와 함께 자유 즉흥연주를 하는 것이다. 이것은 비디오로 녹화되며, 첫 2분(연주가 길어진다면 더 짧은 연주를 선택) 동안의 자료는 추후 훈련된 음악치료사에 의해 채점된다.

참가자는 4세 인지 수준의 지침을 이해할 수 있어야 하는데, 이것이 APCI 현재 버전을 사용하기 위한 제한조건이다. APCI는 지금까지 아동보호, 난민가족, 입양, 경미한 발달장애 아동이 있는 가정, 청소년이 있는 가족에게 성공적으로 이용되었다. 자폐스펙트럼장애를 포함한 장애 아동 가족을 진단평가하기 위한 APCI의 변형적 사용에 대한 연구도 매우 적절한 것으로 보인다.

2) 자료분석과 결과

APCI는 상호조절(mutual attunement), 비언어 의사소통(nonverbal communication), 정서적 부모반응(emotional parental response)의 세 가지 기본 점수와 16개의 프로필, 치료사의 심층적인 질적 기술과 제안사항을 포함한다. 이러한 점수는 임상군과 비임상군 간의 유의미한 통계 결과와 함께 임상군 가족과 비임상군 가족 간의 양적 데이터를 비교하여 도출되었다. 이 점수는 부모–아동 상호작용에 대한 단순한 보고가 아닌 행동관찰과 수치들의 상세한 보고로서 의미가 있다(Jacobsen & Killén, 2015).

(1) 상호조절

이 점수는 비언어 상호작용과 음악적 상호작용에 있어서 아동과 부모가 서로에 대해 얼마나 주의를 기울이고 조절하는지를 평가한다. 진단평가 회기에서의 세 개의 활동 분석이 이루어졌고, 브루샤(Bruscia, 1987)의 즉흥연주 진단평가 프로필(Improvisation Assessment Profiles)과 위그램(Wigram, 2004, 2007)의 사건기반 분석(Event-Based Analysis)을 사용하였다. 즉흥연주를 하는 동안 상대방을 따라가는 행동과 주도하는 행동 사이의 관련성에 주로 초점을 두었다. 이 평가는 특히 부모가 자녀의 놀이에 얼마나 잘 적응하는지와 얼마나 자녀를 잘 따라하고 잘 맞추는지 등 부모와 자녀 양측의 정서적 의사소통 능력을 보여 준다. 또한 부모에 대한 아동의 정서적 의사소통도 보여 줌으로써 주도적 행동과 따르는 행동에서의 형평성, 부모–아동 관계에서의 자율성에서의 형평성에 대한 정보를 제공한다.

(2) 비언어 소통

비언어 소통 점수는 비언어적 지시와 신호를 사용하고 이해하는 부모–아동 양측의 비언어 소통 능력의 효과성을 평가한다. APCI 평가 절차에 있는 특정 과제를 연주하는 동안 부모와 아동이 교대로 연주하도록 지시한다. 이 평가점수는 부모 또는 아동이 어떻게 음악적으로, 제스처로, 그리고 모호한 교대행동으로 자신의 차례를 양보하는지를 분석한 결과이다. 더 나아가 충실한 교대행동과 중단시키는 교대행동의 빈도가 비언어 소통 점수에 합쳐진다. 이 점수는 가족 내 교대행동이 어떻게 조직되어 있는지와 가족이 명확한 신호를 사용해서 효과적인 비언어 의사소통을 하는지를 평가하는 임상적 의미를 갖는다. 비언어 점수는 부모와 자녀가 얼마나 명확하게 비언어 의사소통을 부호화하고 해석하는지를 보여 주는 지표이다(Jacobsen & Killén, 2015).

앞서 설명하였듯이, 비언어 의사소통 능력과 사회적 의사소통에 대한 이해도는 아동기 초기와 후기에 보호자 또는 부모에게 받은 적절한 비언어적 피드백에 기초하여 발달한다. 부모가 낮은 비언어 의사소통 능력을 보일수록 아동 역시 낮은 비언어 의사소통 능력을 나타낼 가능성이 높다. 방치하거나 돌봄이 부족한 경우 아동은 부모의 의도 파악에는 뛰어나지만 여전히 자신을 표현하고 의미를 전달하기 어려울 수 있다. 이는 아동이 비언어적 신호를 이해하지만 비언어적 신호를 잘 사용할 수는 없다는 것을 의미한다. 만약 기준선(백분위 규준은 현재 99가족의 데이터를 기반으로 함)보다 낮은 점수로 나왔다 하더라도 이 점수 자체는 중요한 세부사항을 포함하지 않으므로 해석을 위한 추가 설명이 필요하다. 점수가 아동의 비언어적 신호 이해능력에 관한 모든 것을 알려 주지는 않지만 아동의 능력 수준을 암시할 수 있고, 이 점수는 다른 진단평가 데이터(예: 기록, 인터뷰, 관찰)의 맥락에서 함께 고려되어야 한다. [그림 14-1]은 그래프상에서 상호조절과 비언어 의사소통 점수가 향후 치료를 위한 임상적 초점과 관련하여 어떻게 시각적 표시되는지를 보여 준다.

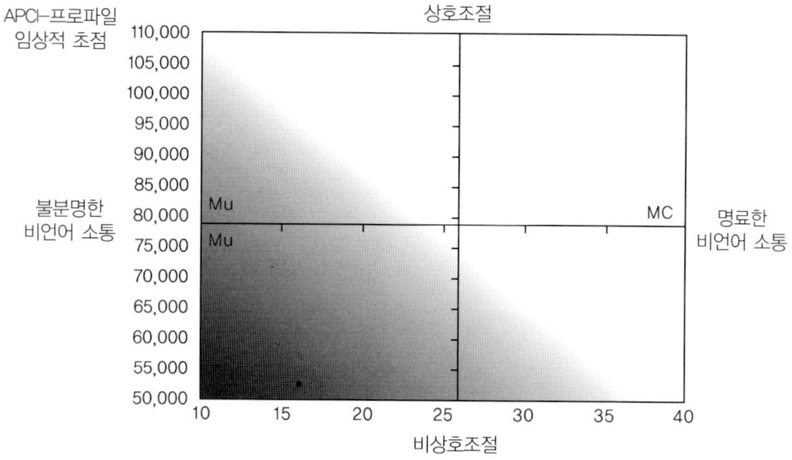

[그림 14-1] APCI 그래프-애착 지표

(3) 정서적 부모반응

정서적 부모반응 점수는 부모가 자녀의 정서적 요구를 얼마나 잘 수용하고 충족시키는지를 평가한다. 음악치료, 발달심리학, 사회학 문헌에서의 여섯 가지 일반적 부모반응인 거절, 지배, 과잉간섭, 수동성, 지지, 정서교류가 사전에 정의되어 기본 범주로 사용되었다. 이 범주들은 5회의 APCI 활동 중 4회에서 채점이 된다. 부모반응 분석의 목적은 부모가 자녀의 개별적 요구에 어떻게 행동하는지를 보여 주고 부모의 행동에 대한 추가적인 정보를 제공하는 것이다. 정서적 부모반응(EPR) 점수는 긍정적 반응 유형(지원, 정서교류)으로만 구성되어 있으며, 부정적인 반응 유형(거절, 지배, 과잉간섭, 수동성)은 질적으로만 기술된다(Jacobsen & Killén, 2015). 거절, 통제, 과잉간섭의 세 가지 부정적 반응 유형은 학대의 가능성을 암시하는 반면, 수동적 부모반응은 방임의 지표가 된다. 정서적 부모반응 점수는 아동의 애착 행동 유형과 연관될 수 있다. 아동에 대한 지원이 명백하게 부족하고, 수동적이거나 지배적이며(지배/과잉간섭) 아동이 필요로 할 때 불가용한 부모의 경우에는 아동이 불안전하고 회피적인 A 애착유형을 보일 수 있다.

예측하기 어렵고 과잉간섭하며, 지지가 부족하고 수동적인 부모는 아동이 불안전하고 양가적인 C유형을 갖게 할 수 있다. 아동의 D유형은 거부하고 지배적이며 수동적 부모의 바람직하지 못한 혼합 형태로 보일 수 있다. 반면, 충족될 만큼 언제나 지지적이고 감정적으로 교류하는 양육은 대체로 아동이 안전하게 느끼는 B유형이 될 것이다. [그림 14-2]는 회기에서 나타난 부모와 아동 간의 애착행동의 지표로서 어떻게 부모의 감정반응과 아동의 자율성이 그래프에 시각적으로 나타나는가를 보여 준다.

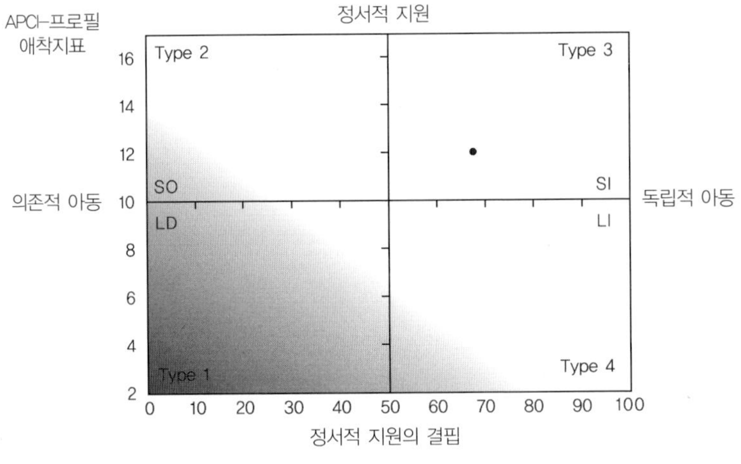

[그림 14-2] APCI 그래프-임상적 관점

(4) 결과 해석과 APCI 보고

APCI는 평가 결과의 해석을 위한 16개의 연속선상의 점수로 나타난다. 16개의 각 프로필을 살펴봄으로써 APCI를 부모의 정서적 방임 수준과 학대 가능성을 파악하는 데 사용할 수 있다. 상호조절과 비상호조절, 명백한 비언어 소통과 모호한 비언어 소통, 정서적 지원의 결핍, 아동이 얼마나 의존적 또는 독립적인가의 연속선상 점수의 조합에 기초한 것으로 아동의 애착 유형과 부모와 아동 간의 애착 행동에 대한 이해를 돕는다(Jacobsen & Killén, 2015). 프로필의 이름은 4개의 연속선상 점수를 의미하는 대문자로 이루어져 있는데, 예를 들어 MCSI[상호조절(Mutual attunement), 명백한 비언어 소통(Clear non-verbal communication), 지원(Support), 독립적 아동(Independent child)] 또는 NULD[비상호적 관심(Not mutually attentive), 모호한 비언어 소통(Unclear non-verbal communication), 지원 결핍(Lack of support), 의존적 아동(Dependent child)]이다(〈표 14-1〉 참조). 프로필들은 예비 규준 수치에 기초했으며, 더 많은 가족을 표본으로 하는 후속 연구가 필요하다. 그러나 임상적용을 위해서 몇몇 지표는 그대로 활용할 수 있다. 〈표 14-1〉은 충분히 좋은 돌봄부터 위험 수준의 돌봄, 방임 및 학대 가능성에 이르는 부모의 방임 수준에 관한 APCI 해석 방법을 보여 준다.

〈표 14-1〉 16개의 APCI 프로필

	APCI 프로필	충분히 좋음	위험 수준	방임/학대
1	MCSI	×		
2	MCSD	×		
3	MUSI	×		
4	MUSD	×		
5	NCSD	×		
6	NCSI	×		
7	MCLI		×	
8	MULD		×	
9	MCLD		×	
10	MULI		×	
11	NUSI		×	
12	NCLD		×	
13	NCLI		×	
14	NULI			×
15	NUSD			×
16	NULD			×

APCI 보고서를 작성할 때는 점수 또는 수치의 해석만이 아닌 행동관찰 내용과 관련 사건을 참조하여 부모의 양육기술 수준을 설명하는 것이 중요하다. 각 점수들은 반드시 서로 명확히 구별되어야 하고, 해석을 위한 관찰 내용이 필요하다. 보고서의 핵심적인 부분 중 하나는 평가 결과와 함께 부모의 의견 또는 부모의 목소리를 포함시키는 것이다. 보고서의 길이는 두세 페이지가 좋으며, 마지막에 평가 요약과 임상적 제안사항을 넣도록 한다.

4. 훈련

APCI의 표준화된 윤리적 사용을 위해 음악치료사의 훈련과 자격 취득이 필요하다. 필수 학위 과정에서의 기초 훈련을 받은 음악치료사는 해당 평가도구의 시행과 자료분석, 결과 해석, 보고서 작성을 위한 3일간의 훈련을 받은 후에 시행 자격을 얻을 수 있다. 자격증 취득을 위해 음악치료사는 반드시 훈련 이외의 임상 상황에서 APCI를 시행해 보고 5가족의 사례 결과를 보고해야 하며, 하루짜리 후속 훈련에 참가해야 한다. 이 후속 훈련에서 참가자는 자신의 경험을 공유하고 토론하며 추가적으로 시행된 가족의 자료를 입력하여 어떻게 부모에게 피드백하는지를 배우고 최종 보고서를 작성한다.

5. 연구와 심리측정

보호시설의 18쌍과 비임상적 비교군 33쌍(아동 연령 5~12세)을 포함하여 51쌍을 대상으로 APCI 효율성 연구가 2012년에 시행되었다(Jacobsen & McKinney, 2015). 모든 사례를 대상으로 2회의 음악치료 진단평가 회기가 녹화되었다. 자율적 관계, 교대행동, 부모반응 유형에 초점을 맞추어 비디오 분석이 이루어졌는데 이것은 상호조절, 비언어 소통기술, 정서적 부모반응 항목에서 산출된 점수와 관련이 있다. APCI 심리측정 결과는 평가자 간 신뢰도(r=.73~.89), 검사-재검사 신뢰도(r=.70~.89), 내적 일관성 계수(크론바흐 알파=.93)를 포함한다. APCI의 신뢰도와 타당도를 측정하기 위해 분할구획 요인설계를 하였다. 공인타당도와 준거타당도를 추정하기 위해 양육 스트레스 지수(Parenting Stress Index: PSI), 부모-아동 관계 검사(Parent-Child Relationship Inventory: PCRI)가 APCI가 함께 전산 처리되었다. 또한 APCI 점수가 임상적 집단과 비임상적 집단을 구별할 수 있는지를 결정하기 위해서 분산분석(ANOVA)이 시행되었다. 공인타당도 추정에서는 APCI 점수와 표준화 질문지 점수 간의 상관관계를 파악하기 위해 상관설계를 하였다. APCI, PSI, PCRI 점수가 모두 연속선상의 양적 수치임에 따라 피어슨 상관계수를 구했다. 심리측정 분석 결과 APCI는 기존의 부모-아동 교류 관찰 평가도구들과 함께 추가적으로 사용할 만한 신뢰도 높고 타당한 점수를 산출하는 것으로 나타났다(Jacobsen & McKinney, 2015).

제이콥슨, 맥킨니와 홀크(Jacobsen, McKinney & Holck, 2014)는 정서적으로 방임된 5~12세 아동이 있는 가족을 대상으로 모자 음악치료 중재가 부모-아동 교류에 영향을 미치는지에 대해 연구하였다. 측정된 APCI 점수(상호조절, 비언어 소통, 정서적 부모반응)와 양육 스트레스, 가족 내 부모-아동 관계에 대한 자기보고 데이터가 사용되었다(Jacobsen et al., 2014). 덴마크의 가족보호센터에서 시행된 무작위대조군 연구에서 18쌍의 부모-아동이 음악치료사가 진행하는 주 1회, 10회기의 회기($n=9$) 또는 평소처럼 지내는 통제군($n=9$)에 무선 배치되었다. 기초선 기간과 기초선 평가 4개월 후에 부모-아동 교류에 관한 행동관찰과 양육 스트레스, 부모-아동 관계에 관한 자기보고 측정이 실시되었다. 연구 결과는 음악치료를 받은 모자관계가 비언어 소통과 상호조절에 있어서 유의미한 향상을 보인 것으로 밝혀졌다. 유사한 결과로 모자관계 음악치료에 참여한 부모들은 음악치료를 받지 않은 부모들에 비해 양육 스트레스가 감소되었고, 자녀를 이해하고 대화하는 데 있어서 부모-아동 간 교류가 매우 향상된 것으로 나타났다.

위기에 처한 가족과 정서적으로 방임된 아동을 대상으로 하는 음악치료 중재가 어떻게 부모-아동 간 정서적 소통을 향상시키는지를 평가하기 위해 APCI가 사용되었다(Jacobsen et al., 2014). 최근의 연구들은 APCI를 시행하는 임상가와 APCI 평가 과정에서의 부모 경험에 초점을 맞추고 있다. APCI 훈련 기간 동안 훈련생과의 대화분석, APCI에 대한 치료사와 부모의 설문 답변 등의 시험적 연구자료를 볼 때 전도가 유망하다. 훈련을 이수한 32명의 모든 음악치료사(영국 12명, 덴마크 10명, 호주 4명, 스웨덴 1명, 독일 1명)는 APCI가 평가분석이 용이하며 이해하기 쉽고 검사 시행도 수월하다는 데 동의하였다. 분석 결과는 설명하기가 쉬우면서 가족과 부모-아동 교류에 관한 고유하고 의미 있는 정보와 통찰을 제공한다. 질적인 기술 부분에는 이전에 파악되지 않은 아동의 자폐스펙트럼장애 성향이 어떻게 APCI에 나타나는지에 대한 내용도 포함한다. 참여한 부모 또한 APCI 회기에 참여하기 쉬웠고 자녀가 재미있어 한다는 점에 동의하였다. 부모들은 창의적인 자녀의 모습을 지켜보는 것이 기뻤고 자녀와 함께 재미있는 경험을 즐겼다고 하며, 이전에 해 봤던 다른 진단평가도구보다 훨씬 더 매력적이고 할 만하다는 질적인 피드백을 하였다.

6. 향후 계획

후속 연구는 최종적으로 APCI의 표준화 규준을 만들기 위한 것이다. 모집단의 대표 표본으로서 가급적이면 유럽 각국에서 무선표집된 500~1,000가족의 참여가 필요할 것이다. APCI 해외 공인 자격을 갖고 있는 음악치료사들이 APCI 검사를 실시하고 자료를 수집하고 분석을 담당한다. 더 나아가 장애 아동이 있는 가족에게도 적용 가능한 APCI의 변형적 사용에 관한 연구까지 고려하고 있다.

7. 논의와 요약

다른 검사도구와 비교할 때 APCI는 임상적 표본과 비임상적 표본 간의 비교 평가에 기반하고 위기에 처한 가족의 돌봄과 애착을 진단평가하기 위한 고유의 측정 방법을 제공한다. APCI는 음악에서 나타난 부모-아동 한 쌍의 비언어적 교류를 구조화된 방식으로 관찰한다(George, Kaplan, & Main, 1995). APCI는 5~12세의 아동을 대상으로 개발되었다. 애착 진단평가는 보통 0~5세에게 시행되는데, 이 시기가 아동의 정상 발달에 핵심적인 기간이기 때문이다. 그러나 어떤 가족에게는 자녀가 남보다 더 힘든 아동이라는 것을 알아차리기 전까지 그 문제들이 나타나지 않을 수 있으므로 좀 더 연령이 높은 아동도 진단할 필요가 있다. 이러한 특정 연령 범위의 아동(5~12세)과 부모의 감정적 교류 및 애착행동을 진단하는 것이 어려울 수 있는데, 이는 대부분 부모-아동 간의 언어적 소통에 기인한다. 언어적 소통이 감정적 방임과 애착 유형을 의미하는 중요한 뉘앙스나 미묘한 사항을 진단하는 것을 어렵게 하기 때문이다. APCI는 음악에서 나타나는 비언어적 교류에 기초하기 때문에 나이가 있는 아동의 복잡한 언어적 특징을 피할 수 있고 부모–아동 교류와 양육능력에 관한 섬세하고 풍부한 진단평가를 가능하도록 한다.

연구자들은 음악치료 진단평가가 놀이 및 비언어 교류 중심이고 참여한 가족이 긴장하지 않고 잠재성을 발휘하도록 하기 때문에 가족이 흥미를 느끼고 재밌어한다고 보고한다(Jacobsen & McKinney, 2015). 이와 함께, 비음악적 내용이 아닌 음악적 형식에 초점을 맞춘 평가환경에서는 가족이 무엇을 평가하는지 모르기 때문에 거짓된 교류를 하기가 어렵다.

APCI는 일관되고 안정적인 시행 방식 외에도 표준화 절차와 타당하고 신뢰할 수 있는 심리측정상의 속성을 갖고 있고 상호조절, 비언어 소통, 정서적 부모반응을 포함한 부모–아동 감정 교류를 어떻게 중재할지 정보를 제공할 수 있다. 쇼어와 쇼어(2008)에 따르면, 조절과 비언어 소통은 아동이 건강하고 역동적인 정서조절 기술을 발달시키는 데 특히 중요하다. APCI 프로필은 부모의 정서적 지원, 아동의 자율성과 함께 정서적 방임 수준과 애착 유형을 제시하는데, 이것은 가족치료를 설계하는 안내 지침을 제공한다. APCI 음악활동과 비음악활동을 활용해서 부모와 아동 사이의 정서적 소통을 관찰하고 진단하는 것이 가능하다. APCI는 부모–아동 교류와 양육능력에 관한 심도 있는 정보를 수집하기 어려운 상황에서 다학제 치료팀에게 중요하고 상세한 정보를 제공함으로써 사례의 진단평가 과정에 기여할 수 있다.

참고문헌

Ainsworth, M. D. S., Blehar, M. C., Waters, E., & Wall, S. (1978). Patterns of *Attachment. A Psychological Study of the Strange Situation.* Hillsdale, NJ: Lawrence Erlbaum Associates Publishers.

Bonde, L. O., Pedersen, I. P., & Jacobsen, S. L. (Eds.)(2019). *Comprehensive Guide to Music Therapy* (2nd edition). London: Jessica Kingsley Publishers.

Bruscia, K. E. (1987). *Improvisational Model of Music Therapy.* Springfield, IL: Charles C. Thomas.

Colegrove, U. M., & Htavighurst, S. S. (2016). Review of nonverbal communication in parent-child relationships: Assessment and intervention. *Journal of Child Family Studies,* doi: 1 0.1 007/s1 0826-016-0563-x.

Deacon, S., & Piercy, F. (2001). Qualitative methods in family evaluation: Creative assessment techniques. *The American Journal of Family Therapy, 29,* 255-273.

George, C., Kaplan, N., & Main, M. (1995). The Adult Attachment Interview. Unpublished manuscript, University of California at Berkeley

Green,J. M., Stanley, C., Smith,V.,& Goldwyn, R.(2000). A new method of evaluating attachment representationa in young school-age children: The Manchester Child Attachment Story Task. *Attachment and Human Development, 2,* 42-64.

Holck, U. (2004). Turn-taking in music therapy with children with communication disorders. *British Journal of Music Therapy, 18,* 45-53.

Holck, U. (2008). Kommpnikativ musikalitet. Cognition & pædagogik. *Tidsskrift om den gode Læring, 18,* 70-79.

Iwaniec, D. (1995). *The Emotionally Abused and Neglected Child: Identíf ícation, Assessment, and Interventíon.* Chichester, NH: John Wiley & Sons.

Jacobsen, S., & Wigram, T. (2007). Music therapy for the assessment of parental competences for children in need of care. *Nordic Journal of Music Therapy, 16,* 129-142.

Jacobsen, S., L. & Killén, K. (2015). Clinical application of music therapy assessment within the field of child protection. *Nordic Journal of Music Therapy, 24*(2), 148-166.

Jacobsen, S., L. & McKinney, C. H. (2015). A music therapy tool for assessing parent-child interaction in cases of emotional neglect. *Journal of Child and Family Studies, 24,* 2164-2173.

Jacobsen, S. L., McKinney, C., & Holck, U. (2014). Effects of a dyadic music therapy intervention on parent-child interaction, parent stress, and parent-child relationship in families with emotionally neglected children: A randomized controlled trial. *Journal of Music Therapy, 51*(4), 310-332.

Juffer, F., Bakermans-Kranenburg, M. J., & van IJzendoorn, M. H. (2005). Enhancing Children's Socioemotional Development: A Review of Intervention Studies. In M. T. Douglas (Ed.), *Handbook of Research Methods in Development Science.* Oxford: Blackwell Publishers.

Killén, K. (2012). *Barndommen Varer i Generationer. Forebyggelse af Omsorgssvigt.* Copenhagen: Hans Reitzels Forlag.

Kim, L. Wigram, T., & Gold, C. (2009). Emotional, motivational and interpersonal responsiveness of children with autism in improvisational music therapy. *Autism, 13,* 389-409.

Knapp, M., & Hall, J. (2009). *Nonverbal Communication in Human Interaction: International Edition.* Boston, MA: Wadsworth Cengage Learning.

Malloch, S., & Trevarthen, C. (2009). *Communicative Musicality: Exploring the Basis of Human Companionship.* London: Oxford University Press.

Miller, E. M. (1994). Musical intervention in family therapy. *Music Therapy, 12,* 39-57.

Molyneux, C. (2008). Music Therapy as Part of a Multidisciplinary Family Assessment Process. In K. Twyford & T. Watson (Eds.), *Integrated Team Working.* London: Jessica Kingsley Publishers.

Oldfield, A., & Flower, C. (2008). *Music Therapy with Children and Their Families.* London: Jessica Kingsley Publishers.

Pavlicevic, M. (2002). Dynamic interplay in clinical improvisation. *Voices: A World Forum for Music Therapy, 2.* Retrieved 26/02/2018 at https://normt.uib.no/index.php/voices/article/view/88/70.

Schore, J., & Schore, A. (2008). Modern attachment theory: The central role of affect regulation in development and treatment. *Clinical Social Work Journal, 36*(9), 9-20.

Snyder, R., Shapiro, S., & Treleaven, D. (2013). 'Attachment theory and mindfulness.' *Journal of Child and Family Studies, 21,* 709-717.

Stern, D. (1995). *The Motherhood Constellation.* New York, NY: Basic Books.

Stern, D. (2000). *The Interpersonal World of the Infant.* New York, NY: Basic Books.

Stern, D. (2010a). The issue of vitality. *Nordic Journal of Music Therapy, 19,* 88-102.

Stern, D. (2010b) *Forms of Vitality*. Oxford: Oxford University Press.

Trondalen, G., & Skårderud, F. (2007) Playing with affects: And the importance of "affect attunement." *Nordic Journal of Music Therapy, 16,* 100–111.

Wigram, T. (2004) *Improvisation*. London: Jessica Kingsley Publishers.

Wigram, T. (2007) 'Event-Based Analysis of Improvisation Using the Improvisational Assessment Profiles (IAP).' In T. Wosch & T. Wigram (Eds.), *Microanalysis in Music Therapy - Methods, Techniques and Applications for Clinicians, Researchers, Educators and Students*. London: Jessica Kingsley Publishers.

Winnicott, D. (1971) *Play and Reality*. New York, NY: Basic Books.

Wolf, C., & Peregoy, J. (2003) 'Assessing Parenting Capability.' In K. Jordan (Ed.), *Handbook of Couple and Family Assessment*. New York, NY: Nova Science Publishers.

제15장

음악치료 도구상자

Jaakko Erikkilä · Thomas Wosch

1. 환경과 동기: MTTB 역사의 개요

음악치료 도구상자(Music Therapy Toolbox: MTTB)는 작곡된 음악에서 음악적 특성들을 추출하기 위해 만들어진 MIDI(Musical Instrument Digital Interface) 도구상자(Eerola & Toiviainen, 2004)를 기반으로 개발되었다. 음악치료 지능형 음악시스템(Intelligent Music Systems in Music Therapy)(2003~2006, Academy of Finland) 프로젝트의 연구자들은 음악치료에서 사용이 가능하고 임상 즉흥연주로부터 음악적 특성을 추출해 낼 수 있는 MIDI 도구상자를 개발하기 시작했다. 이 프로젝트는 새로운 도구상자(MTTB)(Erikkilä, 2007; Erikkilä, Ala-Ruona, & Lartillot, 2014; Erikkilä et al., 2005; Erikkilä et al., 2004)의 개발을 목표로 했으며 지적장애인과 음악치료사가 연주한 임상 즉흥연주를 분석하는 기능을 실제로 테스트하기 위한 것이었다. 연구자들은 어떤 음악적 특성이나 음악행동을 통해 지적장애의 심각도를 예측할 수 있다는 것을 발견하였다(Luck et al., 2006). 다른 흥미로운 점은 임상 즉흥연주는 종종 '진짜 음악'처럼 들리지 않고 무작위이거나 혼란스러운 인상을 줄 수 있다는 것이다. 전통적 음악분석, 정신음향학, 주요 심리학들의 혼합된 개념으로 적어도 즉흥연주의 몇 가지 의미가 설명이 가능할 것이다(Luck et al., 2006). 요약하자면, 지적장애가 심각한 경우에도 임상 즉흥연주에는 인류학적 · 심리학적 원리와 의미가 여전히 존재한다고 연구들은 보고한다.

2. 이론적 배경과 진단평가도구의 개발

다니엘 스턴(Daniel Stern)의 미시분석(microanalysis) 개념은 음악치료의 음악적 교류를 이해하는 데 중요한 역할을 했다. 또한 초기의 부모–아동 교류, 의사소통, 관계는 스턴의 주요 연구 주제였다(Stern, 2004; Stern, 1971). 스턴은 1971년에 미시분석의 방법과 목적에 대해 다음과 같이 기술하였다.

> 우리는 영상을 한 장면씩 분석하는 방법으로 지배적이고 과잉자극하는 어머니 행동의 예시들을 상세하게 연구해 왔다. 영향을 많이 주고받는 교류와 같은 유아의 특정 행동들을 규명하고자 했다. 어머니와 유아가 사회적 접촉과 자극을 유지하고 끝내며 회피하고 시작하는 것과 관련하여 교류를 개념화하고 분석하였다(Stern, 1971, p. 502).

비언어적 관계 및 교류의 상황에서 이러한 관찰이 이루어진다. 1980년대 초반 케네스 브루샤(Bruscia, 1987)는 비언어적 맥락과 교류의 차원을 보여 주는 임상 즉흥연주 진단평가를 위해 즉흥연주 진단평가 프로필(Improvisation Assessment Profiles: IAP)을 개발하였다. IAP의 사용에 관해 브루샤는 "클라이언트 즉흥연주의 임상관찰, 음악분석, 심리분석에 기반한 진단평가 모델을 제공하기 위한 것이다."(Bruscia, 1987. p. 403)라고 기록하였다.

IAP는 통합(integration), 변형(variability), 긴장(tension), 조화(congruence), 대표성(salience), 자율성(autonomy)의 여섯 개의 프로필을 포함한다. 대부분의 프로필이 임상 즉흥연주에서 클라이언트가 연주한 음악을 진단평가하기 위한 것이다. 토니 위그램(Tony Wigram)은 의사소통장애가 있는 아동들을 진단평가하면서 자율성 프로필과 변형 프로필에 중점을 두었다(Wigram, 1999, 2007). 워쉬(Wosch, 2007)는 정신장애가 있는 성인의 미시분석 진단평가를 위해 자율성 프로필에 초점을 맞추었고, '음악 간의 관계 또는 사람 간의 관계'(Bruscia, 1987)의 초단위 시간 진단평가를 개발하였다. 자율성 프로필의 음악분석은 다음과 같은 음악적 척도를 포함한다.

1) 리듬기반

① 리듬 윤곽(rhythmic figure)
② 조성/선율(tonal/melodic)
③ 화성(harmonic)
④ 텍스쳐(textural)
⑤ 프레이즈(phrasing)
⑥ 음량(volume)
⑦ 음색(timbre)
⑧ 프로그램/가사(program/lyrics) (Bruscia, 1987)

마지막 척도인 프로그램/가사를 제외하고 각 척도에서의 클라이언트의 '역할 관계'가 음악적으로 평가된다. 리듬 자율성 척도에는 템포, 박자, 분할 박이 포함된다(Bruscia, 1987). 음색 자율성 척도는 '클라이언트 즉흥연주의 매개, 악기, 연주기법, 음악적 표현 어휘를 평가'(Bruscia, 1987, p. 403)하기 위해 사용된다. 조성/선율 자율성 척도는 음악의 조성과 선율을 포함한다.

끝으로, 자율성 척도에는 다음와 같이 연주자들의 음악 간 관계가 포함된다.

2) 의존

① 추종(follower)
② 동반(partner)
③ 주도(leader)
④ 저항(resister) (Bruscia, 1987)

줄리아 숄츠(Julia Scholtz)와 동료들은 발달장애 아동 대상 진단평가에 독립성 수준을 포함시키기 위해 저항 영역을 확대했다(Scholtz, Vocigt, & Wosch, 2007). 자율성 프로필의 각 음악 영역에서 각각의 척도 수준이 평가되었다(Wosch, 2007). 한 예로, 음악치료사가 템포를 바꾸었을 때(음악 척도, 리듬기반) 클라이언트는 템포를 바꾸는 것으로 이러한 변화를 따라갈 수 있다. 이와 같은 임상 즉흥연주 순간에 치료사는 리듬기반에 있어서 주도적이고 클라이언트는 치료사의 리듬을 추종한다.

스턴의 종합적 비디오 분석에서 '유지, 종료, 회피, 시작'(Stern, 1971, p. 502)하는 초기 비언어 교류의 패턴은 제스처, 모방, 목소리 등을 포함하고 이것은 브루샤가 말한 추종, 저항, 주도라는 음악적 역할관계와 견주어 볼 수 있다. 이처럼 교류를 미시분석(Bruscia, 1987; Wosch, 2007)하는 것은 음악적 행동에 국한되며, 움직임, 모방행동, 그밖에 다른 행동의 차원에 관한 정보들은 포함하지 않는다. 그러나 영국 음악치료사 엘라인 스트리터(Streeter, 2010)는 91%의 임상가들이 미래의 컴퓨터 진단평가를 위해 음악적 교류를 포함한 모든 일화를 규명하고 수량화하는 것에 관심이 많다고 보고하였다. IAP 자율성 척도의 미시분석(Wosch, 2007)은 대단히 많은 시간이 소요되는 버전으로 음악치료 연구에서 사용되어 온 유일한 평가도구이다. 임상현장에는 자동화된 버전이 필요하며 자동으로 음악특성을 측정하는 MTTB는 IAP 자율성 척도의 음악적 역할관계 패러다임에 상당히 근접한 것이다.

3. 절차와 자료의 수집 · 분석 · 해석

MTTB의 첫 버전은 단순히 MIDI 데이터를 읽고 처리한다. 음악정보의 핵심 요소들은 음악 자체가 아닌 수치로 나타난다(Erkkilä et al., 2014). 음악적 데이터를 분석하기 위해 MIDI 악기로 반드시 재생해야 하거나 또는 디지털 오디오에서 MIDI로 먼저 변환해야 했다. MTTB의 두 번째 버전은 디지털 오디오도 분석할 수 있다. 음악특성 추출이 어렵기는 하지만 디지털 오디오는 MIDI 데이터에서는 불가능했던 음색 관련 특성과 같은 중요한 정보를 제공한다. MTTB는 사용자가 선택한 음악정보, 클라이언트와 치료사 사이의 교류 등을 포함하여 음악을 시각적으로 악보화하는 것이 가능하다.

완성된 MTTB MIDI 버전의 음악적 특성은 다음과 같다.

- 음의 밀도(density)
- 평균 지속시간(mean duration)
- 평균 음고(mean pitch)

- 음고 표준편차(standard deviation of pitch)
- 박의 명료도(pulse clarity)
- 조성(tonality)
- 표현(articulation)
- 템포(tempo)
- 불협화음(dissonance)
- 동시성(synchronicity) (Erkkilä et al., 2007)

모든 특성은 음악적 데이터로부터 산출된 것이다. 계산을 위한 두 가지 예를 제시한다. 음의 밀도는 "윈도우에 있는 음들의 개수를 윈도우 화면의 길이로 나눈 것"(Erkkilä et al., 2007, p. 37)이다. MTTB의 첫 버전에서 시간-윈도우 값은 6초였다. 미시분석을 사용한 두 번째 버전의 MTTB에서는 1초였다. 표현은 "윈도우에서 짧은 침묵의 비율이다. 1에 가까운 값들은 스타카토 연주를 의미하고 0에 가까운 값은 레가토 연주"(Erkkilä et al., 2007, p. 37)를 의미한다. 현재 웹페이지를 통해 MTTB를 다운로드할 수 있도록 작업하고 있으며, MTTB에 관한 문의는 위베스퀼레 대학교 음악치료학과로 해 주길 바란다.

1) MTTB의 적용

MTTB 분석에서 임상 즉흥연주를 할 때 반드시 중요하게 생각해야 할 몇 가지 시작점이 있다. MIDI 데이터에서는 각 즉흥연주자의 음악을 서로 다른 MIDI 채널로 보내는 것이 중요하다. 만약 같은 채널로 보낸다면 MTTB가 즉흥연주를 한 연주자의 결과물로 인식하게 되어 바람직하지 않다. 같은 이유에서 디지털 오디오도 각각 다른 채널도 보낼 수 있어야 한다. 현재의 MTTB 버전은 즉흥연주자 파노라마처럼 왼쪽과 오른쪽 채널로 확대된 스테레오 파일로서 인식한다. 마이크로 녹음된 오디오를 작업할 때는 각 채널의 소리를 최대한 깨끗하게 녹음하기 위해서 가까이 있는 마이크 간의 음향 간섭을 방지하는 것이 중요하다. 소리 신호만 감지하고 주변 소리들은 많이 들어가지 않는 마이크는 여러 종류가 있다. MIDI나 오디오 포맷의 즉흥연주 녹음을 하는 경우 요즘에는 저렴하면서 휴대가 가능한 작은 장비로도 대부분 가능하다. 노트북과 같은 컴퓨터, MIDI 및 디지털 오디오 녹음을 위한 소프트웨어,

따로 또는 같은 장비에 내장된 MIDI와 오디오 인터페이스, 클라이언트와 치료사가 연주하는 두 개의 젬베 드럼과 같은 오디오 신호를 녹음하기 위한 두 개의 마이크, 그리고 MIDI 입력 및 출력용 MIDI 악기가 디지털 악기를 사용하기 위한 기본 장비이다.

이미 컴퓨터와 두 개의 젬베, 두 개의 디지털키보드를 갖고 있다면 1,000유로 혹은 그 보다 적은 금액으로 그 외의 장비를 갖출 수 있다. 〈표 15-1〉은 MTTB 분석의 일반적 결과를 장비와 시행 기점에 따라 기술한다.

〈표 15-1〉 MTTB 적용을 위한 선수 조건

	해당 경우	그렇지 않은 경우
두 즉흥연주자가 동일한 악기 사용	즉흥연주자 간의 표현 가능성에 대한 데이터를 충분히 비교 가능	즉흥연주자 간 충분한 데이터 비교가 불가하고 자료분석 시 서로 다른 표현 가능성을 고려해야 함
두 즉흥연주자가 동일한 사운드 사용 (예: 피아노)	소리가 연주 방식에 영향을 미치지 않을 때 즉흥연주자 간 데이터 충분히 비교 가능	서로의 소리가 연주하는 방식에 영향을 주기 때문에 즉흥연주자 간 충분한 데이터 비교 불가
연속적 회기에서 동일한 악기와 사운드 사용	표현적 가능성이나 교류상의 변화 등 위해 즉흥연주 종단 비교 가능	즉흥연주 종단 비교가 어렵거나 불가하고 다른 장비들에 의해 영향받음
모든 클라이언트가 동일한 악기와 사운드 사용	하위 집단의 전형적 패턴 등 찾기 위해 집단기반 분석 가능성 제공	대상자 간 비교가 아주 적합하지는 않음

지금 MTTB의 문제점은 MatLab 엔지니어링 소프트웨어에서만 구동한다는 점이다. 병원이나 사설 기관 또는 대학병원 등에서 MatLab 소프트웨어를 갖고 있거나 구입해야 한다. 현재 개인 사용료는 2,000유로부터 시작한다. 현재 MatLab 없이 사용 가능한 독립적인 MTTB를 개발하고 있는 중이다.

2) 자료수집과 선정

MTTB 분석을 위해 즉흥연주를 선택하는 다양한 전략이 있다. 즉흥연주가 잘 저장이 된 후에 MTTB 자체는 신속하게 처리되기 때문에 여러 개의 즉흥연주를 한 번에 분석하는 것은

MTTB 관점에서 볼 때 그다지 어려운 문제가 아니다. 그러나 데이터를 축소해 가는 것은 즉흥연주의 임상적 적합성과 같은 이유들 때문에 중요할 수 있다. 어떤 즉흥연주가 어떤 식으로든 의미가 있다면 강한 감정이나 이미지, 연상 등을 촉발할 수 있고 그렇기 때문에 그 즉흥연주를 분석해야 한다. 평소에 치료사가 즉흥연주의 추이를 파악하고 임상적 의미를 평가할 수 있도록 일지를 기록하는 것이 바람직할 것이다. 시간 흐름에 따른 즉흥연주 비교에 초점을 맞추려면 여러 회기에서의 즉흥연주 간의 호환성을 높이기 위해 어느 정도 사전에 설계된 절차를 따르면서 즉흥연주 과제들을 해 나갈 수 있다. 그러한 과제의 예로는 일정한 시간 동안 즉흥연주를 하는 것인데, 치료사가 안정적 템포로 리듬과 조성에 기반한 단순한 반주를 하는 것으로 매 회기를 시작한다. 이러한 과제를 늘 반복한다면 언제 클라이언트의 연주가 변화하는지를 비교하는 것에 관한 명백한 근거가 될 것이다. 즉흥연주의 맥락과 어떻게 연주를 시작하는지가 다르면 다를수록 정확하게 비교하기 더 어렵다는 것은 기본적인 원리이다. 다음에서 자료분석에 관한 세 가지 관련 사례를 제시할 것이다.

3) 자료분석과 해석

임상 즉흥연주의 분석과 진단평가를 위해 MTTB를 사용하기 전에 MTTB의 다른 특성들과 자신의 임상적 접근법이 MTTB를 사용하기에 적절한지 주의 깊게 살펴보아야 한다. 원칙상 MTTB는 사용 악기나 연주 방법에 상관없이 분석이 가능하다. MTTB는 기본적으로 수학적 알고리즘을 통해 추출된 특정 음악요소들을 바탕으로 임상 즉흥연주를 이해하는 객관적 방법이다. 클라이언트와 치료사 각각의 음악적 특성을 따로 분리해서 보는 것이 가능할 때 즉흥연주자 간의 다양한 교류의 측면이 파악될 수 있다. 여러 기초 음악요소(리듬, 음역, 음색, 조성 등)가 MTTB에서 처리 가능하다. 예를 들어, 낮은 음역대에서 연주하던 클라이언트가 치료과정에서 점차 음역대를 넓혀 간다면 차후에 그 의미를 해석하는 것은 임상가 또는 연구자에게 달려 있다. 예를 들어, 슬픔과 기쁨이 얼마나 낮거나 높은 음역대에서 느껴지는지에 대한 음악심리학 문헌이나 연구를 찾아볼 수 있다.

음악치료 문헌과 연구에는 특정 음악적 현상을 이해하기 위한 다양한 모델이 존재한다. 즉흥연주에 대한 이론적 근거나 분명한 생각이 없이 즉흥연주를 분석하는 것은 아마도 별로 생산적이지 않을 것이다. 그러나 클라이언트와 치료사 간의 음악적 행동에 있어서 교류적이고 표현적인 측면이 있다면 MTTB를 적용할 만한 가치가 있다. 더 나아가, 치료과정에서 즉흥연주들 간에 연주과제, 사용 악기 등과 관련하여 유사한 패턴이 계속 나타난다면 이를 비교해 볼 수 있을 것이다. 다음에는 즉흥연주에서의 음악적 교류를 진단평가하는 데 있어서 세 가지의 MTTB 적용 방안 및 차원에 대해 기술한다.

(1) 동시성 진단평가

정신증 환자와의 즉흥연주에 관한 전문가인 드 배커(De Backer, 2008)는 임상 즉흥연주에서의 음악적 동시성(synchronicity)을 클라이언트와 치료사가 공통된 박과 리듬을 상호적으로 감지하는 것이며 음색을 통해 순간적으로 나타난다고 정의하였다. 또한 그는 함께하고 있다는 느낌을 주는 음악적 시작, 음악적 역동, 음악적 종료에 대해 언급하였다. MTTB에 있어서 동시성은 각 음악적 특성에 어떤 일들이 일어나는지를 객관적으로 파악하는 것을 통해서만 알 수 있다. 실제로 MTTB 동시성은 하나 또는 복합적 음악특성과 관련하여 즉흥연주자 간의 음악행동이 시간적으로 동시에 발생하거나 상호적으로 연결되어 있음을 의미한다. 따라서 동시성은 한 가지 음악특성, 예를 들어 박의 명료성과 같은 리듬 수준으로 나타날 수 있다. 또는 몇 가지 음악 특성이 조합된 음악적 행동이나 힘과 같은 더 복잡한 현상일 수도 있다(클라이언트 치료사 관계에 관한 다음의 내용 참조). 공감이나 라포와 같이 심리치료에서 경험되는 동시성에 관한 것인가라는 질문은 MTTB 영역 밖의 일이다. 그러므로 동시성에 대한 더 풍부한 이해를 위해서는 MTTB 결과와 즉흥연주자들의 실제 경험 같은 다수의 자료원을 함께 사용하는 것이 중요하다. 이것은 클라이언트 진단평가가 음악분석뿐 아니라 임상관찰 및 심리 해석에도 기초한다는 브루샤의 IAP 논리에도 부합한다(Bruscia, 1987).

이론상으로는 '가짜 동시성'이라는 현상도 있다. 음악적 동시성을 추구하지만 한쪽만의 동시성 경험이라는 결과를 낳는 치료사의 능력 수준이나 욕구를 말한다. 부족한 교류 기술을 가진 임상가가 자폐스펙트럼장애인과 즉흥연주를 하는 것이 그 예로 클라이언트 측의 의미 있는 반응 없이 치료사가 클라이언트의 음악에 무의식적으로 접촉하는 것을 말한다. 반면, 클라이언트가 타인에 대한 인식 없이 그저 자신의 내적 음악만을 연주할 수 있다. 그러나 치료사는 자신이 클라이언트의 음악에 매우 민감하게 반응한다는 사실만으로 동시성의 느낌을 가질 수 있다. MTTB를 사용해서 이러한 현상을 분석하는 것이 가능하다. 여기에서 중요한 개념은 타이밍이다. MTTB 그래프를 통해 치료사가 클라이언트의 음악행동을 늘 모방만

하는지 어느 정도 확인할 수 있다. [그림 15-1]의 음량 관련 음악특성에서 치료사 동시성의 예를 볼 수 있다. 위쪽 그래프에서는 클라이언트 곡선이 먼저 시작한다. 치료사는 3초에서 합류한다. 치료사는 클라이언트 곡선에 매우 가깝게 근접한다. 이와 함께 평균 음량 그래프의 위쪽에 더 밝은 색깔이 증가한다. 위쪽은 치료사의 활동을 의미하고 아래는 클라이언트의 활동을 의미한다. 그 외 어느 즉흥연주자가 먼저 하는지와 그러한 패턴이 있는지를 보여주는 모방도표라고 하는 MTTB 기능을 활용하는 것이 가능하다.

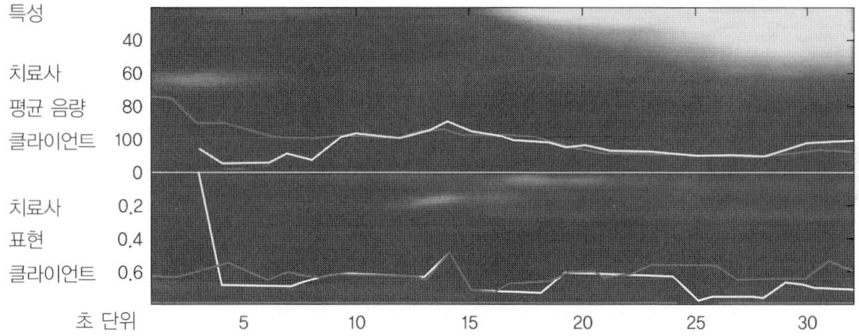

[그림 15-1] 평균음량 MTTB 기초 음악특성에서의 동시성 (MTTB-B 버전)
(흰색선: 클라이언트, 회색선: 치료사)

요약하면, MTTB는 음악에서의 객관적이면서도 정확하게 유사성과 시간적 동시성을 보여주고 '가짜 동시성'을 찾아낼 수 있는 방법을 제공한다. 그러나 신체 움직임, 표정 등과 같은 신체적 동시성과 유대감, 공감, 라포와 같은 심리적 경험 등 다른 자료원에 중점을 두거나 전체를 모두 파악하려는 것이 MTTB에서 늘 용이하지는 않다.

(2) 자율성 프로필을 사용한 음악 간 관계 진단평가

2010년과 2011년 뷔르츠부르크-슈바인푸어트 응용과학대학교의 한 연구자와 개발팀은 클라이언트와 치료사 간의 임상 즉흥연주에서 브루샤의 IAP 자율성 역할관계 진단평가에 관한 MTTB 개발을 시작했다(Jonscher, Gruschka, & Scheder-Springer, 2010). [그림 15-2]는 저항 항목의 예이다(시간 기초선의 38~40초를 보라). 이 사례에서 클라이언트(위)와 치료사(아래)의 밀도와 박의 명료도 곡선이 서로 엇나가 다른 방향으로 움직이고 있다.

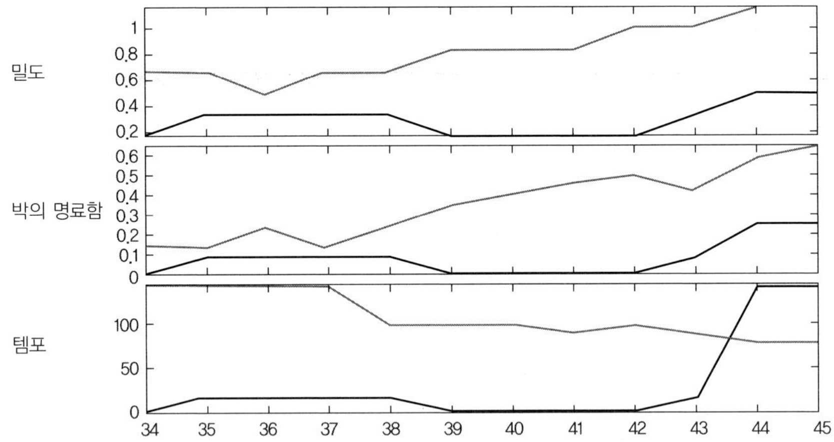

[그림 15-2] MTTB 특성 중 저항 예시
(위의 선은 클라이언트, 아래 선은 치료사. 38~40초는 클라이언트의 저항행동을 나타냄)

[그림 15-3]은 음악적 특성인 템포를 사용한 독립(중간상자) 항목이다. 여기에서 클라이언트(연한 회색)는 치료사(진한 회색)와 유사하게 연주하지만 때때로 조금 빨리 연주하거나(치료사 위쪽 곡선) 조금 느리게 연주한다(치료사 아래 쪽 곡선).

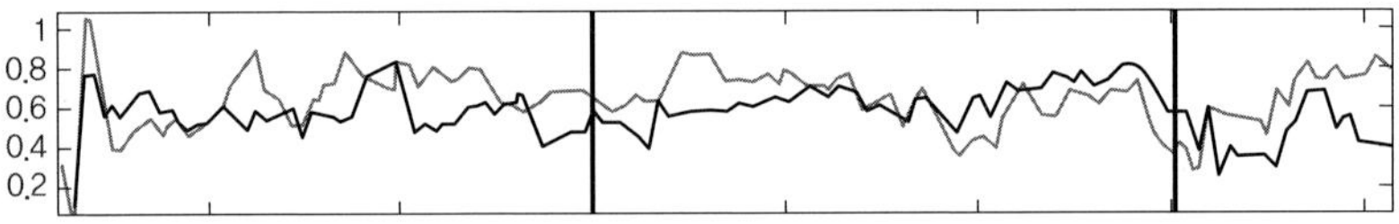

[그림 15-3] MTTB 템포에서 독립 예시
(검은색 선은 클라이언트, 연한 회색선은 치료사. 검은색 박스는 클라이언트의 독립적 행동을 나타냄)

그러나 음악 간 관계나 역할관계의 수준은 아직 알고리즘상에서 산출되지 않는다. 음악치료사는 여섯 가지의 수준에 관한 기존의 정의를 사용해서 MTTB에 나타난 수준을 알아낼 수 있다. 다음 단계는 주도와 추종 수준을 확인하는 것이다. 이러한 역할관계의 결과는 높은 주도 수치와 낮은 추종 수치를 포함한다. 동시에 MTTB 그래프상에서 주도 곡선과 추종 곡선 간의 거리를 통해 동시성을 알 수 있는데, 추종 곡선이 주도 곡선을 따라간다. 밀도 음악특성에 관한 [그림 15-4]를 보면 80초에 치료사(검은색)가 클라이언트(연한 회색)를 따라간다. 90초에는 이것이 변화하는 데 이후 10초간 치료사가 주도하고 클라이언트가 따라가는 양상을 보인다.

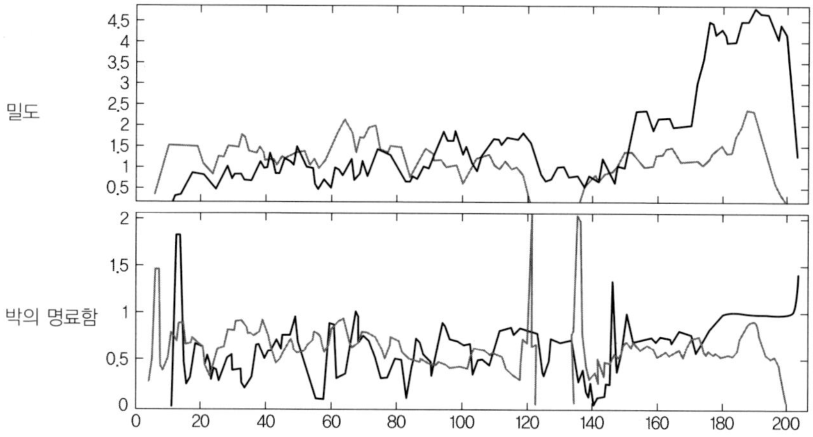

[그림 15-4] MTTB 밀도 특성에서 주도와 추종의 예시

임상 즉흥연주에서 클라이언트와 치료사 간의 역할 관계가 변화하는 예를 [그림 15-5]에서 볼 수 있다. MTTB 그래프에 음악치료사의 역할 관계 수준들이 표시된다. 각각의 색깔은 이 역할이 클라이언트(아래 선)에게 해당하는지 또는 치료사(위 선)에게 해당하는지를 보여준다. 주도하는지와 추종하는지를 파악하기 위해 누가 음악적 변화를 시작하는지, 누가 주로 큰 소리를 계속 내는지, 누가 나중에 변화를 따라가는지를 아는 것이 중요하다.

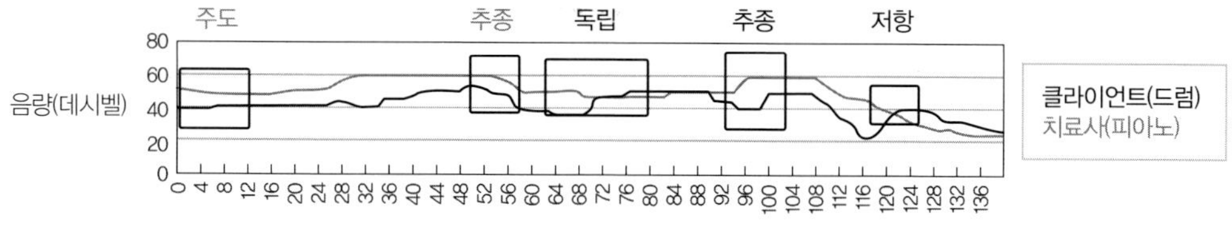

[그림 15-5] MTTB 평균 지속시간 특성에서 역할 관계의 변화
(Jonscher & Wosch, 2012; Magee & Wosch, 2017)

여기에서 MTTB 진단평가를 해석한 두 가지 임상사례를 소개하려고 한다. 첫 번째는 발달장애 아동과의 개별 치료임상이다. 운동 · 언어 · 인지 영역에서의 발달 지연이 있는 임상사례이고, 음악치료는 사회적 행동에 초점을 맞추어 시행하였다. 클라이언트의 역할관계 평가를 위해 MTTB 진단평가의 여섯 단계의 역할관계가 사용되었다. 모든 음악특성 항목에서 주도하는 역할을 하는 것으로 첫 즉흥연주에서 진단되었다. 그러나 저항은 나타나지 않았는데, 클라이언트의 사회적 욕구와 연관된 것으로 해석되었다. 또한 박의 명료도 측면에서 클

라이언트는 지속적으로 추종하는 역할을 하는 것으로 나타났다. 템포의 경우 독립적인 것으로 나타났다([그림 15-3] 참조). 진단평가 결과에 따르면, 해당 클라이언트와의 개별 회기에서 이 두 가지 내적 자원이 진보를 보였는데 발달장애인에게 독립성은 매우 중요하며, 추종에 관한 진단평가 역시 대단히 중요하다. 주도적인 사람이 중심적 역할을 하는 사회적 상황에서 클라이언트가 유연한 역할을 하기 위해 갖추어야 할 중요한 사회기술이다. 치료사가 명료한 박과 템포와 같은 리듬적 특성으로 임상 즉흥연주를 이끌어 간다면 주도와 같은 내적 자원에 기인한 것이다. 임상 즉흥연주에서 리듬적 특성을 강조한 것이 사회기술상의 어려움을 치료하는 데 도움이 되었다.

MTTB를 적용할 수 있는 또 다른 임상상황은 정서행동장애가 있는 성인과의 개별 음악치료이다. 한 사례는 주요우울장애가 있는 클라이언트와 1차적 대상과의 관계에 관한 임상 즉흥연주를 통해 상징적 작업을 하였다. 예를 들어, 음의 밀도 항목에서 클라이언트의 역할이 치료 초반에는 주도에서 추종으로 바뀐 것으로 파악되었다([그림 15-4] 참조). 이러한 정신역동 음악치료 중재의 마지막에서는 클라이언트가 임상 즉흥연주에서 계속 주도하는 역할을 하는 것으로 평가되었다. 음악치료에 대한 구두 보고에서 클라이언트는 자신의 일상에서 관계상의 변화가 있다고 하였다. 또한 여러 가지 음악특성 항목 중 음의 밀도에서 주도 점수가 가장 높게 나타났다. 정신역동 패러다임의 관점에서 볼 때 이 사례에게 주도와 추종은 개인적으로 의미가 크다. 음악 간의 관계를 진단하고 중재하는 것은 클라이언트의 대인관계를 진단하고 중재하는 것과 마찬가지이다. MTTB 진단평가는 이러한 음악적 의미를 잘 설명한다.

(3) 클라이언트-치료사 관계 진단평가

MTTB의 강점은 컴퓨터 로직과 알고리즘을 바탕으로 음악에서 무슨 일이 있는지를 객관적 · 직접적으로 보여 준다는 것이다. 동시성과 자율성 수준을 넘어서 여기에서는 치료적 관계에서의 MTTB의 의미를 확장하고 심화할 것이다. 그러기 위해 이러한 객관적 결과들의 유형을 이론적으로 정리할 필요가 있다. 즉, 치료적으로 관련이 있는지 그 의미를 이해하도록 하는 것이다. 럭 등(Luck et al., 2008)의 연구에서 대학생 청취자들은 지적장애 클라이언트와 치료사가 함께 연주한 즉흥연주에서 느껴지는 감정적 내용을 평가했다. MTTB를 사용하여 해당 즉흥연주에서 9개의 음악적 특성이 추출되었다. 다른 결과들과 함께 연구자들은 음악적 활력이 높은 음의 밀도와 박의 명료도를 통해 가장 잘 느껴지고, 음악적 유쾌함은 낮은 음의 밀도와 높은 조성 명료도를 통해 느껴지며, 음악적 힘은 높은 평균 음량과 낮은 음의 밀도를 통해 느껴진다는 것을 발견하였다. 이것은 다양하고 복잡한 추상적 개념을 적용하는 것이 음악특성 또는 이 연구에서와 같이 복합적 음악특성을 이해하는 데 도움이 될 수 있다는 예시가 될 것이다. 클라이언트-치료사 관계의 경우 음의 밀도 또는 불협화적 느낌과 같이 의사소통과 거리가 먼 단일 음악특성에 주시하는 것보다는 즉흥연주자들의 음악적 활동성, 음악적 힘 또는 음악적 유쾌함을 파악하는 것이 더 의미가 있다. MTTB의 최종적 임상적용을 위한 음악치료 후속 연구가 시행되어야 할 것이다.

4. 음악치료 접근법과 클라이언트 집단, 제한점

IAP가 특정 음악치료 접근법이나 방법에 국한되지 않기에 MTTB 역시 다양한 이론적 임상적 맥락에서 사용이 가능하다. 브루샤는 IAP의 목적과 이론적 지향을 다음과 같이 기술한다.

> IAP의 목적은 객관적인 자료수집을 통해 클라이언트에 대한 치료사의 이해를 높이는 동시에 타당한 심리학적 이론들을 바탕으로 자료를 해석하기 위한 것이다. …… 특정한 이론적 지향에 국한되지 않으면서 IAP 고유의 내용과 어휘를 유지하고자 한다(Bruscia, 1987, p. 411).

IAP와 MTTB는 오직 임상 즉흥연주를 분석하고 진단평가하기 위한 것이지만 MTTB 임상 즉흥연주를 활용하는 모든 음악치료 접근법과 방법을 지원할 수 있다. 다른 제한점으로는 음악분석에만 중점을 둔다는 것이다. 음악행동이 아닌 다른 행동을 중시하고 분석과 평가가 주요 관심사라면 비디오 분석과 같은 다른 진단평가도구가 필요할 것이다. 중증 발달장애나 심각한 학습장애 대상 음악치료가 그 예가 될 수 있다. 이러한 사례들의 경우 음악활동이나 음악적 교류 외에도 운동, 모방, 응시, 목소리 표현 등 클라이언트에 대한 다감각적 자료가 필요하다. 지금까지 MTTB는 주요우울장애(Erikkilä et al., 2014; Wosch & Erikkilä, 2016)와 지적장애(Luck et al., 2006), 발달장애(Jonscher & Wosch, 2012; Magee & Wosch, 2017)를 대상으로 하는 음악치료에 적용되어 왔다. 주요우울장애 음악치료의 경우 클라이언트는 같은 악기 사용을 유지하도록 하였다.

다음은 최신 버전 MTTB가 갖는 제한점이다. 클라이언트-치료사 관계를 포함하여 MTTB

의 결과와 해석에 영향을 미치는 수많은 배경 요인이 있는데 그 일부를 기술한다.

- **악기편성**: 악기는 연주 방식에 많은 영향을 준다. 클라이언트와 치료사가 소리와 음악적 역량 측면에서 차이가 있는 악기를 갖고 있다면 이것은 MTTB의 결과 해석에 상당히 영향을 준다. 한 가지 이상의 악기를 사용하는 경우라면 해석할 때 이 내용을 반드시 고려해야 한다.
- **연속적 치료과정에서 다양한 악기 또는 소리 사용**: 종단적 이해가 어렵다. 여러 치료 회기에서 같은 악기와 소리로 즉흥연주한 경우에만 비교할 때만 타당할 것이다.
- **치료적 접근법의 철학**: 치료적 접근법에 있어서 악기 편성과 음악적 역할이 어느 정도 정해져 있는 음악치료 모델들이 있다. 피아노(치료사)와 퍼커션(클라이언트)이 전형적인 구성이라면 MTTB 분석의 다양한 측면, 즉 다양한 음악특성 항목을 잘 활용하지 못할 것이다. 예를 들어, 치료사와 클라이언트가 피아노를 함께 연주한다고 해도 치료사가 반주에 해당하는 저음역대에 앉게 되는 이러한 전형적 배치는 클라이언트의 음악적 행동과 MTTB 분석이나 해석을 사전에 결정해 버린다. 그러나 이러한 편성이 어떤 치료적 접근법에는 치료적으로 적합하고 이론적으로 타당할 수도 있다.
- **임상 즉흥연주의 이해**: 임상모델과 임상가의 개인적 선호도에 따라 임상 즉흥연주는 아주 즉각적이면서 대단히 자유롭거나 혹은 완전히 반대일 수도 있다. 처음에는 클라이언트를 수용하고 지지하기 위해 어느 정도 구조화하지만 점차 자유로워지며 한 회기의 음악치료 안에서도 자유로운 정도가 다양할 수 있다. 더 나아가, 즉흥연주 치료에서 치료사의 전문적인 음악중재가 중요한 역할을 한다. 이러한 출발점과 원칙들이 MTTB 분석에 영향을 미치므로 분석 결과를 해석할 때 반드시 고려해야 할 것이다.

5. 훈련

MTTB 소프트웨어 사용을 위한 훈련은 그다지 어려운 일은 아니다. MTTB는 컴퓨터 애플리케이션이고 사용자들은 다양한 애플리케이션으로 작업하고 있다. 현재 MTTB의 문제점 중 하나는 판매용 버전이 없다는 것이다. 즉, MatLab이 있어야 MTTB를 사용할 수 있다는 것이 많은 사용자에게 어려운 점이다.

더 큰 어려움은 MTTB를 임상모델과 임상가의 스타일에 맞추는 것이다. 즉흥연주 음악치료는 매우 다양하게 확산되어 왔지만 음악중재와 기법, 치료적 차원 면에서 명확하게 정의된 모델은 많지 않다. 게다가 음악치료사는 자신의 자연스러운 치료철학으로서 다양한 임상방법과 악기, 작업 양식을 함께 쓰기를 선호하는 경향이 있는데, 이것은 MTTB 적용에 또 다른 난제가 된다. 위베스퀼레 대학교를 주축으로 핀란드 음악치료사들에게 통합적 즉흥연주 음악치료(Integrative Improvisational Music Therapy: IIMT) 모델에 기반한 훈련을 시험적으로 시행하고 있다. 이 훈련에서 MTTB의 이해와 사용은 훈련생이 습득해야 할 임상기술 중 일부이다. 시험적 훈련을 마치고 어떻게 IIMT와 MTTB를 병행할 것인지에 대한 자료를 확보한 후에는 다른 곳에서 훈련을 시작할 수도 있다. 또한 독일의 대학원 및 학위 과정 이후 연구 프로젝트에는 처음부터 오르프 음악치료, 즉흥연주 정신역동 음악치료와 함께 MTTB가 포함되기도 했다(위베스퀼레 대학교와 협력하여 뷔르츠부르크-슈바인푸어트 응용과학대학교에서 시행).

6. 연구와 심리측정, 향후 계획

음악분석과 미시분석, 임상 즉흥연주 진단평가에서의 MTTB 연구에 대한 내용이 이전 문헌들에 나타나 있다(Erikkilä, 2007; Erikkilä et al., 2004, 2005, 2014; Jonscher & Wosch, 2012; Jonscher et al., 2010; Luck et al., 2006, 2008; Magee & Wosch, 2017; Wosch & Erikkilä, 2016).

임상 진단평가도구로서 MTTB의 심리측정학적 측면에 대한 자료가 없기 때문에 MTTB의 심리측정 관련 내용이 반드시 개발되고 시행되어야 할 것이다. 동시성의 경우, 심박과 호흡과 같은 신체감각적 측정치를 활용한 타당도 추정이 가능하다. 이러한 신체감각적 측정치를 사용하는 것은 리듬 동조화(rhythmic entrainment) 연구를 기초로 할 수 있다(Trost, Labbé, & Gradjean, 2017). 그러나 역할관계 수준에 관한 타당도의 경우 표준화된 관찰 방법으로 측정된 사회적 행동, 관계, 의사소통을 반드시 포함시켜야 한다. MTTB를 통해 관찰된 변화는 타당도 높은 다른 측정 결과와 반드시 높은 상관을 보여야 한다. 임상 즉흥연주에서 클라이언트와 치료사의 음악적 감정에 관한 MTTB 진단평가의 타당도를 분석하는 것도 가능하다

(Jonscher & Wosch, 2012). 즉흥연주에서의 음악적 감정 변화를 연구 초반부터 측정하고 평가했고 가능성 있는 결과가 나왔지만, 아직 진단평가의 타당도는 발표된 것이 없다.

MTTB를 위한 후속 계획이 있다. 통계 프로그램을 사용하여 추가 분석할 수 있도록 MTTB에서 데이터 파일을 추출할 수 있는데, 이 기능은 즉흥연주 연구에 더 적합할 것이다. 이 데이터에는 모든 값이 포함된 것이 아니라 평균, 표준편차 등 합산된 값만 표기된다. 따라서 데이터 문서의 값으로는 미시분석이 불가능하다. 그러나 즉흥연주의 상세정보를 얻기 위해서 즉흥연주를 여러 부분으로 나누는 것은 가능하다. 더 나아가, 나뉜 즉흥연주의 점수를 자동으로 산출하는 데 IAP 자율성 미시방법(IAP Autonomy Micro Method)의 군집분석(cluster analysis)이 사용되었다(Wosch & Erikkilä, 2016).

지금까지 MTTB는 개별 회기(치료사-클라이언트 즉흥연주)에만 적용되어 왔으며, 집단 상황에 적용하기 전에 프로그램을 개선할 필요가 있다. MTTB와 IAP의 자율성 프로필에 관한 이전 연구들은 사람이 직접 수행한 자율성 프로필과 전산처리된 MTTB에 차이가 있다고 보고한다. 두 가지 차이점이 기간과 평가 항목에서의 유연성으로 나타났다. MTTB는 일정한 시간에서의 각 음악적 특성을 측정한다. 향후에는 각 음악특성의 변화를 파악할 수 있는 융통성 있는 시간을 설정할 것이다.

MTTB 발전을 위한 마지막 계획은 MTTB의 동시성 항목을 기반으로 주도와 추종 항목의 새로운 특성을 새로운 알고리즘으로 개발하는 것이다. 자율성 수준을 좀 더 포함시켜 확장할 수 있다.

시각적 표기 방식이 실용적이고 적합하다고 여긴다면 MTTB를 일상적 임상 업무에 활용할 수 있다. 즉흥연주에 대한 초 단위 미시분석도 가능하고, 즉흥연주를 다시 듣는 시간을 아낄 수 있으며, 대신에 즉흥연주를 시각적으로 확인할 수도 있다. 그래프를 읽고 해석하는 방법을 익힌 후에는 MTTB 시각 자료를 사용하여 다수의 즉흥연주를 빠르게 비교하는 것도 가능하다.

감사의 글

저자는 이 장의 영문 작성을 도와준 멜라니 보이트(Melanie Voigt)에게 감사를 표한다.

참고문헌

Bruscia, K. E. (1987). *Improvisational Models of Music Therapy*. Springfield, IL: Charles C. Thomas.

De Backer, J. (2008). Music and psychosis. *Nordic Journal of Music Therapy*, 17, 2, 89-104.

Erkkilä, J. (2007). Music Therapy Toolbox (MTTB)-An Improvisation Analysis Tool for Clinicians and Researchers. In T. Wosch & T. Wigram (Eds.), *Microanalysis in Music Therapy-Methods, Techniques and Applications for Clinicians, Researchers, Educators and Students*. London: Jessica Kingsley Publishers.

Erkkilä, J., Ala-Ruona, E., & Lartillot, O. (2014). Technology and Clinical Improvisation-From Production and Playback to Analysis and Interpretation. In K. Stensæth (Ed.), *Music, Health, Technology and Design*. Oslo: Center for Music and Health, University of Oslo.

Erkkilä, J., Lartillot, O., Luck, G., Riikkilä, K., & Toiviainen, P. (2004). An Overview of the Research Project Concentrating on Computer Aided Improvisation Analysis in Music Therapy Context. The Commission on Music in Special Education, Music Therapy and Music Medicine, Vitoria, Spain.

Erkkilä, J., Lartillot, O., Luck, G., Riikkilä, K., & Toiviainen, P. (2005). Intelligent music systems in music therapy. *Music Therapy Today*, *6*(4), Retrieved 13/11/2018 at www.musictherapyworld.net.

Eerola, T., & Toiviainen, P. (2004). *MIDI Toolbox: MATLAB Tools for Music Research*. Finland: University of Jyväskylä.

Jonscher, A., & Wosch, T. (2012). Computergestützte Musiktherapeutische Diagnostik zu Emotion und Interaktion, 24th Werkstatt für musiktherapeutische Forschung. Augsburg: University of Augsburg.

Jonscher, A., Gruschka, K., & Scheder-Springer, N. (2010). Businessplan MicroEmotionMusic. Hochschule für angewandte Wissenschaften Würzburg-Schweinfurt. Unpublished manuscript.

Luck, G., Riikkilä, K., Lartillot, O., Erkkilä, J., Toiviainen, P., Mäkelä, A., & Värri, J. (2006). Exploring relationships between level of mental retardation and features of music therapy improvisations: A computational approach. *Nordic Journal of Music Therapy*, *15*(1), 30-48.

Luck, G., Toiviainen, P., Erkkilä, J., Lartillot, O., Riikkilä, K., Mäkelä, A., & Värri, J. (2008). Modeling the relationships between emotional responses to, and musical content of, music therapy improvisations. *Psychology of Music*, *36*(1), 25-45.

Magee, W., & Wosch, T. (2017). Technology Developments in Music Therapy. In S. Federici & M. Scherer (eds), *Assistive Technology Assessment Handbook* (2nd edition). Boca Raton: CRC Press.

Scholtz, J., Voigt, M., & Wosch, T. (2007). Microanalysis of Interaction in Music Therapy (MIMT) with Children with Developmental Disorders. In T. Wosch & T. Wigram (Eds.), *Microanalysis in Music Therapy—Methods, Techniques and Applications Jor Clinicians, Researchers, Educators and Students*. London: Jessica Kingsley Publishers.

Stern, D. N. (1971). A micro-analysis of mother-infant interaction: Behavior regulating Social contact between a mother and her 3 1/2-month-old twins. *Journal of the American Academy of Child Psychiatry, 10*(3), 501-517.

Stern, D. N. (2004). *The Present Moment in Psychotherapy and Everyday Life*. New York, NY: W.W. Norton & Company.

Streeter, E. (2010) *Computer Aided Music Therapy Evaluation: Investigating and Testing the Music Therapy Logbook Prototype 1 System*. York: University of York. Retrieved 03/08/2018 at http://etheses.whiterose.ac.uk/1201.

Trost, W., Labbé, C., & Grandjean, D. (2017) Rhythmic entrainment as a musical affect induction mechanism. *Neuropsychologia, 96*, 96-110, doi: 10.1016/j.neuropsychologia.2017.01.004.

Wigram, T. (1999) Assessment methods in music therapy: A humanistic or natural science framework? *Nordic Journal of Music Therapy, 8*(1), 6-24.

Wigram, T. (2007) Event-Based Analysis of Improvisations Using the Improvisation Assessment Profiles (IAP). In T. Wosch & T. Wigram (Eds.), *Microanalysis in Music Therapy-Methods, Techniques and Applications for Clinicians, Researchers, Educators and Students*. London: Jessica Kingsley Publishers.

Wosch, T. (2007) Microanalysis of Processes of Interactions in Clinical Improvisation with IAP-Autonomy. In T. Wosch & T. Wigram (Eds.), *Microanalysis in Music Therapy-Methods, Techniques and Applications for Clinicians, Researchers, Educators and Students*. London: Jessica Kingsley Publishers.

Wosch, T., & Erkkilä, J. (2016) Microanalysis in Objectivist Research. In B. L. Wheeler & K. Murphy (Eds.), *Music Therapy Research* (3rd edition). Dallas, TX: Barcelona Publishers.

제16장

목소리 진단평가 프로필

Sanne Storm

1. 환경과 동기

치료적 맥락에서의 인간의 목소리 사용에 대해 관심과 영감을 가지게 된 것은 음악치료 학생 시절에 경험한 개인적 목소리 작업 덕분이었다. 그 경험은 나의 목소리가 어떻게 개방되고 꽉 차면서 더 풍부하고 생생해지는지 직접 느끼게 해 주었다. 동시에 내 몸이 전율하는 것을 느낄 수 있었다. 내면이 강화되고 새로운 활력으로 가득 차는 것을 느꼈다. 단순하고 명쾌한 방식으로 마음과 몸이 잘 연결되고 더 생생하게 살아 있는 느낌으로 노래하는 경험을 했다. 정신역동 목소리 치료를 참고하여 나는 몇 해에 걸쳐 몸과 목소리를 1차적인 음악치료 도구로 하는 임상적 접근법을 개발하였다(Storm, 2007, 2017).

음악치료에 대해 설명하고 확산시키는 도전은 내게 끊임없이 영감을 주었고, 그것은 목소리 진단평가 프로필(Voice Assessment Profile: VOIAS)를 개발하도록 하였다. VOIAS의 목적은 음악치료에서 목소리 관찰이 중요하다는 것을 알리는 것이었다. 또한 VOIAS는 음악활동이 어떻게 개인의 치료과정을 돕는지에 대해 다학제 치료팀은 물론 클라이언트도 이해할 수 있도록 한다. 다시 말해, VOIAS는 음악치료사와 다른 치료팀원이 소통할 수 있고 클라이언트에 대한 공통된 이해를 갖도록 하는 '어휘'를 제공하기 위한 것이다.

2. 이론적 배경

VOIAS는 클라이언트 목소리 표현의 심리 해석을 이해하기 위해 이론적 접근법과 실용적 접근법을 모두 포함한다. 인간의 목소리에 대한 나의 이해와 임상적 접근법에 대한 이론적 배경을 다음에서 소개한다.

1) 인간의 목소리

나는 인간의 목소리가 전인적이라고 이해한다. 인간의 목소리는 타고난 악기로서 타인 및 세상과의 만남의 장에서 어떻게 소통하고 어떻게 자신의 필요, 감정, 상태를 표현하는지와 직접적인 관련이 있다. 음악치료에서 신체감각 자극과 함께 목소리가 1차적 악기로 사용된다면 치료과정은 아래에서 위로 향하는 상향식 비언어적 접근으로 설명될 수 있다(Bonde, 2009; Hart, 2012; Panksepp & Trevarthen, 2009). 클라이언트가 자신의 정서반응과 인지반응을 구별하고 감각운동 작업을 통해 자신을 계속 안정시킴으로써 각성 수준을 조절하도록 돕는 목적을 갖는다.

목소리를 사용하여 우리는 감정과 기본 욕구를 표현하는 소리를 만들어 낸다. 영아는 본능적 필요와 현재 상태를 알리기 위해 온몸과 목소리의 전체 범위를 사용한다(Stern, 2000; Trevarthen & Malloch, 2000, 2009). 음악치료에서 목소리를 1차적 악기로 사용하는 것은 프랑스의 현상학 철학자 메를로-퐁티(Merleau-Ponty)가 기술한 '체험된 몸'과 '물질적 몸'이라는 양극의 개념과 연관된다. 메를로-퐁티(2002)는 몸과 직접 경험된 세계 안에서의 존재를 강조한다. 그에 따르면, 우리는 몸을 통해 반응하고 지각하고 존립하며 이러한 경험은 철저한 숙고나 반영 없이도 가능하다. 결국 존재론적 관점에서 볼 때 몸과 정신은 분리된 것이 아니라 하나이고 동일한 것이며 이것이 체험된 몸의 개념이다. 다시 말해, 목소리는 감정 상태에 따라 역동적으로 변화하기 때문에 인간의 현재 상태가 조화로운지 그렇지 않은지를 보여 준다. 즉, 인간의 균형 상태에 대한 지표로 이해할 수 있다. 우리의 심리와 생리적 상태는 물론 삶의 방식까지 그대로 목소리의 질에 반영된다. 한 예로, 심각한 수준의 우울로 고통받는 사람은 갈라지고 쉿소리가 나면서 가늘고 단조롭고 조화롭지 않은 목소리를 종종 낸다. 이 경우 목소리 작업을 통해 클라이언트는 회복과 전체성으로의 길을 체험할 수가 있다. 목소리의 특성은 클라이언트가 목소리 작업에서 어떻게 성장하고 발전해 가는지에 대한 진보를 반영한다. 풍부하고 조화 또는 균형을 이루는 소리는 일반적으로 환자가 생기 있고 균형을 이루는 상태에 있음을 반영한다(Storm, 2013).

2) 각성, 역동, 활력 양상

각성 체계는 인간이 사고하며 느끼고 지각하며 자발적 역동적으로 움직이는 데 대단히 중요하다.

> 각성된다는 것은 신체 정신 또는 감정적으로 '실행하게 되는 것' '불러일으켜지는 것' 또는 '행동하도록 흥분되는 것'이다. '생기를 불어넣는 것'과 같은 말이다. 더 과학적인 말로는 우리가 일상적으로 시작하고 지속하는 대부분의 일의 이면에 있는 추진력을 말한다(Stern 2010, p. 58).

몸과 마음은 끊임없이 움직이고 감정의 밀물과 썰물처럼 강도와 시간이 계속 변화하는 방식을 취한다. 각성은 기초적 감각자극으로 활력, 자율적 기능, 에너지를 감지할 수 있게 하는 원초적인 느낌이며 살아 있다는 증거이다(Damasio, 1999; Stern, 2010). 활력은 내적인 힘과 강인함이라고 할 수 있는데, 삶을 살고 자아를 실현하기 위한 한 사람의 욕구와 에너지를 나타내고 결과적으로 살아 있음의 표현이라고 할 수 있다. 스턴(Stern)은 다음과 같이 기록한다.

> 활력은 전체이다. 이론적으로는 분리된 움직임과 힘, 시간, 공간, 의도의 경험으로부터 나타나는 전체적인 게슈탈트이다. 각각의 요소를 따로 다루거나 독립적으로 연구할지라도 이것은 친숙한 얼굴 그 이상으로 의식적인 방법에 의해서는 따로 따로 분석되지 않는다(Stern, 2010. p. 5).

스턴(2010)에 따르면, 에너지, 영향력, 힘이 움직임에서 어떻게 나타나는지는 '활력의 역동적 형태'로 설명된다. 이러한 형태는 솟구치는, 이완적인, 미끄러지는, 강렬한, 가속화되는, 안절부절못하는 등과 같은 신체감각적인 용어로 묘사되고 설명될 수 있다. 목소리 게슈탈트는 지속시간, 음역, 음고, 음량, 공명, 압축, 음색, 강도, 활성 배음 등의 많은 지표와 연관된 복잡한 현상이다(Stern, 2013). 이선 연구에서 사용한 목소리 지표들은 활력의 역동성을 포함하는 목소리 특성과 표현 내용을 기술하고 평가했으며, 클라이언트의 현재 상태에 관한 정보를 제공하는 것으로 나타났다(Stern, 2010). 우울한 상태일 때 각성 수준은 일반적으로 낮은 편이며, 몸의 공명이 부족하고 비동기화된 상태로 설명될 수 있다(Fuchs, 2005, 2009). 이와 같은 몸의 공명 부족은 클라이언트가 느끼고 감지하는 능력이 부족한 것으로 볼 수 있는데, 이것은 종종 감정의 질적 결핍과 부분적 자기상실감을 가져온다(Fuchs, 2005, 2009).

3) 소리의 물리학

소리는 공명하는 신체의 역학적 산물이다. 소리파는 매개체에서의 압축과 저밀도의 반복을 통해서 전파되는 종파이다. 공기, 가스, 액체, 광물, 플라스마와 같은 형태의 물질을 통해서 이동한다. 소리를 전달하는 물질을 매개라고 한다(Howard & Angus, 2006). 공기입자는 공기의 밀도에 의해 움직임이 일어나는데, 공기입자가 다른 입자를 만나면 진행 방향에서 비키도록 다른 입자를 밀친다. 이것은 기본적으로 소리파가 다른 입자들을 움직이게 해서 공명하는 대상을 진동시킨다. 음악치료사와 클라이언트가 함께 목소리를 낼 때 소리파는 몸이라는 매개와 만나고 몸속 입자들을 움직여서 몸이 진동하고 공명하도록 만든다. 몸의 기본적 상태가 어떻게 소리가 진동이나 공명을 만드는지에 영향을 미치고 결과적으로 목소리의 질에 영향을 준다. 결국 소리는 몸의 감각자극으로 설명될 수 있다(Bonde, 2009; Howard & Angus, 2006; Panksepp & Trevarthen, 2009).

4) 청취의 관점

치료사는 소리공간[1]이라고 하는 상호 주관적 공간에서 목소리를 1차적 악기로 사용하여 클라이언트와 치료사가 만나도록 하는 목소리 훈련 방법을 제공한다. 소리를 낸다는 것은 주체적인 것이기도, 객체적인 것이기도 하다. 목소리를 내는 사람의 내적 삶과 느낌, 생각, 경험(존재하고 살아가는 실존의 공간)을 반영한다는 점에서 주체적이다. 그리고 그 사람이 만드는 소리는 외부의 대상이 되는 점에서는 객체적이다. 소리공간은 클라이언트와 치료사를 위한 자원이 모여 있는 곳이다(Kenny, 2006). 청취 접근법은 이러한 소리 자원에 다가가게 하고 클라이언트와 만나게 하여 진지하고 지혜롭게 소리 자원을 듣고 활용하기 위한 것이다. 치료사는 이 과정을 독려하는 사람이다. 나는 청취라는 현상이 객관적 · 주관적 요소를 모두 포함하는 통합적 현상이라고 생각한다. 이러한 청취의 관점은 클라이언트와 치료사가 함께 공유하는 주관성을 말하며, 소리와 음악 모드를 통한 비언어라는 측면에서 기존의 언어상담과는 상당히 다르다. 청취하는 능력은 평생에 걸쳐 습득이 되며, 감각자극을 구성 ·

1) 소리공간(sounding space)의 정의는 음악적 공간에 관한 케니(Kenny, 1989, 2006)의 정의를 따른다. 소리를 통해 탐색되고 공유되는 존재의 장이다.

인식 · 해석하는 전체 지각의 일부이다. 청취하는 것은 상당한 노력과 정신적 기술, 훈련, 집중을 요구한다(Kenny, 2006).

의사소통을 할 때 우리는 어휘에 집중하는 경향이 있지만 무의식적으로 어휘를 전달하는 목소리를 어느 정도 듣게 된다. 말과 노래에서 음색, 화성적 특성, 리듬, 움직임, 선율을 듣고 목소리의 강도와 음량을 듣는다. 이러한 특성들은 우리의 지각에 색을 입히고 타인과의 의사소통을 해석하도록 하며 그들의 감정 상태를 이해하도록 돕는다. 목소리의 특성은 내적 상태의 외적 표현이기 때문에 마치 거울과 같이 기능할 수 있다. VOIAS와 나의 임상적 접근법에서 청취에 대한 관점은 목소리 사용을 위한 지침뿐 아니라 신체 움직임 및 움직임 평가를 위한 역할을 할 수 있다. 또한 더 나아가 음악치료 과정에서의 목소리 작업 중재는 개인의 성장을 돕는다.

3. VOIAS의 개발: 목소리 지표의 선정

VOIAS를 위한 적합한 목소리 지표를 밝히고 추출하고 조작적으로 정의하기 위해서 음악치료와 성악음악치료에서의 목소리 평가에 관한 연구들을 대상으로 문헌연구를 실시하였다(Storm, 2013). 심각한 우울에서 회복하고 있는 사람들의 목소리가 변해 가는 것을 나의 임상경험을 통해 확인했기에 VOIAS는 우울 영역을 대상으로 개발되었다. 현재 VOIAS의 기초가 되었던 첫 버전은 VOIAS의 임상적 연관성 및 적용 가능성을 평가하기 위한 것이었다.

VOIAS 연구를 통해서 측정 가능한 목소리 지표와 소리특성이 모두 실제 연구 및 분석에 적합하지는 않다는 것을 알게 되었다. 가장 신뢰도 높은 VOIAS 진단평가의 경우 세 가지의 기본 목소리 훈련으로 구성되어 있고, 여러 임상적 관점에서 인간의 목소리를 관찰하고 평가하도록 설계되었다(Storm, 2013). 현재 버전의 VOIAS에 포함된 목소리 훈련은 언어학이나 의미론과는 무관하다. VOIAS는 수집된 목소리 자료에 대한 주관적 평가(VOIAS-1)와 소리파 소프트웨어를 사용한 객관적인 분석(VOIAS-2)으로 구성되어 있다.

VOIAS-1은 총 3개의 진단평가표로 구성되어 있는데 각 목소리 훈련에는 한 개의 진단평가표가 포함된다. 매뉴얼에는 각 지표의 정의와 명확한 안내지침, 각 목소리 지표의 평가방법에 대한 내용이 있다(Storm, 2013). 각 목소리 지표는 5점 리커트 척도를 사용하여 구조화되고 통제된 채점 방식으로 평가된다. 배음의 경우 어떤 목소리는 더 풍부하거나 덜 풍부할 수 있다. 배음의 정도는 목소리가 얼마나 풍부하고 진성으로 들리는가로 일부 결정한다. 배음이 더 많을수록 목소리는 더 많이 공명된다. 공명과 배음이 부족할 때 목소리의 질은 얇고 단조롭다. 목소리에 숨소리가 섞이거나 날카롭게 들릴 수도 있다. 숨소리가 많이 섞인 소리라면 목소리를 낼 때 공기가 빠져 나오는 것을 들을 수 있다. 그러한 목소리는 덜 명료하고 보통 음량이 줄어들 것이다. 긴장된 목소리의 경우 날카로운 지점이 있을 수 있고 삐걱거리거나 귀에 거슬리는 듯 들릴 수 있다. 성대에 풍부한 진동을 만드는 진성은 공기와 압력이 균형을 잘 이루고 막힘없이 맑은 소리를 만든다(〈표 16-1〉 참조).

〈표 16-1〉 중심음의 리커트 척도 평가

3. 풍부한	4. 날카로운/숨소리 섞인
□ 매우 꽉 찬/매우 풍부한	□ 매우 긴장되고 압축된 목소리
□ 꽉 찬/풍부한	□ 자연스러운 진성
□ 매우 단조로운/얇은	□ 숨소리가 많이 섞인 목소리

VOIAS-2는 세 가지 목소리 훈련을 정신음향학적으로 분석하는 소프트웨어(PRAAT[2]와 MIR 도구상자[3])를 사용하여 인간의 목소리를 양적으로 평가하고 분석한다.

4. 절차와 자료수집

VOIAS 진단평가 프로토콜은 구조화되어 있고, 유연하면서 역동적이며, 한 활동에서 다음 활동으로 자연스럽게 연결된다. 각 진단평가 회기는 정신역동 목소리 치료의 내용을 토대로 하는 필수 기초 훈련으로 시작된다. 이러한 초반 활동은 기초 감각을 기르고 클라이언트의

2) PRAAR는 'talk'을 의미하는 독일어 단어이자 음성학에서 사용하는 스피치 분석 소프트웨어 프로그램의 명칭이다. 네덜란드의 암스테르담 대학교의 음성과학연구소(Institute of Phonetic Sciences)의 폴 보어스마(Paul Boersma)와 다비드 위닌크(David Weenink)가 설계하였다.

3) MIR 도구상자는 원래 음악분석을 위해 고안된 것으로 Interdisciplinary Music Research, Finnish Center of Excellence의 구성원이었던 올리버 라틸롯(Olivier Lartillot), 페트리 토이비아닌(Petri Toivianinene), 패시 사르(Pasi Saar), 투오마스 에롤라(Tuomas Eerola)가 개발하였다.

자기인식을 향상시키며 뒤따르는 세 가지의 목소리 훈련을 위한 준비 과정이 된다. 보통 진단평가 회기에 30분 정도 소요된다.

목소리 훈련의 복잡성과 난이도는 점차 높아진다. 첫 번째 목소리 훈련은 상행과 하행 글리산도(glissando)를 포함하는 자유로운 글리산도 발성이다. 두 번째 목소리 훈련은 한 음, 즉 중심음(CoreTone)을 찾아서 소리 내도록 하는 것이다. 이 음은 클라이언트가 즉흥적으로 고른 음고가 아니라 음악치료사의 안내에 따라 찾은 음고이다. 마지막 목소리 훈련에서 클라이언트는 음악치료사의 지시에 따라 목소리 자유 즉흥연주를 한다. 나중에 음악치료사가 목소리 사운드를 자세히 분석할 수 있도록 진단평가 회기를 웨이브파일 형식으로 녹음된다.

5. 자료분석과 보고

앞서 언급하였듯이, VOIAS는 목소리를 평가하는 주관적 분석(VOIAS−1)과 소프트웨어를 사용한 객관적 분석(VOIAS−2)로 구성되어 있다. VOIAS−1과 VOIAS−2에서 5단계의 절차가 공통적으로 시행되며, 여섯 번째 단계에서는 진단평가의 결론을 작성하고 어떻게 피검자에게 결과를 명확하게 전달할지를 결정한다. 분석절차는 다음과 같다.

치료사는 목소리 훈련 녹음파일을 들으면서 주관적이고 즉각적인 연상 등 목소리에 대한 첫 인상을 기록한다.

① 치료사는 목소리에 대한 첫 인상과 즉각적인 연상을 써 내려 간다.

② 각 목소리 훈련과 연관된 특정 목소리 지표에 초점을 맞추면서 치료사는 객관적인 관찰 결과를 기술한다. 주관적 해석은 남겨 둔다.

③ 치료사는 각 목소리 지표와 지표 간의 관련성을 알아보면서 각 훈련 안에서 특성을 비교하고 세 번의 목소리 훈련 간의 특성을 비교한다. 사전에 정의된 모든 목소리 지표가 관찰 및 분석되고 기술된다.

④ 치료사는 나의 목소리 작업 접근법에 기반한 이론적 틀을 활용한다. 목소리의 정신음향학적 분석 결과를 심리학적으로 해석하도록 한다.

⑤ 치료사는 결론을 도출하고 보고서를 작성한다.

6. 연구와 심리측정

앞서 언급하였듯이, VOIAS에 대한 첫 번째 연구는 중증 우울로 진단된 클라이언트에 초점을 맞추었다. 매우 심각한 수준의 우울로 진단받은 2명의 남성과 2명의 여성 그리고 2명의 비병리적 참가자(남녀 각 1명)가 모집되었다. 음악치료 중재 과정 중 1, 7, 12회기에서 녹음한 음성 파일과 비병리적 참가자로부터 수집된 음성파일을 포함해서 총 87개의 음성 파일이 수집되었다.

1) 신뢰도

나와 임상경험이 많은 세 명의 음악치료사가 87개의 음성파일을 각각 독립적으로 분석하였다. 평가자 간 일치도뿐 아니라 시간 흐름에 따른 변화를 평가하는 VOIAS-1의 가능성을 평가하였다. 평가자 간 신뢰도가 확보되었고, 통계분석의 결과는 희망적이었다. 피어슨 상관계수의 경우 밀도 항목의 값이 각 평가자 간에 .895와 .978 사이였고, 유의미한 상관계수($p<.01$)를 나타냈으며 결과적으로 서로 다른 음성 샘플 간에 변화의 차이는 적게 나타났다.

더 나아가, 세 개의 측정 시점에서의 모든 평가자의 점수들과 첫 번째와 세 번째 시점 간의 모든 평가자 점수를 사용하여 반복측정 분산분석(ANOVA)을 시행하였다. 또한 시간의 흐름에 따른 의미 있는 변화를 분석하기 위해 본페로니(Bonferoni)의 사후검정을 실시하였다. 첫 번째에서 두 번째 진단평가 사이에는 유의미한 차이가 없었다($p<.17$). 그러나 두 번째와 세 번째 진단평가($p<.00$) 그리고 첫 번째와 세 번째 진단평가($p<.00$) 사이에는 유의미한 차이가 있었다. 모클리(Mauchly) 검증이 구형성 조건에 충족되지 않아서 그린하우스-게이저(Greenhouse-Geiser) 오류 수정 값을 도출하였는데 $F(1.43, 21.50)=15.13$, $p<.00$이었다. 이 결과는 VIOAS-1이 시간 경과에 따른 의미 있는 변화를 기록할 수 있다는 가능성을 보여 준다. 더 상세한 내용은 온라인에서 찾아볼 수 있다(Storm, 2013).

2) 타당도

VIOAS의 첫 연구 결과는 VIOAS-2(소프트웨어를 사용한 객관적 자료수집)이 피험자에 관한 상세한 내용을 평가하고 기술하는 잠재성이 있다는 것을 보여 주었다(Storm, 2013). 그 예로서 글리산도 훈련의 정신음향학적 분석은 시간에 기반한 분석뿐 아니라 시작하고 끝나는 음고의 정확한 차이를 파악하도록 하며, 이러한 방식을 통해 시간 경과에 따른 작은 변화까지도 잡아낼 수 있다. VOIAS 연구에서 VOIAS-2를 사용한 객관적인 측정은 클라이언트의 회복 과정에 관한 임상적 설명이 될 수 있고 이러한 내용은 다학제 치료팀과 클라이언트에게 관련 정보를 직접적으로 제공하고 나누는 데 대단히 중요한 지표가 된다(Storm, 2013). 더 나아가 소프트웨어 분석을 통해 그래프로 제시된 내용을 파악하는 것이 가능하다([그림 16-1] 참조).

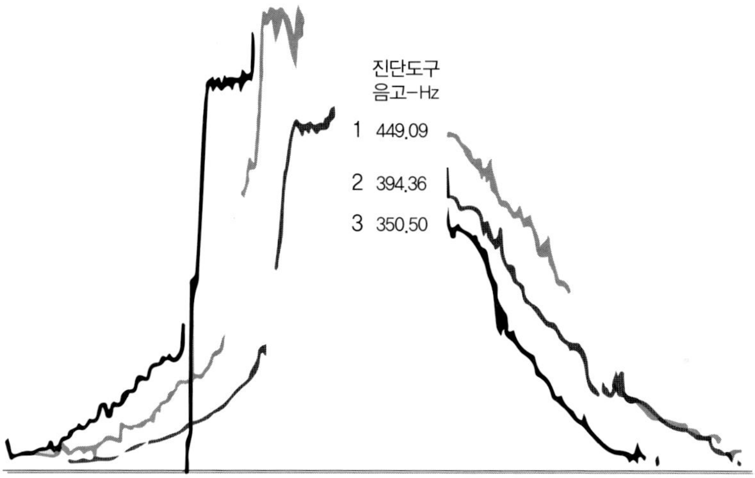

[그림 16-1] 하행 글리산도의 음고

[그림 16-1]은 한 남성 클라이언트가 연주한 글리산도에서 한 가지 목소리 지표를 분석한 것인데, 첫 번째(연한 회색), 두 번째(중간 회색), 세 번째 마지막 진단평가(검은색)에서 하행하는 글리산도의 가장 높은 음고(Hz)를 보여 준다. 클라이언트가 첫 번째 진단평가(연한 회색)의 하행 글리산도에서 가장 높은 음을 내고 마지막 진단평가(검은색)에서 하행 글리산도의 최고음이 가장 낮다는 것이 분명하게 나타난다. 더 나아가, 세 개의 하행 글리산도가 시간적으로 얼마나 차이가 나는지와 상행 글리산도의 마지막 음과 하행 글리산도의 시작 음 사이에 숨을 쉬는 데 걸리는 시간을 측정하는 것도 매우 간단하다. 시간상 가장 오래 걸린 하행 글리산도는 두 번째 진단평가(중간 회색)에서 분명하게 나타났고, 상행 글리산도가 끝나고

하행 글리산도가 시작되는 사이의 시간 간격은 두 번째 진단평가(중간 회색)에서 가장 짧았다.

같은 연구에서 VOIAS의 타당도를 분석하기 위해 데이터를 수집하였다. VOIAS 데이터가 우울검사와 같은 다른 측정치와의 어떻게 관련이 있는지(구성타당도)와 어떻게 치료사의 경험 및 클라이언트의 자기 경험과 비교할 수 있을지(준거타당도, 내용타당도)를 알아보는 것이었다. 질적 데이터와 양적 데이터를 모두 포함하는 삼각측량분석(trignqulation analysis)이 수행되었다(Storm, 2013, 2016). 삼각측량분석은 다음과 같이 구성되었다.

- 음악치료 과정에서의 패턴에 대한 임상기록
- 음악치료 과정에서 클라이언트의 자기보고 인용 및 그림
- 1, 7, 12회기에서의 VOIAS 데이터
- 1회기와 12회기에서 시행한 해밀턴 우울증평가 척도(Hamilton Rating Scale for Depression) (Hamilton, 1967) 점수
- 시각아날로그 척도(Visual Analog Scale: VAS) 10점 척도를 사용한 클라이언트의 자기평가

치료과정에서의 패턴에 관한 기술이나 묘사가 VOIAS 데이터에 잘 부합하였고 처치타당도와 같은 다양한 유형의 타당도를 확보하도록 했다. 우울 영역에서 VOIAS는 임상적으로 필요하고 적합한 정보를 제공하는 것으로 보이며, 치료과정 및 클라이언트의 상태와 같은 정보를 제공한다. 이 연구가 후속 연구를 위한 희망적인 출발점이 되기는 했지만 한 사례만 삼각측량한 것은 타당도를 확보하는 데 충분하지가 않다.

더 나아가 한 음악치료 석사논문(Buchhave, 2016)에서 중심음만을 활용한 훈련으로 양극성 장애 환자의 목소리를 분석하였다. 그 연구는 목소리 분석 결과가 나오게 된 맥락과 분석 결과를 보완할 정보를 제공하기 위해 목소리 작업에 관한 클라이언트의 경험을 포함시켰다. 그 클라이언트는 자기 자신과 감정적으로 만나는 것이 어렵고 정신과적 증상과 진짜 자아의 차이를 알아차리기 어렵다고 느꼈다. 중심음의 VOIAS 분석 결과 클라이언트가 치료의 초기에는 자신의 중심자아와 분리되어 있었으나 나중에는 어느 정도 분열이 아닌 통합된 자아의 경험을 한 것으로 나타났다. 추가적으로 VOIAS의 글리산도와 즉흥연주 훈련은 그 어디에서도 확인된 적 없는 클라이언트의 정신상태에 관한 중요한 정보를 제공하였다. 처음에는 활기가 있는 듯 보였지만 목소리 분석 결과, 클라이언트가 고통스럽고 혼란스러운 상태에 있음을 명확히 보여 주었다(Buchhave, 2016). 이 연구는 또한 VOIAS의 처치타당도 확보에 적

합할 것이다. 그러나 신뢰도 확보를 위해서는 VOIAS 목소리 훈련의 일부가 아닌 전체를 포함해야 한다는 것 또한 중요하다.

7. 훈련

윤리적이고 신뢰할 수 있으며 적절한 VOIAS 시행을 위해 훈련 이수와 시행 자격 취득이 필요하다. 음악치료사는 클라이언트의 과제 수행에 영향을 미치지 않으면서 진실하고 지원적인 방식으로 진단평가 프로토콜과 목소리 훈련을 진행하도록 훈련해야 한다. 훈련생은 목소리 훈련의 목적과 각 훈련을 통해 어떤 정보를 얻을 수 있는지에 대한 지식을 습득한다. 목소리 훈련에 대해 판단할 수 있는 능력을 배양하기 위해 훈련생은 다른 훈련생과 함께 오디오 샘플을 평가해 보는 것이 바람직하다. 이러한 접근법과 진단평가 데이터 해석 방법을 이해하기 위해 치료사로서 VOIAS를 사용하기 이전에 목소리 지표 분석을 연습해 봐야 한다(이 장의 논의와 요약 참조). 훈련은 치료사의 청취 방법을 향상시키고 VOIAS를 신뢰하여 사용할 수 있도록 할 것이다.

8. 향후 계획

현재의 연구 프로젝트는 VOIAS의 정신심리측정에 관한 내용을 강화하고 임상적 적용 가능성을 높이는 데 초점을 두고 있다. 이는 데이터 수집과 분석을 위해 더 구조화되고 체계적인 절차를 개발하고, 데이터 해석을 정교하게 하는 것이다. VOIAS-1은 첫 번째 VOIAS 연구의 제안 사항과 결론에 따라 보완되어야 한다(Storm, 2013). VOIAS-2의 타당도를 확보하고 임상 적용이 가능한 정신음향학적 자료분석을 설계하기 위해 다학제적 연구 협력이 필요하다. 음악심리학과 음악치료 분야의 협력이 필요하며, 이때 음악치료사는 목소리와 신체를 음악치료의 1차적 도구로 사용하는 데 숙련되어야 할 것이다.

규준 개발을 완성하여 VOIAS를 표준화하려는 이유에서 비임상적 참조집단을 기준 및 참조사항으로 활용해야 한다. 비임상적 참조집단은 주관적으로 감정적 안녕을 경험하며 목소리 훈련 경험이 없는 일반인으로, 어떻게 이 집단이 VOIAS 시행 과정에서 행동하는지에 대한 데이터를 수집해야 한다. 결과적으로 건강한 사람과 우울로 힘들어하는 사람 간의 변별이 가능해질 것이다. 현재 한 연구 프로젝트에서 출산우울로 고통받는 대규모 여성집단을 대상으로 VOIAS 데이터를 수집하고 있는데, 이를 우울 유형과 성별, 연령별로 세분화해서 비임상적 집단과 비교할 것이다. 또한 결과 및 변화량 측정에 관한 VOIAS의 역량을 강화하기 위해 해당 출산우울 연구에서는 검사-재검사 신뢰도를 측정하고 있다.

9. 논의와 요약

VOIAS의 초기 연구는 정신심리측정의 특성과 함께 치료효과 파악 및 피험자에 대한 전반적 평가가 가능하다는 증거자료를 제시하였다. VOIAS는 음악치료중재가 효과가 있음을 보여 주는 실용적인 시각자료를 통해 인간의 목소리에 담긴 역동적 특성을 심리학적으로 명쾌하게 해석하였다.

인간의 목소리를 음악치료의 1차적 도구로 활용하는 것이 얼마나 어려운지에 대한 질문을 종종 받는다. 인간의 목소리는 대단히 개인적인 수단이고 목소리를 사용하는 클라이언트는 자신의 감정을 잘 드러낸다. 두 번째 만남에서 진단평가가 이루어지기 때문에 임상에서의 VOIAS를 사용하기 어려울 수 있다. 혹자는 과연 진단평가의 수행에 필요한 신뢰를 쌓는데 충분한지 의아해할 수 있다. 나의 임상경험으로 볼 때 치료사로서 나의 목소리를 수용하고 내 목소리로 치료실을 채우도록 스스로 허용하는 것이 클라이언트와의 신뢰형성에도 중요하다고 여겨진다. 음악치료사가 자신의 목소리와 VOIAS 목소리 훈련을 편안하게 느낀다면 클라이언트와의 만남에서도 긍정적인 역전이가 일어날 가능성이 있다. 따라서 VOIAS 사용에 관한 훈련은 매우 중요하다. 목소리 작업이나 목소리 훈련에 관한 지식을 얻는다는 점에서 중요할 뿐 아니라 목소리 작업을 통해 어떤 일들이 일어나는지 알고 동시에 그 과정에서 사람의 목소리가 어떤 소리를 내는지 두려워하지 않도록 개인적인 목소리 경험을 하는 것이 중요하다. 어떤 비판도 없이 모든 소리의 특질을 수용하고 허용해야 한다. 물론 VOIAS를 사용하기 위해 클라이언트는 지시를 이해하고, 감정적으로 압도되지 않으면서 세 개의 목소리 훈련을 수행할 수 있어야 한다.

다양한 임상군에게 VOIAS를 적용할 수 있을 것이다. 그러나 현재의 버전은 주로 인간의 목소리에 관한 나의 경험에 기반하고 있다는 점을 고려할 필요가 있다. 나는 개인의 발달을 다루는 치료나 목소리 장애가 아닌 정신과적 문제로 힘들어하는 사람과의 치료에서 목소리를 1차적인 치료도구로 사용한다.

목소리 진단평가를 녹음할 때 클라이언트의 우선적 필요와 임상적 실용성에 초점을 맞추는 것이 중요하다. 진단평가 자료를 녹음할 때 헤드셋을 쓰게 하는 것은 클라이언트에게 너무 위협적일 수 있어서 하지 않았다. 그 대신 음악치료실에서 녹음기기와 근접한 위치에 클라이언트를 배치하는 방식을 취했다. 클라이언트의 훈련 과제 수행을 위해 클라이언트가 모든 훈련을 잘 수행할 수 있는 환경을 조성하는 것은 음악치료사에게 달려 있다.

음악치료 영역 밖에서 내 연구를 몇 차례 발표한 적이 있다. 이때 나는 치료과정과 목소리와 우울 간의 연관성을 설명하기 위해 소프트웨어 프로그램으로 생성한 그래프를 소개했다. 정신심리측정학적 산출 결과를 시각적으로 구현하는 것은 설득력이 있고, VOIAS의 우울증 적용과 목소리에 나타난 치료적 변화를 쉽게 이해하도록 돕는 것으로 보인다.

음악치료사가 목소리를 1차적 도구로 사용하고 정신역동 목소리 치료의 핵심 요소들을 치료에 활용한다면 시간 경과에 따른 각각의 목소리 훈련을 분석하고 연구하는 것이 가능할 것이다(Buchhave, 2016). 이러한 측면에서 VOIAS는 진단평가도구로서의 몇 가지 가능성을 제시한다.

참고문헌

Bonde, L. O. (2009). *Musik og Menneske: Introduktion til Musikpsykologi [Music and Man: An Introduction to Music Psychology]*. Copenhagen, Denmark: Samfunds litteratur.

Buchhave, S. (2016). Den Menneskelige Stemme som Indikator på Psykisk Tilstand-et Casestudie med Fokus på Stemmeanalyse og Stemmeassessment [The Human Voice as a Monitor of the Mental State-A Case Study Focusing on Voice Analysis and Voice Assessment]. Unpublished master's thesis, Aalborg University.

Damasio, A. (1999). *The Feeling of What Happens: Body and Emotion in the Making of Consciousness*. New York, NY: Harcourt Books.

Fuchs, T. (2005). Corporealized and disembodied minds: A phenomenological view of the body in melancholia and schizophrenia. *Philosophy, Psychiatry, & Psychology, 12(2),* 95-107.

Fuchs, T. (2009). Embodied cognitive neuroscience and its consequences for psychiatry. *Poiesis Praxis, 6*(3-4), 219-233.

Hamilton, M. (1967). A rating scale for depression. *Journal of Neurology, Neurosurgery, and Psychiatry, 23,* 56-62.

Hart, S. (2012). *Neuroaffektiv Psykoterapi med Voksne [Neuroaffective Psychotherapy with Adults]*. Copenhagen, Denmark: Hans Reitzels Forlag.

Howard, D. M., & Angus, J. (2006). *Acoustics and Psychoacoustics* (3rd edition). New Youd NY: Focal Press/Elsevier.

Kenny, C. (1989). *The Field of Play: A Guide for the Theory and Practice of Music Therapy*. Atascadero, CA: Ridgeview Publishing Company.

Kenny, C. (2006). *Music & Life in the Field of Play: An Anthology*. Gillum, NH: Barcelone Publishers.

Merleau-Ponty, M. (2002). *Phenomenology of Perception*. London: Routledge Classics.

Panksepp, J., & Trevarthen, C. (2009). The Neuroscience of Emotion in Music. In S. Malloch & C. Trevarthen (Eds.), *Communicative Musicality: Exploring the Basis of Human Companionship*. London: Oxford University Press.

Stern, D. (2000). *The Interpersonal World of the Infant: A View from Psychoanalysis and Development*. New York, NY: Basic Books.

Stern, D. (2010). *Forms of Vitality: Exploring Dynamic Experience in Psychology, the Arts*

Psychotherapy and Development. London: Oxford University Press.

Storm, S. (2007). Den menneskelige stemme-psykologi og psykodynamisk stemmeterapi [The human voice-psychology and psychodynamic voice therapy]. *Psyke & Logos, 28,* 447-477.

Storm, S. (2013) Research into the Development of Voice Assessment in Music Therapy. Unpublished PhD thesis, Aalborg University.

Storm, S. (2016). VOIAS: Et stemme-Assessmentredskab til Vurdering af Klientens Psykiske Tilstand og Terapeutiske Procese; en Undersøgelse af Dens Kliniske Relevans Fra et Case-Perspektiv [VOIAS: A Voice Assessment Profile Evaluating the Client's Psychological State of Being and Therapeutic Process; an Examination of Its Clinical Relevance from a Case Perspective]. In N. Hannibal (Ed.), *Musikterapi i Psykiatrien Online.* Vol. 11 (1), pp. 57-73. Aalborg, Denmark: Musikterapiklinikken, Aalborg University.

Storm, S. (2017). Den Menneskelige Stemmes Stimulering af Krop og Psyke-Psykodynamisk Stemmeterapi mod Prænatal Angst og Depression [The Human Voice Awakening Body and Mind-Psychodynamic Voice Therapy]. In C. Lindvang & B. D. Beck (Eds.), *Musik, Krop og Følelser. Neuroaffektive Processer i Musikterapi [Music, Body, and Feelings: Neuroaffective Processes in Music Therapy].* Copenhagen, Denmark: Frydenlund Academic.

Trevarthen, C., & Malloch, S. N. (2000). The dance of wellbeing: Defining the musical therapeutic effect. *Nordic Journal of Music Therapy, 9*(2), 3-17.

Trevarthen, C., & Malloch, S. (2009). *Communicative Musicality: Exploring the Basis of Human Companionship.* London: Oxford University Press.

제17장

정신과 음악치료 질문지

Michael D. Cassity

1. 서론

오랫동안 전국음악치료협회(National Association for Music Therapy, 1993)와 미국음악치료협회(American Music Therapy Association, 2017)의 임상 기준에 진단평가의 중요성이 명시되어 왔듯이 음악치료 임상에서 클라이언트 진단평가는 필수적이다. 1993년 이후부터는 다른 필수 업무와 함께 진단평가가 클라이언트의 생활연령과 발달연령에 부합해야 한다고 정신과 및 정신건강 음악치료 임상 기준에 명시하고 있다. 또한 임상 기준은 검사 결과의 해석이 규준이나 준거참조 자료에 근거해야 할 것이라고 계속해서 강조한다.

진단평가의 중요성이 오랫동안 강조되어 왔음에도 불구하고, 캐시티와 캐시티(Cassity & Cassity, 1994a)가 1994년 『Journal of Music Therapy』에 정신과 음악치료 질문지(Psychiatric Music Therapy Questionnaire: PMTQ)와 임상 매뉴얼인 『Multimodal Psychiatric Music Therapy(MPMT)』를 출판했을 당시 정신과 진단평가에 관한 실질적 연구는 몇 개의 진단평가 도구를 제외하고는 거의 없었다(Cassity & Cassity, 1994a). 예외적으로 두 개의 연구가 있었는데, 하나는 생활연령과 성별에 따라 가정폭력 클라이언트를 대상으로 하는 음악치료 진단평가를 소개한 것이었고(Cassity & Theobold, 1990) 다른 하나는 생활연령과 진단, 태도 등의 자료를 수집하도록 설계된 음악치료 신청서 및 진단평가였다(Braswell et al., 1986). 1994년까지 발표된 그 외 정신과 진단평가도구는 정서장애 청소년 음악치료 진단평가(Music Therapy Assessment for Disturbed Adolescents)(Wells, 1988), 해밀턴 우울 척도와 리듬기능(Hamilton Rating Scale for Depression and Rhythmic Competence)(Migliore, 1991), 환자용 치료평가서(Patient Evaluation of Treatment)(Heaney, 1992) 그리고 음악치료효과 척도(Music Therapy

Effects Scale)(Thaut, 1989)이었다. 휠러(Wheeler, 2013)와 크로우(Crow, 2007)는 이러한 진단평가도구들에 관한 추가적 정보에 대해 발표하기도 했다.

앞서 소개한 검사들이 출판되어 왔지만, 캐시티와 캐시티(1994a)의 정신과 진단평가의 시행에 관한 설문조사 결과에서 70%의 임상훈련 감독은 여전히 정신과 음악치료에서 사용할 표준화 검사가 필요하다고 응답했고, 92%는 치료중재 매뉴얼이 필요하다고 응답했다. 이미 출판된 진단평가들이 있음에도 불구하고 왜 그렇게 많은 임상훈련감독이 정신과 음악치료 진단평가의 필요성에 대해 보고했을까? 이 질문에 대한 대답으로, ① 음악치료사는 모든 음악치료사와 공유할 수 있는 포괄적이고 일반적인 진단평가가 필요했고, ② 진단평가 결과는 NAMT의 임상 기준(1993)에 사전에 명시된 것과 같이 반드시 음악치료 목적과 목표, 절차, 평가를 직접적으로 산출해야 한다는 결론을 갖게 되었다. 첫 번째로 언급된 임상적 필요들은 PMTQ를 개발한 것으로 충족되었으며, 두 번째의 경우에는 MPMT 중재 매뉴얼을 개발한 것으로 해결되었다. PMTQ와 치료 프로그램 설계 지침서가 포함된 MPMT 2판은 1994년에 출판되었고(Cassity & Cassity, 1994b), 현재 3판까지 이어져 오고 있다(Cassity & Cassity, 2006). PMTQ의 실용적인 구성이 정신과 음악치료사의 주요 임상군에게 일반적으로 사용 가능하게 하였다.

지속적인 연구출판과 함께 PMTQ가 현재까지 사용되어 왔지만 더 많은 정신과 음악치료사가 PMTQ와 같은 진단평가를 사용해야 하는 필요성은 여전히 남아 있다. 에어(Eyre, 2013a)는 특정 임상대상만을 위한 진단평가를 사용할 경우 음악치료 시행 기관 측에서 음악치료의 직업적 정체성이 부족하다는 부정적 이미지를 가질 수 있다는 우려를 표현하였다. 직업적 정체성을 높이는 한 가지 방법으로 특정 대상 진단평가에 관한 공통적이고 일반적인 지식 정보에 기초한 특정 대상군용 진단평가도구를 사용하는 것을 들 수 있다. 이렇게 개발된 평가도구들은 예비 음악치료사의 직업적 정체성 확립을 위해 진단평가 활용을 강조하는 대학교육과정에서 활용되어야 할 것이다. 이 장의 도구 개발 부분에서 MPMT와 PMTQ의 개발 과정에서 밝혀진 일반적 공통적 지식 체계에 관한 내용을 소개할 것이다.

2. 환경과 동기

1988년 미국 애틀랜타에서 있었던 NAMT 정기학술대회에서 나는 정신과 음악치료와 가정폭력 음악치료의 진단평가 및 중재에 관해 발표를 했는데 청중이 많아서 앉을 자리가 없을 만큼 큰 관심을 받았다(Cassity & Theobold, 1988). 이 일화를 통해 나는 일반 정신과 음악치료에서의 진단평가와 중재를 개발하기 위해 가정폭력 연구에서 이전에 사용했던 방법론을 사용해야겠다고 생각했다. 가정폭력 연구(Cassity & Theobold, 1990)를 출판한 후에 정신과 음악치료 진단평가 설문조사를 위한 첫 질문지를 개발하기 시작했다.

MPMT를 개발하게 했던 그 일화가 3판에 이르는 발전을 가져왔다. 나는 사우스웨스턴 오클라호마 주립대학교 음악치료학과 교수였고, 공동 저자는 근처 지역 정신건강센터의 정신과 음악치료사였다. 정신건강센터와의 협력을 통해 각 발달 단계의 대상에게 임상 매뉴얼을 적용하고 PMTQ의 진단평가 효과를 검증할 수 있도록 모든 연령층의 클라이언트를 만날 수 있었다. 또한 광범위한 현장 검증의 결과로 전문가와 학생을 위한 PMTQ 사용 지침서와 효율적 · 효과적인 정신과 음악치료 임상 매뉴얼이 개발되었다. MPMT를 개발하는 동안 대학에서의 연구와 임상현장 간의 교류는 과학적 연구를 통해 개발된 정신과 음악치료의 실질적 임상모델의 탄생이라는 결과를 가져왔다.

3. 이론적 배경

MPMT에서 사용된 중다양식치료 모델과 단기치료 모델은 정신과 진단명이나 특정 행동에 국한되지 않고 전인적 측면을 강조하며 상당히 절충적인 것으로 여겨져 왔다(Krout, 1996). 자신의 접근법이 절충적이라고 여기는 대부분의 정신과 음악치료사는 이러한 이론적 지향에 공감을 한다(Silverman, 2007). 라자루스(Lazarus, 1976, 1989)는 자신의 중다양식치료 모델에서 사용한 절충주의를 '기술적 절충주의'라고 불렀다. 새로운 기법을 산발적으로 사용하기보다 치료사는 "특정 상황에 놓인 각각의 클라이언트에게 어떤 형태의 치료 관계와 처치 전략이 가장 효과적인지를 정확하게 파악하려는 엄청난 고통을 감수한다"(Corey, 2005, p. 251).

정신과라는 단어가 MPMT 명칭에 포함되어 있다는 이유로 이 매뉴얼이 정신과치료 기존 모델을 따른다고 추정해서는 안 된다. MPMT(Cassity & Cassity, 1994a)의 개발을 위한 기반이 마련되던 그 당시에 정신과에 고용되었거나 정신과에서 임상 업무를 하는 치료사를 지칭하는 정신과 음악치료사라는 용어가 생겨났다. 『Music Therapy Perspectives』에 정신과 음악치료에 대한 특별호(Goldberg, 1994)가 발행되는 등 당시 문헌에서 이러한 용어가 지속적으로 사용되었다(Tyson, 1982).

PMTQ의 또 다른 이론적 접근법은 비음악 조건에서의 초기 문제행동 진단평가, 치료의 일반화와 직업적 정체성 향상을 위한 공통 지식에 기반한 진단평가(Cassity & Cassity, 1994a), PMTQ 하위 척도 분류와 진단평가 시행을 위한 라자루스(1976)의 BASIC-ID 이론 모델의 사용, 음악치료 고유의 진단평가 정보 수집을 위한 PMTQ의 가능성, BASIC-ID의 여러 영역을 포괄적으로 진단평가를 위한 PMTQ의 사용이다. 다음에서는 각 이론적 접근법에 관한 내용을 기술한다.

1) PMTQ는 비음악 조건에서의 초기 문제행동을 진단한다

전통적 음악치료 진단평가에서는 일반적으로 비음악치료 영역의 진단평가 결과들이 음악치료 진단평가의 일부로서 활용된다(Eyre, 2013b). 비음악적 상황에서 시행되는 PMTQ는 음악으로 가장 잘 중재할 수 있는 클라이언트의 문제행동에 관한 추가 정보를 제공한다. 비음악적 평가를 위해 음악치료사가 사용하는 일반적인 약식 체크리스트는 각각의 문제를 위한 음악치료 중재에 대한 정보를 주지 않는다(Doak, 2013). 그러나 PMTQ는 특정 문제행동을 다루는 데 가장 효과적인 음악치료 중재에 대한 정보를 임상가에게 제공한다. 따라서 PMTQ는 음악치료사가 수집할 수 있는 진단평가 정보의 양을 늘리는 데 도움을 줄 수 있다. 크루즈와 페더(Cruz & Feder, 2013a)에 따르면, 치료사는 사례에 대한 최대한의 이해를 위해 최대한 많은 자료원에 근거하는 것이 중요하다. 다른 전통적인 진단평가에서처럼 PMTQ도 기초 행동빈도를 관찰한 후에 음악치료 활동에서 나타나는 클라이언트 행동을 진단평가한다.

중재를 하기 전의 비음악적 행동의 초기 진단평가는 연구 및 관련 분야에서의 일반적 진단평가 수행과 매우 유사하다. PMTQ와 같은 응용행동분석에서는 치료의 목적과 목표, 행동치료의 특성 등 진단평가 및 처치를 포함한 음악치료 중재(Cruz & Feder, 2013b)로 들어가기 전에 기초 행동빈도를 먼저 관찰하는 것이 일반적이다(Jones & Brown, 2016). 추가적으로 밀론 임상다축검사(Millon Clinical Multiaxial Inventory)와 같은 표준화 심리검사의 기초 점수는 일반적으로 결과 해석을 위해 나중에 사용된다(VandenBos, 2007). 어떤 음악치료 진단평가 도구는 음악상황에서의 행동을 진단평가한다. 음악 조건에서의 행동은 '근본적으로 다를 수' 있기 때문에(Michel & Rohrbacher, 1982, p. iii) 음악상황에서 수집된 진단평가 결과와 다른 공식적 검사결과에서의 기초 행동빈도의 상관관계를 파악하려고 할 때 '기초 빈도 오류'를 피하도록 해야 한다(VandenBos, 2007, p. 103). 그러나 PMTQ는 앞서 언급한 다른 심리검사들처럼 음악치료 처치를 제공하기 전에 기초 빈도 점수를 채점하여 오히려 더 검증된 검사들과의 타당성을 확보할 수 있다.

2) PMTQ는 직업적 정체성을 높인다

PMTQ는 다른 분야의 전문가들에게 음악치료에 공통적 지식 정보가 존재하고(Cassity & Cassity, 1994a) 그 지식을 평가할 타당한 검사들이 있다는 인식을 높인 첫 번째 정신과 음악치료 진단평가도구이다. 공통적 지식 체계 없이 오랫동안 존재할 수 있는 직업 분야는 없다는 것에 대부분의 전문인이 동의할 것이다. PMTQ는 MPMT 매뉴얼에 포함되어 있는 문제행동 또는 증상들에서 나왔다. 이와 마찬가지로 벡 우울 척도(Beck's Depression Inventory)와 같은 수많은 심리검사에서 다루는 증상들도 『정신장애 진단 및 통계편람(Diagnostic and Statistical Manual of Mental Disorders: DSM)』에 기초한다(Cruz & Feder, 2013c). DSM이 '정신건강 영역에서의 임상을 위한 표준 참조로서의 역할'을 하기 때문에 심리검사들은 DSM의 기준에 맞추어 개발된다(American Psychiatric Association, 2013, p. iii).

PMTQ 검사가 있다는 것은 음악치료사가 주정부 임상자격을 취득하는 데 있어서 중요하다. 일관된 음악치료 진단평가와 처치 설자를 바탕으로 하는 준거참조 검사(Cassity & Cassity, 1994a)이고, 증상과 이면의 성격 구성요소를 평가하는 심리측정도구로서 타당도가 높기 때문이다(Anderson & Krebaum, 1998). 무자격자가 진단평가와 치료중재를 위해 PMTQ를 사용하는 것을 사회적으로 방지함으로써 음악치료 자격 면허화에 힘을 실어 줄 수 있을 것이다.

3) PMTQ는 하위 척도 분류를 위해 라자루스 BASIC-ID 모델을 사용한다

PMTQ의 하위 척도를 분류하고 MPMT 매뉴얼에 문제행동에 관한 설명과 각각의 중재방법을 작성하기 위해 라자루스(1976, 1989)의 중다양식치료 모델을 사용하였다. 라자루스 모델을 선택한 이유는 두 가지이다. 먼저, 음악치료 문헌과 진단평가 질문지에 포함되었던 진단평가 영역들은 진단평가도구나 매뉴얼에서 사용하기에는 너무 많다. 예를 들어, 성인 대상 진단평가 영역은 23개이고, 청소년은 42개, 아동은 20개이다(Cassity & Casssity, 1994a). 다음으로, 각 영역의 임상훈련 감독들이 보고한 여러 영역에서의 문제에 관한 신뢰도가 너무 낮다. 성인 남성 클라이언트 대상 진단평가 신뢰도에서 치료사 간 일치율의 중앙값은 25.72%였고, 성인 여성 클라이언트의 경우 치료사 간 일치율의 중앙값은 35.65%였다. 진단평가 영역에서의 치료사 간 일치율에 관한 자세한 사항은 캐시티와 캐시티(2006)를 참조하기를 권한다.

중다양식치료 모델은 설문 결과로 얻어진 문제들을 간결하게 포괄적으로 분류하도록 하고 한 개인의 BASIC-ID(또는 기본적 특성) 전체에 걸쳐 통합적 진단평가와 중재가 이루어지도록 하는 역할을 하였다. 이 모델은 음악치료에 적합하다고 제안되었는데(Adleman, 1985) 가정폭력 피해 클라이언트의 음악치료 진단평가와 중재를 위한 모델로 사용된 적이 있다(Cassity & Teobold, 1990). 라자루스(1976)에 따르면, "우리의 인격은 계속 변화하는 행동, 정서적 과정, 감각, 이미지, 인지, 내적 관계, 생물학적 기능의 산물이다"(p. 13). PMTQ에서의 클라이언트 문제들을 BASIC-ID로 전환하는 것은 클라이언트의 전반적 기능에 대한 개괄적 이해를 도와준다. 한 사람의 한 측면은 다른 측면과 서로 연관이 있기 때문에 한 가지 측면에서 나타나는 문제는 다른 측면에서의 문제에도 영향을 줄 수 있다는 것을 기억해야 한다. 설명을 위해 다음의 로라(Loura) 사례를 참조하라.

- 로라는 자기 의견을 분명히 하는 데 어려움이 있다(행동).
- 로라는 좌절감을 느낀다(정서).
- 로라는 인생에서 엄청난 스트레스를 경험하고 만성적 피로감을 느낀다(감각).
- 로라는 어떻게 복수할 수 있을지를 상상한다(이미지).
- 로라는 다른 사람들이 자기들이 원하는 것을 하도록 늘 그녀를 이용한다고 믿는다(인지).

- 로라는 때때로 친구들에게 수동 공격적인 방식으로 행동한다(내면적).
- 로라는 피로감을 줄이기 위해 술과 처방약을 과도하게 사용한다(약물). (Cassity & Cassity, 2006, p. 7)

라자루스(1989)는 중다양식치료에 관한 인상적인 결과에 남겼다. 음악치료에서 이 모델을 활용함으로써 우리는 더 성공적인 중재를 할 수 있을 것이다. 어떻게 중다양식치료 모델이 PMTQ와 MPMT 매뉴얼의 개발 과정에 영향을 미쳤는지는 PMTQ의 설계에 관한 이 장의 후반에서 논의할 것이다.

4) PMTQ는 다른 분야 또는 전통적 음악치료 진단평가로 수집하기 어려운 고유한 정보를 제공한다

PMTQ는 다른 영역의 진단평가도구와 달리 음악치료사가 주로 평가하고 처치하는 문제를 전적으로 다루기 때문에 고유한 진단평가 정보를 제공한다. 음악치료를 통해 가장 효과적으로 치료할 수 있는 문제와 각 문제별 효과적인 중재에 대한 포괄적인 이해를 돕는 것이 다른 전통적 음악치료 진단평가와 다른 점이다. 이러한 정보를 선택하거나 다른 진단평가의 정보를 선택하는 것은 임상가의 결정이겠지만, 앞서 언급하였듯이 가능한 한 많은 진단평가 자료를 수집해야 한다.

5) PMTQ는 다양한 영역에서 기능하는 포괄적 정신과 음악치료 진단평가를 제공한다

미국음악치료협회(AMTA)의 임상 기준 2.1항은 음악치료 진단평가를 음악, 심리, 인지, 의사소통, 사회 영역, 진단적 심리기능, 생활연령, 문화배경에 걸쳐 구체적으로 명시한다(American Music Therapy association, 2017). 또한 정신건강 진단평가 범주의 2.9항에는 진단평가에서 다루는 11개의 추가 영역이 있다(American Music Therapy association, 2017). 전형적인 음악치료 진단평가에서 음악치료사는 종종 다른 치료 영역에서의 진단평가 결과를 갖고 포괄적 진단평가를 하게 된다(Kaser, 2013). 마찬가지로, PMTQ도 BASIC-ID 모델 내의 여러 기능 영역을 다루며, 임상가에게 다른 치료영역의 진단평가도 함께 시행하도록 권한다. 다른 치료영역 진단평가를 활용하기 어려운 음악치료사는 중다양식 건강력 질문지(Multimodal Life History Questionnaire)(Lazarus, 1989)를 시행할 수 있다.

4. 절차와 자료수집

1) 검사 시행

검사의 1부는 음악적 선호를 측정하는 5개 항목의 간단한 검사이다. 클라이언트는 선호하는 음악 스타일과 가창 및 악기연주 참여 의향을 5점 리커트 척도로 평가한다. 2부는 중다양식 문제 분석(Multimodal Problem Analysis of PMTQ)으로 5점 리커트 척도를 사용하여 클라이언트가 70개의 문장에 직접 응답한다. 척도 내 구간은, ① 매우 그렇지 않다, ② 그렇지 않다, ③ 보통이다, ④ 그렇다, ⑤ 매우 그렇다로 구성되어 있다. 긍정적 행동을 나타내는 몇 개의 역채점 문항(예: "나는 사람들과 대화하는 것이 쉽다.")을 제외한 검사 문장들은 문제 지향적 내용이다. 문제 지향적 예시는 "내가 행복하거나 슬프거나 신날 때 사람들은 잘 모른다." (Cassity & Cassity, 2006, p. 233)이다. 아동용 PMTQ은 아동과 친밀한 주요 인물에게 시행한다.

PMTQ는 검사 시행에 약 30분이 소요된다. 보통 음악치료사는 클라이언트에게 리커트 척도 용지를 나눠 주고 PMTQ 문장을 읽어 준 후 클라이언트의 반응을 기록한다. PMTQ는 클라이언트 집단에게 시행될 수도 있다. MPMT 개발을 위한 현장 검사 기간 동안 저자와 클라이언트 측 모두 집단 MPMT가 만족스럽고 효과적이라는 것을 확인했다. MPMT 매뉴얼은 집단에서 PMTQ를 시행하고 그 결과를 집단 음악치료 프로그램으로 변환하는 데 필요한 지침을 제공한다. 매뉴얼에 포함된 그 외 답변 용지는 클라이언트가 PMTQ에 대한 반응을 기록할 때 사용할 수 있다. 집단치료는 MPMT의 가장 중요한 특성 중 하나인데, 대부분의 미국 정신과 음악치료사는 집단치료를 하기 때문이다.

2) 채점

PMTQ를 채점하는 방법은 그것을 사용하고자 하는 목적에 달려 있다. PMTQ는 개인 간 비교보다는 개인 내적 비교를 위해 설계되었다. 개인 내적 비교를 위해 PMTQ를 채점할 때 검사자는 피검자가 4점이나 5점(정적 검사 문항의 경우 1점 또는 2점)으로 평가한 문제 항목들을 추출해서 BASIC-ID 양식에 넣는다. PMTQ가 설계된 목적(준거참조 진단평가) 이외의 목적으로 사용하는 연구자의 채점 방법은 이 장의 '연구와 심리측정'에서 논의된다.

5. 개발

PMTQ에 포함된 내용들은 음악치료 임상훈련감독들에게 보낸 질문지를 통해 수집되었다. 연구 방법에 대한 상세한 정보는 캐시티와 캐시티(1994a)를 참조하도록 한다. 성인 남성, 성인 여성, 청소년, 아동을 위한 질문지가 각각 설계되었다. 음악치료 문헌에서 발췌된 연령대별 정신과 음악치료 진단평가에 관한 질문지를 정신과 음악치료 임상훈련감독들에게 보냈는데, 그들은 이전에도 클라이언트 생활연령 분류에 관한 설문에 참여한 적이 있다. 음악치료 회기에서 임상훈련감독들에게 가장 빈번하게 진단평가하고 치료하는 기능 영역을 선택하도록 요청했다. 선택한 각 영역별로 가장 빈번하게 진단하고 치료하는 구체적 문제를 두 개씩 나열하도록 했으며, 끝으로 그 문제들을 다루기 위해 가장 자주 사용하는 음악치료 중재 방법을 두 가지씩 제시하도록 했다.

임상훈련감독들에게는 DSM-III-R(American Psychiatric Association, 1987)에 근거한 총괄기능평가(Global Assessment of Functioning: GAF)를 배부한 후 각각의 음악치료 중재에 적합한 클라이언트의 기능 수준을 점수로 표기하도록 했다. 이러한 절차는 반드시 클라이언트의 기능 수준에 부합하는 진단평가를 하도록 하는 NAMT의 성인정신과 임상 기준을 따른 것이다(National Association for Music Therapy, 1993). GAF의 신뢰도와 타당도에 관한 내용은 캐시티와 캐시디(1994a)를 참조하고, GAF에 대한 추가 논의는 이 장의 '후속 계획과 논의'를 참조하기를 바란다.

또한 질문지에는 문헌에 나타난 음악적 진단평가 영역들(Carrocci & Quattlebaum, 1969; Cassity, 1976; Ficken, 1976; Freed, 1987; Noland, 1983; Rubin, 1976; Wood et al., 1974)도 있었고, 임상훈련감독들은 비음악적 행동에 관한 응답과 같은 방식으로 빈번하게 진단되는 음악적 행동과 음악중재에 응답하도록 요청되었다. 최종적으로 음악치료 문헌에서 제안하는 42개 영역의 활동 진단평가(Braswell et al., 1986; Cohen & Gericke, 1972; National Association for Music therapy, 1989) 목록이 주어졌고, 임상훈련감독은 자신들이 임상에서 가장 자주 진단평가하는 열 가지 기능 영역을 순서대로 나열하였다.

여기까지의 설문을 통해 200개의 클라이언트 문제와 그 문제의 치료를 위한 801개의 음악치료 중재, 그리고 임상훈련감독들이 음악행동 진단평가를 위해 선택한 354개의 음악중재라는 결과를 도출했다. 이러한 문제와 중재들을 분류하기 위해 간결하면서도 포괄적인 이론 모델이 필요했고, 앞서 언급했듯이 라자루스의 BASIC-ID 모델이 선택되었다.

취합된 문제들이 BASIC-ID 모델로 분류되자 정신과 음악치료에서의 공통 지식 체계를 나타내는 자료의 범위에 관한 질문이 생기기 시작했다. 각각 다르게 나타나고 있는데, 과연 음악치료 진단평가에는 공통점이 거의 존재하지 않는가? 음악치료사가 다른 문제나 중재보다 더 자주 진단평가하고 더 빈번히 사용하는 중재가 있는가? 이 질문은 향후 정신과 음악치료 임상군을 위한 진단평가도구의 일반화를 위해 중요한 질문일 것이다.

공통 지식이 존재할 가능성을 연구하기 위해 캐시티와 캐시티(1994a)는 특정 진단평가의 수행이 다른 것보다 유의미하게 더 빈번한지를 파악하고자 앞의 설문조사 결과를 통계적으로 분석하였다. 분석 결과, 중요한 음악치료 진단평가에는 공통 지식이 유의미하게 존재하는 것으로 밝혀졌다. "모든 생활연령 수준의 환자들에게 유의미한 공통점이 광범위하게 있었으며, 그 내용에는 진단명, 기능 수준, 진단평가 영역, 진단 및 처치되는 특정 문제, 음악치료 중재를 포함한다."(Cassity & Cassity, 1994a) 앞서 소개한 것처럼, 설문조사에서 임상훈련감독들의 70%가 정신과 음악치료사가 사용할 표준화 검사가 필요하다고 했지만 그보다 많은 92%의 임상훈련감독들이 처치 매뉴얼의 필요성을 보고했다는 추가 정보가 수집되었다. 치료 매뉴얼에 대한 필요가 대단히 높게 나타난 것이다.

정신과 음악치료에서의 공통적 지식 정보가 명확해지자 이러한 지식을 토대로 처치 매뉴얼을 구성하는 데 관심이 모아졌다. PMTQ는 처치 매뉴얼의 산물이었고 처치 매뉴얼로 사용하기 위해 설계한 것이므로 곧바로 중재에 사용해도 될지를 시험하고 결과를 낼 필요가 있었다. PMTQ를 구성하기 전에 나는 규준참조 검사와 준거참조 검사, 그리고 관련 문헌을 광범위하게 조사했다. 이러한 고찰이 PMTQ 구성에 영향을 미쳤는데, 이전의 5점 척도 문항은 다수의 규준참조 표준검사와 유사하지만 결과의 해석은 준거참조에 따른다는 이유에서이다. PMTQ 문항들을 위한 예시 모델로 구조화된 행동 인터뷰 또는 인지행동 자기보고(Cruz

& Feder, 2013b; Groth-Marnat, 1990)를 사용하였는데, 이것은 임상훈련감독들이 보고한 클라이언트 문제의 객관적 · 행동적 특성을 고려한 것이다.

PMTQ는 준거참조 검사로 볼 수 있는데 개인 내적 차이의 점수가 다른 피검자의 수행이 아닌 표준 또는 기준과 비교되기 때문이다. 콜먼과 브룬크(Coleman & Brunk, 2003)에 따르면, "준거참조 검사는 특정 행동이나 기술의 측면에서 학생의 수행도를 나타낸다. 준거참조 검사의 객관성은 정신연령이나 IQ를 결정하는 것이 아니라 그 학생이 특정 상황에서 특정 기술을 수행할 수 있는 능력을 평가하는 것이다"(p. 21). "좋은 준거참조 검사는 단지 피검자가 할 수 있거나 할 수 없는 것에 대한 이해를 갖도록 하는 것이고(Popham, 1978), PMTQ의 경우에는 음악치료사가 가장 자주 중재하는 문제(기준)에 있어서 클라이언트가 어떤 문제를 갖고 있는가 그렇지 않은가일 뿐이다."(Cassity & Cassity, 1994b, 2006, p. 42)

검사의 1부는 음악선호도 진단평가(Music of the PMTQ)로 임상훈련감독이 음악행동 진단평가를 위한 음악중재들로 보고한 354가지에서 개발된 다섯 가지 항목으로 구성되어 있다. 그 중재들은 MPMT 매뉴얼의 음악섹션에 중재를 위한 도움 정보로 포함되었다(매뉴얼의 pp. 114–156). 2부인 중다양식 문제분석(Multimodal Problem Analysis of the PMTQ)에는 5개의 하위 척도가 있다. 라자루스(1976)의 중다양식치료 모델에서 응용한 5개의 하위 항목은 성인용 PMTQ의 각 하위 척도에 여러 개의 문항을 포함하는데, 대인관계(17문항), 정서(21문항), 인지(15문항), 행동(11문항), 약물사용(8문항)이다. PMTQ의 2부에 있는 문제 지향 검사 문항들은 설문조사에서 수집된 200개의 클라이언트 문제에서 추출한 것이다. 후속중재를 위해 사용된 빈도순으로 200개의 문제와 이에 해당하는 801개의 음악치료 중재가 BASIC-ID 양식 유형별(예: 자기주장 부족과 같은 드러나는 행동들은 '행동' 유형으로 분류)로 매뉴얼에 분류되었다(매뉴얼의 pp. 46–113). PMTQ의 2부에서 다섯 가지 하위 척도는 BAISC-ID와 같은 순서는 아니었고, 임상훈련감독들이 더 빈번하게 진단평가하는 순서대로였다.

라자루스(1976)의 중다양식치료 모델에 따르면 PMTQ 2부의 대인관계(interpersonal) 하위 척도는 타인과 관련한 문제에 초점을 둔다. 예를 들어, 고립되고 위축된 행동을 의미하는 클라이언트의 어휘는 대인관계 이슈를 의미한다. 정서(affect) 하위 척도는 강한 느낌 또는 감정에 관한 것이다. 음악치료사는 예를 들면서 자기 자신 또는 타인에 대한 감정을 규명하는 어려움에 가장 중점을 두고 평가한다. 세 번째 인지(cognitive) 하위 척도는 비합리적 사고, 아이디어, 의견들을 말한다. 음악치료사가 가장 빈번하게 표적으로 삼는 인지문제는 낮은 수준의 자기주장과 자신에 대한 부정적 표현으로 나타나는 낮은 자존감이다. 행동(behavior) 하위 척도는 드러나는 행동, 다른 말로는 클라이언트가 하거나 하지 않는 것을 측정하는 것이다. 음악치료사가 가장 빈번하게 표적으로 삼는 행동은 자기주장의 부족, 과제 수행을 지속하는 것에 대한 어려움, 집단 토론에서 다른 사람을 방해하는 등의 개인적 경계 인식의 부족, 동료에 대한 부적절한 언어행동이다. 약물(drug) 하위 척도는 약물사용 또는 남용, 신체언어상의 문제 같은 신체적 의사소통상의 문제를 포함한다. 라자루스에 따르면, BASIC-IB보다 BASIC-ID라는 합리적인 약자가 되도록 생물학(biology)이라는 단어 대신에 약물이라는 단어를 사용했다고 한다. PMTQ의 감각(sensation)과 이미지(imagery)에는 하위 척도가 없는데, 음악치료사들이 이 영역에서의 진단평가와 중재에 관한 내용을 충분히 보고하지 않았기 때문이다.

BASIC-ID 모델은 매뉴얼에서 음악치료사가 진단평가하고 중재하는 것으로 보고한 200개의 문제기반 행동을 분류하는 데 적합하다. 이것은 BASIC-ID가 한 개인이 직면하는 모든 상황에 대해 설명한다는 라자루스의 주장에 의해 지지된다.

> BASIC-ID는 ABCDEFG가 음악에서의 음을 표상하는 것처럼 인간성격의 기본적 벡터 값을 나타낸다. HIJKLMN은 없다. (샤프, 플랫과 함께) ABCDEFG의 조합들이 〈젓가락 행진곡〉부터 모차르트까지 모든 것들을 만들어 낸다(Lazarus, 1989, p. 16).

3부인 사후 인터뷰 관찰(Post Interview Observations)에는 치료를 하는 동안 진단평가된 클라이언트 문제에서 추출된 항목이 포함되었다. 앞서 언급하였듯이, 이러한 문제들은 음악치료 문헌에서 추출되고 임상훈련감독들이 보고한 사용 빈도에 의한 것이다. 클라이언트 인터뷰의 결론 다음에 평가자는 예를 들면 눈 맞춤, 자세, 용모와 같은 열다섯 가지 행동에 대해 클라이언트를 평가한다.

6. 기록과 보고

PMTQ 평가를 통해 나타는 문제행동들은 BASIC-ID 표(매뉴얼의 p. 13)로 변환된다. BASIC-ID 형식은 평가자가 PMTQ 결과를 다른 치료전문가가 보고한 진단평가 결과와 비교하도록 할 뿐 아니라, 치료가 필요한 문제에 대한 개요를 클라이언트에게 제공한다. BASIC-ID에서의 클라이언트 문제는 그 다음에 클라이언트와의 협의에 따라 문제해결을 위한 음악 중재 선택을 위해 MPMT(pp. 14-15) 매뉴얼로 가게 된다. PMTQ 항목들은 이 매뉴얼에서 문제행동들을 말하며, 각 항목은 임상훈련감독들이 추천한 음악치료 중재와 함께 제시된다.

7. 자료분석과 해석

MPMT를 완성한 후 일련의 양식이 만들어져 음악치료 중재계획(Music Therapy intervention Plan, pp. 16-17), 실행전략(Implementation Strategy, pp. 17-18), 음악치료 진보기록 차트(Music Therapy Progress Report Chart, p. 18)라는 문서명을 붙였다(Cassity & Cassity, 2006). 치료 목적과 목표를 음악치료 중재계획 문서에 작성하고 치료 목적과 목표 성취를 위한 전략들을 실행전략 문서에 작성한다. 양식 작성 방법은 물론, 수행 과제 채점, 프로그램 계획, 치료평가에 대한 자세한 지침과 예시가 임상 매뉴얼에 들어있으며, PMTQ도 포함되어 있다. 부록 IV는 임상가가 복사해서 사용할 수 있는 빈 양식들이다. 또한 PMTQ 결과가 어떻게 치료 목적, 목표, 중재로 변환될 수 있는지에 대한 다수의 예시가 임상 매뉴얼에 제공된다. 음악치료 중재 결과를 평가하기 위한 대안적 평가방식(Alternate format, pp. 37-38)도 찾아볼 수 있다.

PMTQ의 대표적인 강점은 프로그램 설계를 위한 정보를 제공한다는 것이다. 앞서 언급하였듯이, PMTQ는 한 클라이언트의 수행을 다른 클라이언트와 비교하는 규준참조 검사로 설계된 것이 아니다. PMTQ는 음악치료사들이 가장 빈번하게 다루는 문제라는 측면에서 개별 클라이언트의 강점과 취약점을 파악하기 위해 설계된 것이다.

8. 연구와 심리측정

PMTQ는 준거참조 검사로 설계되었기 때문에 준거참조 검사에서 중요한 것으로 문헌에 나타난 타당도 유형을 먼저 평가하였다. PMTQ 개발 당시 수행한 문헌고찰에 따르면, 준거참조 검사에서 중요한 타당도 유형은 내용타당도로 나타났다(Gronlund, 1973; Popham, 1978; Popham & Husek, 1969; Schoenfeldt et al., 1876; Swezey, 1981). "PMTQ에 포함된 환자 문제가 음악치료사가 자주 다루는 문제를 어느 정도 대표하는 질문은 결국 내용타당도에 관한 질문이다."(Cassity & Cassity, 2006, p. 42) PMTQ는 결국 포팜(Popham, 1978)이 영역-선택타당도, 기술타당도, 기능타당도라고 명시한 내용타당도의 세 가지 유형에 따라 처음부터 평가된 것이다. 영역-선택타당도는 어떻게 PMTQ의 내용이 선택되었는지를 의미하고, 기술타당도는 PMTQ 항목들이 문제에 대한 기술 또는 MPMT 매뉴얼에 있는 문제기반 행동과 부합하는 정도를 말하며, 기능타당도는 준거참조 검사가 해당 검사의 사용 목적을 충족시키는 정도를 말한다.

1) 영역-선택타당도

PMTQ의 내용은 설문지 자료로부터 선택되었다. 첫 설문지의 내용타당도는 임상훈련감독들에게 설문지를 발송하기 전에 확보되었다. NAMT 승인 임상기관에 고용된 5명의 정신과 공인 음악치료사 패널들에게 설문지를 보냈고, 문항의 명료성, 응답의 용이성, 설문지가 조사하고자 하는 주제를 잘 수집하는지에 대해 판단하도록 요청했다. 이는 다른 말로 그 설문지는 의도한 목적에 잘 부합하는가이다. 패널들은 설문지에 대해 평가하는 것 외에는 연구에 참여하지 않았다. 치료사 중 네 명은 절충적 접근을 지향하였고, 한 명은 정신역동을 지향하였다. 네 명의 치료사는 설문지가 사용하고자 하는 목적에 적합하다고 보고했다. 정신역동 음악치료사는 설문지가 자신의 음악치료 임상과 맞지 않는다고 전화연락을 주었다. 그 정신역동 음악치료사의 반응은 범주 밖의 반응으로 처리되었고, 내용타당도 결과에서 제외되었다. 따라서 PMTQ를 정신역동 치료 상황에서 사용하는 데는 주의가 필요하다.

앞서 언급하였듯이, 설문 방법에 관한 세부 사항은 캐시티와 캐시티(1994a)를 참조하기 바란다. 설문조사 종료와 자료수집 결과를 바탕으로 매뉴얼이 개발되었고, 임상훈련감독들이 빈번하게 표적행동으로 삼는 클라이언트 문제가 PMTQ에 기록되었다. 설문을 통해 수집된 모든 클라이언트 문제와 중재는 매뉴얼에 포함되어 있다.

2) 기술타당도

PMTQ를 구성한 후 기술타당도(descriptive validity)를 확보하였다. PMTQ 문항의 대상 환자군은 총괄기능 평가(GAF)(America Psychiatric Association, 1987)에서 평균 36.5점과 중앙값 22점으로 나타났기 때문에 PMTQ 문항의 어휘들은 단순하게 작성해야 했고 전문 용어를 포함하지 않았다. 예를 들어, 고립되고 위축된 행동과 같은 환자 문제는 '나는 사람들과 같이 있기보다 혼자 있는 것이 낫다'(Cassity & Cassity, 2006, p. 43)와 같은 문항으로 질문하였다.

앞서 언급하였듯이, 쉽게 풀어서 쓴 문제기반의 PMTQ 문항이 임상훈련감독들이 어려운 용어로 제시한 매뉴얼상의 문제와 부합하는지를 결정하기 위해 기술타당도를 확보하는 것이 중요하다. 기술타당도를 조사하기 위해 석사 수준의 음악치료사 한 명과 PMTQ에 적합한 전반적 기능 평가 수준의 환자와 일하고 있는 지역정신건강센터 상담심리사 한 명에게 PMTQ를 보냈다. 그리고 PMTQ 문항이 정신과 환자가 이해할만큼 충분히 명확한지, 임상매뉴얼과 비교할 때 그 의미가 단순화된 문장에서도 잘 보존되는지를 결정하도록 요청했다. 약간의 수정을 거친 뒤 두 명의 평가자는 PMTQ가 설계 목적에 부합한다는 데 동의를 했다.

3) 기능타당도

앞서 인용한 것처럼, 포팜(1978)은 기능타당도를 준거참조 검사가 사용하고자 하는 목적을 충족시키는 정도라고 정의한다. 이 도구들이 개발되었던 지역 정신건강센터와 대학클리닉에서 MPMT 매뉴얼과 PMTQ를 광범위하게 검사한 결과 기능타당도가 충족되는 것으로 나타났다. PMTQ에 의한 준거참조 진단평가에 관한 정보는 클라이언트와 치료진, 음악치료 임상가들이 만족하는 실질적인 음악치료 프로그램의 개발로 이어졌다. MPMT가 오늘날까지 출판되고 있다는 사실은 정신과 음악치료의 표본적 자료일 뿐 아니라 MPMT의 명백한 기능타당도가 정신과 음악치료사의 표적 대상군에게 일반적으로 잘 적용된다는 것을 의미할 수 있다.

9. 전통적 심리측정연구

PMTQ가 준거참조 자료를 산출하도록 설계되었고 준거참조 검사에 유용한 타당도 유형들을 평가했지만 다른 연구자들은 전통적인 신뢰도와 타당도 관점에서 PMTQ를 평가하고자 했다. 각 문항의 측정 결과를 각 하위 척도 별로 합산하고 총점을 낼 수 있기 때문에 전통적인 심리측정 방법을 PMTQ에 적용하는 것이 가능하다. 총점 또는 여러 문항의 종합점수는 하위 척도 점수들의 합계로 얻어진다. NAMT와 AMTA 학술대회의 포스터 세션에서 관련 후속 연구들이 전시되었지만 출판된 적은 없다.

1) 신뢰도

PMTQ가 출판된 직후 블로젯과 데이비스(Blodgett & Davis, 1994), 머레이(Murray, 1994)는 PMTQ의 검사-재검사 신뢰도를 추정하였다. 이 연구들이 파일럿 연구이기는 하지만 두 가지 이유에서 검토해 볼 필요가 있다. 첫째, 제한점이 있는 파일럿 연구일지라도 나는 두 연구 모두 꼭 필요한 후속 연구에 관한 중요한 함의를 갖고 있다고 생각한다. 둘째, PMTQ와 대표적 성격검사와의 공인타당도와 구인타당도를 검증한 앤더슨과 크레바움(Anderson & Krebaum, 1998)의 연구 역시 블로젯과 데이비스(1994)의 연구와 머레이(1994)의 연구의 신뢰도 결과를 지지하였다. 커린저와 리(Kerlinger & Lee, 2000)에 따르면, "타당한 측정도구를 갖고 있다면 그것은 신뢰할 수 있는 측정도구를 갖고 있는 것이다"(p. 684).

블로젯과 데이비스(1994)는 PMTQ를 20명의 음악치료 대학생들에게 실시했고, 3주 간격으로 후속 검사를 다시 실시하였다. 각 학생별로 검사가 실시되었고 스피어만 상관계수를 사용한 종합점수의 신뢰도 결과는 1부(음악)는 rs=.79, 2부(중다양식 문제분석)는 rs=.90, 3부(사후 인터뷰 관찰)는 rs=.76이었다. 2부인 중다양식 문제분석의 하위 척도별 신뢰도는 행동은 rs=.76, 인지는 rs=.83, 정서는 rs=.82, 대인관계는 rs=.49, 약물은 rs=.84이었다.

블로젯과 데이비스(1994)는 PMTQ의 평가자 간 일치도도 조사하였다. 평가자 간 일치도는 합의에 근거한 신뢰도를 말하고, 다른 말로는 두 명 이상의 평가자가 검사점수를 유사하게 주는 정도를 의미한다(Waldon, 2016). 대학생 참여자들은 PMTQ를 연속적으로 두 차례 시행하였다. 절반의 학생들은 검사자 A에 의해 검사를 먼저 실시했고, 나머지 절반의 학생들은 검사자 B와 함께 검사를 먼저 실시했다. 추정된 평가자 간 종합점수 신뢰도는 1부(음악) *rs*=.92, 2부(중다양식 문제 분석)는 *rs*=.94였다. 3부(사후 인터뷰 관찰)의 평가자 간 일치도는 보고되지 않았다. 2부인 복합 유형 문제분석에서 평가자 간 일치도는 행동은 *rs*=.84, 인지는 *rs*=.93, 정서는 *rs*=.93, 대인관계는 *rs*=.50, 약물은 *rs*=.76이었다.

PMTQ 설계를 설계할 때 의도했던 임상군에게 PMTQ를 실시했을 때 신뢰도가 조금 더 높았다. 머레이(1994)는 PMTQ를 12명의 정신과 클라이언트에게 실시했는데, 성인, 청소년 그리고 아동의 경우 부모를 대상으로 하였으며, 각 참여자의 생활연령에 따라 성인용, 청소년용, 아동용 PMTQ를 사용하였다. 기관 내 연구 규정 때문에 더 많은 참가 인원은 불가능했다. 검사와 재검사 사이의 3주 간의 중재를 한 후 스피어만 상관계수, 종합점수 신뢰도, 유의도 수준이 1부(음악)는 *rs*=.77, $p<.01$이고, 2부(중다양식 문제분석)는 *rs*=.90, $p<.001$이며 3부(사후 인터뷰 관찰)는 *rs*=.92, 유의수준 없음으로 나타났다. 2부의 중다양식 문제분석 하위 척도의 신뢰도는 행동이 *rs*=.90, $p<.001$이고 인지는 *rs*=.95, $p<.001$이며 정서는 *rs*=.97, $p<.001$이고 대인관계는 *rs*=.95, $p<.001$이며 약물은 *rs*=.94, $p<.001$이었다.

2) 구성타당도

앤더슨과 크레바움(Anderson & Krebaum, 1998)은 PMTQ 하위 척도 점수를 표준화 심리검사와 비교하여 수렴타당도와 변별타당도의 증거자료를 제시하였다. 이 타당도 유형은 검사 점수가 유사한 구인을 측정하는 다른 검사와 높은 상관을 나타내고(수렴타당도), 상이한 구인을 측정하는 검사와는 낮은 상관을 보일 때(변별타당도) 확보된다(Waldon, 2016).

PMTQ와 비교된 표준화 심리검사들은 밀론 임상다축검사 3판(Millon Clinical Multiaxial Inventory-Ⅲ: MCMI-Ⅲ), 간이 정신진단 검사(Sympton Checklist-90-R: SCR-90-R), 벡 우울 척도(Beck Depression Inventory: BDI)이다. MCMI-Ⅲ(Millon, Millon, & Davis, 1994)는 참 또는 거짓으로 응답하는 175개의 자기보고 항목으로 구성되어 있고, 대인관계와 감정적 문제가 있는 성인을 위해 설계된 것이다. SCL-90-R(Derogatis, Lipman, & Covi, 1973)은 의료기관 및 정신과 기관에서 사용하도록 설계되었고, 증상에 대해 자기보고하는 90개의 항목으로 이루어져 있다. BDI(Beck et al., 1961)는 정신과 및 비정신과 임상군의 우울을 측정하기 위한 것으로 0~3점으로 평가하는 21개의 자기보고 항목으로 이루어져 있으며, 점수가 높을수록 우울의 심각성도 높다.

앤더슨과 크레바움은 1998년에 오하이오 클리브랜드에서 처음 열린 미국음악치료협회(AMTA) 학술대회의 연구포스터 세션에서 이 연구를 발표하였다. 앤더슨은 중서부 지역 정신보건센터의 음악치료사였다. 다학제 치료팀의 초기 진단평가에 해당 센터의 모든 클라이언트가 참여했고, 앤더슨은 PMTQ를 음악치료 진단평가도구로 사용하였다. 크레바움은 그 정신건강센터에 검사 상담사로 고용되어 있었는데 기관에서 사용하는 진단평가도구들로 모든 클라이언트를 평가하는 일을 담당하였다. 앤더슨과 크레바움(1998)은 나중에 PMTQ의 하위 척도 점수들과 그 기관에서 사용하는 표준화 심리검사의 하위 척도 점수 간의 상관관계를 측정하였다.

참가자는 40명의 일반적인 정신과 클라이언트들로 약물중독, 기분장애, 성격장애 등 다양한 DSM-IV 질병을 포함하였다. 앤더슨과 크레바움의 보고에 따르면, 참가자들의 생활연령 범위는 22~58세로 생활연령 평균은 42세였으며, 여성 47%와 남성 53%의 성비, 인종의 경우 백인 73%와 흑인 18%, 히스패닉 4%, 동양인 4%의 비율이었다.

앤더슨과 크레바움(1998)은 〈표 17-1〉에 보이는 것과 같이 PMTQ와 MCMI-III 하위 척도들을 비교하기 위해 피어슨 적률상관계수를 사용하였다.

〈표 17-1〉 PMTQ와 MCMI의 피어슨 상관계수(R)

밀론 임상다축검사 (MCMI-III) 척도	정신과 음악치료 질문지(PMTQ) 척도				
	대인관계	정서	인지	행동	약물
조현성 (Schizoid)	–	–	–	–	–
회피형 (Avoidant)	.33	–	–	.37	–
우울형 (Depressive)	–	.56	.53	–	–
의존형 (Dependent)	–	–	–	–	–
연기형 (Histrionic)	–	–	–	–	–

밀론 임상다축검사 (MCMI-III) 척도	정신과 음악치료 질문지(PMTQ) 척도				
	대인관계	정서	인지	행동	약물
자기애형 (Narcissistic)	–	–	–	–	–
반사회형 (Antisocial)	.36	–	–	–	–
공격형/가학형 (Aggressive/Sadistic)	–	.56	–	.74	–
수동 공격형 (Passive–Aggressive)	–	–	–	.56	–
자기패배형 (Self–defeating)	–	–	.39	.42	–
분열형 (Schizotypal)	–	–	–	–	–
경계선성격유형 (Borderline)	–	–	–	–	–
편집증형 (Paranoid)	–	–	–	–	–
불안장애 (Anxiety D/O)	–	.62	–	–	–
신체화 장애 (Somatoform D/O)	–	–	–	–	–
양극성: 조증 Bipolar: Manic	–	.40	–	.46	–
기분저하 (Dysthymic)	–	–	.31	–	–
알코올의존 (Alcohol dependent)	–	–	–	–	.64
약물의존 (Drug dependent)	–	–	–	–	.76
외상 후 스트레스 (Post–traumatic stress)	–	.64	–	–	–
사고장애 (Thought disorder)	–	–	.53	–	–

밀론 임상다축검사 (MCMI-III) 척도	정신과 음악치료 질문지(PMTQ) 척도				
	대인관계	정서	인지	행동	약물
주요우울 (Major depression)	–	.49	.42	–	–
망상장애 (Delusional disorder)	–	–	–	–	–

〈표 17-2〉는 PMTQ와 BDI의 피어슨 상관계수들이다.

〈표 17-2〉 PMTQ와 BDI의 피어슨 상관계수(R)

벡 우울 척도 (BDI)	정신과 음악치료 질문지(PMTQ) 척도				
	대인관계	정서	인지	행동	약물
총점	.59	.59	.70	.41	.40

〈표 17-3〉은 PMTQ와 SCL-90-R의 피어슨 상관계수들이다.

〈표 17-3〉 PMTQ와 SCL-90-R의 피어슨 상관계수(R)

간이 정신진단 검사 (SCL-90-R) 척도	정신과 음악치료 질문지(PMTQ) 척도				
	대인관계	정서	인지	행동	약물
신체화 (Somatization)	–	.65	–	.51	–
강박증 (Obsessive/Compulsive)	–	.56	–	.37	–
대인 예민성 (Interpersonal Sensitivity)	–	.53	.52	.38	–
우울 (Depression)	–	.60	.46	–	.35
불안 (Anxiety)	–	.60	.38	.40	.30
공포불안 (Phobic Anxiety)	–	.51	.42	.49	–

간이 정신진단 검사 (SCL-90-R) 척도	정신과 음악치료 질문지(PMTQ) 척도				
	대인관계	정서	인지	행동	약물
편집증 (Paranoid Ideation)	–	.61	–	.52	–
공격성 (Hostility)	.30	.56	.40	.55	–
정신증 경향 (Psychoticism)	–	.64	–	.50	–
전체 심도 지수 (Global Severity Index)	–	.63	.45	.43	–
표출증상 심도 지수 (Positive Symptom Distress Index)	–	.61	.50	.44	–
관련 증상 총수 (Positive Symptom Total)	–	.51	–	–	–

주: 상관계수 .30 이하는 표에서 생략되었음. 표의 자료들은 Anderseon & Krebaum(1998)의 An Analysis of the Psychiatric Music Therapy Questionnaire(PMTQ) and Standard Personality Questionnaires에서 발췌함. 오하이오주 클리브랜드에서 개최된 미국음악치료협회(AMTA)의 1차 학술대회에서 발표된 보고서를 연구자 동의하에 재인쇄함

이 표의 내용을 기반으로 앤더슨과 크레바움(1998)은 PMTQ에 관한 다음의 다섯 가지 결론을 보고하였다.

- PMTQ는 증상 및 내재된 성격 구인을 진단평가하는 다른 심리측정도구들과 상관이 높은 것으로 나타난다.
- 유사한 구인과의 상관계수는 높고, 상이한 구인과의 상관계수는 낮았으며, 측정의 공인타당도와 구성타당도가 검증되었다.
- 신뢰도와 타당도가 추가적으로 확보된다면 PMTQ는 효과적인 음악치료 진단평가도구가 될 것으로 보인다. 추가 연구는 심리측정 내용을 충분히 평가하도록 해야 한다.
- PMTQ의 강점은, ① 치료계획을 위한 유용한 임상정보를 제공하고, ② 시행하기가 쉽고 임상현장에서 수용될 만하며, ③ 치료 비용 관련 결정을 위한 제3자 지급처의 까다로운 심사에 적합할 수도 있다.
- PMTQ는 정신과 상황에서의 음악치료 진단평가에 적합한 것으로 추천된다. 또한 치료과정에서의 진보를 평가하는 데 활용할 수 있는 유용한 데이터를 제공한다.

10. 훈련

앞서 앤더슨과 크레바움(1998)을 인용한 것처럼, 검사를 시행하기 쉽다는 것이 PMTQ의 특징이다. 추가적으로 수십 년간 학생과 동료에게 받은 코멘트를 고려할 때, 매뉴얼을 따라서 시행하는 것도 어렵지 않다. 그러나 훈련 세미나를 무시할 수는 없다. 초기에 저자가 음악치료 학술대회에서 진행했던 MPMT 워크샵들은 참가자들의 매우 높은 평가를 받았고 가치가 있었다. PMTQ의 타당도를 지지하는 후속 연구를 고려하면 이러한 워크숍은 앞으로도 계속되어야 할 것이다(Anderson & Krebaum, 1998).

앞서 언급하였듯이, 직업적 정체성 증진을 위해 대학은 정신과 음악치료사의 진단평가 임상을 대표하는 평가도구에 관한 교육을 제공해야 한다. 일반적인 정신과 대상군 또는 가정폭력이나 약물남용과 같은 특정 임상군과 일하는 음악치료사에 관한 것일 수 있다.

11. 향후 계획과 논의

총괄기능 평가(GAF)는 DSM-5(American Psychiatric Association, 2013)에는 기재되지 않았고, 세계보건기구 장애진단목록(World Health Organization Disability Assessment Schedule, Version 2.0: WHODAS 2.0)으로 대체되었다(Waldon, 2014). GAF는 DSM-III에서 DSM-IV-TR까지만 기재되었다. GAF를 제외한 것에 이의가 없었던 것은 아니다. 모리슨(Morrison, 2014)은 GAF와 WHODAS의 초점 및 강점과 취약점을 고찰하면서 후자인 WHODAS가 신체적 능력을 과하게 강조한다고 결론지었다. "정신건강 임상가들이 관심을 가지는 특성을 반영하는 데 있어서 빈약하다. 최고로 심각한 상태의 정신과 환자 중 몇몇은 WHODAS 2.0에서 단지 보통 수준의 점수를 받을 것이다."(Morrison, 2014, p. 7) 계속해서 모리슨은 "GAF를 쓰라. 안 될 것 없다. 나는 치료과정에서 환자의 진보를 추적하는 데 가끔 유용하다고 본다."(p. 8)라고 추천했다. GAF는 모리슨의 책 부록에서 찾을 수 있다. 미래의 연구자가 향후 진단평가 연구에서 환자의 기능 수준에 대한 도구를 찾는다면 나는 GAF에 대한 모리슨의 평을 읽어보기를 권한다.

대표적인 심리검사들과의 공인타당도와 구성타당도를 검증한 이러한 연구는 PMTQ에 규준 및 표준화 구성요소들을 추가하는 것도 가능하게 한다. 일단 규준들이 추가되면 PMTQ는 개인 간 비교를 위해서도 개인 내적 비교를 위해서도 사용될 수 있다. 그러나 심리측정학적 관점에서 볼 때 준거참조 검사와 규준참조 표준화 검사는 서로 다른 이론적 지향 때문에 분리되어야 하고, 다른 유형의 타당도를 조사하는 것이 필요할 것이다.

폭력피해 여성(Curtis, 2013)이나 외상경험 남성(Hatcher, 2013)과 같이 표준화 진단평가도구가 없는 영역에 진단평가 방법을 제공할 수 있도록 PMTQ와 매뉴얼의 효과에 관한 반복연구가 이루어지기를 제안한다. 다른 전문 영역에서는 진단평가도구들의 효과에 관해 델파이 기법(Cassity, 2007)을 사용해 왔다. 처음에 PMTQ를 개발할 때 사용했던 설문 방법과 비교할 때 음악치료 진단평가를 구성하는 과정을 짧고 간략하게 하는 효과가 있을 수 있다.

앞의 표에 나타난 타당도 계수는 가장 효과적인 음악치료 영역을 제시한다는 점에서 향후 연구와 임상을 위해 생산적인 분야를 의미할 수 있다. PMTQ가 음악으로 가장 잘 중재할 수 있는 문제들을 검사하기 때문에 가장 높은 타당도 계수로 나타난 영역들이 가장 효과적인 음악치료 중재가 가능한 영역을 의미한다. 예를 들어, BDI와 PMTQ 간의 타당도 계수 .70은 기분장애 영역에서 음악의 효과를 지지할 수 있다. 다른 예시로, 약물의존(.76, MCMI-III), 공격형/가학형 클라이언트(.74, MCMI-III), 외상 후 스트레스(.64, MCMI-III), 정신증 경향(.64, SCL-90-R), 불안(.62, MCMI-III)이 있다. 따라서 향후 연구자들은 높은 타당도 계수로 나타난 영역들을 연구함으로써 이러한 영역들에서 음악치료의 잠재된 효과를 평가하고 음악치료의 미래 임상 영역을 발전시키기를 바란다.

음악치료사가 특정 질병이나 문제를 다른 질병이나 문제보다 훨씬 더 많이 중재해 왔고, 특정 중재 방법을 다른 중재보다 더 많이 사용하는 것으로 알려져 있더라도(Cassity & Cassity, 1994a) 이렇게 빈번하게 사용되는 중재가 실제로 각 문제를 다루는 데 가장 효과적인지를 조사하는 것은 향후 연구자들의 과제로 여전히 남아 있다. 예를 들어, 스펜서(Spencer, 1988)는 동작 활동이 지적장애 클라이언트의 지시 수행능력 향상에 좀 더 효과적이라고 보고하였다. 그러나 캐시티(1985)의 초기 설문에 따르면 음악치료사가 실제 임상에서 지시 수행 향상을 위해 동작 활동보다는 기악 활동을 더 많이 사용하는 것으로 밝혀졌다. 따라서 가장 효과적인 중재를 파악하는 후속 연구는 자료기반 임상이 강조되는 지금 상황에서 특히 중요하다. 나의 델파이 기법의 연구에서는 보건 체계가 요구되는 자료기반 음악치료가 28가지의 미래 시나리오 중 세 번째로 가능성 있는 시나리오인 것으로 나타났다(2007).

PMTQ는 결국 수정될 필요가 있다. PMTQ의 수정 여부에 관한 결정은 정신건강 분야의 최신 동향에 기초하지 말아야 한다. 마찬가지로, 음악치료에서 유행하거나 미래 지향적인 진단평가와 중재가 PMTQ의 수정을 좌지우지해서도 안 된다. PMTQ의 수정 여부에 관한 단 한 가지의 기준은 PMTQ의 문항과 매뉴얼의 내용이 정신과 음악치료 진단평가 임상군에 관한 현재의 공통 지식 정보를 대표하는지이다(Cassity & Cassity, 1994a). 이전의 설문조사를 반복하지 말고 정신과 음악치료 인턴십 담당자들의 진단평가 임상 샘플을 수집하는 것이 수정 여부 결정에 필요한 정보를 제공할 수도 있다.

PMTQ를 국제적으로 사용하는 데 제한점이 있는지 파악해야 한다. PMTQ를 만들 때 미국의 정신과 임상훈련감독들을 대상으로 설문자료를 수집했기 때문에 PMTQ를 다른 임상군이나 국가 또는 문화에 적용할 때는 주의를 해야 한다. 임상가는 MPMT에 있는 모든 임상적 문제와 중재가 미국 밖의 모든 문화권에 적합하지는 않을 수 있다는 것을 인식해야 한다. 다른 문화 간의 PMTQ의 사용에 관한 연구는 미래 연구자들을 위한 과제로 남아있다.

참고문헌

Adleman, E. J. (1985). Multimodal therapy and music therapy: Assessing and treating the whole person. *Music Therapy, 5,* 12-21.

American Music Therapy Association. (2017). *Standards of Clinical Practice.* Available at www.musictherapy.org/about/standards.

American Psychiatric Association. (1987). *Diagnostic and Statistical Manual of Mental Disorders-Revised (DSM-III-R).* Washington, DC: American Psychiatric Association.

American Psychiatric Association. (2013). *Diagnostic and Statistical Manual of Mental Disorders* (5th edition). Arlington, VA: American Psychiatric Association.

Anderson, C. L., & Krebaum, S. R. (1998). *An Analysis of the Psychiatric Music Therapy Questionnaire (PMTQ) and Standard Personality Questionnaires.* Paper presented at the first annual conference of the American Music Therapy Association (AMTA), Cleveland, OH.

Beck, A.T., Ward, C. H., Mendelson, M., Mock, J., & Erbaugh, J. (1961). An inventory for measuring depression. *Archives of General Psychiatry, 4,* 561-571.

Blodgett, G., & Davis, D. (1994). *Reliability of the Psychiatric Music Therapy Questionnaire for Adults: A Pilot Study.* Paper presented at the National Association for Music Therapy Conference, Orlando, FL.

Braswell, C., Brooks, D., Decuir, A., Humphrey, T., Jacobs, K., & Sutton, K. (1986). Development and implementation of a music/activity therapy intake assessment for psychiatric patients. Part II: Standardization procedures on data from psychiatric patients. *Journal of Music Therapy, 23*(3), 126-141.

Carroccio, D. F., & Quattlebaum, L. F. (1969). An elementary technique for manipulation of participation in ward dances at a neuropsychiatric hospital. *Journal of Music Therapy, 6,* 108-109.

Cassity, M. D. (1976). The influence of a music therapy activity upon peer acceptance, group cohesiveness, and interpersonal relationships of adult psychiatric patients. *Journal of Music Therapy, 13,* 66-76.

Cassity, M. D. (1985). *Techniques and procedures and practices employed in the assessment of adaptive and music behaviors of trainable mentally retarded children.* Ann Arbor, MI: University Microfilms International.

Cassity, M. D. (2007). Psychiatric music therapy in 2016: A Delphi poll of the future. *Music*

Therapy Perspectives, 25, 2, 86-93.

Cassity, M. D. (2016). The Delphi Technique. In B. L. Wheeler & K. Murphy (Eds.), *Music Therapy Research* (3rd edition). Dallas, TX: Barcelona Publishers.

Cassity, M. D., & Cassity, J. E. (1994a). Psychiatric music therapy assessment and treatment in clinical training facilities. *Journal of Music Therapy, 31*(1), 2-30.

Cassity, M. D., & Cassity, J. E. (1994b). *Multimodal Psychiatric Music Therapy: A Clinical Manual* (2nd edition).Weatherford, OK: C & C Publications.

Cassity, M. D., & Cassity, J. E. (2006). *Multimodal Psychiatric Music Therapy: A Clinical Manual* (3rd edition) .London: Jessica Kingsley Publishers.

Cassity, M. D., & Theobold, K. A. (1990). Domestic violence: Assessments and treatments employed by music therapists. *Journal of Music Therapy, 27*(4), 179-194.

Cassity, M. D., & Theobold, K. A. (1988). *Domestic Violence: Assessments Employed by Music Therapists with Battered Women, Battering Men and the Children of Battered Women*. Paper presented at the annual conference of the NAMT, Atlanta, GA.

Cohen, G., & Gericke, O. L. (1972). Music therapy assessment: Prime requisite for derermining patient objectives. *Journal of Music Therapy, 9*, 161-189.

Coleman, K. A., & Brunk, B. K. (2003). *SEMTAP: Special Education Music Therapy AseEement Process Handbook* (2nd edition). Grapevine, TX: Prelude Music Therapy.

Corey. G. (2005). *Theory and Practice of Counseling and Psychotherapy* (7th edition). Belmont. CA: Brooks/Cole-Thomson Learning.

Crow, B. (2007). *Music Therapy for Children, Adolescents, and Adults with Mental Disorders*. Silver Spring, MD: American Music Therapy Association.

Cruz. R. F., & Feder, B. (2013a). Clinical Assessment. In R. F. Cruz & B. Feder (Eds.), *Feders' The Art and Science of Evaluation in the Arts Therapies* (2nd edition). Springfield, IL: Charles C. Thomas.

Cruz, R. F., & Feder, B. (2013b). Behavioral Assessment. In R. F. Cruz & B. Feder (Eds.), *Feders' The Art and Science of Evaluation in the Arts Therapies* (2nd edition). Springfield, IL: Charles C. Thomas.

Cruz, R. F., & Feder, B. (2013c). Objective Tests. In R. F. Cruz & B. Feder (Eds.), *Feders' The Art and Science of Evaluation in the Arts Therapies* (2nd edition). Springfield, IL: Charles C. Thomas.

Curtis, S. L. (2013). Women Survivors of Abuse and Developmental Trauma. In L. Eyre (Ed.), *Guidelines for Music Therapy Practice in Mental Health.* Gilsum, NH: Barcelona Publishers.

Derogatis, L. R., Lipman, R. S., & Covi, L. (1973). The SCL-90: An outpatient psychiatric rating scale. *Psychopharmacology Bulletin, 9,* 13-28.

Doak, B. (2013) Children and Adolescents with Emotional and Behavioral Disorders in an Inpatient Psychiatric Setting. In L. Eyre (Ed.), *Guidelines for Music Therapy Practice in Mental Health.* Gilsum, NH: Barcelona Publishers.

Eyre, L. (2013a). Introduction. In L. Evre (Ed.), *Guidelines for Music Therapy Practice in Mental Health.* Gilsum, NH: Barcelona Publishers.

Eyre, L. (Ed.) (2013b). *Guidelines for Music Therapy Practice in Mental Health.* Gilsum, NH: Barcelona Publishers.

Ficken, T. (1976). The use of songwriting in a psychiatric setting. *Journal of Music Therapy, 13,* 43-51.

Freed, B. S. (1987). Songwriting with the chemically dependent. *Music Therapy Perspectives, 4,* 13-18.

Goldberg, F. S. (1994). Guest editorial. *Music Therapy Perspectives (Special Edition on Psychiatric Music Therapy), 12*(2), 67-69.

Gronlund, N. E. (1973). *Preparing Criterion-Referenced Tests for Classroom Instruction*. New York, NY: The Macmillan Company.

Groth-Marnat, G. (1990). *Handbook of Psychological Assessment.* New York, NY: John Wiley & Sons.

Hatcher, J. H. (2013). Adult Male Survivors of Abuse and Developmental Trauma. In L. Eyre (Ed.), *Guidelines for Music Therapy Practice in Mental Health*. Gilsum, NH: Barcelona Publishers.

Heaney, C. J. (1992) Evaluation of music therapy and other treatment modalities by adult psychiatric inpatients. *Journal of Music Therapy, 29,* 70-86.

Jones, J. D., & Brown, L. S. (2016). AB, ABA, ABAB, and Other Withdrawal Designs. In B. L. Wheeler & K. Murphy (Eds.), *Music Therapy Research* (3rd edition). Dallas TX: Barcelona Publishers.

Kaser, V. (2013). Adult Males in Forensic Settings. In L. Eyre (Ed.), *Guidelines for Music Therapy Practice in Mental Health.* Gilsum, NH: Barcelona Publishers.

Kerlinger, F. N., & Lee, H. B. (2000). *Foundations of Behavioral Research* (4th edition). Fort Worth, TX: Harcourt Inc.

Krout, R. (1996). Book reviews. *Music Therapy Perspectives, 14*(2), 100.

Lazarus, A. A. (1976). *Multimodal Behavior Therapy.* New York, NY: Springer.

Lazarus, A. A. (1989). The Practice of Multimodal Therapy. Baltimore, MD: The Johns Hopkins University Press.

McFerran, K. S. (2013). Adolescents with Substance Use Disorders. In L. Eyre (Ed.), *Guidelines for Music Therapy Practice in Mental Health.* Gilsum, NH: Barcelona Publishers.

Michel, D. E., & Rohrbacher, M. (Eds.) (1982). *The Music Therapy Assessment Profile for Severely/Profoundly Handicapped Persons. Research Draft III (0-27 Months Level).* Denton, TX: Texas Woman's University.

Migliore, J. J. (1991). The Hamilton Rating Scale for Depression and Rhythmic Competency: A correlational study. *Journal of Music Therapy, 28,* 211-221.

Millon, T., Millon, C., & Davis, R. (1994). *Millon Clinical Multiaxial Inventory-III (MCMI-III).* Minneapolis, MN: NCS.

Morrison, J. R. (2014). *DSM-5 Made Easy: The Clinician's Guide to Diagnosis.* New York, NY: Guilford Press.

Murphy, K. M. (2013). Adults with Substance Use Disorders. In L. Eyre (Ed.), *Guidelines for Music Therapy Practice in Mental Health.* Gilsum, NH: Barcelona Publishers.

Murray, A. (1994). *Reliability of the Psychiatric Music Therapy Questionnaire witn Psychiatric Patients: A Pilot Study.* Paper presented at the National Association tor Music Therapy Conference, Orlando, FL.

National Association for Music Therapy, Inc. (1989). *Sample Job Descriptions.* Silver Sprig MD: National Association for Music Therapy.

National Association for Music Therapy(1993). *Standards of Clinical Practice.* Siver Spring, MD: National Association for Music Therapy.

Noland, P. (1983). Insight therapy: Guided imagery and music in a forensic psychiatric setting. *Music Therapy, 3*(1), 43-51.

Popham, W. J. (1978). *Criterion-Referenced Measurement.* Englewood Cliffs, NJ: Prentice-Hall, Inc.

Popham, W. J., & Husek, T. R. (1969). Implication of criterion-referenced measures. *Journal of Educational Measurement, 6,* 1-9.

Rubin, B. (1976). Handbells in therapy. *Journal of Music Therapy, 13,* 49-53.

Schoenfeldt, L. F., Schoenfeldt, B. B., Acker, S. R., & Perlson, M. R. (1976). Content validity revisited: The development of a content-oriented test of industrial reading. *Journal of Applied Psychology, 61,* 581-588.

Silverman, M. (2007). Evaluating current trends in psychiatric music therapy: A descriptive analysis. *Journal of Music Therapy, 44*(4), 388-414.

Spencer, S. L. (1988). A comparison of the efficiency of instrumental and movement activities for developing the ability of mentally retarded adolescents to follow directions. *Journal of Music Therapy, 25,* 44-50.

Swezey, R. W. (1981). *Individual Performance Assessment: An Approach to Criterion-Referenced Test Development.* Reston, VA: Reston Publishing Company, Inc.

Thaut, M. H. (1989). The influence of music therapy interventions on self-rated changes in relaxation, affect, and thought in psychiatric prisoner-patients. *Journal of Music Therapy, 26,* 155-166.

Tyson, F. (1982). Individual singing instruction: An evolutionary framework for psychiatric music therapists. *Music Therapy Perspectives, 1*(1), 5-15.

VandenBos, G. R. (Ed.) (2007). *APA Dictionary of Psychology.* Washington, DC: American Psychological Association.

Waldon, E. G. (2014). DSM-5: Changes and controversies. *Music Therapy Perspectives, 32*(1), 78-83.

Waldon, E. G. (2016). Overview of Measurement Issues in Objectivist Research. In B. L. Wheeler & K. Murphy (Eds.), *Music Therapy Research* (3rd edition). Dallas, TX: Barcelona Publishers.

Wells, N. F. (1988). An individual music therapy assessment procedure for emotionally disturbed adolescents. *The Arts in Psychotherapy, 15,* 47-54.

Wheeler, B. (2013). Music Therapy Assessment. In R. F. Cruz & B. Feder (Eds.), *Feders' The Art and Science of Evaluation in the Arts Therapies* (2nd edition). Springfield, IL: Charles C. Thomas.

Wood, M. M., Graham, R. M., Swan, W. W., Purvis, J., et al. (1974). *Developmental Music Therapy.* Silver Spring, MD: National Association for Music Therapy.

제 18 장

음악내적 관계 척도

Karina Daniela Ferrari

1. 환경과 동기

음악치료의 과정을 관찰하기 위해서는 특수교육 분야와는 다른 진단평가가 요구되는데, 대부분의 음악치료 진단평가는 '음악적 놀이'에서 클라이언트가 음악치료사와 발전시켜 가는 관계에 관심을 가진다(Carpente, 2016). 그러나 음악성 발달과 함께 클라이언트가 형성해 온 음악내적 관계에 적합한 진단평가가 먼저 이루어져야 하고 이것을 위한 분석 방법의 개발이 필요하다. 이러한 음악내적 관계는 이후 음악 간 관계를 위해 중요하다. 나는 사회교류, 언어적 · 비언어적 의사소통, 고립 등의 어려움이 있는 사람들과 임상을 하고 있는데, 클라이언트가 처음에 어떻게 음악과 유대를 시작하는지(향후 음악치료사와의 의사소통 경험을 위한 기초가 되는 관계)를 지켜보는 것은 매우 흥미롭다. 음악치료사는 음악내적 구성요소들을 진단평가할 수 있으며, 이것이 이 장에서 소개할 음악내적 관계 척도(Intramusical Relationship Scale: IRS)의 주요 목적이다.

2. 이론적 배경

음악치료 진단평가 문헌고찰을 위해 음악내적 분석에 기초한 관계평가 척도에 관한 연구들을 조사하였다(Bruscia, 1987, 1997; Pavlicevic, 1995; Wigram, 1999a, 1999b, 2000; Wigram, Bonde, & Nygaard-Pedersen, 2002; Wosch & Wigram, 2007 등). 이러한 검사들은 음악적 놀이에서 타인과 유대를 형성하는 음악경험을 통해 나타나는 클라이언트의 태도를 관찰하기 위한 것이다.

음악내적 관계에 기초한 검사는 클라이언트가 음악적 놀이에 참여할 수 있는 최소한의 능력을 가지고 있을 때 사용할 수 있다. 그러나 자폐와 중복장애의 경우처럼 명확한 상호작용의 가능성이 보이지 않고 치료사의 존재를 인식하는 것조차 어려운 사례들이 있다(Ferrari, 2013). 만나고 소통하고 교류하는 데 심각한 어려움이 있는 아동의 경우 첫 번째 회기에서 아무 일도 일어나지 않은 것처럼 보일 수 있지만 보통은 아동이 음악치료 환경에 적응하는 과정에 있는 것이다. 음악치료사는 클라이언트의 음악내적 특이성에 주시하면서 클라이언트와 의미 있는 유대관계를 형성하기 시작한다.

이러한 관점에서 나는 클라이언트가 어떻게 음악과의 경계를 만드는지를 먼저 관찰하고 이러한 경계들을 탐색하고 평가하며 음악 간 관계를 발전시키도록 환경을 조성한다. 나는 역동적 음악치료 모델(Dynamic Music Therapy Model: MTD)(Ferrari, 2013) 이론을 토대로 모든 사람이 자기 자신과 자신을 둘러싼 환경에 대한 삶의 경험에서 독특한 음악적 정체성을 이룬다고 생각한다. 이렇게 자기 정체성의 일부로 내재하는 특성을 '음악적 특이성'(Ferrari, 2013)라고 하는데, 이것은 트레바튼과 말로크(Trevarthen & Malloch, 2009)가 설명한 소통적 음악성(communicative musicality)의 개념과 같은 선상이 있다. 나는 임상경험을 통해 많은 장애인이 소통적 능력을 갖고 태어났음에도 불구하고 그러한 능력이 음악과의 관계에서는 잘 발전되지 않는 것을 알게 되었다(Ferrari, 2013). 음악치료의 치료 목적을 성취하기 위해서는 개인의 음악적 특이성을 파악하는 것이 필요하다. 그것은 음악적 특이성과 같은 음악적 차원의 정보가 클라이언트의 비음악적 요구와 필요를 위해 음악을 활용하는 데 도움이 되기 때문이다. 음악치료사의 임상적 노력을 기반으로 클라이언트는 음악내적 관계에서의 '표현상의 음악적 특이성'에서 시작하여 마침내 음악 간의 '의사소통상의 음악적 특이성'에 도달할 수 있다.

3. 음악내적 관계 척도

음악치료사 메르세데스 파빌리체빅(Pavlicevic, 1995)이 개발한 음악 상호작용 평점 척도 평가(Music Interaction Rating Scale: MIR)에서 영감을 받아 클라이언트와 클라이언트 자신의 음악성과의 관계를 평가하는 9점 리커트 척도를 만들었다. 척도의 주요 목적은 음악내적 맥락에서 '음악적 특이성'을 형성해 가는 클라이언트의 태도를 관찰 분석하기 위한 것이다. 음악내적 관계 척도(IRS)는 대인관계상의 어려움이 있는 클라이언트에게 사용된다. 중재 과정으로서 음악치료사는 클라이언트의 필요에 따라 음악적으로 동행하고 악기들을 제시하여 클라이언트의 표현상의 음악적 특이성이 나타나도록 돕는다. 표현상의 음악적 특이성은 나중에 의사소통적 특이성으로 발전될 것이다.

IRS에서는 악기가 클라이언트와 치료사의 교류를 위한 도구로 사용되는데 '인식 없음'부터 '모두 인식'에 이르는 9단계로 이루어져 있다. 1~4단계는 전-음악적(pre-musical) 단계에서 나타나는 클라이언트의 음악내적 관계를 진단평가하고, 5~9단계는 음악적 형식으로 나타나고 음악 간에 소통의도가 있는 관계를 진단평가한다.

이러한 척도는 특히 클라이언트의 변화가 미세하고 쉽게 눈에 띄지 않을 때 대단히 유용할 수 있다. 이러한 변화를 포착함으로써 표현적인 음악적 특이성의 주요 측면을 알 수 있다. 클라이언트가 자신의 환경과 교류하면서 음악적 측면을 인식해 갈지라도 치료사는 그 과정에서 음악 경험 및 상황들을 독려하면서 적극적인 역할을 한다.

1) 기술

진단평가 척도의 차원은 전-음악적 단계부터 음악 간 의도가 있는 음악적 단계까지의 범위에 이르며, 전-음악적 단계부터 순차적으로 발달한다.

(1) 전-음악적 차원

이 차원은 악기와의 첫 만남을 말하는데, 단순히 감각지각적 의도로 인식하고 탐색하며 조자하는 것을 말한다.

(2) 음악적 차원

지각적 수준에서 악기와의 만남이 이루어지며 음악적 시행 의도를 갖고 연주를 하기 위해 악기와 교류하기 시작한다. 처음에는 악기를 잡고 소리 내는 방법을 찾으려 하고, 시간적으로 조직된 소리를 만들도록 다양한 소리를 시험하는 등 조금 더 원초적인 방식의 교류가 일어난다. 음악적 차원에서의 관계 성립이 가능하려면 연주하는 사람이 악기처럼 주어진 대상들과 자기 자신을 구별하는 개념 인식이 반드시 있어야 한다.

(3) 음악 간 의도가 있는 음악적 차원

대상을 파악하고 악기로 인식하면 연주하는 사람이 다른 사람과의 교류를 위해 소리를 만들어 내는 진화된 차원이 나타난다. 이러한 차원은 '의도적인' 측면을 의미하고 자기 자신뿐 아니라 타인에 대한 인식, 함께 수행하기 위해 늘어난 지속력, 연주하고 있는 상대방에 대한 탐색을 포함한다.

2) 문항 범주의 채점

점수의 범위는 인식이 없는 수준부터 소통 목적의 모든 악기 인식까지 1~9점으로 순차적이다. IRS 9단계의 각 지표와 클라이언트 관련 태도에 대해 자세히 살펴보면 다음과 같다.

① 인식 없음(no register): 음악치료사가 악기를 제공하고 교류하도록 유도하지만 클라이언트는 악기를 인식하지 않는다.

② 인식함(register): 클라이언트는 악기가 있다는 것 인식하지만 관여하지 않는다. 악기의 특성이나 기능을 알아차리지 못한 채 다른 사물처럼 만지거나 내버려 둔다.

③ 만짐(handling): 클라이언트가 악기의 형태, 색깔, 크기 등을 인식하고 악기로 교류하지만 구체적 의도는 없다. 악기를 자동차, 비행기 또는 기차처럼 사용하여 음악외적 놀이를 하되 악기 고유의 소리를 알아채지 못한다.

④ 탐색(exploration): 클라이언트는 악기와의 접촉을 일부 시작하는데, 악기에서 소리가 나는 것을 알아채지만 탐색적인 의도만 있으며 실제로 가지고 조작하지는 못한다. 대상의 소리를 인식하기 시작하며 소리가 날 때 미소를 짓거나 악기를 두드리고 흔들면서 고유한 소리를 알아차린다. 그러나 적합한 사용 방법이 아니며 짧은 시간 동안에만 이루어진다.

⑤ 지속적으로 한 악기 사용(persistence in using one instrument): 클라이언트는 한 가지 악기를 한 차례 이상 사용하거나 여러 회기에서 계속 선택하는 등 적합하게 다룬다. 같은

악기를 고정된 방식으로 다루면서 전형적 행동패턴을 형성하고 악기와 어느 정도의 관계를 형성한다. 이 단계에서 음악치료사가 새로운 악기를 제시할 때 클라이언트는 제안을 잘 수용하지 않는다. 음악치료사가 클라이언트와 함께 연주해야 하지만, 이러한 중재는 클라이언트의 자신의 음악성을 전적으로 활용하도록 돕기 위한 것이다. 이 척도는 클라이언트가 자신의 음악성을 발견하며 점차 발전해 갈 수 있는지를 관찰하기 위한 것이다. 즉, 그 대상이 소리를 발생시킨다는 것과 자신이 그 대상과의 교류를 통해서 소리를 만듦을 알아차리는 것이다.

⑥ **악기를 사용한 활동 수행**(performance of some activity from them): 클라이언트는 표현적 의도를 갖고 다른 악기들을 사용하기 시작한다. 이는 이전 단계와 달리 악기를 더 다양하게 사용하고 한 가지 이상의 사용 방법으로 변화해 가는 것을 의미한다. 이 단계에서는 악기들의 유사성과 차이점을 알고 제시된 악기들을 더 잘 인식하며 악기 선택에 있어서 훨씬 더 유연하다. 이 단계의 또 다른 특징은 음악적 게임으로 사용한다는 것이다. 클라이언트가 연주 목적을 추구하지 않더라도 몇 가지 재미있는 행동을 위해 악기를 사용한다. 클라이언트는 그것들을 악기로서 인식하고 음악치료사의 제안에 따라 사용할 수 있다. 악기는 활동을 위해 소리를 내는 대상으로 발전하지만 활동 외에는 다른 의미가 없다. 이 단계에서는 악기를 소리 내는 도구로 사용하나 부수적인 음악적 게임에 동반할 뿐이다. 의사소통 의도보다는 표현적 의도가 앞서며, 마치 아기의 첫 옹알이처럼 듣는 사람에게 어떤 영향을 미친다는 것을 알아차리기 이전 단계이다. 표현하는 것의 최대 목적은 그 자체에 있고 다분히 즉흥적인 행동이다(Ferrari, 2013).

⑦ **간단한 음악적 사용**(brief musical use): 클라이언트는 짧은 시간 동안 악기와 교류하기 시작하고 때로는 의도적으로 음악을 사용한다. 이 단계에서 클라이언트는 음악 외의 활동에 악기를 쓰는 것이 아니라 악기와 관계를 맺으려고 한다. 클라이언트는 즉흥적으로 연주하기 위해서, 또는 음악치료사가 제안할 때 악기를 가리키고 이름 부르며 요구한다. 그러나 악기와 형성된 관계는 일시적이며, 클라이언트는 긴 시간 동안 집중을 유지하기가 어렵다.

⑧ **의도된 지속적인 음악적 사용**(intensional prolong musical use): 클라이언트는 더 장시간 동안 의도를 갖고 연주를 하기 위해 악기를 쥐고 교류하기 시작한다. 음악적 형식을 띄고 소리를 반복하고 한 차례가 아닌 여러 번에 걸쳐 연주하기 시작하면서 자신의 표현적

인 음악적 특이성을 나타내는 것이다. 늘어난 악기 사용 시간에도 불구하고 이 단계의 클라이언트는 악기를 연주하려는 음악치료사의 손을 치우거나 치료사의 악기를 아예 뺏는 등 다른 사람이 자신의 음악적 놀이에 참여하는 것을 견디지 못한다. 다른 악기를 동시에 연주하도록 허용할 수도 있지만 클라이언트는 다른 악기 소리를 지각하지 못한 채 자신의 연주에만 집중할 수도 있고 결국 주의집중 부족으로 많은 어려움이 나타난다.

⑨ **음악 간 의도가 있는 음악적 사용**(musical use with an intermusical intention): 클라이언트는 악기를 사용할 뿐 아니라 악기를 통해 다른 사람과 교류한다. 클라이언트는 악기를 공유하고 소리를 제안하거나 받아들이는 등 협력적인 음악성을 인식하기 시작하고 음악 간 교류를 위한 준비가 된다.

3) 문서화와 보고

(1) 음악치료사의 역할

이 척도는 표현적인 음악적 특이성 발달과 의사소통적 형태로의 변화를 향한 클라이언트의 발달을 평가하기 위한 것이지만, 음악치료사는 다양한 방식의 중재로 클라이언트의 발달 과정을 도울 수 있다. 예를 들면 다음과 같다.

- 클라이언트의 음악적 이야기를 이해하는 것
- 각 클라이언트의 생활연령, 사회문화적 특성, 능력에 맞는 악기를 제공하는 것
- 클라이언트가 운동장애를 갖고 있다면 클라이언트의 운동기능에 부합하는 악기를 맞춤 제공하고 반응을 해석하는 것
- 악기 사용 및 조작 방법을 치료사가 거울처럼 먼저 보여 주는 것
- 클라이언트가 따라할 수 있는 음악적 소리들의 예시를 제공하는 것
- 클라이언트와 악기와의 교류를 돕는 음악적 놀이를 위해 목소리와 노래를 사용하는 것
- 클라이언트를 독려하고 클라이언트 입장에서의 진보와 결과를 축하하는 것
- 클라이언트가 음악내적 아이디어(향후 타인과의 음악교류에 기초가 될 수 있는 음악 안에서의 자아감각)를 발전시키도록 음악적으로 교류하는 것

클라이언트, 그리고 클라이언트의 음악적 놀이와의 관계 분석에 초점을 맞추고 관계 형성

과정을 모니터링한 내용을 바탕으로 모든 중재를 시행해야 함을 이해할 필요가 있다.

(2) 척도의 적용

즉흥연주의 일부, 즉흥연주 전체 또는 전 회기의 즉흥연주에서 특정 측면만을 분석할 때 이 척도를 사용할 수 있다. 미시분석(microanalysis)(Wosch & Wigram, 2007)으로 순간의 변화, 일화 또는 치료적 사건을 관찰하기 위해 사용할 수 있다. 만약 한 가지 일화를 분석하고자 한다면 클라이언트가 같은 회기에서 한 단계 이상 여러 단계를 나타내더라도 가장 두드러지는 단계를 기록하는 것이 바람직하다.

(3) 기록

이 척도를 사용하기 위한 기록 방식은 비디오 녹화를 추천하는데, 음성 녹음만 하는 경우 파악하기 어려운 단계가 많기 때문이다. 비디오 녹화는 작성된 IRS 기록지를 보충하기 위해 필수적으로 사용하도록 한다. 각 치료사는 척도가 포함된 간단한 회기 파일을 만들 수 있다. 간단히 × 표시함으로써 한 회기에서 또는 여러 회기에 걸쳐서 나타나는 클라이언트의 관계 유형을 수직적 형태로 파악하는 것이 가능하다. 이것은 클라이언트를 돌보는 가족과 다른 치료전문가를 위한 정보자료로 쓸 수도 있다. 〈표 18-1〉은 회기 파일의 예시를 보여 준다.

〈표 18-1〉 자폐 클라이언트와의 7회 회기 IRS 사용 예시

	회기 1	회기 2	회기 3	회기 4	회기 5	회기 6	회기 7
9단계							
8단계							
7단계							
6단계							×
5단계					×	×	
4단계				×			
3단계			×				
2단계	×	×					
1단계							

4. 연구와 심리측정

음악치료사 구스타보 가티노(Gustavo Gattino)와 협력하여(Ferrari & Gattino, 2013) IRS의 타당도를 파악하는 첫 번째 연구를 시행하였다. 총 30명의 클라이언트(연령 4~20세)가 두 집단으로 나뉘어 연구에 참여하였다. 집단 1은 자폐와 전반적 발달장애 클라이언트로 이루어졌고, 집단 2는 낮은 지적 능력, 다운증후군(Down syndrome), 웨스트증후군(west syndrome)과 같이 인지문제를 포함하는 병리적 클라이언트였다. 이 연구의 주요 목적은 준거타당도를 검증하는 것으로 집단 1의 클라이언트들이 집단 2의 클라이언트들보다 낮은 점수를 나타낼 것으로 기대되었다.

주 1회 음악치료를 받고 있는 대상들에게 6개월 동안 검사 척도를 사용하였다. 각 음악치료사는 각각의 클라이언트에게 적합한 악기를 사용하여 즉흥연주 중재를 실시하였다. 매 회기가 끝난 후 음악치료사는 9단계의 분석카드를 작성하였다. 추가적으로 사회복지 분야의 경험이 있는 다른 음악치료사들에게 검사 척도를 보내서 IRS의 각 단계가 명확하고 임상적 관련성이 높은지를 파악하도록 하였다.

연구 결과, 사전 가설들이 채택되었다. 만-휘트니(Mann-Whitney) 사후검증에서 집단 1의 점수가 집단 2와 비교할 때 유의미하게 낮았고 $p<.001$ 통계 수준이었다. 안면타당도의 경우에도 특수교육 분야의 전문 음악치료사가 분석한 결과 모든 항목이 명료하고 임상적 관련성이 높은 것으로 나타났다. 후속 연구에서 더 많은 표본을 대상으로 연구할 필요가 있으며, 수렴타당도와 변별타당도 확보를 위해 다른 진단평가와 비교하는 것이 필요하다. 더 나아가, 척도를 다른 국가와 문화로 번역 및 변환해야 하며, 그 경우에도 심리측정학적 특성들이 유의미한 결과를 유지하는지 파악해야 할 것이다.

5. 결론

음악치료에서의 진단평가 수행을 위해 측정도구를 사용하는 것은 음악적 놀이에서 나타나는 변화들을 설명하기 위한 것이다. 따라서 음악치료 과정의 효과를 보여 줄 수 있는 구체적인 기록을 음악치료사가 갖고 있어야 한다. 음악치료 임상에 쉽게 적용할 수 있는 진단평가도구를 사용하는 것 또한 중요하다.

진단평가도구로서의 IRS의 개발은 음악치료 회기에서 일어나는 일들에 대한 이해를 돕고 클라이언트의 음악 내 행동 발달을 설명하는 연속적 분석 방법을 제공하기 위한 것이었다. 음악경험을 활용하는 것부터 먼저 배워야 하는 매우 병리적인 클라이언트와의 임상에서 감지하기 어려운 작은 변화에 대해 기록하는 것은 필수적이다. 이러한 기록 방법은 전-음악적 단계부터 음악적 단계에서까지 모두 적용된다. 이처럼 '작지만 큰 변화'를 분석함으로써 클라이언트의 필요에 맞는 음악 관련 중재전략을 설계하는 것이 가능하다. 또한 이 척도는 언제 클라이언트가 음악 간 경험을 위한 준비가 되는지, 그리고 언제 치료사가 클라이언트를 동반해야 할 것인지를 이해하도록 돕는다. IRS 척도는 음악내적 과정의 시각화뿐 아니라 연구를 위해서도 사용할 수 있는데, 이미 스페인어 척도의 타당도는 검증되었고 포르투갈어 척도의 타당도 검증이 진행 중이다.

진단평가도구로서 IRS는 음악치료 회기의 이해와 분석에 기여할 것으로 기대된다. 음악치료의 유익을 설명할 수 있는 진단평가도구들을 개발하고 적용함으로써 음악치료는 보건과학 분야에 더욱 크게 기여할 수 있을 것이다.

감사의 글

이 장의 영문 작성을 도와준 모든 이와 특히 구스타보 가티노 박사에게 감사를 표한다.

참고문헌

Bruscia, K. E. (1987). *Improvisational Models of Music Therapy*. Springfield, IL: Charles C. Thomas.

Bruscia, K. E. (1997). *Definiendo musicoterapia* [Defining Music Therapy]. España: Editorial AMARU.

Carpente., J. A. (2016). Investigating the effectiveness of a developmental, individual difference, relationship-based (DIR) improvisational music therapy program on social communication for children with autism spectrum disorder. *Music Therapy Perspectives, 35*(2), 160-174.

Ferrari, K. (2013). *Musicoterapia: Aspectos de la Sistematizacióny Evaluación de la Práctica Clínica* [Music Therapy: Aspects of the Systematization and Assessment of the Clinical Practice]. Buenos Aires, Argentina: Ediciones MTD.

Ferrari, K., & Gattino, G. (2013). *Proceso de validación de la escala de relaciones intramusicales (ERI)* [Validation of the Scale of Intramusical Relationship Scale (ERI)]. *Proceedings of the IV Latin American Music Therapy Conference*, Sucre, Bolivia.

Pavlicevic, M. (1995). Interpersonal Processes in Clinical Improvisation: Towards a Subjectively Systematic Definition. In T. Wigram, B. Saperston, & R. West (Eds.), *The Art and Science of Music Therapy: A Handbook*. London: Harwood Academic Publishers.

Trevarthen, C., & Malloch, S. (2009). *Communicative Musicality: Exploring the Basis of Human Companionship*. Oxford: Oxford University Press.

Wigram, T. (1999a). Assessment methods in music therapy: A humanistic or natural science framework? *Nordic Journal of Music Therapy, 8*(1), 7-25.

Wigram, T. (1999b). Variability and Autonomy in Music Therapy Interaction: Evidence for Diagnosis and Therapeutic Intervention for Children with Autism and Asperger's Syndrome. In R. Pratt & D. Erdonmez Grocke (Eds.), *MusicMedicine 3: MusicMedicine and Music Therapy: Expanding Horizons*. Melbourne: Faculty of Music, University of Melbourne.

Wigram, T. (2000). A Model of Diagnostic Assessment and Analysis of Musical Data In Music Therapy. In T. Wigram (Ed.), *Assessment and Evaluation in the Arts Therapies: An Therapy, Music Therapy and Dramatherapy*. Radlett: Harper House Publications.

Wigram, T., Bonde, L. O., & Nygaard-Pedersen, I. (2002). *A Comprehensive Guide to Music*

Therapy: Theory, Clinical Practice, Research and Training. London: Jessica Kingsley Publishers.

Wosch, T., & Wigram, T. (2007). *Microanalysis in Music Therapy–Methods, Techniques and Applications for Clinicians, Researchers, Educators and Students.* London: Jessica Kingsley Publishers.

제 19 장

치매 척도에서의 음악

Orii McDermott

1. 환경과 동기

치매는 개인의 인지적 · 신체적 능력뿐 아니라 의사소통 기술과 광범위한 사회적 상황에서의 관계에까지 영향을 미친다. 치매가 대중적 차원에서 빈번히 논의된다 하더라도 실제로 치매 진단을 받은 사람에게 씌워진 오명은 여전히 존재한다(Prince, Bryce, & Ferri, 2011). 치매 환자는 치매가 진행됨에 따라 언어로 의사소통하는 것에 어려움을 겪기 시작한다. 이것은 치매 환자가 고립되었다고 느끼게 하여 주변을 둘러싼 세상으로부터 분리시킨다. 개인별 고유성을 지원하면서도 타인과의 관계 형성을 위한 대안적 수단을 제공하는 것이 치매 환자의 삶의 질 유지에 대단히 중요하다.

음악치료는 치매 환자의 안녕과 행복에 유익한 것으로 널리 알려져 있다. 최근의 연구들은 음악치료가 정신초조(Ridder et al., 2013; Vink et al., 2013)와 우울(Guétin et al., 2009)과 같은 치매 증상의 감소를 돕는다고 보고한다. 치매 증상의 감소가 분명히 치매 환자의 삶의 질을 향상시키기는 하지만 음악치료의 목적은 단순히 바람직하지 않거나 난감한 행동을 감소시키는 것이 아니라 고유한 개인의 안녕과 행복을 증진시키는 것이다. 치매 음악치료에 관한 질적 연구는 참여자들의 '긍정적' 행동 증가와 개선된 기분에 대해 지속적으로 강조하고 있는데, 예를 들어 감정을 조절하는 능력(Ridder & Aldridge, 2005), 주변인과의 소통 의도 향상, 눈 맞춤 시간 향상과 같은 신체언어와 표정 근육의 변화에 관한 것이다. 음악치료와 치매 분야의 주요 양적 연구는 정신과와 심리학에서 널리 이용되는 타당도 높은 결과측정도구를 사용하고 있고, 이러한 연구들은 치매의 행동 및 심리 증상(Behavioral and Psychological Symptoms of Dementia: BPSD)과 같은 신경정신과 증상에 미치는 음악치료 효과에 우선적인 관심을 둔다. BPSD 감소를 목표로 하는 것은 음악치료 연구뿐 아니라 치매를 위한 비약물적 · 심리사회적 · 심리적 · 행동적 · 감각적 중재 영역에서도 마찬가지이다(Livingston et al., 2014). 정신사회 연구에서 BPSD 감소에 너무 주력함으로써 생길 수 있는 문제는 치매가 있는 개인의 신체적 · 인지적 · 심리적 · 사회적 필요에 부합하는 전인적 돌봄을 하기보다 현장 치료진들 사이의 '문제 관리' 문화를 강화할 수도 있다는 것이다. 더 나아가, BPSD의 감소가 치매 음악치료 연구의 1차적 목적일지라도 치매 환자가 음악치료와 그 외 음악활동에 참여할 때 무엇을 중요하게 여기는지에 대한 연구가 불충분하다는 것도 문제일 수 있다.

2. 이론적 배경

치매 환자의 경험에 직접적으로 관여하고 그들의 시각으로 세상을 이해하려는 시도의 중요성이 1990년대에 대두되었다(Brooker, 2007; Brooker & Latham, 2015). 문헌에서는 치매의 행동적 심리적 증상에 내재하는 이유를 이해하는 것이 중요하다는 논의가 광범위하게 있었다(Bird & Moniz-Cook, 2008; Brooker, 2007; Brooker & Latham, 2015; Goldsmith, 1996; Kitwood, 1997a, 1997b). 키트우드(Kitwood)는 치매 환자의 개인심리가 요양 문화에서의 사회심리에 의해 어떻게 영향을 받는지, 그리고 치매의 임상적 양상이 어떻게 개인의 성격, 일생, 신체건강, 신경학적 손상, 사회심리 간의 복잡한 상호작용에서 나타나는지에 대해 논의하였다(Kitwood, 1993a). 치매 환자와 돌보는 사람 간 관계의 질과 민감성은 치매 환자의 개인심리를 지원하고 요양 문화의 사회심리를 교육하는 데 중요한 역할을 한다. 특히 대인관계 과정에 관한 키트우드의 논의는 음악치료와 관련이 깊은데, 이는 상호적 음악교류를 통한 관계 형성이 음악치료 중재의 핵심이기 때문이다. 트레바튼과 말로크(Trevarthen & Malloch, 2009)는 음악을 만드는 행위는 내적 동기를 소통하는 인간행동이라고 논의하였다.

소통적 음악성(communicative musicality)에 관한 이론(Trevarthen & Malloch, 2009)은 치매 환자의 소통적 시도를 중요하게 여기고 지지해야 한다는 키트우드의 논의와 맥락을 같이 한다(Kitwood, 1993b). 심층적인 음악적 과정과 대인관계 과정에 관한 내용은 치매 음악치료 연구에서 보통 질적 연구 방법을 통해 탐구된다(예: Coomans, 2016; Ridder, 2003). 양적 연구에서 빈번하게 사용되는 신경정신행동검사(Neuropsychiatric Inventory)(Cummings et al., 1994)

와 코헨-맨스필드 초조 척도(Cohen-Mansfield Agitation Inventory)(Cohen-Mansfield, Marx, & Rosenthal, 1989) 같은 타당도 높은 처치결과 측정도구는 어디까지나 정신과와 심리 분야를 위해 개발된 측정도구들이며, 음악치료 과정을 평가하기 위해 설계된 것은 아니다. 치매 환자의 음악경험에 부합하는 대인관계 과정, 소통적 음악성, 의사소통 시도의 요소들을 파악할 수 있는 처치결과 측정도구를 개발하고 평가해야 할 필요가 있다.

3. 개발

박사학위논문으로 치매 척도에서의 음악(Music in Dementia Assessment Scales: MiDAS)의 개발과 평가가 진행되었다(McDermott, 2014). 혼합연구 방법의 순차적 탐구전략인 도구개발 모형(Cressell & Clark, 2007)을 활용하여 치매 음악치료 결과를 임상적으로 적합하고 과학적으로 철저하게 평가할 측정도구를 개발하는 것이 목적이었다. 순차적 탐구전략은 질적 자료수집과 분석(1단계), 도구개발을 위한 분석(2단계), 표본 대상 검사 시행(3단계)이라는 주요 3단계로 구성되어 있다.

1) 질적 자료수집과 분석: 1단계

연구윤리 심의승인을 받은 후 치매 환자들, 가족 구성원들, 요양홈 직원들, 음악치료사들과의 초점집단과 인터뷰를 실시하였다(McDermott, 2014; McDermott, Orrell, & Ridder, 2015). 치매 환자가 음악치료와 음악활동에 참여할 때 무엇을 중요하게 여기는지에 대한 전반적인 이해를 갖는 것이 목적이었다. 치매 환자($n=16$)에게 음악이 중요한지를 물었고, 그렇다면 음악경험의 어떤 면이 특히 의미가 있는지를 질문했다. 가족구성원($n=15$)과 요양홈 직원($n=14$), 음악치료사($n=8$)에게는 치매 환자가 음악경험을 가치 있게 여길 때 그들은 무엇을 관찰했는지, 그리고 음악이 치매 환자에게 의미가 있다는 것을 어떻게 아는지에 관해 질문하였다. 우리의 목적이 관찰 가능한 음악반응을 수집하는 것이었기 때문에 음악의 중요성에 대한 의견을 이야기하기보다 실제로 그들이 목격한 것을 기술하는 데 초점을 맞추도록 했다. 총 6회의 초점집단과 19회의 인터뷰가 진행되었다(McDermott, Orrell, & Ridder, 2014).

초점집단의 녹음자료를 필사하였고, 일반적인 귀납법적 접근에 따라 분석하여 필사 카드를 생성하였다(Thomans, 2006). 270개의 필사 카드를 수작업으로 범주화하는 긴 책상 분류법이 사용되었다(Krueger & Casey, 2000). 초기에 범주화된 카드와 분석자료를 외부 연구자에게 보여 주었으며, 범주화된 주제를 다듬고 이론적 모델(치매 환자 음악의 정신사회 모델)을 개발하기 위해 그들의 비평을 참고하였다(McDermott, Orrell & Ridder, 2014).

2) 도구 개발을 위한 분석: 2단계

연구팀 내에서 핵심 주제에 대한 합의가 이루어진 후 임의의 척도 문항을 구성하기 시작했다. 유니버시티 칼리지 런던의 크리스 길리어드(Chris Gilleard) 박사와 전문가 협의가 있었다. 리커트 척도와 같은 유형이 아닌 눈금 없는 시각 아날로그 척도(Visual Analogue Scales: VAS)를 선택했는데, VAS가 주관적인 경험에 초점을 두고(Gift, 1989; McCormack, David, & Sheather, 1988) 개인의 고유한 음악경험을 포착하기에 가장 적합한 것으로 여겨지기 때문이다. 각 VAS는 눈금이 없는 100mm의 선으로 척도의 양극단에 '전혀'와 '최고'라고 명시되어 있다. '최고'는 다른 요양홈 거주자의 반응과 무관한 개인 고유의 최적 수준을 의미한다. 최적 수준은 치매가 점차 진행됨에 따라 달라질 수 있다. MiDAS는, ① 관심, 반응, 시작, 참여, 즐거움의 다섯 가지의 VAS 문항과, ② 눈에 띄는 행동과 기분에 관한 추가 체크리스트(초조/분노, 위축/기분저하, 안절부절못함/불안, 이완된 기분, 집중/흥미, 생기/미소) 그리고 ③ 평가자 코멘트로 구성되어 있다. 각 VSA 척도를 위해 '의사소통을 시도한다'와 같은 행동 예시와 '활력이 있다'와 같은 기분의 예시가 주어진다. 체크리스트의 문항은 요양홈 직원과 가족, 음악치료사와의 초점집단 및 인터뷰에서 가장 빈번하게 언급된 기분과 행동을 기술한 것이다. 체크리스트는 MiDAS 점수의 임상적 해석을 보조하기 위한 것이지만 체크리스트 문항들의 점수는 합산되지 않았다. 다섯 가지 VAS 문항의 총점(100mm의 선=각 100점×다섯 가지 VAS 문항=500)이 MiDAS 점수로 보고된다(McDermott et al., 2015).

4. 절차와 자료수집

MiDAS는 치매의 후기 단계에 있고 자기경험을 명확한 언어로 보고할 수 없는 경우에 음악적 참여를 평가하기 위한 관찰 측정도구이다. MiDAS는 그날 그 사람이 보이는 모습을 포착하기 위해 같은 날 측정하도록 설계되었다. 어떤 연구에서는 음악치료 비디오 분석을 위해 MiDAS를 보조적으로 사용하기도 하지만, 치료사와 요양사는 반드시 MiDAS를 회기 당일의 대상자 상태를 평가하기 위해 사용해야 한다. MiDAS 평가자는 각 VAS 항목에 개인의 최적 수준을 반영하고 그날 관찰한 대상자의 흥미, 반응, 시작, 참여, 즐거움 수준과 비교하며 100mm 선 위에 수직으로 표시해야 한다. 개인의 최적 수준은 각각 다를 수 있기 때문에 평가자가 대상자를 충분히 잘 알고 있어야 한다. 더 나아가, 개인의 최적 수준의 참여는 평가자 간에도 다를 수 있다. 같은 대상자를 같은 요양사가 일관되게 평가하는 것이 MiDAS 점수의 정확도를 높이는 데 있어서 중요하다. 교대 근무를 하는 직원이나 임시직원을 동원하는 요양홈 환경에서는 어려운 문제일 수 있다. 어떤 음악치료사는 MiDAS를 시행할 때 일정한 시간대에 근무하고 음악치료에 대체로 관심이 있으면서 활동 담당자로서 도와줄 수 있는 두세 명의 직원을 지정한다고 보고하였다.

두 개의 MiDAS 양식이 작성되는데, 중재의 잠재적 변화를 평가하기 위해 각 참가자별로 같은 평가자가 중재가 이루어진 당일에 두 차례 시행한다. 중기 치매부터 후기 치매의 환자는 다음 날이 되면 자신의 음악경험을 기억하지 못하는 것 같다고 초점집단과 인터뷰에서 강조하였기에 MiDAS를 당일 평가 척도로 설계하였지만 실제로 환자들에게 그날의 지금-여기 경험은 중요한 것이다(McDermott, Orrell, & Ridder, 2014). MiDAS는 치매 음악치료를 위한 결과측정도구로 개발되었으나, 요양홈 요양사와 같은 비음악치료사가 진행한 음악활동을 평가하기에도 적합하다. '치료사'라는 용어는 MiDAS 양식의 목적에 있어서 광범위하게 사용되며 '음악기반 중재의 진행자'를 의미한다.

우리의 연구(McDermott, 2014; McDermott, Orgeta, Ridder, & Orrell, 2014; McDermott, Orrell, & Ridder, 2014; McDermott et al., 2015)에서 요양홈 직원들은 음악치료 회기 전에 양식 하나를 작성하고 같은 날 회기 후에 다른 하나를 작성했다. 음악치료사와 요양홈 직원들의 MiDAS 양식은 동일하다. 음악치료사들은 각 회기 직후에 두 개의 양식을 작성한다. 하나는 그날의 기초선 점수로서 회기의 첫 5분 동안 클라이언트를 관찰한 것을 바탕으로 작성하고 다른 하나는 해당 회기에서 '최고의 5분' 동안 클라이언트를 관찰한 내용에 따라 작성한다. '최고의 5분'은 그날 클라이언트에게 가장 임상적으로 중요하다고 음악치료사가 판단하는 회기의 부분을 의미한다. 각 클라이언트의 치료과정과 치료사와의 관계가 모두 다르기 때문에 우리는 '최고의 5분'으로 판단하는 데 필요한 요소를 사전에 제시하지 않았고 각 치료사의 임상적 판단에 맡겼다. 요양원 직원 평가자들은 음악치료 회기가 끝나자마자 사후 양식을 작성하는 것이 아니라 중재의 단기효과(당일)를 평가하기 위해 회기가 끝나고 몇 시간 후에 평가해야 했다(McDermott, Orrell, & Ridder, 2014; McDermott et al., 2015).

5. 자료분석과 해석

다섯 가지 VAS 점수의 총점이 결국 MiDAS 점수일지라도 치매의 심각도와 개인의 필요에 따라서 어떤 VAS 문항은 임상적으로 더 중요하고 관련이 깊기 때문에 각 VAS 점수의 변화를 기록하고 평가하는 것 또한 중요하다. 예를 들어, 치매가 많이 진행된 사람은 자신의 생각을 나타낼 수 있는 수단이 제한되어 있고 음악에 참여하는 시간에 변동이 많을 수 있다. 이런 사례의 경우 흥미와 반응 문항의 점수에서 변화 가능성을 기대하는 것이 더 현실적이지만, 시행이나 참여 문항의 점수에서는 그렇지 않을 수 있다. 따라서 후기 치매 환자와 일할 때에는 MiDAS 전체 점수보다 흥미와 반응 점수에서의 잠재적 변화를 개인별로 평가하는 것이 정확한 임상적 이해에 도움이 될 것이다. 하지만 각 클라이언트의 임상적 상태와 클라이언트-치료사 관계는 고유하다. 그러므로 MiDAS 점수의 해석은 언제나 맥락에 따라 이루어질 필요가 있다. 더 나아가, 음악치료에 참여한 클라이언트는 종종 좌절이나 분노와 같은 어려운 경험이나 감정을 그 공간에서 표현하고 해소한다. 회기가 진행됨에 따라 흥미, 반응, 시작, 참여 점수가 증가할 수 있는 반면, 즐거움 문항의 점수는 감소할 수도 있다. 결국 MiDAS 점수의 해석은 각 참가자의 임상적 필요에 대한 이해를 필수로 한다. 중재의 전체 과정에 걸쳐 VAS 점수상의 차이를 평가하고 점수 변화의 패턴을 파악하는 것이 단순히 높은 MiDAS 점수를 목표로 하는 것보다 더 중요하다. 활동 진행자의 평가 점수(중재동안의 효과)와 요양홈 직원의 점수(중재 이후 관찰된 효과) 간의 변화를 비교하는 것이 필요하다. 음악치료 효과 평가를 위해 참여자들의 MiDAS 점수를 취합하는 것이 당연하지만, 연구 참여자 유형, 회기 시간 이후 현실적이고 관찰 가능한 변화 등 참여자의 맥락에 맞게 점수변화를 해석해야 한다.

6. 연구와 심리측정

1) 표본 대상 검사 시행: 3단계

'혼합연구 방법의 순차적 탐구전략: 도구개발 모형'의 마지막 단계로 런던 소재 두 곳의 요양홈에서 MiDAS의 심리측정학적 평가를 시행하였다(McDermott, Orgeta, Ridder, & Orrell, 2014). 중기 치매와 후기 치매가 있는 요양홈 거주자 19명(남성 5, 여성 14)이 3개월간의 주별 집단 음악치료에 등록했다. 참가자는 백인 영국인/백인 유럽인(17), 흑인 영국인(2)으로 전체 연령의 중앙값은 81세였다(표준편차 8). 10년 이상 이곳의 클라이언트 집단과 일한 경험이 있는 두 명의 음악치료사가 두 곳의 요양홈에서 매주 독립적으로 집단 회기를 진행하였다. 각 음악치료 집단은 4~6명의 참여자로 이루어졌고, 회기는 45~60분으로 진행되었다. 회기의 내용은 치료사들의 임상적 판단을 따라 구성되었고, 주로 기존의 노래와 기악 또는 목소리 즉흥연주를 혼합적으로 사용하였다. 각 요양홈 거주자에게 최대 10회 회기가 제공되었다. 두 명은 처음에 동의했지만, 나중에는 참석을 거부하였다. 참가자 17명의 평균 참석 횟수는 7회였다(범위 3~9회). 두 명의 음악치료사가 MiDAS 양식을 직원들에게 배부하였고 작성된 양식을 당일에 회수했으며, 치료사 자신도 MiDAS 양식을 작성하였다. 총 31명의 요양홈 직원(공인 간호사, 보건 도우미, 활동 코디네이터)이 MiDAS 양식을 작성했다. 총 629부의 MiDAS(직원=306, 치료사=323)가 완료되었고, Statistical Package for the Social Science(SPSS) 소프트웨어 버전 21을 사용하여 통계분석을 실시하였다.

2) MiDAS의 심리측정학적 속성

MiDAS 총점의 평균은 239점이었다(표준편차 136). MiDAS 점수는 전체 범위에 분포되어 있었고 한쪽으로 치우치는 바닥효과나 천정효과는 관찰되지 않았다.

(1) 신뢰도

음악치료사 평가자 간 신뢰도는 급간 내 상관계수(ICC) 범위 .768~.820으로 높았다. 요양홈 직원 평가자 간 신뢰도는 ICC 범위 .127~.362으로 낮았으나 직원들의 검사-재검사 신뢰도는 ICC 범위 .498~.609으로 수용 가능한 수준이었다(McDermott, Orgeta, Ridder, & Orrell, 2014). 직원 평가자 간 신뢰도가 낮은 것은, ① 중등도 치매 환자와 중도 치매 환자와의 작업 경험 정도가 그들의 관찰기술에 영향을 줄 수 있고, ② 얼마나 참여자를 반영했는지 그리고 얼마나 연구참여에 대한 열의가 있는지가 MiDAS를 작성하는 태도에 영향을 줄 수 있다는 것으로 설명될 수 있다. 다섯 개의 VAS 문항의 내적 일관성 계수는 α=.967로 높았다 (McDermott, Orgeta, Ridder, & Orrell, 2014).

(2) 타당도

MiDAS를 개발하는 동안 시행된 합의적 질적 연구 회의와 전문가 및 동료 자문 그리고 파일럿 연구에 참여했던 치료사와 직원들의 반응을 취합하여 안면타당도와 내용타당도를 확보하였다(McDermott et al., 2015). 우리는 음악치료사와 비음악치료사와 같은 치매 전문가들이 이 척도의 문항이 측정하고자 하는 것을 이해하는지를 지속적으로 확인하였다. 공인타당도를 평가하기 위해 QoL-AD(Logsdon et al., 1999)를 세 번의 시기에 걸쳐 사용하였다(McDermott, Orgeta, Ridder et al., 2014). 각 시기별 스피어만 순위상관계수는 각각 .524, .469, .474로 수용 가능한 수준이었다. 다수 변인의 변량을 더 적은 수의 구성요소로 축소시켜 주는 주성분분석(Principal Component Analysis)을 실시했는데, 이는 VAS 다섯 문항의 구성타당도를 검증하기 위한 것이었다. 문항 간의 상관은 .754(시작과 즐거움)에서 .947(흥미와 반응)의 범위로 매우 높았다. 높은 문항 간의 상관이 MiDAS가 '좋은' 구성타당도를 갖고 있다는 것을 보여 주지만, 어떤 평가자는 다섯 문항을 구별하는 것이 어려워서 결과적으로 비슷한 점수를 주었을 수 있다는 점을 고려할 수 있다. 이것은 이후의 MiDAS 평가자들이 각 VAS 문항의 의미를 분명히 이해하도록 할 필요가 있다는 것을 강조한다.

MiDAS를 높은 치료사 평가자 간 신뢰도, 낮은 직원 평가자 간 신뢰도, 적절한 직원 검사-재검사 신뢰도, 적절한 공인타당도, 좋은 구성타당도를 갖고 있는 결과측정도구라고 결론지을 수 있다. MiDAS 변화에 대한 민감성에 관한 한 연구(McDrmott, 2014)에서 음악치료 과정에서 나타나는 MiDAS 점수의 변화가 음악치료 회기 안에서 관찰된 임상적 변화뿐 아니라 직원이 관찰한 내용과도 깊은 관련이 있는 것으로 나타났다. 이것은 MiDAS가 임상에서의 평가뿐 아니라 연구에서의 타당한 결과측정을 위해 적합한 도구임을 의미한다.

7. 문서화와 보고

인력이 제한된 임상 상황이나 대규모 연구에서 MiDAS를 사용할 때 발생할 수 있는 결점은 평가자가 VAS 선을 수작업으로 측정한 후 점수표 파일에 자료를 입력해야 한다는 점이다. 우리는 MiDAS 점수를 즉각적인 시각자료로 만들어 주는 액셀(Excel) 점수 파일을 개발하기 시작했다. 양적 자료해석이 익숙하지 않은 요양 전문가에게 치료적 변화를 소개하려고 할 때 액셀 시각자료는 효과적인 것 같다. 평가자는 MiDAS 평가서 양식을 준비할 때 VAS 문항이 정확히 100mm가 되도록 해야 한다. 출력이나 복사를 할 때 어떤 인쇄 설정은 종종 VAS 길이를 96mm와 같이 약간 짧게 만든다. 우리는 태블릿 PC에서 VAS 척도를 표시할 수 있도록 하는 MiDAS 어플리케이션의 개발을 고려하고 있다. MiDAS 앱 개발은 평가자가 소요하는 시간을 단축시켜 주고 VAS 길이가 짧아지는 문제를 해결할 것이다.

요양홈 직원의 평가 없이 치료사와 진행자 평가 양식만 작성하고 MiDAS 결과로 보고해도 되는지에 대해 자주 질문을 받는다. 우리가 진행한 연구에 따르면, 직원 MiDAS와 치료사 MiDAS 모두 높은 수준의 심리측정학적 측면을 보이기 때문에 치료사 평가와 직원 평가를 독립적인 도구로서 사용할 수 있을 것이다. 심리측정학적 평가에서 나타난 직원 평가자 간의 낮은 신뢰도는 MiDAS를 같은 직원이 일관되게 평가해야 할 필요를 의미한다. 항상 직원이 MiDAS 평가에 고정적으로 참여할 수 있는 것이 아니고, 그것이 실용적이지도 않다는 것을 알고 있다. 그럼에도 불구하고 중재 이후에 나타나는 변화를 관찰하고 평가하기 위해 음악중재 진행자와 매일 환자를 돌보는 직원 양쪽 모두 MiDAS를 작성하기를 권한다. 몇몇 음악기반 중재 관련 치매 연구들은 신경정신의학적 증상의 감소를 넘어서 참여자의 '긍정적' 기분과 행동상의 변화를 측정하였다. 진행자와 직원 MiDAS 모두의 평가로 음악중재 이후에 나타나는 긍정적 행동과 기분 변화를 더욱 타당하게 입증할 수 있을 것이다.

8. 훈련

MiDAS 사용은 특별한 훈련을 필수로 하지 않는다. 하지만 처음 MiDAS을 평가하는 경우 평가자가 VAS의 개념을 이해하고 평가 대상에 대한 충분한 지식이 필요하다는 것을 아는 것이 중요하다. MiDAS를 채점할 때 평가자는 개인의 고유한 최적 수준에 따라 대상자의 상태를 반영하는 것이 필요하다. 더 나아가, 각 개인의 최적 수준은 치매의 진행과 함께 변화한다. 따라서 MiDAS를 작성할 때 평가자는 사례의 현재 최적 수준을 빠르고 정확하게 개념화할 수 있어야 한다. 음악치료사가 MiDAS 절차를 이해하는 데 몇 가지 문제가 있는 것으로 보인다. 어떤 요양홈 직원은 대상자의 그날의 일반적 상태와 최고로 반응하고 교류하는 5분을 비교한다는 개념을 어려워하였다. 다른 어려운 점은 직원이 많은 임상업무를 수행해야 하는 부담이 있는 경우, 각 대상자를 잘 반영해서 MiDAS를 작성하기가 어려울 것이다. MiDAS 작성이 쉬웠다고 말하는 직원 역시 처음에는 VAS 척도를 이해하기 어려웠다고 인정했다. 하지만 한 직원이 덧붙인 것처럼 "대상자에 대해 그러한 방식으로 생각하는 것이 익숙해지면 (평가서 작성이) 훨씬 빨라질 것이다". 이것은 MiDAS 평가자 훈련의 필요성을 강조한다. 신규 직원이 해당 도구를 사용하는 데 있어서 MiDAS 평가 양식에 대한 지침만으로 충분하기를 바라지만, 만약 임상현장에 능숙한 MiDAS 평가자가 있다면 새로운 평가자를 위해 초보자 연습 회기를 계획해 볼 것을 권한다.

9. 향후 계획과 논의

MiDAS는 자신의 음악치료와 음악활동 경험을 명확하게 말로 표현하기 어려운 중등도에서 중도치매 환자의 상태를 관찰평가하기 위해 설계되었다. 평가는 육안으로 관찰이 가능한 양상에 중점을 둔다. 따라서 음악이 감정과 느낌에 중요한 영향을 주었더라도 눈으로 확인이 어려운 것은 평가하지 않는다. 초점집단과 인터뷰를 실시했을 때 치매 환자는 자신에게 있어서 음악의 중요성을 강조하면서, 예를 들어 "음악이 나를 행복하게 합니다." "음악과 행복한 기억" 등과 같이 '행복'라는 단어를 빈번히 사용했다. 우리는 행복을 음악경험의 핵심 요소 중 하나로 생각하지만 관련 VAS 문항을 만들지는 않았는데, 이는 행복이 눈에 보이거나 보이지 않을 수 있는 주관적인 경험이고, 평가자 개인의 해석에 의해 상당한 영향을 받기 때문이다. 깊은 감정적 음악경험은 쉽게 또는 정확하게 관찰되지 않으며, 치매 환자의 모든 음악경험을 대변하는 것이 MiDAS의 목적이 아님을 기억해야 한다. 어떤 중요한 감정반응이 표현되는 경우 평가자는 평가서에 있는 빈칸에 그 내용을 기록하도록 한다.

MiDAS의 출판 이래(McDermott, Orgeta, Ridder, & Orrell, 2014; McDermott et al., 2015) 13개 국가에서 사용되고 있으며, 네덜란드어(Ridder, Lykkegaard, & McDermott, 2018), 노르웨이어, 스페인어, 포르투갈어로 번역되고 있다. 음악치료 결과측정도구의 번역에 관한 지침을 밝힌 적이 있는데(Ridder, McDermott, & Orrell, 2017), MiDAS를 번역할 때는 도구의 정확도와 타당도를 확보하기 위한 절차를 따르기를 권한다. 우리가 추천하는 절차를 따르자면 번역을 위한 팀이 필요하고 많은 시간을 할애해야 하는데 회기별 파트타임으로 일하거나 혼자서 일하는 경우라면 구성하기 어려울 수 있다. 그러나 MiDAS를 타당한 치료 결과측정도구로 사용하기 위해서는 이러한 과정과 MiDAS 번역판의 심리측정학적 평가가 필수적이다. 우리는 MiDAS 웹사이트도 만들었다(www.musictherapy.aau.dk/midas). 웹사이트에서 공동 번역가 목록을 찾아볼 수 있다.

치매 환자를 위한 광범위한 음악기반 중재가 있지만 모든 중재가 철저하게 개발되거나 빠짐없이 평가된 것은 아니다. MiDAS는 치매 환자가 중요하게 여기는 음악효과를 관찰하고 측정하기 위해 개발되었다. 흥미, 반응, 시작, 참여, 즐거움을 측정하는 것이 치매 환자의 음악경험 전체를 보여 주지는 않는다. 하지만 MiDAS 점수의 변화는 치매 환자가 음악중재를 의미 있게 여기는지 그렇지 않은지를 보여 줄 수 있다. 연구를 위해서는 증상의 변화를 평가하는 신경정신행동검사(NPI)와 같은 기존의 측정도구와 함께 MiDAS를 사용할 때 유용할 수 있다. 치매 환자의 관점과 생각이 반영된 처치 결과측정도구의 지속적 개발과 평가가 향후 치매 연구에서 중요할 것이다.

감사의 글

박사학위논문 「Development and Evaluation of Music in Dementia Assessment Scales」는 올보르 대학교와 덴마크 독립 연구 위원회로부터 지원금을 받았다. 연구자는 MiDAS의 공동 개발자인 마틴 오렐(Martin Orrell) 교수와 한 메티 리더(Hanne Mettee Ridder) 교수에게 감사를 표한다. 중북부 런던 NHS 신탁 재단의 지원과 MiDAS 평가 단계에서 음악치료사 로슬린 벤더(Rosslyn Bender) 그리고 마리아 라도예(Maria Radoje)의 도움에 대해서도 감사를 표한다.

참고문헌

Bird, M., & Moniz-Cook, E. (2008). Challenging Behaviour in Dementia: A Psychosocial Approach to Intervention. In B. Woods & L. Clare (Eds.), *Handbook of the Clinical Psychology of Ageing* (2nd edition). Chichester: John Wiley & Sons, doi: 10.1002/9780470773185.ch33.

Brooker, D. (2007). *Person-Centred Dementia Care: Making Services Better.* London: Jessica Kingsley Publishers.

Brooker, D., & Latham, I. (2015). *Person-Centred Dementia Care: Making Services Better with the VIPS Framework.* London: Jessica Kingsley Publishers.

Cohen-Mansfield, J., Marx, M. S., & Rosenthal, A. S. (1989). A description of agitation in a nursing home. *Gerontologist, 44*(3), 77-84.

Coomans, A. (2016). Moments of Resonance in Musical Improvisation with Persons with Severe Dementia: An Interpretative Phenomenological Study. Unpublished PhD thesis, Aalborg University, Denmark, doi: 10.5278/vbn.phd.hum.00018.

Creswell, J. W., & Clark, V. L. P. (2007). *Designing and Conducting Mixed Methods Research.* Thousand Oaks, CA: Sage Publishers.

Cummings, J. L., Mega, M., Gray, K., Rosenberg-Thompson, S., et al. (1994). The Neuropsychiatric Inventory: Comprehensive assessment of psychopathology in dementia. *Neurology, 44*, 2308-2314.

Gift, A. G. (1989). Visual analogue scales: Measurement of subjective phenomena. *Nursing Research, 38*(5), 286-287.

Goldsmith, M. (1996). *Hearing the Voice of People with Dementia: Opportunities and Obstacles.* London: Jessica Kingsley Publishers.

Guétin, S., Portet, F., Picot. M., Pommié, C., et al. (2009). 'Effect of music therapy on anxiety and depression in patients with Alzheimer's type dementia: Randomised, controlled study. *Dementia and Geriatric Cognitive Disorders, 28*(1), 36-40.

Kitwood, T. (1993a). Person and process in dementia. *International Journal of Geriatric Psychiatry, 8*(7), 541-545.

Kitwood, T. (1993b). Towards a theory of dementia care: The interpersonal process. *Ageing and Society, 13*(1), 51-67.

Kitwood, T. (1997a). *Dementia Reconsidered: The Person Comes First.* Buckingham, PA: One

University Press.

Kitwood, T. (1997b). The experience of dementia. *Aging Mental Health, 1*, 1, 13-22.

Krueger, R., & Casey, M. (2000). *Focus Groups: A Practical Guide for Applied Research.* Thousand Oaks, CA: Sage Publishers.

Livingston, G., Kelly, L., Lewis-Holmes, E., Baio, G., et al. (2014). Non-pharmacological interventions for agitation in dementia: Systematic review of randomised controlled trials. *The British Journal of Psychiatry, 205*(6), 436-442.

Logsdon, R. G., Gibbons, L. E., McCurry, S. M., & Teri, L. (1999). Quality of life in Alzheimer's disease: Patient and caregiver reports. *Journal of Mental Health and Aging, 5,* 21-32.

McCormack, H. M., David, J. d. L., & Sheather, S. (1988). Clinical applications of visual analogue scales: A critical review. *Psychological Medicine, 18*(4), 1007-1019

McDermott, O. (2014). The Development and Evaluation of Music in Dementia Assessment Scales (MIDAS). Unpublished PhD thesis, Aalborg University. Denmark.

McDermott, O., Orgeta, V., Ridder, H. M., & Orrell, M. (2014). A preliminary psychometric evaluation (MiDAS). *International Psychogeriatrics, 26*(6), 1011-1019, doi: 10.1017/S1041610214000180. Of Music in Dementia Assessment Scales

McDermott, O., Orrell, M., & Ridder, H. M. (2014). The importance of music for people with dementia: The perspectives of people with dementia, family carers, staff and music therapists. *Aging Mental Health, 18*(6), 706-716, doi: 10.1080/13607863.2013.875124.

McDermott, O., Orrell, M., & Ridder, H. M. (2015). The development of Music in Dementia Assessment Scales (MiDAS). *Nordic Journal of Music Therapy, 24*(3), 232-251.

Prince, M., Bryce, R., & Ferri, C. (2011). *World Alzheimer Report 2011: The Benefits of Early Diagnosis and Intervention.* London: Alzheimer's Disease International

Ridder, H. M. (2003). Singing Dialogue: Music Therapy with Persons in Advanced Stages of Dementia: A Case Study Research Design. Unpublished PhD thesis, Aalborg University, Denmark.

Ridder, H. M., & Aldridge, D. (2005). Individual music therapy with persons with frontotemporal dementia: Singing dialogue. *Nordic Journal of Music Therapy, 14*(2), 91-106.

Ridder, H. M., Lykkegaard, C., & McDermott, O. (2018). Dansk oversættelse af Midas—et redskab til assesment af musikterapi for personer med demens. *Dansk Musikterapi, 15*(1), 3-16.

Ridder, H. M., McDermott, O., & Orrell, M. (2017). Translation and adaptation procedures for music therapy outcome instruments. *Nordic Journal of Music Therapy, 26*(1), 62-78.

Ridder, H. M., Stige, B., Qvale, L. G., & Gold, C. (2013). Individual music therapy for agitation in dementia: An exploratory randomized controlled trial. *Aging Mental Health, 17*(6), 667-678.

Thomas, D. R. (2006). A general inductive approach for analyzing qualitative evaluation data. *American Journal of Evaluation, 27*(2), 237-246.

Trevarthen, C., & Malloch, S. (2009). *Communicative Musicality: Exploring the Basis of Human Companionship*. Oxford: Oxford University Press.

Vink, A. C, Zuidersma, M., Boersma, F., Jonge, P., Zuidema, S. U., & Slaets, J. (2013). The effect of music therapy compared with general recreational activities in reducing agitation in people with dementia: A randomised controlled trial. *International Journal of Geriatric Psychiatry, 28*(10), 1031-1038.

제 20 장

의식장애의 인식에 관한 음악치료 진단평가도구

Wendy L. Magee

1. 환경과 동기

상상해 보라. 당신은 비교적 최근에 임상 자격을 취득한 음악치료사로 최근에 개원한 한 임상기관에 취직되었는데, 그곳은 특별한 임상집단을 위한 개혁적인 돌봄 서비스를 제공하고 있다. 다양한 환자/클라이언트와 음악치료라는 새로운 프로그램에 치료팀은 고양되었고 그 기관에는 활력이 넘친다. 다른 팀원들의 기대도 높다. 당신에게는 음악치료 전문지식을 넓힐 수 있고 음악치료 서비스를 선도할 수 있는 기회인 것이다.

곧바로 환자 의뢰를 받았고, 치료팀 구성원들은 당신의 음악치료에 참관하기를 원한다. 아주 어려운 임상사례를 만났고, 당신은 학생 시절에 이런 어려운 환자/클라이언트와 일해 본 적이 없거나 있더라도 임상자격을 받은 후 잠깐뿐이었다. 환자에게 의미가 있다고 보고된 노래 부르기, 기악 중재, 다른 팀 구성원이 세워 놓은 목적에 맞는 음악경험 설계하기 등을 시도하고 음악치료 회기에서 환자의 행동이 변화하는 것을 목격한다. 회기에 참여한 동료는 당신의 치료 중재를 집중하여 관찰하고 있고 마치 자신의 진단평가를 위해서 음악치료 회기를 활용하는 것처럼 보인다. 당신은 치료팀의 치료 목적 수립과 수정을 위한 팀미팅과 사례회의에 참석하러 간다. 음악치료에는 이러한 임상군을 위해 만들어진 진단평가도구가 없기에 당신은 관찰 내용을 어떻게 보고할지 몰라서 난감하다. 그래서 치료 회기에서 관찰한 변화를 설명하기 어려운 것 같다. 치료팀이 세운 목적에 어떻게 음악치료 경험을 맞춰야 할지도 모르겠다. 관련 임상군에 관한 음악치료 문헌을 찾아보지만 자료가 전무하거나 거의 없다. 슈퍼비전을 받을 수 있을지도 알아본다. 당신의 상황에 잘 맞는 분명한 답은 여전히 없는 것 같다.

앞서 묘사한 상황은 많은 음악치료사가 졸업 직후 새 직장에서 경험하는 일이다. 1990년 왕립 신경장애 병원(Royal Hospital for Neuro-disability)에서 임상을 시작했던 나와 동료 로지 몬한(Rosie Monghan)에게도 마찬가지였다. 그 기관은 뇌손상과 신경학적 질병으로 인한 복합장애가 있는 사람에게 재활과 장기요양을 제공하는 곳이었다. 우리는 신설된 '코마 각성 프로그램'의 한 부서에 고용되었는데, 그 프로그램은 심각한 뇌손상 이후 혼수상태에서는 깨어났지만 매우 복잡한 장애를 가진 성인을 위한 것이었다. 중복되는 신체적 · 인지적 · 감각적 손상이 의사소통장애와 행동상의 장애로 나타나는 경우이다. 돌봄의 목적은 의학적 문제 상황을 최소화하고 신체적 건강을 유지 및 향상시키며 인지기능을 최적화하는 것이었다. 전반적인 프로그램의 목적은 다음의 두 가지 방향 중 하나였다. 이 환자는 숙련된 간호만으로 충분한 도움을 얻을 수 있는가? 아니면 그 이상의 재활이 유익할 가능성이 있는가?

나의 동료와 나는 생각을 나눌 수 있는 서로가 있어서 행운이었고, 치료팀 내에 음악치료의 역할을 세워 놓은 이전 음악치료사의 작업모델이 있어서 다행이었다. 그러나 각각의 환자는 너무나도 다를 뿐 아니라 우리 둘 중 누구도 '전문가 의견' 수준의 임상사례 증거들을 실제로 활용해 본 경험이 없었다. 지난 10년간 신경학적 임상 대상과의 음악치료에 관한 많은 논문이 있어 왔다는 것을 알았지만, 어느 연구도 우리가 만나는 환자들처럼 복잡한 환자를 대상으로 하지 않았다. 1990년 당시 심각한 뇌손상 생존자는 결국에는 죽음을 맞이해야 했다. 게다가 장기적으로 나타날 문제들을 최소하기 위해 급성 뇌손상을 위해 할 수 있는 효과적인 치료전략에 관한 정보도 부족했다. 심각한 뇌손상에 기인하여 지속되는 장애들은 복합적이다. 신체장애는 최저 수준의 움직임이나 운동장애, 팔과 손, 다리, 발의 심각한 골절, 고긴장성으로 나타나는 근긴장도 문제, 착석을 위한 보조기구 사용 가능성 타진 등을 포함한다. 이러한 신체장애는 시력손상, 과민한 촉각감각, 청각적 예민함 등의 손상에 의해 더 악화될 수 있다. 더 나아가, 이러한 장애가 자의식 상실, 초조, 기분조절 문제, 인지적 제한, 전두엽 손상에 의한 손상된 이해력 등의 행동상의 문제와 혼합된다. 언어적 소통 수단마저 없는 경우라면 이러한 중증 뇌손상 환자의 임상증상은 임상전문가에게 쉽지 않은 문제이고, 환자의 가족과 사랑하는 이들에게는 괴로운 일이 된다.

다학제 치료팀 동료들의 회기를 관찰하고 환자 사례회의의 발표를 들으면서 그들로부터 배운 것들이 있다. 당시에 감각평가와 재활기법(Sensory Modality Assessment and Rehabilitation Technique: SMART)(Gill-Thwaites, 1997)이 이 병동에서 개발되었고 치료표준의 일부로 사용되고 있었다. 나중에 '장기 의식장애(Prolonged Disorders of Consciousness)' 또는 PDOC로 알려진 진단평가도 이 병동의 또 다른 전문가들에 의해 개발되었고, 이것은 PDOC 환자의 진단 및 이후 평가에서 무엇이 중요한지를 아는 계기가 되었다. 특히 시각, 청각, 운동, 의사소통 그리고 각성 영역 전체를 아우르는 환자 반응평가가 중요했다. 이렇게 서서히 깨달은 것들이 이 장에서 소개되는 진단평가의 문항들에 반영되어 있다.

진단평가도구는 원래 낮은 인식상태 음악치료 진단평가(Music Therapy Assessment Tool for Low Awareness Sates: MATLAS)로 불렸으나, 보건 분야에서의 사용하는 용어의 변화에 따라 의식장애의 인식에 관한 음악치료 진단평가도구(Music Therapy Assessment Tool for Awareness in Disorders of Consciousness: MATADOC)로 명칭을 바꾸었다. 16년 간 왕립 병원의 임상과 연구 중에 몇 차례에 걸쳐 MATADOC 절차, 평가 기록과 채점을 포함한 문서화 방법이 개발되었다. 우리는 음악치료에서 관찰한 행동들과 시간에 따른 행동의 변화를 문서화할 방법을 만들고자 했고, 1990~1993년도에 처음으로 문항 개발을 시작했다. 로지가 병원을 떠난 뒤 1993~2004년 동안 나는 문항 내 평가 단계의 개수를 수정하면서 문항 개발을 지속했다. 이 과정에서 수백 명의 환자와의 수천 회의 회기에서 보았던 다양한 행동 레퍼토리를 각 항목에 추가할 수 있었고, 환자 반응의 미세한 변화에 더 민감한 문항들을 만들 수 있었다. 잉여 문항을 제거하고 문항을 병합하고 새 항목을 추가하면서 이 기간에는 진단평가 문항 수에 변동이 많았다. 이러한 작업은 사례회의, 환자 가족과의 미팅, 동료 조언 관련 경험에 기초했으며, 환자의 반응에 대해 설명할 때 도움이 되는 내용들을 포함하였다. PDOC가 아닌 다른 병동에서 복합장애 환자와 일하는 음악치료 동료로부터 추가적인 조언도 얻었으며, MATADOC의 평가 기록 방법이 실제 진단평가의 기본 틀을 제공하였다.

2004~2006년에 MATADOC의 신뢰도와 타당도를 검증할 기회가 있었다. MATADOC을 연구로 추진하면서 다양한 지식과 기술의 많은 인력이 참여했고, 이 기간 동안 진단평가 문항들은 14개의 최종 진단평가 양식으로 다듬어졌다. 연구의 진행을 위해 우리는 시행 절차를 설명하고 매뉴얼을 만들어야 했다. 어떤 두 명의 치료사가 검사를 시행하든 회기에서의 환자 반응 촉발을 위해 반드시 같은 절차를 따르도록 했다. 매뉴얼에는 가장 중요한 개념정의(예: '지속적인'의 의미는 무엇인지)와 함께 반응평가 방법에 관한 상세한 지침이 제공된다. 이것은 두 명의 치료사이든 반복적으로 측정하든 같은 방식으로 환자 반응을 해석해야 함을 명시한다. 문항을 세 개의 하위 척도들로 분류하였고, 반응 점수의 합계로 진단 결과를 제

시하는 채점 방법이 개발되었다. 검사 개발의 마지막 단계(2007~2011년)에서는 임상윤리 검토, 지원기금 확보, 자료수집 및 분석에 관한 연구계획을 작성하면서 핵심 연구를 진행하였다.

2. 이론적 배경

이론이 MATADOC 다학제 치료팀의 임상에 영향을 미쳤다 할지라도 MATADOC 진단평가는 이론이 아닌 임상으로부터 성장해 왔다. 이론이 아닌 임상에서 시작되었다는 것은 약점으로도 강점으로도 여겨질 수 있으나, 분명히 MATADOC을 차별화되도록 한다. 한 가지 중요한 PDOC 진단평가의 기준은 검사 문항들이 PDOC 범주에서 나타날 수 있는 모든 행동 레퍼토리를 반영해야 한다는 것이다(Seel et al., 2010). 임상에서 나온 MATADOC는 이러한 필수요건을 충족하는 데 수백 회기에서 관찰하고 검증된 바대로 각 문항은 식물상태(Vegetative State: VS), 최소의식상태(Minimally Conscious State: MCS), 최소의식상태에서 벗어남(Emergent from MCS)으로 대표되는 행동 범위를 그대로 반영한다.

한 병동에서의 음악치료 서비스의 요구에 대한 반응으로 14년에 걸쳐 MATADOC이 개발되었지만, 이 시기에는 PDOC 환자의 돌봄을 위한 진단평가의 중요성과 관련성 역시 대두되고 있었다(Seel et al., 2010). 이것은 공교롭게도 PDOC의 진단과 예후평가를 위한 도구로서 음악에 대한 관심이 높아진 것과 일치한다(Magee, Tillmann et al., 2016). PDOC 환자는 재활 영역에서 가장 어려운 대상일 수 있다. "신경재활 분야에서 어떤 진단명도 이처럼 임상적 · 의료법률적 · 윤리적 · 철학적 · 도덕적 · 종교적 의미의 광범위한 차원을 다루지 않는다."(Wilson, Graham, & Watson, 2005, p. 432) 대부분의 표준화 재활 측정도구는 PDOC의 전형적인 최소반응을 평가할 만큼 섬세하지 않고, PDOC에게 중요한 행동영역을 측정하지 않을 뿐 아니라 PDOC의 신체, 감각, 소통, 인지상의 복합적 필요를 충족시킬 수가 없기 때문에 PDOC 중증 복합장애를 돌보기 위해서는 정확한 진단평가가 필요했다. 20년에 걸친 연구 기간 동안 이해하기 어려울 정도로 많은 오진이 있었던 것으로 추정된다. 트레시 등(Tresch et al., 1991)은 환자가 18%가 VS로 오진되었다고 보고했다. 18년 뒤, 슈네이커스 등(Schnakers et al., 2009)은 VS로 진단된 환자의 41%가 실제로는 MCS였으며, MCS로 오진된 10%의 환자가 실제로는 PDOC에서 회복되는 중이었고, '불확실 진단'으로 판단된 환자의

89% 이상이 실제로 MCS 상태였다고 하였다. 정확한 진단은 의식장애라는 오명과 관련한 가족의 감정을 다루는 데 도움이 되고, 튜브를 사용한 경구 섭취 철회 결정 등 적합한 돌봄을 위해 중요하다.

몇몇 행동연구와 영상연구들은 청각 양식이 VS 환자의 의식상태를 파악하는 데 가장 민감하다고 보고하는데(Gill-Thwaites & Munday, 2004; Owen et al., 2005, 2006) 이것은 심각한 뇌손상 이후에 진단되지 않은 시각손상이 매우 빈번하다는 것으로 설명될 수도 있을 것이다(Andrews et al., 1996). 더 나아가, VS와 MCS 환자는 개인적으로 의미 있는 자극에 더 높은 수준의 행동반응과 뇌 활성화를 보였다(Boly et al., 2005; di Stefano et al., 2012; Perrin et al., 2006; Schnakers et al., 2009; Shiel & Wilson, 2005). 특히 PDOC 환자의 언어기능이 심각하게 손상된 것으로 보인다면 개인적으로 의미가 있는 청각자극과 같은 음악을 유용한 매개로 활용할 수가 있다.

최근의 연구들은 음악이 인지반응을 촉진하고(Castro et al., 2015), PDOC 환자가 인식하고 있음을 의미하는 행동을 강화한다고(Verger et al., 2014) 보고한다. 음악치료 중재가 각성 수준을 높이고 PDOC의 주의집중을 의미하는 뇌 활성화를 자극하는 것으로 나타났으며(O'Kelly et al., 2013), 한 PDOC 환자는 의식상태 측정에 있어서 다른 비음악 중재보다 음악치료에서 더 향상된 수행을 보였다(Lichtensztejn, Macchi, & Lischinksky, 2014). 페린 등(Perrin et al., 2015)은 개인적으로 의미 있는 음악의 정서적 특징이 작업기억, 언어처리, 정신적 이미지, 주의집중 등을 포함하는 외적 인식 네트워크를 자극하고 동시에 개인사적 의미와 감정 반응과 관련한 내적 인식 네트워크를 동시에 자극한다고 제안하였다.

PDOC 진단평가와 중재를 위한 가능성 있는 도구로서 음악에 대한 최근의 관심 그리고 청각 감각양식이 환자의 인식 수준 파악에 효과적이라는 정보에도 불구하고, 기존의 표준화 PDOC 측정도구에는 이러한 내용이 반영되지 않고 있다(Magge, 출판 예정). PDOC의 인식에 관한 진단평가들이 시각, 청각, 운동, 의사소통, 각성 영역의 반응성을 평가할지라도 환자의 귀 옆에서 손뼉을 치거나 환자의 이름을 부르는 것 같은 과제들이 대부분이기 때문에, 모든 측정도구가 청각반응 진단평가 면에서는 대단히 둔감하다. 이러한 이유에서 MATADOC은 청각 반응성을 위한 가장 민감한 진단평가가 될 것이며, PDOC를 위한 다중치료 진단평가와 처치에 크게 기여할 것이다.

3. 절차와 대상

MATADOC의 현재 버전은 PDOC 성인에게 사용하기에 타당하다. PODC는 심각한 후천적 뇌손상의 갑작스러운 발생에 기인하여 4주 이상 지속되는 의식장애라고 정의된다(Royal College of Physicians, 2013). 주요 원인은 외상, 혈관 사고, 저산소증, 염증 및 감염, 독성에 의한 또는 신진대사장애를 포함한다(Royal College of Physicians, 2013).

표준화 시행 절차는 처치의 충실도와 신뢰도를 높이도록 돕기 때문에 MATADOC은 표준화 절차를 따르도록 한다. 그러나 이러한 절차는 '그 순간의' 반응성과 환자의 필요에 반응하고 무엇보다도 개인 맞춤형 환자선호 음악을 제공하는 데 융통성이 있다. 가능하다면 MATADOC 진단평가를 10일 이내에 4회의 회기를 통해 완료하도록 한다(Magee, Lenton-Smith, & Daveson, 2015). 변화가 많은 환자의 각성 상태를 반복적인 측정을 통해 보완하는 것이 가능하다. 시행절차와 해석을 위한 안내지침은 출판된 매뉴얼에서 찾아볼 수 있다(Magee, Lenton-Smith, & Daveson, 2015).

PDOC 중재의 목적은 환자가 대조적인 자극에 다르게 반응하는 경우를 최대화하는 것이다. 즉, 환자는 구별되는 반응을 보여야 하는데, 이것이 MATADOC의 진단적 기준이다. MATADOC의 프로토콜은 음악 또는 음악 관련 자극이 제시되는 최소 5개의 절차로 한 개의 시각 과제, 한 개의 언어 명령, 몇 개의 청각 과제를 포함한다. 더 반응이 많은 환자에게는 더 복잡한 의사소통 과제를 제시하면서 시행 횟수가 늘어날 수 있다. 청각 과제는 즉흥적인 노래로 환자의 이름 부르기, 환자에게 감정적으로 의미가 있는 기존 노래 연주하기 또는 가창하기, 언어자극 없이 음악적 소리만 연주하기를 포함한다. 라이브 음악을 사용한 청각 과제는 개인이 청각환경에 어떻게 반응하는지에 관한 풍부한 정보를 얻을 수 있도록 음악적 구성(예: 음량, 빠르기, 음색)을 조금씩 바꾸어 가도록 한다(Magee, 2007).

4. 자료수집과 분석

MATADOC은 3개의 하위 척도로 이루어져 있고, 표준화 PDOC 진단평가에서와 마찬가지로 청각, 시각, 각성, 의사소통, 운동 영역의 반응 빈도에 관한 14개의 문항으로 구성되어 있다(Magee, 2007). 다섯 문항은 청각감각 양식을 위한 것이고(Magee, Siegert et al., 2014) 다른 다섯 문항은 실용적 소통, 음악적 소통, 언어기반 소통 등 의사소통과 관련이 있다(Magee, 2017). 한 문항은 시각적 반응, 한 문항은 각성, 그리고 나머지 두 문항은 운동반응을 평가한다. 청각 반응성을 평가하는 문항의 개수가 많은 것은 MATADOC이 청각 영역에서의 환자 반응성을 민감하게 평가함을 의미한다.

5회의 시행 절차에서 치료사는 행동관찰(음악행동 포함)을 바탕으로 환자 반응을 평가한다. 여러 회기에서 나타나는 환자의 가장 높은 수준의 반응을 모든 14개의 문항에 반영한다. 회기가 끝난 후 MATADOC 진단평가 기록지를 사용하여 평가한다. 이러한 평가는 나중에 3개의 수량 점수 또는 범주 점수로 변환되며 변환된 점수는 진단 결과, 음악치료 중재 설계를 위한 음악반응, 다학제 치료 목적 수립을 위한 기능적 반응 등을 제공한다(Magee, Lenton-Smith, & Daveson, 2015). 중심 하위 척도는 시각, 청각, 의사소통, 각성 반응을 포함하는 5개의 문항으로 구성되어 있다. 이 하위 척도는 각각의 측정을 모두 합산한 총점을 근거로 진단적 기능을 한다(Magee, Siegert et al., 2014). 이 점수는 환자가 VS, MCS 상태인지 또는 MCS를 벗어나고 있는지를 의미한다. 두 번째 하위 척도는 2개 문항으로 구성되어 있는데 음악적 반응을 평가한다. 이 하위 척도는 진단적 기능을 하기보다 음악요소에 대한 환자의 반응을 평가하여 증거에 기반한 음악치료 중재를 설계하도록 돕는다(Magee, Siegert et al., 2016). 세 번째 하위 척도는 의사소통과 운동, 청각 영역을 추가적으로 측정하는 7개의 문항으로 구성되어 있고, 다학제 재활에서 환자 중심 치료 목적을 수립하기 위해 환자의 강점을 파악하는 데 사용된다(Magee, Siegert et al., 2016). 우선 환자 반응을 먼저 평가하고 그 다음에 평가 자료를 'VS' 'MCS' 'MCS에서 벗어남'의 기능 수준 범주 점수로 변환한다. 이 하위 척도는 진단적이지 않지만 기능 영역에서의 진보에 관한 '지도'를 제공하고, 1차 하위 척도의 진단 결과를 보완한다. 세 개의 하위 척도를 합산한 MATADOC 총점은 그 자체로는 의미가 없기 때문에 산출하지 않는다.

5. 해석과 보고

출판된 매뉴얼은 행동평가와 평가 자료의 점수 변환, 수량 점수와 범주 점수의 해석에 관한 안내지침을 제공한다. 4회의 회기에서 수집된 1차 하위 척도를 전체적으로 평가하여 진단 결과를 결정한다. 예를 들어, 환자가 네 번의 회기 중 세 번의 회기에서 'MCS' 진단 점수를 받았고 한 회기에서만 'MCS에서 벗어남'으로 진단되었다면 최종적으로 'MCS'로 진단된다. 세 번째 척도의 범주 점수는 1차 하위 척도의 진단 결과를 지지하거나 반박하는 데 사용된다. 예를 들어, 1차 하위 척도가 VS 진단으로 나왔다면 세 번째 하위 척도에서도 VS 수준으로 환자 기능이 나타나야 한다. 1차 하위 척도와 세 번째 하위 척도 간의 불일치는 진단이 모호한 복잡한 사례에게 도움이 될 수 있다.

측정도구의 모든 문항은 환자의 강점이나 최적의 반응을 가져오는 음악적 요소들을 파악하는 데 사용될 수 있고(예: 각성 향상을 위해 더 큰 음량의 음악 사용, 치료사의 위치 파악을 위해 목소리 사용), 한편으로는 다학제 치료팀의 중재 설계를 위한 정보를 제공한다. 평가 결과 보고는 해당 기관의 기준에 따라 실시되는데, 치료팀과 환자 가족, 또는 환자의 치료비 지원 기관을 위한 조언이 포함될 수 있다. 어떤 정보가 포함되는지와 정보의 사용에 관한 내용은 치료기관의 방침을 따른다. 예를 들어, 재활 기관의 경우 MATADOC 진단 결과가 우선적인 관심 사항인데, 그 결과가 치료과정 및 경구 섭취 튜브 제거와 같은 결정에 영향을 미치기 때문이다. 중재의 초점이 삶의 질 향상인 숙련된 장기 간호 환경에서는 MATADOC 진단 결과가 덜 중요할 수 있다.

6. 훈련

대상 환자의 임상적 복잡성과 신경행동학적 환자 반응 이해에 필요한 상급 임상기술을 고려할 때 MATADOC 사용을 위한 훈련은 필수적이다. 3일간의 훈련에는 시행 절차, 평가, 반응 이해, 채점기술 향상을 위한 강의와 역할극을 포함한 경험적 회기가 포함된다. 훈련은 매년 국제적 기관에서 제공되는데, 보통 1년에 2~4회의 훈련이 있다. 훈련에서는 음악치료사가 MATADOC을 곧바로 시행할 수 있도록 준비시키지만 훈련 이후에 임상경험을 쌓아 가면서 MATADOC 시행 역량을 강화할 수 있을 것이다. 이 장을 집필하는 현재 18개국의 171명의 전문가가 국제적 기관에서 진행된 13회의 훈련을 통해 배출되었다.

7. 연구와 심리측정

MATADOC에 관한 최신 연구는 PDOC 성인 환자를 대상으로 심리측정학적 특성을 검증하는 데 중점을 두고 있다. 다른 유형의 최소 반응 환자를 위한 임상적 활용성을 탐색하고 새로운 임상군을 대상으로 타당도를 검증하고자 하는 것이다. 한 연구에서는 21명의 성인 PDOC 환자에게 MATADOC를 적용하였는데, 세 가지 척도 간의 신뢰도, 전반적 타당도와 차원성을 파악하고 1차 하위 척도와 2차 하위 척도의 내적 일관성을 검증하였다. 1차 하위 척도는 높은 수준의 평가자 간 신뢰도(평균 급내 상관관계 .83, *SD*=.11)와 검사-재검사 신뢰도(평균 급내 상관관계 .82, *SD*=.05)를 보였고 MATADOC의 진단 결과를 다른 외부 참조 기준과 비교할 때 100% 동의라는 우수한 공인타당도가 확보되었다(Magee, Siegert et al., 2014). 라쉬 분석(Rasch Analysis)을 사용하여 1차 하위 척도가 단일차원성의 동질한 척도인 것으로 나타났는데, 이것은 검사가 한 가지 구인을 측정하고 있으며 하위 척도 문항들이 '인식'을 측정하기에 적합하다는 것을 의미한다. 훈련을 받은 평가자가 시행하는 경우 이 검사는 진단도구로서 타당할 것이며, 성인 PDOC의 인식 수준에 관한 다학제 진단평가에 기여할 수 있음을 의미한다.

두 번째와 세 번째 하위 척도는 진단 기능 없이 음악반응과 관련 인지기능을 평가하는 9개 문항으로 구성되어 있는데, 평가자 간 그리고 평가자 간 일치도에 있어서는 전반적으로 높은 편이었으나 신뢰도 추정 결과는 엇갈렸다. 두 번째 척도를 위한 평균 평가자 간 신뢰도는 .41으로 핵심 영역이 아닌 영역의 기능을 평가하는 문항으로서 적합한 신뢰도 수준으로 보인다(Magee, Siegert et al., 2016). 특히 2개의 문항에서 낮게 나타났다. 음악반응에 관한 한 개의 문항이 평가자 간 신뢰도와 검사-재검사 신뢰도에서 모두 취약했다. 이 문항은 음악치료 중재를 설계하는 데 가장 유용한 문항이므로 검사에서 제거하지 않기로 결정했다. 음악반응 문항과 두 번째와 세 번째 하위 척도의 애매한 결과는 안타깝지만 이 하위 척도들이 심리측정학적 강점보다 더 중요한 임상적 유용성을 갖고 있다고 판단했다. 1차 하위 척도와 함께 전반적 MATADOC은 음악기반 청각 자극에 대한 PDOC 임상군의 반응을 평가하는 통합적 측정도구로서 여러 가지 강점을 갖고 있다(Magee, Siegert et al., 2016).

더 나아가, 임상적 감사평가를 실시하면서 MATADOC이 관심행동 영역을 민감하게 평가하는지를 파악하기 위해 다른 표준화 측정도구들과 비교하였다(O'Kelly & Magee, 2013). 42개 임상자료의 SMART(Gill-Thwaites, 1997) 진단 결과와 문항별 결과를 MATADOC의 진단 결과 및 문항별 결과와 비교하며 감사를 실시했다. 각각의 측정도구가 다른 민감성 수준을 보였는데, SMART는 운동 영역의 진단에서 민감성이 높았고 MATADOC은 청각과 시각 영역에서 높은 민감성을 나타났다(O'Kelly & Magee, 2013).

PDOC 아동을 대상으로 한 파일럿 연구($n=4$)에서도 MATADOC의 임상적 활용성을 조사하고 세 가지 다른 참조 기준과의 타당성을 검증하였는데, 그 결과는 유사하였다(Magee, Ghetti, & Moyer, 2015). 세 명의 임상사례에서 MATADOC은 다른 진단평가와 유사한 진단 결과를 보였으나 네 번째 사례의 경우 MATADOC에서 인식 수준이 더 높게 나타났다. 또한 4개의 측정 영역(예: 시각, 청각 등)에서 유사 문항의 측정 결과를 조사했다. 세 차례 MATADOC이 시각과 청각 영역에서 더 높은 기능 수준으로 나타났던 것을 제외하고는 모든 문항에서 다른 측정도구들과 유사하다는 결과를 보였다. MATADOC의 시행 절차 및 진단평가가 환자의 시각 반응과 청각 반응을 유도하고 측정하는 데 다른 도구보다 민감하다는 결과로 볼 수 있으나 추후 더 큰 표본을 대상으로 하는 연구에서 검증이 필요할 것이다.

8. 향후 계획

잠정적이지만 희망적인 연구 결과들을 토대로 소아과 PDOC에게 MATADOC를 적용하는 연구가 진행 중이다. PDOC가 있는 아동을 위한 중재와 측정은 심각할 정도로 관심을 받지 못한 미연구 분야이다. 파일럿 연구(Magee, Ghetti, & Moyer, 2015)의 결과와 소아 PDOC와 일하는 MATADOC 훈련이수 음악치료사들의 의견을 반영하여 검사 절차와 진단평가 기록 방법을 수정하였다. 또한 새로운 측정도구인 『Music Therapy Sensory Instrument for Cognition, Consciousness, and Awareness(MuSICCA)』(Pool et al., 출판 예정)의 개발을 위해 보완하였다. 여러 해외 임상기관에서 PDOC 청소년을 위한 MuSICCA 사용의 타당성을 파악하고 MuSICCA의 심리측정학적 특성을 검증할 계획을 갖고 있다.

최소반응만을 보이는 대상과의 임상현장에서 개발된 검사이기에 MATADOC은 많은 임상 대상자를 위해 유용한 도구로 사용될 수 있을 것이다. 그 예로, 후기 치매와 말기 환자, 의식혼미, 중증 발달장애 등이 있다. 현재 평가 양식의 채점 방식과 문항들이 앞서 언급한 임상군에게 적합하지 않을 수 있는데, 예를 들면 VS 또는 MCS 진단은 이 대상에게 맞지 않는다. 새로운 대상군에게 MATADOC을 사용하는 것이 가능한 이유는 음악치료사가 대상자의 반응성 수준을 이해하고 반응상의 변화를 파악하도록 하는 도구를 제공한다는 점이다. 장기적으로는 다른 최소반응 임상군에게 임상적으로 유용한지를 조사하고 그 결과에 따라 시행절차와 문서화 방법을 수정한 후 가능하다면 개정한 도구의 타당성 검증하는 다수의 연구를 수행할 계획이다. 현 시점에서 후기 치매 환자에 대한 적용을 조사하는 탐색적 연구가 진행되고 있다(Magee et al., 2017). 연구 결과들은 MATADOC의 시행 절차와 진단평가가 유용한지를 결정할 것이며, 최소반응만으로 치매의 마지막 단계를 살고 있는 사람에게 사용하기 위해 개선이 필요한 부분을 알려 줄 것이다.

또 다른 계획은 MATADOC을 다른 언어로 번역하고 타당성을 검증하는 것이다. 이미 스페인어로 번역되어 있고(Magee, Lenton-Smith, & Daveson, 2014), 현재 스페인어 버전의 타당도 연구를 준비하고 있다. MATADOC은 다음 달에 중국어로 번역될 계획이며, 곧 타당도 검증이 있을 것이다. 보건 분야에서 음악치료의 입지 강화를 돕는 측정도구에 관한 해외 커뮤니티를 형성한다는 점에서 영어 측정도구를 다른 언어로 번역하는 일은 중요하다. 번역된 측정도구의 타당도를 확보함으로써 음악치료의 임상적 증거기반을 견고히 하는 광범위한 국제적 연구도 가능할 것이다.

9. 논의와 요약

MATADOC은 심각한 뇌손상 이후 최소반응만 보이는 성인 환자를 위한 다학제 치료에서 PDOC에게 사용하기에 적합한 유일한 인식 측정도구이다. 입원 시 진단평가를 하고 이후에 경과 평가를 하는 등 환자의 변화 추적을 위해 반복적으로 사용할 수 있다. 청각과 시각 영역에서 특히 민감성이 높고 진단적 기능을 갖고 있지만, 다른 PDOC 측정도구와 복합적으로 사용해야 한다. 관심 임상 대상의 복잡성을 고려할 때 최적의 임상을 위해서는 다른 평가도구들의 다중적 관점이 요구된다. 후속 연구들은 소아 PDOC, 후기 치매, 말기환자, 정신혼미 환자를 위한 임상적 활용성을 탐구해야 할 것이다. 각 임상군에게 적합한 시행 절차와 진단평가로 개선될 때 임상가가 개별화 치료에 필요한 정보를 수집하고 최적의 돌봄을 제공하는 측정도구가 될 것이다. 또한 검증된 타당도는 음악치료가 실행 가능하고 신뢰할 수 있는 중재로서 입지하도록 도울 것이다.

감사의 글

수십 년 동안 여러 지역의 많은 사람이 참여한 작업이기에 MATADOC이 현 시점까지 성장하는 데 기여한 모든 이에게 감사를 표하고자 한다. 특히 개발 초기의 키이스 앤드류(Keith Andrew) 교수와 작업치료 동료 카렌 엘리엇(Karen Elliot) 그리고 헬렌 길-트웨이츠(Helen Gill-Thwaites)의 도움에 감사한다. 연구를 위해 MATADOC 문서화 방법을 수정하는 작업은 웬디 매기(Wendy Magee)의 조언과 작업치료 동료 로스 먼데이(Ros Munday), 언어치료사 사라 헤인즈(Sara Haynes), 소피 맥켄짐(Sophie McKenziem), 수잔 패럴리(Susan Farrelly)의 의견을 참고하여 바바라 데이브슨(Barbara Daveson)이 주도하였다. MATADOC 시행절차는 웬디 매기와 젬마 렌톤-스미스(Gemma Lenton-Smith)에 의해 개발 및 수정되었다. 매뉴얼 개발은 웬디 매기가 젬마 렌톤-스미스와 바바라 데이브슨의 도움을 받아 진행하였다. 매뉴얼의 2판 개정은 에이리니 알렉시우(Eirini Alexiou)의 조언을 받아 웬디 매기와 젬마 렌톤-스미스에 의해 이루어졌다. 연구계획서 작성 및 기금 신청은 바바라 데이브슨이 웬디 매기의 도움을 받아 진행하였다. 바바라 데이브슨과 젬마 렌톤-스미스가 연구윤리 지원서를 작성했고 웬디 매기의 도움이 있었다. 프로젝트 기간 동안에 선임 연구자가 바뀌었는데 바바라 데이브슨(2007~2009), 젬마 렌톤-스미스(2009~2010), 웬디 매기(2011)였다. 세 명의 선임 연구원이 에이리니 알렉시우의 많은 도움과 음악치료 서비스의 다른 구성원들의 도움을 받아 자료수집을 담당하였다. 줄리안 오켈리(Julian O'Kelly), 레베카 보닥(Rebeka Bodak), 리차드 시거트(Richard Siegert), 스티브 테일러(Steve Taylor)는 자료분석을 담당하였다. 스페인어 번역을 위해 부에노스아이레스 APEM의 마르셀라 릭턴스타인(Marcela Lichtensztejn)과 파울라 마치(Paula Macchi)가 수고해 주었다.

참고문헌

Andrews, K., Murphy, L., Munday, R., & Littlewood, C. (1996). Misdiagnosis of the vegetative state: Retrospective study in a rehabilitation unit. *British Medical Journal, 313*, 13-16.

Boly. M., Faymonville, M., Peigneux, P., Lambermont, B., et al. (2005). Cerebral processing of auditory and noxious stimuli in severely brain injured patients Differences between VS and MCS. *Neuropsychological Rehabilitation, 15*(3), 283-289, doi: 10.1080/09602010443000371.

Castro, M., Tillmann, B., Luauté, J., Corneyllie, A., Dailler, F., André-Obadia, N., & Perrin, F. (2015). Boosting cognition with music in patients with disorders of consciousness. *Neurorehabilitation and Neural Repair, 29*(8), 734-742.

di Stefano, C., Sturiale, C., Trentini, P., Bonora, R., Rossi, D., Cervigni, G., & Piperno, R. (2012). Unexpected neuropsychological improvement after cranioplasty: A case series study. *British Journal of Neurosurgery, 26*(6), 827-831.

Gill-Thwaites, H. (1997). The Sensory Modality Assessment Rehabilitation Technique-A tool for assessment and treatment of patients with severe brain injury in a vegetative state. *Brain Injury, 11*, 723-734.

Gill-Thwaites, H., & Munday, R. (2004). The Sensory Modality Assessment and Rehabilitation Technique (SMART): A valid and reliable assessment for vegetative state and minimally conscious state patients. *Brain Injury, 18*, 1255-1269.

Lichtensztejn, M., Macchi, P., & Lischinsky, A. (2014). Music therapy and disorders of consciousness: Providing clinical data for differential diagnosis between vegetative state and minimally conscious state from music-centered music therapy and neuroscience perspectives. *Music Therapy Perspectives, 32*(1), 47-55.

Magee, W. L. (2007). Development of a music therapy assessment tool for patients in low awareness states. *NeuroRehabilitation, 22*(4), 319-324.

Magee, W. L. (forthcoming). Music in the diagnosis, treatment and prognosis of people with prolonged disorders of consciousness. *Neuropsychological Rehabilitation*, in preparation.

Magee, W. L., Ghetti, C., & Moyer, A. (2015). Feasibility of the Music Therapy Assessment Tool for Awareness in Disorders of Consciousness for use with pediatric populations. *Frontiers of Psychology, 6*, 698, doi: 10.3389/fpsyg. 2015.00698.

Magee, W. L., Kleba, W., Roussek. M., & Lipe, A. (2017). *Exploring the Clinical Utility of the Music Therapy Assessment Tool for Awareness in Disorders of Consciousness (MATADOC) with End-Stage Dementia*. Temple IRB Protocol Number: 24356. Temple University, Philadelphia, PA.

Magee, W. L., Lenton-Smith, G., & Daveson, B. (2014). *Herramienta de Musicotchapa para la Evaluación de la Conciencia en Trastornos de la Conciencia (Music Thetepy Assessment Tool for Awareness in Disorders of Consciousness (MATADOC): Assessment Manual and Instructions for Use*. London: Royal Hospital for Neuro-disability. Philadelphia, PA: W. L.

Magee, W. L., Lenton-Smith, G., & Daveson, B. (2015). *Music Therapy Assessment for Awareness in Disorders of Consciousness (MATADOC): Assessment Manual and Instructions for Use* (2nd edition). Philadelphia, PA: W. L. Magee.

Magee, W. L., Siegert, R. J., Lenton-Smith, G., Daveson, B. A., & Taylor, S. M. (2014). Music Therapy Assessment Tool for Awareness in Disorders of Consciousness (MATADOC): Standardization of the principal subscale to assess awareness in patients with disorders of consciousness. *Neuropsychological Rehabilitation, 24*(1), 101-124.

Magee, W. L., Siegert, R. J., Taylor, S. M., Daveson, B. A., & Lenton-Smith, G. (2016). Music Therapy Assessment Tool for Awareness in Disorders of Consciousness (MATADOC): Reliability and validity of a measure to assess awareness in patients with disorders of consciousness. *Journal of Music Therapy, 53*(1), 1-26, doi: 10.1093/jmt/trv017.

Magee, W. L., Tillmann, B., Perrin, F., & Schnakers, C. (2016). Editorial. Music and disorders of consciousness: Emerging research, practice and theory. *Frontiers in Psychology, 7*, 1273, doi: 10.3389/fpsyg. 2016.01273.

O'Kelly, J., & Magee, W. L. (2013). The complementary role of music therany in the detection of awareness in disorders of consciousness: An audit of concurrent SMART and MATADOC assessments. *Neuropsychological Rehabilitation, 23*, 287-298.

O'Kelly, J., James, L., Palaniappan, R., Taborin, J., Fachner, J., & Magee, W. I. (2013). Neurophysiological and behavioural responses to music therapy in vegetative and minimally conscious states. *Frontiers in Human Neuroscience, 7*, 884, doi: 10.3389/fnhum.2013.00884.

Owen, A. M., Coleman, M. R., Boly, M., Davis, M. H., Laureys, S., & Pickard, I. D. (2006). Detecting awareness in the vegetative state. *Science*, 313, 1402.

Owen, A. M., Coleman, M. R., Menon, D. K., Berry, E. L., et al. (2005). Using a hierarchical approach to investigate residual auditory cognition in persistent vegetative state. *Brain*

Research, 150, 457-471.

Perrin, F., Castro, M., Tillmann, B., & Luauté, J. (2015). Promoting the use of personally relevant stimuli for investigating patients with disorders of consciousness. *Frontiers in Psychology, 6,* 1102, doi: 10.3389/fpsyg. 2015.01102.

Perrin, F., Schnakers, C., Schabus, M., Degeuldre, C., et al. (2006). Brain response to one's own name in vegetative state, minimally conscious state and locked-in syndrome. *Archives of Neurology, 63,* 562-569.

Pool, J., Taylor, S., Siegert, R., & Magee, W. L (forthcoming). *Evaluating the validity, reliability and clinical utility of the Music therapy Sensory Instrument for Cognition, Consciousness, and Awareness (MuSICCA).*

Royal College of Physicians. (2013). *Prolonged Disorders of Consciousness: National Clinical Guidelines.* London: Royal College of Physicians.

Schnakers, C., Vanhaudenhuyse, A., Giacino, J., Venture, M., et al. (2009). Diagnostic accuracy of the vegetative and minimally conscious state: Clinical consensus versus standardized neurobehavioral assessment. *BioMed Central Neurology, 9,* 35. doi: 10.1186 / 1471-2377-9-35.

Seel, R. T., Sherer, M., Whyte, J., Katz, D. I., et al. (2010). Assessment scales for disorders of consciousness: Evidence-based recommendations for clinical practice and research. *Archives of Physical Medicine and Rehabilitation, 91*(12), 1795-1813.

Shiel, A., & Wilson, B. A. (2005). Can behaviors observed in the early stages of recovery after traumatic brain injury predict poor outcome? *Neuropsychological Rehabilitation, 15*(3-4), 494-502.

Tresch, D., Sims, F., Duthie, E., Goldstein, M. D., et al. (1991). Clinical characteristics of patients in the persistent vegetative state. *Archives of Internal Medicine, 151,* 930-932.

Verger, I., Ruiz, S., Tillmann, B., Ben Romdhane, M., et al. (2014). Effets bénéfiques de la musique préférée sur les capacités cognitives des patients en état de conscience minimale. [*Beneficial effect of preferred music on cognitive functions in minimally conscious state patients*]. *Revue Neurologique, 170,* 693-699, doi: 10.1016/j.neurol.2014.06.005.

Wilson, F. C., Graham, L. E., & Watson, T. (2005). Vegetative and minimally conscious states: Serial assessment approaches in diagnosis and management. *Neuropsychological Rehabilitation, 15*(3-4), 431-441.

찾아보기

인명

A

Adler, R. 49

Ala-Ruona, E. 72

Aldridge 203

André, A. M. 21

Aristotle 18

B

Bacue, A. E. 234

Baker, F. 68

Baumann, M. 192

Baxter, H. T. 49, 151

Berghofer, J. A. 151

Bergmann, T. 50, 133

Binet, A. 42

Bonde, L. O. 68

Borczon, R. 151

Boxhill, E. H. 20

Braswell, C. 20

Broadhurst, E. H. 54

Bruscia, K. 22, 121, 166, 272

Buber, M. 114

Burgoon, J. K. 234

C

Carpente, J. 55, 99, 146

Cassity, M. D. 305

Cuddy, L. L. 224

D

Damasio, A. 74

Davis, W, B, 18

Duffin, J. 224

E

Erikkilä, J. 271

Eslava-Meija, J. 22

F

Ferrari, K. 21, 336, 342

Foucault, M. 114

Frey, B. B. 31, 52

Frommer, J. 69
Furr, M. 47

G

Gattino, G. 41, 65
Gatzsche 67
Ghetti, C. 52
Gold, C. 30, 49
Golombok, S. 46
Gomes, C. M. A. 21
Greenspan, S. I. 95, 98
Grocke, D. A. 18, 68

H

Habermas, J. 114
Hald, S. 233
Hall, J. 78
Hanser, S. E. 23
Heidegger, M. 114
Hoge, R. D. 25
Holck, U. 67, 77
Hunsley, J. 23
Husserl, E. 114

I

Isenberg-Grzeda, C. 22

J

Jablin, F. M. 234
Jacobsen, S. L. 41,, 83, 165, 255

K

Kant, E. 114
Kaufman, A. S. 17
Kelliher, M. 99
Kitwood, T. 348
Knapp, M. 78

L

Langan, D. 19
Lathom, W. 20
Lazarus, A. A. 307, 316
Lem, A. 19
Lipe, A. 201, 217, 221
Loewy, J. 65, 69
Loureiro, C. M. V. 21
Lowen, A. 75
Lucht, M. 67

M

MacEwan, L. 151
Magee, W. L. 52, 363, 368
Malloch, S. 348
Martin, L. 67
Martin, M. M. 238
Mash, E. J. 23
McDermott, O. 57, 347
McFerran, K. 68, 69
Melhuish, R. 67
Merleau-Ponty, M. 290
Michel, D. E. 20
Minton, K. 75

Mithen, S. J. 236
Moreau, D. 113
Moyer, A. 52
Munk-Madsen, N. M. 69

N
Nelson, J. 151
Nordoff, P. 96, 155

O
Ogden, P. 75
Ortlieb, K. 69
Orrell, M. 57

P
Pain, C. 75
Palmer, M. D. 201
Peters, K. A. 151
Plahl, C. 67

R
Radocy, R. E. 216, 224
Rasmussen, A. M. 83
Reimer, S. 189
Ridder, H. M. 57, 68
Rider, M. 20
Robbins, C. 96, 151, 155
Roberts, P. 151
Rubin, R. B. 238
Rust, J. 46

S
Sacks, H. 81
Sattler, J. M. 25
Schegloff, E. A. 81
Scholtz, J. 68
Sembdner, M. 69
Sias, P. M. 234
Smith, D. S. 22
Stern, D. 74, 185, 237, 272
Storm, S. 63, 289
Sutton, K. 20, 68

T
Thaut, M. H. 67
Trevarthen, C. 348
Trondalen, G. 68
Tüpker, R. 115

U
Urbina, S. 23, 54

V
Voigt, M. 286

W
Waldon, E. G. 21, 65, 93
Wang, B. 67
Wigram, T. 30, 69, 165, 272
Wilson, B. L. 22
Winnicott. D. 256

Wolfe, D. E. 52
Wosch, T. 19, 272
Wundt, W. 42

Y

York, E. 215

내용

13개의 반응 범주 96

ㄱ

가중된 카파 값 107, 245
간격기록법 158
간이 정신상태 검사 208, 218
간이 정신진단 검사 321, 324
개별 음악치료 진단평가 프로필 151, 238
개별화교육계획 152
검사 24, 63
검사도구 57
검사이론 41
검사-재검사 신뢰도 54, 143, 220, 223
검사편의 47
검토 27, 64
게슈탈트 치료 114
고전검사이론 202
공유 103
관계변화 척도 237
관계의 질 진단평가 133
관찰 25, 74, 171
교육과 심리검사를 위한 기준 48
구성 48
구성타당도 48, 50, 143
구성타당도 지표 211
구조적 편의 47
국제검사위원회 43
국제 음악치료 진단평가 협력단 93
규준 46
규준참조 검사 46
극단편의 47
근거기반 진단평가 25
급간 내 상관계수 56, 142, 190
기간 72
기능타당도 319
기술타당도 319
기울임 47

ㄴ

내용타당도 49, 219
내인성 검사편의 47
내적 일관성 53
내적 일관성 계수 220, 249
내적 일치도 220
노도프-로빈스 평가 척도 21

ㄷ

대인관계 소통역량 척도 238
대인관계 역량의 매개모델 238
대인관계 음악적 소통역량 척도 234
대화분석 78, 81
동기적 순간 186

동시성 278
동시타당도 52
동작분석 76
동작 표기법 186
두뇌손상 66
듀오 연주 125

ㄹ

라반 표기법 186
라쉬 분석 210
로르샤흐 검사 46

ㅁ

만-위트니 유 검증 178
맥도날드 오메가 143
목소리 진단평가 289
목소리 진단평가 프로필 44, 289
목소리 훈련 293, 295
목표행동 72, 73
묘사적 관찰 72
무선층화표집 143
무질서 애착 257
묵인편의 47
문항반응이론 211
문헌검토 70, 85
문화교차적 적용 56
미국음악치료협회 21, 26, 305, 311
미시분석 67, 180, 272, 341
미시분석 접근법 30
밀론 임상다축검사 321, 322

ㅂ

반동 101
반분신뢰도 54
반응 101
반응편의 46
발달심리 66
발달장애 66
발달적 개별 차이 관계기반 플로어타임 95
배경정서 74, 75
배음 294
벡 우울 척도 321, 324
변별타당도 321
변화도 169, 178
보니메소드 66
부모-아동 상호작용 진단평가 53, 255, 259
부모-아동 의사소통 256
붙잡기 241
비교자료 45
비모수 통계의 변수 178
비언어 소통 260
비용효익 58
비치매 208
빈도기록법 158

ㅅ

사건기반 분석 165
사건기반 분석자료 175, 176
사회적으로 바람직한 응답편의 47
상호조절 260
서열측정 척도 156
세계보건기구 146

소통역량 233
소통적 음악성 256, 336
솔로 연주 125
수렴타당도 51, 321
순서 거부하기 80
순서 넘겨주기 79
순서 요구하기 80
순서 유지하기 79
순서 전이 81
순서 주기 79, 80
순차적 탐구전략 349
시각 아날로그 척도 350
식물상태 366
신경발달장애를 위한 개별화된 음악중심 진단평가 프로필 95
신경학적 행동평가 척도 237
신뢰도 53, 190
신체 움직임 76
신호 79
심리검사 42
심리음향학 66
심리측정 42, 57

ㅇ

아동-치료사의 관계 척도 21
아스피거증후군 167
안면타당도 49, 156
안정 애착 257
알츠하이머 217, 222
애착이론 257
양면적 불안정 애착 257
영역-선택타당도 318
예측타당도 52, 156
예측편의 47
외인성 검사편의 47
요인분석 46, 123, 142
요인타당도 142
우연오차 53
운동감각 74
웩슬러 성인용 지능검사 203
윌콕슨 부호순위 검증 178
유용성 57
윤리기준 45
음악기반 인지기능 평가 202
음악기반 중재 24
음악기반 집중력 진단평가 18
음악내적 관계 척도 22, 335, 336
음악반응 척도 101, 104
음악성 154
음악 의사소통 21
음악 인지/지각 척도 101, 104
음악자료 45
음악적 구조 126
음악적 독립성 127
음악적 생동감 126
음악적 융통성 125
음악적 접촉 127
음악적 정서성 126
음악적 특이성 336
음악적 행동자료 45
음악적 힘 126
음악정서 진단평가 척도 101, 102

음악중심 음악치료 95
음악 진단평가 49
음악치료 도구상자 271
음악치료 범주 체계 21
음악치료 중재 진단평가 26
음악치료 진단평가 17
음악치료 진단평가에서 집중 프로필 53
음악치료 특수교육 진단평가도구 19
음악치료 표현과 의사소통 척도 115, 116
음악치료협회 20
응용된 행동분석 30
의사소통장애 66
의식장애 368
의식장애의 인식에 관한 음악치료 진단평가 도구 363, 365
인본주의 66
인지검사 218
인지능력 204
인터뷰 29, 58
일반적인 진단평가 26
일상에서 음악 21
일원분산분석 178
일치도 비율 55

ㅈ

자기조절 256
자료기반 의사결정 모델 27
자료기반 의사결정 접근 23
자율성 프로필 273, 279
자폐스펙트럼장애 50, 95, 134, 194
자폐증 진단을 위한 음악기반 척도 50
자폐진단관찰일지 135
자폐진단면접 개정판 135
잔존 음악기술 검사 218
장기 의식장애 365
전반적 발달장애 167
전신스캔 75
정서장애 66
정서적 부모반응 261
정서조율 77
정서체질 가설 98
정신과 음악치료 질문지 305
정신과 진단평가 305
정신과 환자 66
정신역동이론 66
정신장애 진단 및 통계편람 134 309
정확성 53
조율하기 77
준거기반 46
준거참조 검사 46, 315
준거타당도 144, 210
중다양식치료 모델 307, 310
즉흥연주 98
즉흥연주 진단평가 21, 165, 260
증분타당도 58
지속시간 172
지식기반 45
지적장애 56, 134
지지하기 241
진 점수 202
진단적 진단평가 43
진단평가 24, 58, 94

ㅊ

처방 26
총괄기능 평가 313, 326
최소의식상태 366
측정 24
측정오차 54
치료사와 개입법 관계의 질 184
치료 전 진단평가 26
치매 66, 203, 347
치매에서의 음악개입 척도 19
치매 척도에서의 음악 54, 349

ㅋ

코헨 카파 계수 55, 245
쿠더 리처드슨 20공식 54
크러스칼-왈리스 검증 178
크론바흐 알파 54, 143, 249

ㅌ

타당도 48, 56, 224
템포-역동 스키마 96
특성기반 46

ㅍ

판별타당도 51
편의 46
평가 24
평가자 간 신뢰도 55, 220
평가자 간 일치도 143, 320
표준화 25
프리드먼 검증 178
플로어타임 96, 152
피어슨 상관계수 210, 245
피어슨 상관분석 246

ㅎ

행동관찰 72
행동빈도 73, 309
행동자료 45
현상학 114
형태학적 음악치료 접근 115
확인적 요인분석 142
활력정서 74
회피적 불안정 애착 257
효과적인 치료 진단평가 26
후천성 뇌손상 233

편저자 소개

Stine Lindahl Jacobsen

덴마크 알보그 대학교(Aalborg University)의 음악치료 주임이며 부교수이다. 그녀는 현재 국제 음악치료 진단평가 협력단(International Music Therapy Assessment Consortium: IMTAC)과 덴마크 북월란반도에서 예술과 건강 연구센터를 운영하고 있다. 그녀는 위기가족, 표준화된 음악치료 진단도구 영역에서 많은 서적과 연구를 출판하여 학문 분야에 큰 영향을 미쳤다. 현재 부모-아동 상호작용 진단평가도구 사용에서 전 세계적으로 음악치료사들을 훈련하고 자격을 주고 있다.

Eric G. Waldon

미국 캘리포니아 스톡턴과 샌프란시스코 소재 퍼시픽 대학교(University of the Pacific) 음악치료학교 부교수이다. 또한 공인 음악치료사이자 캘리포니아의 심리학자이며 진단과 심리검사의 전문가이다. 그는 『Journal of Music Therapy』와 『Music Therapy Perspectives』의 편집위원으로 많은 학술지와 책을 출간하였으며 미국음악치료협회(AMTA) 내의 지역에 적극적으로 관여하고 있다.

Gustavo Gattino

덴마크 알보그 대학교(Aalborg University)의 조교수이다. 그는 국제 음악치료 진단평가 협력단(International Music Therapy Assessment Consortium: IMTAC)의 일원이며, 『Portuguese Journal of Music Therapy』와 『the Brazilian Journal of Music Therapy』의 편집자이다. 그는 이베로 미국인 집단 음악치료 연구(Ibero-American Group of Research in Music Therapy: GIIMT)의 공동 설립자이자 공동 코디네이터이고, 스페인의 세인트 빈센트 마트리 대학교(University Saint vincent Martyr)와 맵 인스티튜트의 음악치료 석사과정 초빙교수이다.

집필진 소개

Anne Lipes 미국 버지니아주 윈체스터 소재 셰넌도어 대학교(Shenandoah University) 음악치료 조교수

Barbara L. Wheeler 미국 몽클레어 주립대학교(Montclair state University) 및 루이빌 대학교(University of Louisville) 교수

Claudine Calvet 독일 베를린 예술대학교(Berlin University of the Arts) 발달심리학과 슈퍼바이저

Dorothee von Moreau 독일 하이델베르크 소재 SRH 대학 치료과학과 학장

Elizabeth York 미국 사우스캐롤라이나 소재 컨버스 대학(converse College) 음악치료 프로그램 코디네이터

Jaakko Erkkila 핀란드 위베스퀼레 대학교(University of Jyväskylä) 음악, 예술 문화학 및 음악치료 교수

John Carpente 미국 뉴욕 소재 몰로이 대학(Molloy College) 음악치료 부교수

Karin Schumacher 독일 베를린 베를린 예술대학교(Bertin University of the Arts) 교수

Karina Daniela Ferrari 아르헨티나 부에노스아이레스 대학교(Buenos Aires University) 음악치료 교수

Michael D. Cassity 음악치료와 창조적 예술(Music Therapy and Creative Arts) 대표

Orii McDermott 영국 노팅햄 대학교(University of Nottingham) 정신건강 시설 연구원

Penny Roberts 개별화된 음악치료 진단평가 프로필(Individualized Music Therapy Assessment Profile: IMTAP)의 공동 개발자

Sanne Storm 덴마크 알보그 대학교(Aalborg University) 음악치료 초빙교수

Silkc Reimer 독일 베를린 예술대학교(Berlin University of the Arts)의 연구 프로젝트 연구원

Søren Hald 후천적 뇌손상 신경재활 및 상호적 의사소통 능력 영역의 음악치료사

Thomas Bergmann 독일 지적장애와 정신질환 성인을 위한 베를린 치료센터(Berlin Treatment Center)의 음악치료 주임교수

Thomas Wosch 독일 뷔르츠부르크 슈바인푸르트 응용과학대학교(Univesity of Applide Sciences Würzburg-Schweinfurt) 음악치료 교수

Tony Wigram 덴마크 알보그 대학교(Aalborg University) 음악치료 박사과정 주임교수

Wendy L. Magee 미국 필라델피아 소재 템플 대학교(Temple University) 음악치료 프로그램 교수

역자 소개

황은영(Hwang, Eun Young)

숙명여자대학교 음악치료학과 박사

현 숙명여자대학교 음악치료대학원 조교수

한국음악치료학회 이사

배미현(Bae, Mi Hyun)

미국 미시간 주립대학교 음악치료 박사

현 한세대학교 일반대학원 음악치료전공 초빙교수

명지의료재단 명지병원 음악치료사

미국 Atlantis Institute for Consciousness and Music, Guided Imagery and Music 트레이너

심교린(Sim, Kyo Lin)

아주대학교 심리학과 박사

현 아주대학교 심리학과 박사후연구원

평택대학교 음악치료전공 겸임교수

음악치료 진단평가

–이론 · 연구 · 적용–

Music Therapy Assessment

–Theory, Research, and Application–

2020년 9월 20일 1판 1쇄 인쇄
2020년 9월 30일 1판 1쇄 발행

엮은이 • Stine Lindahl Jacobsen • Eric G. Waldon • Gustavo Gattino
옮긴이 • 황은영 · 배미현 · 심교린
펴낸이 • 김진환
펴낸곳 • (주) 학지사
04031 서울특별시 마포구 양화로 15길 20 마인드월드빌딩
대표전화 • 02)330-5114 팩스 • 02)324-2345
등록번호 • 제313-2006-000265호

홈페이지 • http://www.hakjisa.co.kr
페이스북 • https://www.facebook.com/hakjisabook

ISBN 978-89-997-2203-5 93180

정가 23,000원

역자와의 협약으로 인지는 생략합니다.
파본은 구입처에서 교환해 드립니다.

이 책을 무단으로 전재하거나 복제할 경우 저작권법에 따라 처벌을 받게 됩니다.

이 도서의 국립중앙도서관 출판시도서목록(CIP)은 서지정보유통지원시스템 홈페이지(http://seoji.nl.go.kr)와 국가자료공동목록시스템(http://www.nl.go.kr/kolisnet)에서 이용하실 수 있습니다.
(CIP 제어번호: CIP2020037204)

출판 · 교육 · 미디어기업 학지사

간호보건의학출판 **학지사메디컬** www.hakjisamd.co.kr
심리검사연구소 **인싸이트** www.inpsyt.co.kr
학술논문서비스 **뉴논문** www.newnonmun.com
원격교육연수원 **카운피아** www.counpia.com